JUSTIÇA DE TRANSIÇÃO E ESTADO CONSTITUCIONAL DE DIREITO

PERSPECTIVA TEÓRICO-COMPARATIVA E ANÁLISE DO CASO BRASILEIRO

COLEÇÃO FÓRUM
JUSTIÇA E DEMOCRACIA

COLEÇÃO FÓRUM
JUSTIÇA E DEMOCRACIA
Coordenador
Paulo Abrão

MARCELO D. TORELLY

Anthony W. Pereira
Prefácio

Paulo Abrão
Apresentação

JUSTIÇA DE TRANSIÇÃO E ESTADO CONSTITUCIONAL DE DIREITO

PERSPECTIVA TEÓRICO-COMPARATIVA E ANÁLISE DO CASO BRASILEIRO

2

Belo Horizonte

2012

COLEÇÃO FÓRUM
JUSTIÇA E DEMOCRACIA

© 2012 Editora Fórum Ltda.

Coordenador
Paulo Abrão

É proibida a reprodução total ou parcial desta obra, por qualquer meio eletrônico, inclusive por processos xerográficos, sem autorização expressa do Editor.

Conselho Editorial

Anthony W. Pereira, King's College London (Reino Unido)
Cath Collins, Universidad Diego Portales (Chile)
Carolina Campos Mello, PUC-Rio
Carol Proner, UniBrasil e UPO (Espanha)
Cristiano Paixão, UnB
Deisy Ventura, USP
Eneá de Almeida, UnB
James N. Green, Brown University (Estados Unidos)
José Carlos Moreira Silva Filho, PUCRS
Kátia Kozicki, PUCPR
Katia Matin-Chenut, Univ. Paris 1 e College de France (França)
Leonardo Avritzer, UFMG
Roberta Baggio, UFRGS
Rosa Maria Zaia Borges, PUCRS
Veram Karan, UFPR

Conselho Editorial

Adilson Abreu Dallari
Alécia Paolucci Nogueira Bicalho
Alexandre Coutinho Pagliarini
André Ramos Tavares
Carlos Ayres Britto
Carlos Mário da Silva Velloso
Cármen Lúcia Antunes Rocha
Cesar Augusto Guimarães Pereira
Clovis Beznos
Cristiana Fortini
Dinorá Adelaide Musetti Grotti
Diogo de Figueiredo Moreira Neto
Egon Bockmann Moreira
Emerson Gabardo
Fabrício Motta
Fernando Rossi

Flávio Henrique Unes Pereira
Floriano de Azevedo Marques Neto
Gustavo Justino de Oliveira
Inês Virgínia Prado Soares
Jorge Ulisses Jacoby Fernandes
Juarez Freitas
Luciano Ferraz
Lúcio Delfino
Marcia Carla Pereira Ribeiro
Márcio Cammarosano
Maria Sylvia Zanella Di Pietro
Ney José de Freitas
Oswaldo Othon de Pontes Saraiva Filho
Paulo Modesto
Romeu Felipe Bacellar Filho
Sérgio Guerra

Luís Cláudio Rodrigues Ferreira
Presidente e Editor

Supervisão editorial: Marcelo Belico
Revisão: Gabriela Sbeghen
Bibliotecário: Ricardo Neto – CRB 2752 – 6ª Região
Capa e projeto gráfico: Walter Santos
Diagramação: Deborah Alves

Av. Afonso Pena, 2770 – 15º/16º andares – Funcionários – CEP 30130-007
Belo Horizonte – Minas Gerais – Tel.: (31) 2121.4900 / 2121.4949
www.editoraforum.com.br – editoraforum@editoraforum.com.br

T678j	Torelly, Marcelo D.
	Justiça de Transição e Estado Constitucional de Direito: perspectiva teórico-comparativa e análise do caso brasileiro / Marcelo D. Torelly ; prefácio Anthony W. Pereira ; apresentação Paulo Abrão. – Belo Horizonte : Fórum, 2012.
	381 p.
	(Coleção Fórum Justiça e Democracia, v. 2)
	Coordenador da coleção Paulo Abrão
	ISBN 978-85-7700-607-6
	1. Justiça de Transição. 2. Constitucionalismo. 3. Estado de Direito. 4. Direitos Humanos. I. Pereira, Anthony. W. II. Abrão, Paulo. III. Título. IV. Série.
	CDD: 345.026 683 01
	CDU: 34 "714"

Informação bibliográfica deste livro, conforme a NBR 6023:2002 da Associação Brasileira de Normas Técnicas (ABNT):

TORELLY, Marcelo D. *Justiça de Transição e Estado Constitucional de Direito*: perspectiva teórico-comparativa e análise do caso brasileiro. Belo Horizonte: Fórum, 2012. 381 p. (Coleção Fórum Justiça e Democracia, v. 2). ISBN 978-85-7700-607-6.

AGRADECIMENTOS

Produzido desde uma releitura e atualização da dissertação de mestrado defendida em dezembro de 2010 junto ao programa de pós-graduação em Direito da Universidade de Brasília, o presente livro foi extremamente enriquecido pela atenta arguição dos professores da casa, Eneá de Stutz e Almeida e Menelick de Carvalho Netto, e pelo professor convidado, Anthony W. Pereira, do King's College London, sendo os dois primeiros os orientadores da pesquisa no programa, a quem cabe um ainda mais especial "obrigado". Três pessoas acompanharam a gênese deste projeto, fazendo relevantes sugestões, são elas Roberta Baggio, da Universidade Federal do Rio Grande do Sul, Márcia Elayne Moraes, do Centro Universitário Metodista de Porto Alegre, e Paulo Abrão, da Pontifícia Universidade Católica do Rio Grande do Sul e do Ministério da Justiça. A Paulo cabe um mais especial agradecimento pelo constante apoio não apenas acadêmico, mas também profissional, nos mais de cinco anos de atuação conjunta na Comissão de Anistia. Essa experiência certamente enriqueceu muito este trabalho, garantindo-lhe um substrato empírico de outra forma inalcançável. De maneira muito resumida, o apoio recebido tanto na Universidade de Brasília (de meus colegas e professores), quanto no Ministério da Justiça (especialmente dos colegas e conselheiros da Comissão de Anistia), constituíram a condição de possibilidade para a pesquisa e escrita desta obra.

Ao longo dos quatro últimos anos, trechos desta pesquisa foram apresentados e debatidos em diferentes eventos no Brasil e exterior, bem como tive a oportunidade de trocar ideias a ela incorporadas com muitos outros pesquisadores e gestores de políticas públicas em visitas a Argentina, Chile, Colômbia, Estados Unidos, Espanha, Finlândia, França, Inglaterra, Itália, Irlanda do Norte, Portugal e Venezuela, razão pela qual tenho uma longa lista de agradecimentos a registrar aqui.

Beneficiei-me de intenso contato com Javier Ciurlizza, então diretor para as Américas do Centro Internacional para a Justiça de Transição (ICTJ) em Bogotá, hoje no International Crisis Group. Em Nova York, pude discutir muitos dos elementos que compõem o capítulo quatro deste estudo com Louis Bickford, durante visita à The New School University; pude realizar longa entrevista com Ruti G. Teitel, da New York

Law School, que ampliou o uso de sua obra enquanto referencial desta e, ainda, beneficiar-me de uma curta porém rica conversa na Universidade de Oxford com ela e com Naomi Arriaza, da Hastings School of Law da Universidade da Califórnia, que ampliou minha compreensão sobre a estranheza da assunção de responsabilidade estatal pelos crimes da ditadura no Brasil. A James Green, da Brown University, agradeço por ampliar meu interesse nos movimentos sociais de luta contra a repressão no Brasil e nos Estados Unidos, com seu vasto conhecimento e ímpar receptividade. Na Inglaterra, devo agradecer enormemente à Leigh A. Payne, a Timothy Power e a Phil Clark, todos da Universidade de Oxford, bem como a Anthony Pereira, do King's College London, pelas inúmeras oportunidades abertas no Reino Unido. Na Universidade do Chile, Silvana Lauzán e Marianne Gonzalez foram grandes guias durante a excelente oportunidade de estudos a mim conferida pelo Centro de Direitos Humanos da Faculdade de Direito, onde tive a grata felicidade de conhecer José Zalaquett e trocar inúmeras ideias com ele, que é seguramente não apenas um grande acadêmico, mas um exemplo de vida, bem como com muitos colegas de toda América Latina. Na Argentina, tive grande intercâmbio (intelectual e político) com o *Memoria Abierta*, a quem agradeço na pessoa de Patricia Valdez, e com os colegas do *Centro de Estudios Legales y Sociales* (CELS) e ICTJ, cabendo agradecer especialmente a Lorena Balardini e a Leonardo Fillipini, bem como a Pablo Parenti, da *Fiscalia*, sendo o trabalho dos dois últimos uma via de acesso privilegiada que tive ao processo de juízos penais argentino.

As seções deste texto que discutem "memória e verdade" foram enriquecidas em seminário sobre o tema promovido pela Comissão de Anistia do Ministério da Justiça e pelo Centro de Estudos Sociais da Universidade de Coimbra, cabendo agradecimentos portanto à Boaventura de Sousa Santos, Natércia Coimbra e Cecília Macdowell Santos. Esse tópico se beneficia do intercâmbio de ideias com Félix Reátégui, da PUC-Peru, e Paloma Aguilar, do Instituo Juan March de Madri, que apenas pude conhecer recentemente, e dos debates de seminário realizado na Universidade Carlos III, de Madri, onde pude conhecer alguns dos autores utilizados na comparação com o caso espanhol e, ainda, melhor conhecer as ações governamentais daquele país em agenda conjunta com os Ministros da Justiça do Brasil e Espanha e seus assessores para a área. Alguns dos tópicos desta mesma sessão do texto foram discutidos na Universidade Pablo de Olavide de Sevilla, cabendo agradecer à Carol Proner, da UniBrasil, e a Xixo (Wilson Ramos Filho), da Universidade Federal do Paraná, por estabelecerem as pontes necessárias para que a atividade ocorresse, e por acreditarem neste tema e na relevância de seu debate em perspectiva comparada, e no 10º encontro do Comitê Internacional de Museus e Coleções de Arqueologia e História, em Helsinque, a este coletivo igualmente cabe um importante agradecimento. Tanto em Sevilla quanto em Oxford pude conversar longamente com Lauro Joppert Swensson Junior, colega sediado na Universidade de Frankfurt (onde, posteriormente, viríamos a promover conferência comparando os processos de Justiça de Transição no Brasil e Alemanha), bem como discutir dois de seus textos que pudemos publicar na Revista Anistia Política e Justiça de Transição. Tal intercâmbio foi deveras relevante, vez que ouvir sua perspectiva e de seus colegas, em muitos pontos radicalmente distinta da minha, permitiu amadurecer alguns argumentos.

No processo de revisão deste livro para a publicação tive a oportunidade de trabalhar com Jan-Michael Simon, do Instituto Max Planck para o Direito Penal Internacional e Estrangeiro, e com os professores Ana Lúcia Sabadell e Davi Tangerino, da Faculdade Nacional de Direito, para a promoção da Conferência Internacional Comissão da Verdade: Perspectivas Brasileiras, surgindo contribuições que igualmente pude aqui incorporar. Durante o seminário The Quality of Democracy in Brazil, do King's College London, recebi amigáveis e importantes sugestões de Kenneth Maxwell e discuti longamente os desafios para a implementação da sentença do caso Gomes Lund e outros *vs.* Brasil com Par Engstrom, do Centro de Estudos Avançados da Universidade de Londres. Muito dessa discussão não está diretamente incorporado ao trabalho, por dele não ser objeto específico, mas serviu para correções pontuais distribuídas ao longo do texto, quando aludo ao sistema interamericano. O monumental banco de dados de Louise Mallinder, da Univeristy of Ulster, bem como o seminário por ela organizado em Belfast também propiciaram importantes ocasiões de reflexão sobre alguns elementos-chave deste estudo. Os comentários de Leslie Bethell, do CPDOC da Fundação Getulio Vargas-Rio, ao texto do qual fui co-autor e pude apresentar no St. Anthony's College da Universidade de Oxford, também permitiram uma série de refinamentos.

No Brasil, atuando na Comissão de Anistia, órgão de assessoria direta ao Ministro de Estado da Justiça, tive a grande honra e satisfação de conviver com o então ministro Tarso Genro, cuja liderança política e intelectual propiciaram verdadeiro salto de qualidade no debate transicional brasileiro, bem como com seu sucessor, ministro José Eduardo Cardozo, pessoalmente dedicado ao projeto de termos, no Brasil, uma comissão da verdade. Essa convivência e a possibilidade de acompanhar os ministros no Brasil e no exterior foram únicas, ímpares e muito importantes para meu desenvolvimento intelectual e profissional. Registro igualmente gratidão aos colegas do IDEJUST (Grupo de Estudos sobre Internacionalização do Direito e Justiça de Transição) mantido pelo Instituto de Relações Internacionais da Universidade de São Paulo em parceria com a Comissão de Anistia, cujas reuniões em muito ampliaram os referenciais teóricos da pesquisa, com especial ênfase a meus colegas de diretoria no grupo: Deisy Ventura e Renan Quinalha, da Universidade de São Paulo, Paulo Abrão, já antes nominado, Marcelo Cattoni, da Universidade Federal de Minas Gerais, Kátia Kozick, da Pontifícia Universidade Católica do Paraná, e José Carlos Silva Filho, da Pontifícia Universidade Católica do Rio Grande do Sul. A participação em diversas atividades com os professores José Ribas Vieira, da PUC-Rio, Jessie Jane, Maria Paula Araújo e Carlos Fico, da Universidade Federal do Rio de Janeiro, Alexandre Garrido, da Universidade Federal de Uberlândia, Vera Karam, da Universidade Federal do Paraná, bem como com os Procuradores da República Marlon Weichert, Eugênia Fávero e Inês Prado Soares e das representantes do CEJIL no Rio de Janeiro, Beatriz Affonso e, em Washington, Viviana Krsticevic, certamente também beneficiaram o resultado final do projeto. Igualmente contribuíram para a reformulação de alguns dos argumentos aqui apresentados os colegas presentes na reunião de Florianópolis e Uberlândia do Conselho Nacional de Pesquisa e Pós-Graduação em Direito (CONPEDI).

Todas essas pessoas fizeram este trabalho seguramente melhor, sem que isso implique responsabilidade ante as ideias aqui apresentadas, que espero possam fazer jus à qualidade da interlocução que me propiciaram.

Finalmente, um indispensável apoio a este trabalho partiu de meus familiares e amigos. Não há como não agradecer à Annita (*in memoriam*), Jayme, Leonice e Denise Torelly, o núcleo duro de minha família, nem como olvidar uma interminável lista de amigos, que aqui não caberia. Cada um deles sabe de minha admiração e gratidão, e saberá perdoar essa estratégica omissão.

SUMÁRIO

ABREVIATURAS E SIGLAS...13

LISTA DE QUADROS...15

PREFÁCIO
JUSTIÇA DE TRANSIÇÃO E ESTADO CONSTITUCIONAL DE DIREITO
Anthony W. Pereira...17

APRESENTAÇÃO
A DISPUTA PELO CONCEITO DE ANISTIA NO BRASIL – DE
IMPUNIDADE E ESQUECIMENTO À LIBERDADE E REPARAÇÃO
Paulo Abrão..23

INTRODUÇÃO 35

PARTE I
TRANSIÇÕES PARA A DEMOCRACIA E JUSTIÇA DE TRANSIÇÃO

CAPÍTULO 1
ELEMENTOS CENTRAIS PARA O ESTUDO DAS TRANSIÇÕES....45

1.1 Pressupostos mínimos para um estudo sobre as transições políticas: distinção de leituras do direito e da política 46

1.2 A natureza dos regimes repressivos: classificação semântico-valorativa e de tipo de regime e suas influências na aplicação jurídica de medidas transicionais 52

1.2.1 Classificações semântico-valorativas dos regimes autoritários.............53

1.2.2 Tipos de regime e formas de transição....................................65

1.3 Procedimentos político-jurídicos para as aberturas democráticas na terceira onda 73

1.3.1. Definindo a terceira onda (localizando o modelo transicional brasileiro)..73

1.3.2 Eleições como mecanismos transicionais....................................78

1.3.3 As anistias como mecanismos transicionais..................................84

1.4 O fim dos processos de transição: o que é uma "democracia consolidada"?...91

CAPÍTULO 2

A JUSTIÇA DE TRANSIÇÃO COMO CAMINHO PARA O ESTADO DE DIREITO 101

2.1 Conceituando "Justiça de Transição" historicamente 104

2.2 O problema das classificações não substanciais: *justiça legal* e *justiça política* na criação e aplicação de mecanismos transicionais 113

2.3 Superando a separação estrita entre *justiça legal* e *justiça política*: para uma concepção substancial de Estado de Direito numa democracia constitucional 126

2.4 O Estado de Direito no contexto da transição: *transitional rule of law* 135

2.5 Os efeitos retrospectivos do Estado de Direito e releitura histórica dos fundamentos do direito e da Constituição – uma aproximação com o caso espanhol 144

PARTE II

DEMOCRATIZAÇÃO E JUSTIÇA DE TRANSIÇÃO NO BRASIL

CAPÍTULO 3

A REDEMOCRATIZAÇÃO E OS OBSTÁCULOS PARA A JUSTIÇA DE TRANSIÇÃO NO BRASIL 163

3.1 Democratização e justiça: estabelecendo distinções e refutando oposições teoréticas à efetivação das dimensões da Justiça Transicional no Brasil 164

3.2 A "natureza" do regime e a transição sob controle 175

3.3 Entre o perdão e a impunidade: o paradoxo da vitória de todos na anistia brasileira 184

3.4 Eleições e democratização vertical 199

3.5 Luta pela anistia e movimentos sociais pós-1988 – o ocaso de um movimento 210

CAPÍTULO 4

DECIFRANDO O MODELO TRANSICIONAL BRASILEIRO 219

4.1 Em busca do Estado de Direito: a reforma das instituições como fator autônomo à Justiça de Transição no Brasil 221

4.2 O eixo estruturante: as políticas de reparação e a reconciliação social com o Estado 233

4.2.1 Conformação histórico-normativa do processo reparatório 233

4.2.2 O programa brasileiro de reparações e sua abrangência 240

4.2.3 Assimetrias do processo reparatório brasileiro 251

4.2.4 O processo reparatório como eixo estruturante-condutor da Justiça de Transição no Brasil 260

4.3 Às voltas com o paradoxo da vitória de todos: memória, verdade, ficção e esquecimento 264

4.3.1 Conceituando "direito à memória" e "direito à verdade" para fins concretos 267

4.3.2 Conteúdo normativo e meios políticos de efetivação 272

4.3.3 Diagnóstico sobre a memória política e a confiança social nas instituições brasileiras...283

4.3.4 Medidas de efetivação do direito à memória e à verdade no Brasil ...286

4.3.5 Conclusões e prognósticos 297

4.4 Justiça impossível: a lei de anistia e as limitações pré-constitucionais ao Estado Constitucional de Direito 299

4.4.1 O Poder Judiciário e as cortes constitucionais nas transições políticas 300

4.4.2 A lei de anistia de 1979 e o STF: o pleito por uma interpretação conforme a Constituição..309

4.4.3 Conexão criminal e bilateralidade da lei de anistia de 1979 314

4.4.4 A recepção pela Constituição da lei de anistia e a continuidade material entre o ordenamento autoritário e o democrático 327

4.4.5 Temporalidade, separação de poderes e negativa de jurisdição 339

4.4.6 A decisão do STF sobre a lei de anistia: entre conservadorismo e reacionarismo..345

4.5 O Estado criminoso e a responsabilização abstrata: o modelo transicional brasileiro...354

CONSIDERAÇÕES FINAIS 361

REFERÊNCIAS...369

ABREVIATURAS E SIGLAS

ABIN – Agência Brasileira de Inteligência
ADCT – Atos das Disposições Constitucionais Transitórias da Constituição da República de 1988
ADPF – Ação de Descumprimento de Preceito Fundamental
AGU – Advocacia-Geral da União
AI – Ato Institucional
CA – Comissão de Anistia
CEJIL – Centro para a Justiça e os Direitos Humanos (Center for Justice and International Law)
CEMDP – Comissão Especial sobre Mortos e Desaparecidos Políticos
CENIMAR – Centro de Informações da Marinha
CIE – Centro de Informações do Exército
CISA – Centro de Informações e Segurança da Aeronáutica
CNBB – Conferência Nacional dos Bispos do Brasil
CONASP – Conselho Nacional de Segurança Pública
CRFB ou 'CR' – Constituição da República Federativa do Brasil
DOI-CODI – Destacamento de Operações de Informações - Centro de Operações de Defesa Interna
DPU – Defensoria Pública da União
EC – Emenda Constitucional
FHC – Fernando Henrique Cardoso
ICTJ – Centro Internacional para a Justiça Transicional (International Center for Transitional Justice)
INSS – Instituto Nacional de Seguridade Social
MD – Ministério da Defesa
MDB – Movimento Democrático Brasileiro
MERCOSUL – Mercado Comum do Sul
MJ – Ministério da Justiça
MP – Ministério Público
MPF – Ministério Público Federal
MPOG – Ministério do Planejamento, Orçamento e Gestão
OAB – Ordem dos Advogados do Brasil
PC – Partido Comunista
PCdoB – Partido Comunista do Brasil
PF – Polícia Federal
PGR – Procuradoria-Geral da República
PL – Projeto de Lei
PMPC – Prestação Mensal, Permanente e Continuada

PNDN-3 –	Terceiro Programa Nacional de Direitos Humanos
PT –	Partido dos Trabalhadores
PU –	Prestação Única
RENAESP –	Rede Nacional de Altos Estudos em Segurança Pública
SDH –	Secretaria de Direitos Humanos da Presidência da República
SEDH –	Secretaria Especial de Direitos Humanos da Presidência da República
SIAFI –	Sistema Integrado de Informação Financeira do Governo Federal
SNI –	Serviço Nacional de Informações
STF –	Supremo Tribunal Federal

LISTA DE QUADROS

QUADRO 1 – Regime autoritário – Justiça Transicional/ endógeno-exógeno 56

QUADRO 2 – Características da legalidade autoritária no Brasil, Chile e Argentina 122

QUADRO 3 – Comparação de resultados da Justiça Transicional: Brasil, Chile e Argentina 124

QUADRO 4 – Anistia do Governo *versus* Anistia do Povo 191

QUADRO 5 – Medida de tendência central das variáveis dependentes e independentes no cenário eleitoral latino-americano (1982-1995) 202

QUADRO 6 – Medidas legais de reparação no Brasil 244

QUADRO 7 – Medidas e políticas públicas de reparação individual e coletiva do Governo Lula (2003-2010) 250

QUADRO 8 – Desenho institucional da Comissão da Verdade brasileira (Lei nº 12.528/2011) 294

QUADRO 9 – Comparativo de poderes entre as Comissões de Reparações e da Verdade 295

PREFÁCIO

JUSTIÇA DE TRANSIÇÃO E ESTADO CONSTITUCIONAL DE DIREITO

> *... todas as criaturas vêm ao mundo trazendo consigo uma memória de justiça.*
>
> *"Mas nós vivemos em um mundo de leis", digo eu ao meu pobre prisioneiro, "um mundo do segundo melhor. Não a nada que possamos fazer sobre isso. Nós somos criaturas caídas. Tudo o que podemos fazer é nos apoiarmos nas leis, todos nós, sem com isso deixar esvaecer a memória da justiça".*
>
> (COETZEE. *Waiting for the Barbarians*)

Nos últimos trinta anos o mundo testemunhou uma revolução constitucionalista. De uma maneira majoritariamente pacífica, regimes comunistas da Europa central e do leste, regimes autoritários da América Latina, África Subsaariana e da Ásia, foram substituídos por repúblicas constitucionais com governos democraticamente eleitos e a presença das instituições formais do Estado de Direito, incluindo o judiciário e as cortes constitucionais (sendo ainda muito cedo para se dizer se a "Primavera Árabe" de 2011 gerará este mesmo tipo de regime no Oriente Médio). As causas, a natureza e, especialmente, o impacto dessa revolução constitucionalista vêm sendo debatidos calorosamente. Alguns acadêmicos, por exemplo, vêm nela a realização de antigas aspirações humanas por liberdade, igualdade, cidadania, democracia e progresso. Outros, menos otimistas, lamentam seus reflexos que resultam na "judicialização" da política, atribuída a elites conservadoras que, incapazes de garantir seus interesses na arena da democracia majoritária, representada pelas legislaturas, valem-se das cortes constitucionais.[1]

O conceito de Justiça de Transição é central para a ideia de constitucionalismo. Ele refere-se as medidas adotadas após o fim de regimes autoritários ou de guerras para enfrentar as violações aos direitos humanos do passado, fundando-se na presunção de que o estado democrático de direito não pode ser construído sobre a impunidade de crimes praticados contra a humanidade. Essas medidas podem incluir a investigação destes crimes; a reparação às vítimas e a seus familiares e entes queridos; a punição dos perpetradores das violações; a reforma do judiciário e das instituições de segurança, como forma de prevenir a repetição de delitos da mesma natureza, e ações que buscam preservar ou jogar luz na memória e nas experiências vivenciadas pelas vítimas. Algumas ou muitas destas medidas têm sido adotadas por países da América Latina, bem como de outras regiões. O método, a escolha e a sequência dessas medidas varia de um país a outro, dependendo das circunstâncias históricas de cada um. É no contexto desta onda de Justiça Transicional que Marcelo D. Torelly deixa sua marca, tanto como acadêmico, quanto como agente público da Comissão de Anistia do Ministério da Justiça.

Justiça de Transição e Estado Constitucional de Direito é uma importante contribuição para a literatura especializada, refletindo o engajamento apaixonado do autor com alguns dos maiores temas do campo, bem como seu elevado idealismo, acuidade crítica, habilidade para combinar análises jurídicas e das ciências sociais, e uma avaliação tanto do imenso progresso experimentado pelo Brasil desde a redemocratização, quanto dos desafios e barreiras ainda existentes para o contínuo aprofundamento democrático do país. Torelly revisita as teorias da democratização, da Justiça de Transição e do constitucionalismo, aplicando os conhecimentos nelas produzidos ao caso brasileiro. Como resultado, formula um "modelo brasileiro" de Justiça Transicional.

O que é o modelo brasileiro, ou, para colocar de outra maneira, como se diferencia a Justiça de Transição brasileira? Primeiramente, argumenta Torelly, a Justiça de Transição não fez parte de um primeiro momento da transição para a democracia do país (diferentemente, por exemplo, de Chile e Argentina). A Justiça de Transição no Brasil é tardia, surgindo apenas na década de 1990, dez anos após o fim da ditadura. A anistia decretada em 1979 pelos militares foi mantida no período

---

[1] Veja: HILBINK. Assessing the New Constitutionalism. *Comparative Politics*, p. 227-245.

democrático, fazendo do Brasil, conjuntamente com El Salvador, os únicos países da América Latina que não contornaram ou revogaram suas anistias. Em segundo lugar, o Estado assumiu a responsabilidade pelos crimes cometidos pela ditadura, mas abstratamente e de modo fragmentado e gradual. Foi o poder executivo quem assumiu esta responsabilidade, sendo o principal promotor de medidas de Justiça Transicional, com outros setores do aparelho estatal, mais notadamente as forças armadas e o judiciário, relutando em investigar os atos praticados pela ditadura. Voltando à comparação com outros casos latino-americanos, as organizações da sociedade civil restaram relativamente marginalizadas no processo transicional brasileiro. Ainda, os familiares de mortos e desaparecidos isolaram-se. Em terceiro lugar, o foco central de atuação do Estado foi a política de reparações, e não os julgamentos. Finalmente, o impacto das medidas transicionais foi parcial e fragmentado, com algum resgate da memória dos reprimidos e o desenvolvimento de uma postura crítica em relação à experiência autoritária — compondo parte daquilo que Torelly chama de uma "cultura de cidadania", ou, um "senso comum democrático" — coexistindo com narrativas de justificação do arbítrio e da violência autoritária como um "mal necessário", legitimando a manutenção de atitudes autoritárias no presente, especialmente nas áreas de segurança pública e justiça.

Torelly é inovador ao recusar-se a ver no foco prioritário conferido ao processo de reparações algo puramente negativo. Em sua perspectiva, o processo de reparações foi mais uma base de lançamento que permitiu catapultar novos temas para o debate público do que uma barreira a novas medidas de Justiça de Transição, para usar a metáfora aplicada por Steve Stern.[2] Por exemplo, o processo de investigação e pagamento de reparações pela Comissão de Anistia, criada em 2002, para aqueles que foram vítimas da repressão (sofrendo perda de trabalho, expulsão de escolas e universidades, torturas, mortes e desaparecimentos), levou à criação de um novo arquivo de enormes proporções, composto por mais de 70 mil dossiês que servirão, no futuro, como uma importante fonte para todos os investigadores e curiosos que queiram conhecer o passado do país (curiosamente, o período de atuação da Comissão estende-se de 1946 a 1988, excedendo a duração da própria ditadura). Ainda, o reconhecimento das violações que ensejaram as reparações cumpriu um importante papel do debate que culminou com a criação de uma Comissão Nacional da Verdade no

---

[2] STERN. *Battling for Hearts and Minds*: Memory Struggles in Pinochet's Chile, 1973-1988.

Brasil para investigar abusos contra os direitos humanos perpetrados pelo regime autoritário.

Não obstante, Torelly é modesto e realista a respeito dos impactos das políticas de reparação e do trabalho da Comissão de Anistia. Ele não espera que dele emirja uma única verdade transcendental capaz de reconciliar todos os cidadãos. Em vez disso, investe na ideia da construção de uma "coexistência contenciosa" de narrativas na esfera pública, apropriando-se do conceito de Leigh Payne.[3] As reparações são importantes porque elas criam e legitimam narrativas contenciosas não oficiais, provendo aos cidadãos uma visão pluralista de seu passado. Esse processo é mais importante do que o dinheiro distribuído. Atos de rememoração, como a construção do Memorial da Anistia em Belo Horizonte, ou a construção de uma estátua de um prisioneiro político no pau de arara em Recife, e a publicação pela Secretaria de Direitos Humanos da Presidência da República do livro-relatório *Direito à memória e à verdade* também contribuem para essa afirmação pluralista, fortalecendo o resgate da dignidade das vítimas da repressão.

Talvez a parte mais controversa do livro seja a análise de Torelly sobre a decisão do Supremo Tribunal Federal brasileiro que, em abril de 2010, manteve a interpretação de bilateralidade dada à lei de anistia. Para Torelly, a lei de 1979 constitui uma autoanistia para o regime, vez que o Congresso Nacional não era ainda suficientemente independente para legitimamente discutir a questão em termos igualitários com o Executivo, o que consequentemente a torna inválida ante ao direito internacional. Mais ainda, a anistia de 1979 foi falsamente vendida como uma "vitória de todos". De fato, a lei tratava objetivamente da anistia aos perseguidos políticos e apenas abstratamente de um eventual anistia aos agentes de estado, refletindo o paradoxo de o Estado supostamente ser o mediador de um conflito do qual era parte envolvida. Mas talvez o mais crítico, a decisão da Suprema Corte não fez qualquer distinção entre o poder de fato da ditadura e os fundamentos constitucionais legitimamente afirmados do regime democrático pós-1988. Para Torelly, a decisão do Supremo Tribunal Federal foi pragmática, mais estratégica que jurídica; ela igualou a legalidade do regime militar com a legitimidade democrática, não promovendo a defesa dos direitos e garantias fundamentais daqueles vitimados pelo regime. Ele argumenta que, neste sentido, a maioria dos ministros defendeu a lei

---

[3] PAYNE. *Unsettling Accounts*: neither truth nor reconciliation in confessions of state violence.

como um instrumento que se curva ao poder – em outras palavras, a Suprema Corte desempenhou o mesmo papel ante ao Executivo vis-à-vis ao que tinha durante o regime militar. A anistia – bem como todo o interlúdio autoritário – foi afirmada como um "mal necessário", e a Constituição de 1967/1969 foi perigosamente equiparada, em termos de legitimidade, a sua sucessora de 1988, mesmo tendo sido a primeira imposta à força e a segunda sido produto do debate e da participação popular, por meio de procedimento democrático amplamente coberto pela mídia. Por todas essas razões, Torelly é implacável quanto a decisão, desprezando-a como produto de uma suprema corte reacionária.

Não é certo o que o proeminente teórico constitucionalista contemporâneo Andrew Arato diria sobre o argumento de Torelly.[4] Arato poderia pontuar o fato de que todas as democracias contemporâneas tiveram origens autoritárias, e que neste sentido o Brasil não é em nada excepcional. Todavia Arato, como Torelly, aplaudiria o processo constitucional brasileiro dos anos 1986-1988. A ampla inclusão social que caracterizou a criação da Constituição de 1988 não tem precedentes na história brasileira, e foi seguida de numerosos outros exemplos de um "cultura de cidadania", ou, em outras palavras, aquilo que James Holston chama de uma "cidadania insurgente".[5]

Há, portanto, muito o que Torelly possa admirar quanto às realizações democráticas do Brasil, e especificamente na criação de mecanismos constitucionais e na implementação de políticas de Justiça Transicional (nestas últimas donde Torelly pessoalmente jogou e continua a jogar um papel-chave). Mas há também muito que lhe desaponte por não ter-se alcançado. Ele lamenta a aparente indiferença, segundo pesquisa recente, de um terço da população brasileira para com a democracia. Critica o que define como uma cultura punitivista, elitista e patrimonialista do regime militar que pode ser detectada como ainda viva nos dias presentes. Identifica muito ainda por fazer no que diz respeito à reforma das instituições de segurança e do poder judiciário, apontando o fato de que a plena proteção aos direitos humanos ainda não foi atingida no Brasil. Legislações autoritárias seguem em vigor e líderes com passado autoritário seguem em importantes posições de poder de tal maneira que, para Torelly, é ainda impossível falar de uma plena consolidação do estado democrático de direito no Brasil.

---

[4] Veja: ARATO. *Civil Society, Constitution, and Legitimacy*.

[5] HOLSTON. *Insurgent Citizenship*: Disjunctions of Democracy and Modernity in Brazil.

Chegará o tempo de "fecharem-se os livros" do passado autoritário brasileiro?[6] Talvez não agora. O processo de Justiça Transicional ainda está ocorrendo. Um julgamento definitivo talvez esteja para além de nosso alcance, de tal maneira que hoje devemos nos contentar com avaliações parciais. Leitores buscando compreender esse momento apreciarão *Justiça de Transição e Estado Constitucional de Direito*. Ele poderá guiá-los por um intrincado labirinto de questões analíticas, empíricas e éticas que cercam a Justiça de Transição, ajudando-os a refletir, se não de maneira conclusiva, pelo menos sobre as próprias questões postas. O papel do autor como um agente nacional da execução das políticas de Justiça Transicional, seu profundo apreço pelo ideal do estado constitucional de direitos e seu profundo conhecimento tanto sobre progresso democrático, quanto sobre o legado autoritário no Brasil, fazem dele um guia confiável e perspicaz para o assunto.

Londres, agosto de 2011.

Anthony W. Pereira

Diretor e Professor do Instituto Brazil, do King's College London (Reino Unido). Doutor em Ciência Política pela Universidade de Harvard (Estados Unidos). Foi professor da Tulane University e da New School University (Estados Unidos) e Professor visitante da Fletcher School of Law and Diplomacy e da Harvard University (Estados Unidos), bem como da Universidade Federal de Pernambuco.

---

[6] ELSTER. *Closing the Books*: Transitional Justice in Comparative Perspective.

APRESENTAÇÃO

A DISPUTA PELO CONCEITO DE ANISTIA NO BRASIL
DE IMPUNIDADE E ESQUECIMENTO À LIBERDADE E REPARAÇÃO

A presente obra chega ao leitor prefaciada pelo professor Anthony W. Pereira, seguramente um dos mais argutos analistas contemporâneos do Brasil. Em meados dos anos 2000, em uma pesquisa comparando o Estado de Direito pós-autoritário na Argentina, Brasil e Chile, o professor Pereira estabeleceu categoria que será fundamental a este estudo (e está por ele muito bem apropriada): a legalidade autoritária.[7] Do ponto de vista da ciência política, seu estudo perguntava por que os regimes autoritários, que chegam ao poder pela força, se dão ao trabalho de buscar uma certa forma de legalidade. A resposta encontrada por Anthony Pereira é duplamente instigante: primeiro, porque mantidas as estruturas de legalidade, os regimes se legitimam por meio da lei, em segundo lugar, porque tem condições objetivas de fazê-lo.[8]

Max Weber define o direito moderno como um sistema de racionalidade lógico-formal, onde a formalidade decorre da aplicação de regras intrínsecas ao próprio sistema, e a logicidade advém do modo de geração destas regras e das decisões delas decorrentes, adstrito a uma comunidade jurídica especializada que guia-se exclusivamente por tais parâmetros formais. Esse sistema tem a vantagem de legitimar-se desde

---

[7] A recente tradução do livro ao português facilita o acesso aos interessados: PEREIRA. *Ditadura e repressão*: o autoritarismo e o Estado de Direito no Brasil, Chile e Argentina.

[8] PEREIRA. *Ditadura e repressão*: o autoritarismo e o Estado de Direito no Brasil, Chile e Argentina, p. 284.

24 | MARCELO D. TORELLY
JUSTIÇA DE TRANSIÇÃO E ESTADO CONSTITUCIONAL DE DIREITO

dentro, sem a necessidade de elementos externos a fazê-lo.[9] O critério weberiano não adentra na materialidade (na "substância") do direito, de tal feita que os intérpretes de Weber seguem a desenvolver sua tese de que tal forma de organização jurídica não apenas favorecia o capitalismo por sua maior previsibilidade, como também e, em especial, por afastar pretensões de justiça social do universo jurídico, deslocando-as fatalmente para a política, de maneira já aprioristicamente limitada pelo próprio princípio jurídico da igualdade formal.[10]

Assim, a legalidade autoritária desde uma perspectiva weberiana procura manter a formalidade, buscando a autolegitimação, mas precisa confrontar-se com o problema da logicidade. A partir do momento em que o direito passa a ser criado (seja pelo ato legislativo, seja pela interpretação) fora de sua comunidade técnica, por razões eminentemente políticas de vontade da autoridade no poder, tal direito deixa de ser lógico-formal e torna-se um direito de racionalidade substancial. Ou seja: ainda é racional, vez que segue a um conjunto de padrões e regras formais, mas perde a lógica abstrata que garantia sua pretensa universalidade, vez que tais princípios originam-se externamente ao próprio direito, na esfera política substantiva que este entendia regular.

Essa brevíssima e superficial aproximação serve apenas para destacar alguns dos problemas que o presente estudo de Marcelo D. Torelly enfrenta, procurando decupar o modo como o direito democrático processa o entulho autoritário legado por regimes de exceção. De maneira muito resumida, o direito democrático precisa diferenciar, seja pelo critério formal weberiano, seja por critérios materiais (como os de Teitel, Rosenfeld e outras fontes apresentadas no desenvolvimento da pesquisa) aquele direito cuja fonte é formalmente válida, ou legítima, daquele cuja fonte é ilegítima ou formalmente inválida.

O que Pereira define como o "enigma da legalidade autoritária" em sua perquirição sobre o porquê da formalização de regras em um regime de força levará o pensamento jurídico a uma intrincada situação no momento seguinte da análise, quando há de se questionar "o que" fazer com aquele direito formalmente válido cuja lógica motriz não fora àquela definida e legitimada como democrática, mas sim aquela egressa de uma matriz autoritária. Cabe ao direito, portanto, estabelecer mecanismos que permitam restabelecer a distinção entre direito e poder que o autoritarismo turvou. Neste diálogo entre teoria jurídica e ciência

---

[9] WEBER. *Direito e economia*, v. 2.
[10] TRUBEK. Max Weber sobre direito e a ascensão do capitalismo. *Revista Direito GV 5*, p. 151-186.

política, Torelly buscará o caminho da leitura constitucionalista para obter algumas respostas. Antes, porém, recortará seu tema, viabilizando um objeto de estudo que permita a ampliação multidisciplinar do enfoque sem com isso impossibilitar a resolução do problema dentro daquilo que ele define como "uma teoria abrangente".

O recorte será eminentemente o das transições da terceira onda, mais especificamente, daquelas que Samuel Huntington define como as "transições por transformação" da terceira onda.[11] Com este estreitamento, pretende analisar transições sem ruptura, como as experimentadas por Brasil e Espanha, onde se altera o elemento norteador da dimensão lógica do direito, sem interrupção do elemento formal. Ou seja: do ponto de vista político, a legalidade autoritária é incorporada à legalidade democrática. Procura-se, desta feita, estabelecer uma continuidade lógica entre o direito autoritário e o direito democrático, coisa que é, justamente, logicamente impossível. Decorre daí a posterior eleição da análise constitucional como elemento de distinção, buscando agregar ao processo um elemento de racionalidade que permita distinguir "direito" de "poder" na avaliação de medidas concretas, como as anistias.

Posto o objetivo, o estudo distribui-se em dois grandes blocos. Um primeiro, sua parte 1, busca uma aproximação entre dois campos de estudos, o dos processos de democratização e o da Justiça de Transição. A premissa aqui é simples: enquanto os estudos dos processos de democratização, cujos exemplos mais abundantes da literatura são os países da América Latina e do Leste Europeu, focam-se em análises descritivas de padrões de mudança e estabilidade em democracias insurgentes, o campo da Justiça de Transição busca, na percepção do autor, uma leitura normativa que permita estabelecer distinções do tipo binomial lícito/ilícito capazes de trabalhar não apenas prospectivamente, mas também retrospectivamente. Se os estudos de primeiro tipo foram extremamente felizes em mapear quais mecanismos transicionais foram empregados em cada caso concreto (a presente análise se focará nas eleições e nas anistias), e como eles impactaram, positiva ou negativamente, a transição e a estabilização política, os estudos do segundo grupo procuram avaliar estes mecanismos desde uma perspectiva deôntica. A pergunta exemplificativa "são as anistias benéficas para a estabilização dos regimes em consolidação" é transmigrada para uma forma jurídica idealmente pura, donde terá de enquadrar-se no

---

[11] HUNTINGTON. *The Third Wave*: democratization in the late twentieth century.

binômio lícito/ilícito, complexificando-se na questão "em que situações são admissíveis leis anistias?".

Nesse contexto a Justiça de Transição precisa, para ser aplicada em um sistema de direito positivo, responder satisfatoriamente ao critério lógico-formal weberiano para que possa ser considerada, neste mesmo sistema positivo, jurídica e não política. A ideia de uma Justiça de Transição eminentemente política, como visto em Elster,[12] não satisfaz a este pressuposto. De outro lado, uma leitura histórica do próprio positivismo kelseniano, igualmente não é satisfatória, justamente por inserir no bojo do sistema de direito democrático elementos que não podem ser considerados formalmente válidos neste mesmo sistema sem abrir uma brecha que avalize toda e qualquer decisão política enquanto juridicamente válida, desde que ela seja anterior ao momento "fundador" da constituição. Aceitar que a lei formalmente válida é materialmente válida eminentemente por ser formal, mesmo sem ter passado pelo devido processo (leia-se: o devido processo formal e democrático), implica aceitar como legítima toda e qualquer intervenção do poder que possa estruturar-se em forma. Que tenha, nas palavras de Pereira, "condições" (poder e meios) para fazê-lo.

Após construir, na primeira parte do estudo, uma teoria da Justiça Transicional tentativa, que busca formular critérios normativos satisfatórios para esta problemática valendo-se dos pressupostos do constitucionalismo e do direito internacional, o estudo dedica-se ao caso brasileiro, inaugurando a parte 2 da obra. Neste momento o autor debruça-se sobre substrato empírico, analisando pormenorizadamente como as teorias formuladas (e suas concorrentes) procuram dar conta, descritiva e prescritivamente, da Justiça de Transição no Brasil.

Primeiramente analisa a própria transição brasileira, aproximando zetéticamente o tema como forma de gerar subsídios suficientes para uma percepção clara da natureza jurídica do regime inaugurado pelo golpe de 1964 como um regime de força, absolutamente inconstitucional e, mesmo, ilegal em sentido amplo. A essa caracterização soma-se o elemento de absoluto controle do regime sobre a transição (daí sua caracterização como "por transformação"). Esses são os dois elementos-chave da análise: o regime era ilegal, mas jamais perdeu o poder. Não é difícil daí extrair que, como na hipótese de Pereira, formalizava seu arbítrio na forma de leis porque lhe era conveniente, mas, igualmente, porque detinha o poder e os meios de fazê-lo. O elemento

---

[12] ELSTER. *Closing the books*: transitional justice in historical perspective.

fora do lugar no controle do regime fora, justamente, a anistia. Enquanto fonte política de normatividade, a anistia inaugurou o movimento pró-democratização, mas guardou consigo um conjunto de ambiguidades que permeariam todo o processo transicional nas décadas seguintes. Essas ambiguidades repetem-se sistematicamente, não apenas nos dois mecanismos eleitos para a democratização do país (anistia e eleições), mas também em todo um arcabouço social, que levará o autor a distinguir entre dois tipos ideais de senso comum concorrentes, um democrático e um autoritário, capazes de produzir distintas leituras do que foi a ditadura, a transição e do que é, hoje, o estado de direito.

Se é bem verdade que a anistia aprovada em 1979 foi a do governo,[13] é igualmente verdadeiro que a luta social nas ruas pela anistia ampla, geral e irrestrita constituiu-se na primeira grande vitória da sociedade civil contra o regime. Pois é aqui que se explicita a ambiguidade da lei de anistia brasileira, que pude definir em coescrita com o autor da presente obra, em outro estudo, como a um só tempo uma "anistia enquanto liberdade e reparação", no sentido do povo, e uma "anistia enquanto impunidade e esquecimento", no sentido do regime.[14] Neste livro tal ideia fica bem expressa e desenvolvida na lógica do "paradoxo da vitória de todos". É do movimento da luta pela anistia que surgirá o movimento pelas diretas já e, finalmente, pela constituinte, sem que a sociedade jamais derrote o regime em um ato derradeiro, logrando um resultado final de regresso democrático no qual as narrativas sobre o passado e seu legado seguem em disputa até o presente, sendo o melhor exemplo de tal disputa inconclusa a criação da Comissão da Verdade, quase trinta anos após o fim do regime, com fito de constituir uma narrativa crível sobre tal passado.

Como não poderia deixar de ser, após construir uma análise das teorias da democratização no primeiro capítulo do estudo, combiná-las com as teorias normativas da Justiça de Transição e do constitucionalismo no segundo, e aplicar, num terceiro capítulo, já na segunda parte da obra, o arcabouço analítico das ciências sociais ao caso brasileiro, o capítulo de feixe, por evidente, haverá de analisar cada uma das dimensões da Justiça de Transição no Brasil. Aqui, no caso concreto,

---

[13] Cf.: GONÇALVES. Os múltiplos sentidos da anistia. *Revista Anistia Política e Justiça de Transição*, p. 272-295.

[14] ABRÃO; TORELLY. Resistance to Change: Brazil's persistant amnesty and its alternatives for truth and justice. *In*: PAYNE; LESSA. *Amnesty in the Age of Human Rights Accountability*, 2012.

direito e política se reencontram, e a tese do autor procura contemplar a crítica de autores como MacDowell Santos de que é um erro dos analistas constitucionalistas da Justiça de Transição, como Teitel, verem na Justiça de Transição um momento único de interlocução entre direito e política, vez que tal interlocução é permanente.[15] A Justiça de Transição busca apenas restabelecer mecanismos de distinção entre direito e política, funcionando, a sua medida, como o próprio direito constitucional na dinâmica macroestruturante em que acopla direito e política, permitindo, a um só tempo, distinções e "comunicações" entre ambos.[16] A Justiça de Transição sendo direito é também decisão e, portanto, contém sempre uma inafastável dimensão política.

Analisando como as instituições do Estado respondem às demandas sociais, e como estas demandas articulam-se em uma pauta que inclui e exclui determinados agentes, Torelly passa a desenvolver a tese da reparação como eixo estruturante da Justiça de Transição no Brasil.[17] A tese desnuda a literatura precipitada que difunde o sentido de que o processo de reparação no Brasil é um mecanismo para o esquecimento.

Se na primeira fase de estruturação da Justiça de Transição no Brasil,[18] qual seja, entre 1970 e 1979, quando lutou-se pela anistia, o regime militar foi capaz de sustentar a ambiguidade de termos uma anistia, a um só tempo, significando "liberdade e reparação" aos perseguidos, e "impunidade e esquecimento" para os crimes, o processo constituinte de 1988, que encerra a segunda fase de estruturação da Justiça de Transição (1979-1988) promoveu uma primeira alteração radical neste conceito.

É durante a terceira fase de nossa Justiça Transicional, a fase por alguns definida como "tardia", que se estende de 1988 até o presente, que por meio da implementação do programa de reparações, levada a cabo pelos governos de Fernando Henrique Cardoso e Luis Inácio Lula da Silva, se reconhecerão oficialmente gravíssimas violações aos

---

[15] SANTOS. Questões de justiça de transição: a mobilização dos direitos humanos e a memória da ditadura no Brasil. *In*: SANTOS *et al.* (Org.). *Repressão e memória política no contexto ibero-americano*, p. 124-150.

[16] Confira-se: LUHMANN. *El derecho de la sociedad*.

[17] Tese esta cujo desenvolvimento iniciamos em ABRÃO; TORELLY. Justiça de Transição no Brasil: a dimensão da reparação. *Revista Anistia Política e Justiça de Transição*, p. 108-138, e aprimoramos posteriormente em ABRÃO; TORELLY. Reparations as the lynchpin of Transitional Justice in Brazil. *In*: REATEGUI (Org.). *Transitional Justice*: Latin American Handbook.

[18] O item 3.2 deste estudo discute de maneira mais pormenorizada as três fases de estruturação da Justiça de Transição no Brasil, que aqui relaciono com os três estágios de desenvolvimento do conceito de anistia.

direitos humanos que o regime negava, abrindo caminho e fomentando novas demandas por memória, verdade e justiça. É o que se pode denominar de um momento de nova disputa pelo conceito de "anistia". A Constituição de 1988 internalizou para o seu texto uma percepção democrática da ideia de anistia construída no período anterior. Em seu art. 8º do Ato das Disposições Constitucionais Transitórios concede anistia para todos aqueles que foram atingidos por atos de exceção. Esta anistia constitucional privilegiou a "anistia enquanto liberdade e reparação", seu texto constitucional e seu texto legal infraconstitucional (a Lei nº 10.559/02) ignora qualquer remissão textual à "anistia enquanto impunidade e esquecimento". Ao contrário, ao trazer um fundamento constitucional para as Comissões de Reparação que se instalaram pela legislação regulamentadora de seu texto, a Constituição criou um mecanismo privilegiado para romper com o esquecimento, afinal, era impossível reparar sem o resgate da memória. É impensável reparar a injustiça não conhecida. A ação de reparar envolve conhecimento dos fatos e, muito mais, envolve reconhecimento dos fatos. As comissões de reparação transformam aquilo que é sabido naquilo que é oficialmente sancionado, tornando-o parte da cena pública.

O conceito de anistia como "liberdade e reparação" evolui a um conceito de anistia como "reparação e memória", assumindo, assim, a centralidade interpretativa do processo de democratização no Brasil. Não se tratava mais de conquistar a democracia, mas exercê-la sob o julgo de que o Estado tem o dever de lembrar e reparar os danos que ele perpetrou. Uma sociedade construída pelo esquecimento é sempre uma sociedade injusta. O reconhecimento das violências difundiu a noção de responsabilidade pelo passado, mesmo que ainda no campo de uma responsabilidade estatal institucional, sem espaço para individualizar a culpa.

Em 2007, quando assumi a presidência da Comissão de Anistia do Brasil, sabia que estávamos diante de um tema bloqueado, ignorado pela maioria do povo, dos acadêmicos, dos juristas, de boa parte dos militantes de direitos humanos. Era preciso vencer o esquecimento na sua pior dimensão: no estado de negação dos fatos e no estado de justificação da violência. Era preciso construir novos sensos comuns em torno de conceitos mal engendrados pela doutrina e pela jurisprudência: até então, anistia era compreendida como esquecimento, como amnésia, como virada de página. Era preciso internalizar convenções internacionais em matéria de direitos humanos. Naquela época, a ideia de Justiça de Transição não contaminava os debates públicos, sociais e acadêmicos brasileiros. Questionar o sentido hegemônico da lei de anistia de 1979 como esquecimento e impunidade era um tema proibido, um tabu político.

Optamos pela educação e pela memória como instrumentos de luta. Exercer a memória, por si, já era uma provocação ao pacto imposto do silêncio. Dar visibilidade às vítimas, em sessões públicas das Caravanas da Anistia, implicava religar movimentos sociais de outrora, enunciar a violência em palcos incomuns (na praça, nos sindicatos, nas universidades, nas escolas, nos congressos, nos assentamentos, nos palácios governamentais) e para públicos incomuns, amplificar para toda a sociedade o espectro de abrangência dos crimes de Estado para contrapor à ignorância da "ditabranda". Estimular o debate acadêmico nacional por meios de inúmeras parcerias com pesquisadores dos campos da história, do direito, da ciência política e da psicologia seria mover as forças da inteligência crítica do país em favor da democracia. Buscar conhecimento nas experiências internacionais, por meio de cooperação com centros de excelência e movimentos sociais em todo o mundo foi muito relevante não somente para colher a elaboração mais especializada, mas também para perceber a curiosidade de todos com o caso brasileiro: "por que somente agora o Brasil fala em Comissão da Verdade e questiona sua lei de anistia?", "como pode a lei de anistia no Brasil ter eficácia até os dias de hoje?", "qual o conceito de anistia para os brasileiros?" foram as perguntas mais recorrentes.

O reconhecimento da violência pelo trabalho das comissões de reparação produziu verdade histórica. Não foi mais possível evitar um questionamento singular: "quem foram os responsáveis por esta violência?" O salto da reflexão em torno da responsabilidade institucional para o alcance de uma responsabilidade individual implica esta disputa pelo conceito da anistia no Brasil, cujo novo desafio é a luta contra a impunidade.

Depois de compreender a anistia como liberdade e reparação em 1979, somando-se a dimensão da memória em um segundo momento, a atual disputa pela ressignificação da anistia gira em torno da ideia de anistia como "verdade e justiça" inaugurando um novo momento, quiçá derradeiro, de desenvolvimento de nossa Justiça Transicional, atraindo para esta pauta, inclusive, novos movimentos sociais. Pelo viés da justiça, a ressignificação da anistia compreende "batalhas" políticas e jurídicas na perspectiva ética da tipologia dos crimes de lesa-humanidade, e a internalização dos tratados e convenções internacionais de direitos humanos. Já pelo viés da verdade, a nova interpretação conquista e exige que a Comissão da Verdade – que não por acaso remete em seu fundamento ao art. 8º do ADCT, o dispositivo constitucional da anistia política – promova a identificação das autorias das graves violações aos direitos humanos ocorridas no passado ditatorial. É neste processo que está guardada a potência para o avanço de nossa Justiça de Transição, onde a ressignificação da anistia e a aceleração da Justiça de Transição pode ensejar um ciclo pleno de verdade e justiça.

Verdade e justiça são faces de uma mesma moeda. Há uma profunda complementaridade entre estes mecanismos de Justiça de Transição. Um reconhecimento ao direito de proteção judicial das vítimas é ao mesmo tempo a afirmação do direito à verdade de toda a sociedade. O direito à verdade para a família de um desaparecido político é o próprio restabelecimento do Estado de Direito para toda a sociedade na democracia. Há de se cuidar com uma falsa polarização entre verdade e justiça no Brasil.

De novo o direito se reencontra com a política. As agendas políticas são distintas nos contextos históricos e saber distingui-las é condição de possibilidade para a lucidez dos agentes da mudança social. Se em um primeiro quadro histórico a disputa pelo conceito de anistia liga-se à reconquista da democracia, e depois a sua ampliação, o novo momento foca-se na agenda da consolidação da democracia e do Estado de Direito, no aprofundamento de seus institutos, na exploração das distintas formas de democratização da vida social e política. E assim a batalha jurídica e política do atual estado da Justiça de Transição brasileira passa pela democratização dos fundamentos da nossa Constituição. É muito caro para a sociedade aberta dos intérpretes da Constituição, como definiu Peter Häberle, que seus fundamentos estejam amparados no poder constituinte livre.[19] O pilar de liberdade da Constituição se expressa na liberdade de seu povo. A Constituição democrática de hoje não pode ser vista como resultado de uma concessão, de uma tutela do regime autoritário, como bem defende o autor em seu trabalho.

Daí também questionar a legitimidade da lei de anistia como impunidade e esquecimento por instrumentos de debate público, como o foi em julho de 2008, durante a gestão de Tarso Genro, quando o Ministério da Justiça realizou uma Audiência Pública sobre os limites e possibilidades para a responsabilização jurídica de agentes públicos que cometeram crimes contra a humanidade durante períodos de exceção. Aquilo significava defender o direito à verdade para todos e gerar um movimento para a construção de uma nova cultura político-jurídica no país. Seu ápice foi a propositura da Arguição de Descumprimento de Preceito Fundamental nº 153 pela Ordem dos Advogados do Brasil junto

---

[19] HÄBERLE. *Hemenêutica Constitucional*: a sociedade aberta dos intérpretes da Constituição.

ao Supremo Tribunal Federal, com o objetivo de que fosse interpretada a lei brasileira de anistia de modo compatível com uma Constituição democrática e o direito internacional dos direitos humanos. A audiência tratou-se da primeira oportunidade na qual o governo brasileiro tratou formal e oficialmente do tema, passados mais de 20 anos do final da ditadura militar, e abriu a disputa hermenêutica no campo judicial. A análise final deste texto, da decisão do Supremo Tribunal Federal sobre a interpretação dada à lei de anistia de 1979, insere-se neste contexto e exemplifica não apenas as complexas figuras de linguagem desenvolvidas de maneira explicativa ao longo do livro, mas também as ambiguidades que elas procuravam externalizar. Na decisão, procurou-se esconder na formalidade legal a opção que se fazia, uma opção pelo poder antes do direito, conectando a legalidade autoritária ao presente sistema jurídico democrático num movimento que procura fazer com que a constituição de 1988 legitime-se não no poder constituinte que lhe formula, mas sim numa legitimidade limitada, derivada da própria constituição autoritária de 1967/1969.

Como tenho criticado,[20] para declarar válida a interpretação de que há uma anistia bilateral na lei de 1979, reeditada na EC nº 26/85, denominada convocatória da constituinte, o STF afirmou que se trata de um acordo político fundante da Constituição Democrática de 1988 e que somente o Poder Legislativo pode revê-lo. Autorizou o entendimento de que acordos políticos forjados em ambientes ditatoriais possuem o condão de afastar o império da lei e as garantias às liberdades individuais no presente. Dissociou democracia e direitos humanos como se aquela pudesse ser forjada sem um compromisso com estes. Ao declarar que a "anistia bilateral" da EC/26, ou seja, que a Constituição autoritária de 1967/69 é o sustentáculo histórico e constitutivo da Constituição democrática de 1988, o STF concebeu a democracia brasileira como possível e originária não de um poder constituinte livre, de uma conquista do popular, mas de uma concessão "benevolente" da ditadura: a lei de anistia teria limitado o próprio poder constituinte. O Supremo entrelaçou a Constituição democrática a um resultado político da ditadura ilegítima, pois recepcionou a transição controlada como um legado.

Polêmicas à parte, a esta decisão seguiu-se outra, da Corte Interamericana de Direitos Humanos, afirmando em termos opostos, em foro de controle de convencionalidade, que a lei de anistia não poderia aplicar-se a graves violações contra os direitos humanos. Se os

---

[20] ABRÃO. Suprema impunidade. *Portal Sul 21.*

desdobramentos deste cenário, ainda vindouros, estão fora do escopo do estudo, a análise dos passos anteriores é elucidativa não apenas do *modus operandi* de nossa transição, mas também de seus legados, democráticos e autoritários, para nossa cultura política e jurídica.

Este trabalho carrega consigo uma virtude ímpar: *a boa combinação dialética da teoria com a prática*. Muitos dos conceitos e ideias nele presentes são elaborações e resultados da ação política de toda a Comissão de Anistia. A vivência no Ministério da Justiça propiciou inúmeros contatos sociais e acadêmicos, nacionais e internacionais, reconhecidos pelo autor. O pesquisador foi privilegiado pelo agente público e vice-versa. Nos idos de 2007 quando convidei meu ex-orientando, ex-bolsista de iniciação científica, a compor a assessoria da presidência da Comissão de Anistia não tínhamos total visibilidade do processo que estávamos a construir, na teoria e na prática, ao lado de outros valorosos companheiros de jornada. Hoje, esta nova fase da disputa pelo conceito da anistia no Brasil abre a possibilidade de exploração de assuntos emergentes da Justiça de Transição: o papel das identidades dos grupos sociais nos conflitos políticos; a dimensão transgeracional dos danos; o financiamento de regimes ditatoriais; os direitos econômicos e sociais como mecanismo de Justiça de Transição; a qualidade da democracia, entre outros novos temas.

Podemos dizer que esta dissertação é instituída e instituinte deste instante privilegiado da nossa história: depois de transformar ignorância em informação, informação em conhecimento, conhecimento em reconhecimento, era chegada a hora de transformar reconhecimento em ação afirmativa[21] da agenda de direitos humanos no Brasil.

A presente obra oxigena a teoria jurídica apropriando-a de conhecimentos disponíveis em outras searas, buscando o caminho seguramente difícil de conciliar reflexões teóricas com problemas empíricos bastante complexos. É por esse especial empenho que o estudo torna-se relevante, não formulando uma teoria acadêmica metafísica das obrigações transicionais que se descola completamente da realidade concreta, nem caindo em um realismo reducionista, donde toda a medida de poder parece tão forte que nenhuma forma normativa é capaz de se lhe impor. Desta provocadora tentativa de equilíbrio explicitam-se importantes teses, consolidadas em um "modelo" tentativo do que seja a Justiça de Transição brasileira. Seguramente a pretensão de tal modelo não é canônica, mas exploratória, e neste sentido permite importantes

---

[21] COHEN. *Estados de negación*.

avanços não apenas na inteligência de nossa Justiça de Transição, seus êxitos e seus limites, como também, fundamentalmente, na compreensão sobre nosso sistema político e constitucional como um todo, e sobre as teorias do direito que temos usado para manejá-lo, para o melhor e para o pior.

Brasília, março de 2012.

Paulo Abrão

Secretário Nacional de Justiça e Presidente da Comissão de Anistia do Ministério da Justiça. Professor da Faculdade de Direito da Pontifícia Universidade Católica do Rio Grande do Sul e do Mestrado/Doutorado em Direito Humanos, Multiculturalismo e Desenvolvimento da Universidade de Pablo Olavide (Sevilla/Espanha). Doutor em Direito pela Pontifícia Universidade Católica do Rio de Janeiro. Especialista em Direitos Humanos e Processos de Democratização pela Universidade do Chile.

INTRODUÇÃO

Nos últimos 30 anos desenvolveu-se extensa literatura sobre as transições políticas para a democracia. Notadamente, essa literatura concentrou-se em estudos da ciência política e da sociologia, o que possibilitou o surgimento de um verdadeiro campo de estudos. Com o passar dos anos, muitas das questões pesquisadas sobre os processos de democratização foram judicializadas e submetidas aos tribunais, tanto nacionais quanto internacionais, ensejando a produção de uma farta jurisprudência e deslocando parte do campo de estudo "das democratizações" para a "Justiça de Transição". Se as primeiras referências da existência de uma Justiça de Transição em acepção moderna (uma vez que autores como Elster debatem a Justiça Transicional ainda na época clássica) remontam aos julgamentos dos líderes nazistas no pós-guerra, a própria conceituação de Justiça Transicional só viria a se definir durante a década de 1990. Desde então, a abrangência temática do campo de estudo se multiplicou. Não mais restrita aos processos institucionais para o estabelecimento de democracias, mas, sim, a todo o conjunto de ações, sociais e estatais, dos mais diversos atores, para lidar com o passado autoritário e procurar fundar melhores perspectivas para o futuro.

O desenvolvimento do campo, especialmente por parte das ciências sociais, permitiu o surgimento de teorias concorrentes, variadas hipóteses foram confrontadas em estudos teóricos e empíricos, e, sobremaneira, pulularam classificações, seguidas de novas hipóteses e teorias. Não obstante, a formulação destes mesmos temas pela teoria do direito restou relegada a um segundo plano. Da farta bibliografia hoje disponível sobre o tema em diversas línguas, são notáveis as exceções a trabalharem o olhar do direito e da teoria jurídica. Mesmo questões aparentemente mais simples, como a classificação das dimensões da Justiça Transicional em obrigações jurídicas, foram pouco exploradas desde a perspectiva teórica, com uma farta preponderância, neste tópico específico, de estudos sobre a jurisprudência produzida em torno das questões transicionais em detrimento à fundamentação da própria razão de ser dessas jurisprudências. Desta feita, no direito, e ainda mais especialmente no Brasil, os estudos sobre o tema tendem a reproduzir tautologias dogmáticas importadas da manualística produzida para o direito "dos tempos ordinários" ou, ainda, fundamentar tópicos específicos, sem coordenar em uma teoria abrangente o conjunto de hipóteses que o campo da Justiça Transicional demanda de modo global à teoria do direito.

Considerando esse cenário, na primeira parte deste estudo procuro estabelecer aproximações entre as ditas "teorias da democratização" e as abordagens da "Justiça de Transição" com o campo da filosofia e da teoria do direito, mais notadamente desde uma abordagem específica e coordenadora de tais dimensões, qual seja: a teoria constitucionalista. Procedendo dessa forma pretendo oferecer alguma contribuição à formulação tentativa de uma teoria abrangente quanto aos fundamentos da Justiça de Transição em um estado constitucional de direito, trabalhando com a hipótese da existência de raízes comuns entre a temática da Justiça de Transição e a insurgência do chamado "neoconstitucionalismo".

Essa aproximação entre os três campos de estudo possui algumas implicações relevantes. Primeiramente, importa-se em separar de modo mais ou menos estanque aquilo que dirá respeito aos processos de democratização e aos processos de justiça. A alusão genérica ao termo "democratização" diz respeito, grosso modo, aos processos pelos quais um Estado migra de um regime não democrático para um regime democrático. Desde esse olhar, não existem preocupações específicas com a questão da justiça. O conceito variável nesses estudos é o próprio conceito de "democracia", mormente associado à ideia de "processo eleitoral justo e efetivo", de tal feita que os estudos sobre democratização tendem a centrar-se em macroprocessos de reformas do sistema político. Focam-se, em última análise, muito mais no ser do que no dever ser.

De outro lado, os estudos sobre "Justiça de Transição" são, em regra, muito mais normativos. Ao acionar a ideia-força "justiça", tal concepção se vincula a um conceito de norma ou de bem, diferentemente do que ocorre com o campo de estudo anterior, cujo bem é, em si, a democracia. Na Justiça de Transição, objetiva-se a satisfação material de necessidades de justiça que dizem respeito tanto a sujeitos individuais quanto a sujeitos coletivos, problematizando fortemente o campo, que acaba por absorver o debate sobre "o que é a justiça" o qual a filosofia política e o direito intentam resolver a séculos. Assim, a perspectiva da Justiça Transicional se foca no dever ser dos processos transicionais e, portanto, nos direitos dele decorrente.[1]

---

[1] O primeiro volume desta coleção Justiça e Democracia, justamente, alude aos "direitos da transição" no caso brasileiro. Veja-se: ABRÃO; GENRO. *Os direitos da transição e a democracia no Brasil.*

Justamente por isso boa parte das aproximações jurídicas à Justiça de Transição acabam por soçobrar, na medida em que – sem definir uma teoria do direito ou da justiça que oriente essa ideia de dever ser e que permita dar alguma unidade aos termos do debate –, as pretensões de "justiça" acabam se remetendo diretamente a pretensões políticas que podem ou não ter implicações jurídico-normativas, levando os teóricos do direito a questionarem, justamente, o que se espera dessa forma de justiça e, ainda mais, se existe efetivamente uma distinção entre a justiça dos tempos ordinários e a dita "Justiça de Transição". De um lado, sem responder a essa pergunta sobre a peculiaridade da justiça no momento da transição política, resta sem sentido a própria busca por tal classe de justiça, de outro, é fácil verificar como muitas teorias abrangentes da justiça, especialmente as idealistas, acabam se tornando incapazes de fornecer subsídios para a ação no momento da tomada de decisões sobre políticas transicionais em contextos concretos.

O que se quer aqui afirmar não é a inexistência de formulações de fundamentos nas teorias sobre a Justiça de Transição, mas, sim, sua não comunicação com as teorias que, grosso modo, conduzem os raciocínios de fundamentação jurídica nos debates hodiernos sobre o que é e para que serve o direito. O exemplo do "direito à memória e à verdade" é aqui ilustrativo. Boa parte da polêmica sobre a existência desse direito no plano normativo diz respeito a uma grande confusão de termos oriunda da ausência de uma teoria abrangente que permita perspectivar as diferentes formulações tidas (especialmente nas ciências sociais) sobre tal fenômeno, restando à jurisprudência – por essência pouco sistemática – a tarefa de encontrar conexões entre esses direitos e outros, cujo reconhecimento e fundamentação restem mais sólidos, como forma de suprir tal ausência de uma esperada fundamentação "autoevidente".

Nesse sentido pretendo, com a adoção da perspectiva do constitucionalismo, mitigar em parte essa carência. A ideia de uma ordenação constitucional fundada na tensão entre democracia e direitos fundamentais que orienta tal concepção do direito permite, a um só tempo, (i) fundamentar um conceito razoavelmente substantivo de "estado de direito"; (ii) religar as noções de direito e justiça substancialmente e, ainda; (iii) tornar o conceito de justiça produzido pela teoria aplicável a situações concretas pelos operadores do direito e gestores de políticas públicas. Entendendo o Estado de Direito como aquela unidade política onde a democracia é limitada apenas e tão somente pelos direitos fundamentais, encontra-se uma base material para a obtenção de critérios de justiça a serem aplicados na transição e, ainda, gera-se subsídio para que essas demandas possam ser melhor enfrentadas pelos tribunais, uma vez que a teoria constitucionalista, diferentemente de outras teorias mais abstratas, dialoga diretamente com a prática do controle de constitucionalidade, que por sua vez serve à resolução prática de problemas constitucionais concretos.

A tarefa de construir uma teoria abrangente da Justiça de Transição que dialogue com o ideário constitucionalista será, portanto, o objetivo da primeira parte deste estudo. Em tal tarefa, inobstante, pretende-se não desperdiçar aquilo que o trabalho dos politólogos logrou avançar nos últimos anos, razão pela qual o estudo gradualmente migrará do tema das transições políticas em geral para aquelas que Huntington definiu como as transições da "terceira onda" e, ainda, mais especificamente, para as transições por transformação da terceira onda. Esse esforço objetiva tornar o exercício teórico mais profícuo para aquilo que será empreendido na segunda parte do estudo: a análise do caso brasileiro.

Ao estreitar o foco nas transições por transformação da terceira onda, o estudo move-se no sentido de construir contribuições específicas da teoria do direito para o debate sobre a consolidação do Estado de Direito em Estados onde os regimes opressores migraram para regimes democráticos sem solução de continuidade, majoritariamente mediante a inserção no sistema político de dois mecanismos transicionais de extrema relevância: as eleições e os processos de anistia. Esses mecanismos são analisados no primeiro capítulo do estudo, onde igualmente é procedida à análise do tipo de formulação retórica que esses mesmos regimes promovem com vistas à construção de sistemas simbólicos que perpetuem e garantam estabilidade das transições no tempo sem um mais amplo questionamento democrático sobre o passado. O segundo capítulo do estudo retoma a genealogia da Justiça Transicional e a aproximação desta com as teorias constitucionalistas, com especial atenção ao confronto entre concepções materiais ou substancias e concepções formais do direito, que terão amplo impacto posterior na avaliação e produção de estratégias de enfrentamento ao legado autoritário.

Tudo isso permitirá formular uma teoria abrangente da Justiça de Transição sinérgica com a necessidade de estruturação de um Estado constitucional de Direito e, mais especialmente, que passe a separar o processo transicional em dois diferentes momentos: primeiramente, o momento em si da transição, entendido como momento de contingência da justiça, no qual esta pode ser sacrificada pela própria estratégia democratizante e, em segundo lugar, o momento da substancialização do processo democrático em um processo constitucional, com a Justiça de Transição operando como mecanismo de efetivação da proteção às garantias fundamentais em âmbito *prospectivo* mas também restitutivo (e, portanto, *retrospectivo*).

Essa separação entre contingência e substancialização, que ilustra o movimento de "preenchimento" de conceitos formais com conteúdos materiais, permite jogar luz sobre um dos maiores problemas no tipo de transição que o estudo prioriza investigar: nas transições por transformação os regimes procuram estabelecer continuidades entre o estado de exceção e democracia, continuidades essas que podem ou não ser compatíveis com a perspectiva do Estado de Direito. A assunção de uma visão substancial do que seja o Estado de Direito permite, nesse sentido, elaborar critérios de verificação de compatibilidade que não apenas orientam a ação política dos governantes como também, igualmente, subsidiam a tomada de posição sobre o passado pelos tribunais, na medida em que se estabelece um sentido prospectivo do que seja o Estado de Direito, mas igualmente um sentido restitutivo, ou retrospectivo, que permite à democracia não apenas "olhar para frente", mas também enfrentar seu passado de maneira justa.

Constituída essa base teórica que fundamenta o estudo e lhe dá diretrizes, passa-se à análise concreta do caso brasileiro, que toma lugar na parte dois do trabalho. Nessa seção será escrutinada, em concreto, a aplicação dos mecanismos típicos das transições por transformação da terceira onda no Brasil e, mais especificamente, os direitos da transição que insurgem tanto das situações fáticas produzidas por esses mecanismos quanto da nova dinâmica da unidade estatal sob a égide de um democracia constitucional. O objetivo central da segunda parte do estudo é, desde a aplicação prática do modelo teórico produzido, identificar elementos que permitam construir um "modelo" representativo da Justiça Transicional brasileira. Tal modelo, para que seja funcional, deverá a um só tempo oferecer respostas coerentes para os caracteres da transição brasileira alinhados com os demais de seu tipo e, ainda, explorar as peculiaridades do caso concreto, naquilo que ele divergir do conjunto.

É assim que, no terceiro capítulo do estudo, busca-se apresentar o cenário da democratização brasileira avaliando, primeiramente, a própria "natureza" do regime e o modo como este organizou a transição "lenta, segura e gradual" à democracia. É graças ao modo como o regime organizou a perseguição a seus oponentes e a abertura que se formará um tipo de semântica que, mesmo após a transição, funcionará como mecanismo simbólico de controle do desenvolvimento da Justiça Transicional, incidindo diretamente na posterior classificação factual dos eventos do passado antes de seu enquadramento jurídico propriamente dito.

Ainda nesse capítulo, analiso o modo de aplicação dos dois mecanismos mais comumente adotados durante a terceira onda (anistias e eleições), e também alguns elementos eminentemente característicos do processo brasileiro, como a mobilização social pela anistia durante a década de 1970, a transformação dessa pauta em outra, qual seja, a da redemocratização e, finalmente, o desaguar desse processo na constituinte e a posterior fragmentação desse movimento social. Como forma de estruturar essas análises, procuro construir algumas figuras imagéticas que representem elementos-chave do processo transicional, tal qual a existência de um "paradoxo da vitória de todos", oriundo do problemático processo de aprovação da lei de anistia de 1979, que atingiu de modo mais ou menos satisfatório os objetivos imediatos tanto do regime (que entendia distender-se) quanto da oposição (que clamava por liberdade aos presos políticos); a ideia de "democratização vertical", com a indução da participação social desde processos eleitorais verticalmente coordenados; o acionamento dos mecanismos simbólicos produzidos pelo regime para mobilização de um "senso comum autoritário" que estigmatiza os insurgentes contra o regime, vinculando-os a categorias jurídicas genéricas e de factualidade duvidosa, tais qual a de "terrorista", com posterior impacto nas formações mais amplas de percepções sociais sobre o passado.

Desta feita, procuro articular, em concreto, como os processos que ganharam concretude fática e incidiram diretamente na conformação do modelo de democratização durante o momento de contingência da justiça, posteriormente, influenciaram positiva ou negativamente o processo de substancialização do Estado de Direito. Como sói ser evidente, tal escopo só pode ser obtido em um estudo deste formato mediante o estabelecimento de um recorte de análise, razão pela qual o quarto capítulo do estudo se foca especificamente na análise do estado de efetivação das quatro dimensões da Justiça Transicional: reforma das instituições; memória e verdade; reparação; e justiça e devido processo.

Dentro desse derradeiro capítulo do estudo, dou especial atenção à decisão do Supremo Tribunal Federal na Arguição de Descumprimento de Preceito Fundamental nº 153/2008, na qual a Ordem dos Advogados do Brasil requereu a mais alta corte da República que se manifestasse, justamente, sobre a interpretação dada pelo Estado de Direito à suposta extensão da anistia de 1979 aos agentes do regime que praticaram atos bárbaros, como a tortura, classificáveis como violações contra a humanidade.

Esse destaque é conferido por duas razões: primeiramente, por tratar-se de caso concreto no qual a corte constitucional exerce controle de constitucionalidade no Estado de Direito, permitindo verificar como, em concreto, são acionadas as figuras que imageticamente representei anteriormente, nos discursos de elaboração de justificativas jurídicas para lidar com as continuidades e descontinuidades entre ditadura e democracia. Em segundo lugar, pois a tese adotada pelo Supremo Tribunal Federal é, desde a perspectiva deste estudo, bastante equivocada, coisa que pretendo demonstrar em dois planos, de um lado apontando as contradições daquela tese com esta, mas, sobremaneira, de outro, apontando as contradições da própria tese consigo e com um escopo mais amplo de teorias – especialmente constitucionais – utilizadas pelos ministros em suas fundamentações.

Assim, se a primeira parte do estudo objetiva a formulação de uma teoria abrangente de conexão entre Justiça de Transição e constitucionalismo, a segunda intenta descrever e analisar, com razoável profundidade (mesmo que sem a pretensão de tornar-se definitiva), as quatro dimensões centrais da Justiça Transicional brasileira. Dado esse formato, tenho que a primeira parte do estudo constitui exercício teórico relativamente autônomo, enquanto a segunda, por sua vez, vincula-se necessariamente à primeira, por assumir plenamente a teoria ali formulada, inclusive naquilo em que diverge explicitamente de outras formulações apresentadas durante o texto. Por tal motivo, evitei repetir na segunda parte argumentos postos na primeira, tomando o cuidado de sempre aludir ao longo do texto da segunda parte os itens presentes na primeira que fundamentam as leituras que empreendo, ciente de que nem todo o leitor estará interessado nas duas partes do estudo.

Finalmente, é importante apresentar nesta introdução uma última consideração, sobre o "local de fala" do autor da pesquisa. Como ficará claro logo no início do estudo, filio-me à defesa de pelo menos duas pautas que transbordam da formulação teórica para a prática político-social: os direitos humanos e o constitucionalismo. Isso será fartamente ilustrado e expresso em diversas oportunidades, mas por uma questão de honestidade intelectual reputo importante, ainda no introito da pesquisa, consignar tal posição. Entendo, diferentemente de outros, que explicitar essas vinculações é duplamente positivo: primeiramente, por não procurar representar uma falsa neutralidade do estudo, que efetivamente se posiciona diante de questões concretas como as violações a direitos humanos ou a denegação de proteção às garantias fundamentais; em segundo, para facilitar ao leitor a formulação de juízos sobre a objetividade e acerto das teses apresentadas, uma vez que assumir a vinculação a elas não significa uma evasão da necessidade de, em cada momento, fundamentar sua defesa. Entendo que tanto os valores contidos na ideia de "direitos humanos" quanto na ideia de "constitucionalismo" são valores ínsitos ao próprio sistema de direito brasileiro, razão pela qual sua defesa apenas vem a fortalecer uma cultura política democrática e republicana, como pretendo a seguir demonstrar.

PARTE I

TRANSIÇÕES PARA A DEMOCRACIA E JUSTIÇA DE TRANSIÇÃO

CAPÍTULO 1

ELEMENTOS CENTRAIS PARA
O ESTUDO DAS TRANSIÇÕES

Este capítulo analisa os principais debates presentes na bibliografia sobre a transição para a democracia, especialmente aqueles egressos da ciência política, na qual as principais variáveis em questão são a estabilidade institucional durante o fluxo político e a instalação de um regime de governo ancorado em um processo eleitoral minimamente legítimo. Tal análise tem dois objetivos centrais, um basicamente descritivo, refere-se a identificar as principais classificações utilizadas para se referir aos regimes não democráticos, com duas abordagens específicas: de um lado verificar como a ciência política percebe a relação entre tipo de regime autoritário e tipo de transição (ou seja, qual a importância "científica" da classificação) e, de outro, como a construção de um discurso social sobre o regime afeta a transição, fato relevantíssimo para entender o caso brasileiro na segunda parte do estudo. Ainda no plano descritivo, procura-se refletir brevemente sobre os principais mecanismos nos quais os estados se apoiam para transitar de um regime não democrático para um regime democrático, focando-se o estudo especialmente em um conjunto específico de países, notadamente aqueles que experimentaram uma transição por transformação durante aquilo que Huntington definiu como a terceira onda de democratizações, cujos maiores exemplos são Brasil e Espanha, conforme se verá no decorrer desta primeira parte da pesquisa.

O segundo objetivo é, por sua vez, analítico, e se foca em verificar como o direito se relaciona com essas classificações e mecanismos em uma dupla dimensionalidade, primeiro no que se refere à legitimidade dos processos – quer seja essa legitimidade procedimental, quer seja substantiva – e, em segundo lugar, como o direito regula esses mecanismos. Resumidamente, a analítica se foca em compreender como o direito vê os processos transicionais como meios de obtenção de dois fins básicos: a estabilidade institucional e o estabelecimento de uma democracia eleitoral. Promove-se, nesse sentido, a crítica ao conceito de "democracia consolidada", corrente na bibliografia e que encobre uma enormidade de défices políticos, jurídicos e, consequentemente, democráticos do processo. Tudo isso abre caminho para que, no capítulo seguinte, possa se formular um conceito ímpar de justiça, focado na realidade específica dos momentos transicionais, e que se relaciona com um propósito afirmativo do Estado de Direito desde uma perspectiva constitucional e substantiva.

1.1 Pressupostos mínimos para um estudo sobre as transições políticas: distinção de leituras do direito e da política

O século XX se caracterizou por uma intensa polarização entre visões e campos políticos distintos, tendo sido o momento histórico em que novas práticas e ideologias conduziram a uma série de inovações no campo de estudos teóricos definido como "das formas de governo". Toda a teoria sobre uma forma de governo, conforme já asseverava Norberto Bobbio, contém minimamente, em seu bojo, uma dimensão descritiva e outra prescritiva,[2] o é assim pelo menos desde a divisão clássica de Aristóteles, em que o governo descrito como *de um homem só* poderia ser uma monarquia ou uma tirania, o descrito como *de um grupo*, uma aristocracia ou uma oligarquia, e o descrito como *de muitos*, uma democracia ou uma oclocracia.[3] A classificação descritiva é certamente mais objetiva que a prescritiva, uma vez que a segunda se liga a um conjunto de valores que procuram ganhar substância por meio de uma construção argumentativa que defina o que é bom ou mal, sendo suas constatações sempre mediadas por um juízo de valor.

As teorias modernas sobre as formas de governo não chegaram a romper com o ideal clássico, e, mais ainda, seguiram valendo-se da ideia de "liberdade" como um dos pilares prescritivos da fundamentação das teorias políticas "boas" ensejando uma distinção bastante evidente entre os *governos dos livres*, que são os *bons*, e os *governos dos oprimidos*, que são *os maus* (ou *ruins*). Dessa forma, o conceito de liberdade em si

---

[2] BOBBIO. *A teoria das formas de governo*, p. 32.
[3] ARISTÓTELES. *Política*.

foi causa de disputas durante todo o século, marcado pela anteposição de duas macrovisões: uma focada na liberdade como autonomia, outra na liberdade como igualdade.[4] A maior novidade, entretanto, não surge em torno das disputas pelo conceito de liberdade, mas, sim, da construção de um modelo muito específico de dominação. Conforme nos aponta Hannah Arendt, foi a inserção de uma nova categoria no esquema clássico, o totalitarismo, que alterou drasticamente o panorama de entendimento do mundo no século passado:

> [...] o totalitarismo difere essencialmente de outras formas de opressão política que conhecemos, como o despotismo, a tirania e a ditadura. Sempre que galgou o poder, o totalitarismo criou instituições políticas inteiramente novas e destruiu tradições sociais, legais e políticas do país. Independentemente da tradição especificamente nacional ou da fonte espiritual particular de sua ideologia, o governo totalitário sempre transformou as classes em massas, substituiu o sistema partidário não por ditaduras unipartidárias, mas por movimento de massa, transferiu o centro do poder do Exército para a polícia e estabeleceu uma política exterior que visava abertamente ao domínio mundial. Os governos totalitários do nosso tempo evoluíram a partir de sistemas unipartidários; sempre que estes se tornaram realmente totalitários, passaram a operar segundo um sistema de valores tão radicalmente diferente de todos os outros que nenhuma das nossas tradicionais categorias utilitárias – legais, morais, lógicas ou de bom senso – podia nos ajudar a aceitar, julgar ou prever o seu curso de ação.[5]

Considerando essas características, a chegada ao fim de um regime totalitário e o restabelecimento de alguma modalidade de regime não totalitário (mesmo que igualmente não democrático) implica a necessidade de recomposição substancial daquelas esferas de integração e regulação social destruídas pelo totalitarismo (ou desconfiguradas por autoritarismos variados). Em uma sociedade na qual direito, moral, lógica e bom senso (para seguir a alusão suprarreferida de Arendt) foram desconfigurados e deixaram de servir como orientadores da ação, são demandadas amplas medidas jurídicas e sociopolíticas para que as instituições possam voltar a operar com um referencial minimamente orientado em valores compartilháveis.

---

[4]   Para um ampla elaboração sobre o tema, confira-se: BERLIN. Dois conceitos de liberdade. *In*: BERLIN. *Estudos sobre a humanidade*, p. 226-272.

[5]   ARENDT. *As origens do totalitarismo*, p. 512.

A ideia de uma "Justiça de Transição" (que será desenvolvida no próximo capítulo) surge justamente nesse contexto, sendo comum afirmar-se que "As origens da moderna justiça de transição podem ser encontradas já na Primeira Guerra Mundial. De toda forma, a Justiça Transicional passa a ser entendida como extraordinária e internacional no período do pós-guerra, após 1945",[6] uma vez que é a superação do primeiro sistema de governo de matriz totalitária – o nazismo – que dá início a um processo abrangente de aplicação de medidas de transição que buscam reconstruir a sociedade. Gradualmente o acervo produzido para a superação dessas experiências pode ser também utilizado para a superação de diversas outras formas de autoritarismo, produzindo um interessante campo de reflexões ao qual passamos a nos aproximar.

A magnitude dos feitos ocorridos durante a guerra foi tamanha que levou todos os envolvidos, bem como a quase totalidade do mundo ocidental, a refletir sobre o que se passara, produzindo mudanças radicais na forma de pensar e ver o mundo e dando azo ao início de um amplo processo de crítica aos valores da modernidade. Ideias como a da neutralidade do direito, ou sua completa separação da moral e da política, como vistas em Kelsen,[7] perderam a capacidade de dar conta dos complexos fenômenos jurídicos que se seguiram, uma vez que os valores prescritivos que continham não conseguiam suportar e dar respostas à enorme demanda por um substrato normativo para o processamento das demandas por justiça surgidas na transição, que são bastante singulares em relação as demandas por justiça em tempos ordinários.

Desta simples constatação é possível inferir que a ideia de Justiça Transicional surge como produto de uma demanda por uma mudança da concepção do que seja o direito em sua relação com a justiça, uma vez que o arcabouço do direito positivo dos países envolvidos na II Guerra Mundial (e mesmo o insipiente direito internacional da época) não permitiam soluções minimamente razoáveis para os problemas que se apresentavam, dada a completa desconfiguração dos sistemas legais, morais, lógicos e mesmo de bom senso produzidos pela experiência totalitária.

Foi dessa experiência concreta que se iniciou o processo de construção de medidas inovadoras para a solução de problemas em grande

---

[6] "The origins of modern transitional justice can be traced to World War I. However, transitional justice becomes understood as both extraordinary and international in the postwar period after 1945" (TEITEL. Transitional Justice Genealogy. *Harvard Human Rights Journal*, p. 70, tradução livre).

[7] KELSEN, Hans. *Teoria pura do direito.*

escala que escapassem à ordinariedade e à racionalidade do direito entendido como conjunto de regras postas por uma unidade estatal soberana. Foi necessário, para superar os processos produzidos pelo Estado em regimes autoritários e totalitários, encontrar mecanismos que, valendo-se de critérios políticos variados, ensejassem soluções (i) para a inserção de determinadas demandas especialmente graves no sistema jurídico, evitando que uma hipertrofia da política ensejasse novas violações aos direitos humanos na solução de conflitos; (ii) que permitissem gerar soluções de estabilidade para os estados em transição, mesmo que provisoriamente, e; (iii) gerar mecanismos judiciais e extrajudiciais de atenção a demandas legítimas por justiça, cujo próprio judiciário seria incapaz de atender sem uma sobrecarga que ameaçaria de modo severo seu funcionamento ordinário.

O primeiro grande exemplo de uma dessas práticas é, sem dúvida, o tribunal de Nuremberg, que coloca as medidas transicionais sob a égide do Direito Internacional, ampliando e fortalecendo suas bases normativas. Com o passar do tempo, o Direito Internacional e, mais especialmente, o Direito Internacional dos Direitos Humanos passaram a fixar um grande número de marcos normativos para regular processos de transição, partindo do permanente desenvolvimento da tradição jurídica de Nuremberg.

Assim, as medidas fundadas em tais processos passaram a ser amplamente aplicadas não apenas em situações de saída de um regime totalitário, mas também na organização dos processos de democratização e redemocratização de países que viveram experiências autoritárias. Se a experiência totalitária desorganiza quase que a completude das esferas sociais e institucionais de uma nação, não é menos verdadeiro que os regimes autoritários geram tormentosos danos às sociedades nas quais se instalam e, especialmente, são igualmente capazes de perpetrar crimes contra a humanidade em grande escala por meios "legais", desorganizando profundamente a estrutura jurídico-institucional do Estado. Nesse sentido, mecanismos de justiça cuja origem remonta a superação de um primeiro totalitarismo passaram a ser aplicados em países em via de saída de experiências autoritárias, numa alternativa que, a um só tempo, lhes garante uma mais rápida retomada da democracia e do Estado de Direito e, ainda, fornece mecanismos institucionais de resolução de conflitos que podem ter uma base internacional, permitindo que, num primeiro momento, a ausência de uma estrutura estatal apta à realização da justiça não signifique a inviabilidade de combinar democratização futura com justiça quanto ao passado.

Dessas linhas iniciais é possível prontamente inferir que os estudos sobre transições políticas guardam estreita relação com os predicados de identificação das formas de governo no plano teórico, haja vista que sempre se valerão de conceitos-chave prescritivos (*dever ser*) para valorarem aquilo que se descreve (*ser*).

Valores como "liberdade" e "democracia" são postos como prescrições que orientam o modo como *devem ser* as transições quando são estudadas desde a perspectiva teórico-normativa da Justiça de Transição. Essa característica importa em uma diferença fundamental entre a linguagem do direito e da política ao tratar das transições, uma vez que o direito, definindo "Justiça de Transição", preocupa-se primordialmente com a dimensão prescritiva do dever ser, adotando uma perspectiva próxima à visão pós-positivista de Ost, que entende que a filosofia do direito em sua busca de referentes normativos "[...] escava a própria normatividade do direito na direção de sua visada: [...] diz o que idealmente o direito deveria ser se estivesse de acordo com o seu próprio horizonte regulador",[8] transformando os estudos jurídicos em buscas de fundamentos normativos para a instalação ou análise de processos sociais que, mediados pelo próprio direito, conduzam à implementação ou aprimoramento do Estado de Direito, enquanto a *realpolitik* busca, de modo mais amplo, estabilizar uma democracia, muitas vezes "olhando para frente" e desconsiderando o legado deixado por um passado autoritário.

Não é de estranhar, portanto, que estudos das ciências sociais muitas vezes se foquem primordialmente no *ser* das transições, dedicando-se ao estudo dos processos de "[...] transições de um certo regime autoritário para uma incerta 'outra coisa'".[9] Essa "outra coisa" pode ser um outro regime de qualquer tipo, inclusive uma democracia, com maior ou menor grau de aderência ao Estado de Direito.

Ruti Teitel sintetiza essa dupla possibilidade de leitura interpretativa das transições, desde uma perspectiva ideal da filosofia do direito ou desde a política em uma forma mais pura (novamente, a *realpolitik*), estabelecendo uma distinção entre duas macroposições: *realistas* e *idealistas*. Definem-se os primeiros como defensores da tese de que:

> A busca por justiça nesses períodos é completamente epifenomênica e melhor explicada nos termos do balanço de poder. O Direito é um mero

---

[8] OST. *O tempo do direito*, p. 19.

[9] "[...] transitions from certain authoritarian regimes toward uncertain 'something else'" (O'DONNELL; SCHMITTER. *Transitions from authoritarian rule*: tentative conclusions about uncertain democracies, p. 3, tradução livre).

produto da mudança política. Os realistas políticos geralmente juntam a questão de por que dada ação estatal é empreendida com aquela sobre qual é a resposta possível. Essas teorizações esclarecem o porquê de a justiça de transição ser algo vital em alguns países e não em outros.[10]

Enquanto, para os idealistas

[...] a questão da justiça transicional geralmente remete a concepções universalistas de justiça. Ideias de retribuição plena ou justiça corretiva quanto ao passado são consideradas precursoras necessárias a uma mudança liberal. Embora, em abstrato, determinadas ideias jurídicas possam ser pensadas como necessárias para a transição liberal, tais teorias não levam em conta apropriadamente a relação entre o direito e a mudança política.[11]

A experiência histórica demonstrou que nenhuma das duas posições existiu isoladamente em uma transição real. Se na maioria dos casos o "balanço de poder" foi determinante para a feitura de opções de ações no plano político, é inegável que considerações de caráter jurídico "ideal" eram tomadas em conta. E é dessa relação que nasce o campo de problematicidade entre direito e política na Justiça de Transição.

A escolha semântica pelo tipo "Justiça de Transição" não é casual. A ideia de um "direito de transição" diria respeito exclusivamente a um conjunto de normas e princípios postos em dado sistema normativo, enquanto a ideia de "justiça" se refere a um valor ideal, que é matizado por uma situação concreta, a "transição" (no item 3.1 essa distinção será explicitada, na analítica concreta do caso brasileiro). Assim, uma teoria da Justiça de Transição se reveste de características teleológicas e se afasta de uma concepção procedimental do direito como arranjo institucional abstrato.[12] Portanto, as práticas transicionais se configuram

---

[10] "Justice seeking in these periods is fully epiphenomenal and best explained in terms of the balance of power. Law is a mere product of political change. Political realists generally conflate the question of why a given state action is taken with that of what response is possible. Such theorizing clarifies why transitional justice is a vital issue in some countries but not in others" (TEITEL. *Transitional Justice*, p. 3, tradução livre).

[11] "[...] the question of transitional justice generally falls back on universalist conceptions of justice. Ideals of full retributive or corrective justice regarding the past are considered necessary precursors to liberal change. While, in the abstract, certain legal ideals may be thought necessary to liberal transition, such theorizing does not account well for the relation of law and political change" (TEITEL. *Transitional Justice*, p. 4, tradução livre).

[12] Em sentido similar, consulte-se a crítica de Ricouer a Ralws (RICOEUR. É possível uma teoria puramente procedimental da Justiça?: a propósito de uma teoria da Justiça de John Rawls. *In*: RICOEUR. *O justo*, p. 63-88).

de modo a articular o direito, em um dado contexto político, para que maximize a distribuição de justiça (seja por meio do judiciário, seja por meio de ações e programas *ad hoc*). Evidentemente tal procedimento – como ademais todos os procedimentos políticos ou jurídicos – parte de uma concepção de bem e de uma concepção substancial de justiça de tal modo que as escolhas em sede de Justiça Transicional costumeiramente ponderam entre dois ou mais bens, optando por preservar em maior medida aqueles mais importantes para um dado contexto de justiça em determinado contexto histórico concreto que é necessariamente contingente.

É assim que as causas produtoras de um regime não democrático e as causas da transição dizem respeito diretamente ao modelo de Justiça Transicional adotado por cada país, em cada contexto concreto. A expressão mais clássica dessa equação ganha forma nas leis de anistia, que sacrificam a justiça desde um dado ponto de vista jurídico (aquele presente no ordenamento que tipifica o delito) na busca por garantir o estabelecimento ou manutenção de um nível administrável de paz social em dado momento concreto (o item 1.3.3 desenvolverá essa tese e o item 3.3 irá aplicá-la ao caso brasileiro).

Estabelecidas essas relações, passa-se à análise do modo como diversas classificações percebem os fenômenos transicionais e como, consequentemente, servem para melhor compreender seus mecanismos e processos.

1.2 A natureza dos regimes repressivos: classificação semântico-valorativa e de tipo de regime e suas influências na aplicação jurídica de medidas transicionais

Na corrente seção deste livro duas formas distintas de classificação serão discutidas com distintos propósitos: primeiramente, verificar-se-á o modo como os regimes repressivos são classificados semântico-valorativamente, mormente no nível retórico e na fala apropriada pelo senso comum – mesmo que produzida na política e na academia –, e como tais classificações influenciam a formação de juízos jurídicos sobre os atos e práticas organizados para a sustentação do regime, verificando-se, ao melhor estilo nominalista, a relação entre classificação e entendimento/definição do objeto classificado,[13]

---

[13] HACKING, Ian. *The Social Construction of What?*, p. 82-84.

de modo a ampliar o entendimento sobre o porquê de determinadas classificações que aparentemente são descritivas terem efeitos amplamente prescritivos (às vezes mesmo normativos) na persecução de justiça pós-repressão; num segundo momento, verificar-se-á de modo majoritariamente descritivo o modo como o "tipo de regime" repressivo influi no tipo de medidas transicionais possíveis e necessárias ao processo de democratização, valendo-se de uma classificação externa para a apropriação de características comuns a distintos processos transicionais que inter-relacionam o modo como (i) o regime se estrutura, (ii) chega ao seu fim e (iii) o novo regime lida com o espólio do anterior.

Com isso, inicia-se um processo de diálogo entre categorias da ciência política e da sociologia com o das categorias do Direito para a posterior consolidação de uma ideia normativa de Justiça de Transição que aproveite (i) o conteúdo crítico do debate sobre a classificação valorativo-semântica para sua superação desde uma perspectiva jurídica, (ii) incorporando o acervo classificatório da ciência política à teoria jurídico-política sobre as dimensões transicionais e as obrigações delas decorrentes.

1.2.1 Classificações semântico-valorativas dos regimes autoritários

Uma leitura reduzida sobre o fenômeno das transições (bem como das causas de uma ditadura) pode inviabilizar um bom entendimento do processo que levou determinado país a seguir um caminho, e não outro, no infinito de possibilidades que os processos de democratização e da Justiça de Transição abrem. Um operador do direito de corte mais positivista procurará sempre fixar-se à moldura interpretativa[14] das leis de transição para interpretá-las e, fazendo-o, poderá se tornar incapaz de entender como o texto legal chega a determinadas classificações e, desta feita, ver-se-á frente a uma incapacidade plena de encontrar qualquer racionalidade no ordenamento, uma vez que a racionalidade própria da transição política é ensejadora de uma ampla mixagem entre o jurídico e o político, que se combinam não para gerar um "direito de transição", mas, sim, uma Justiça de Transição. Igualmente, ignorar esse contexto sociopolítico conduz seu intérprete a

---

[14] Seguindo o conceito típico do modelo kelsiano do Direito (KELSEN. *Teoria pura do direito*, p. 390 *et seq.*).

outro problema, qual seja, uma leitura desfocada, reinserindo a prática autoritária passada na hermenêutica do presente.[15]

Iniciando com uma exploração exemplificativa preliminar, se aludirmos ao caso brasileiro, teremos um modelo de transição de longa duração em que o grande ato formalmente responsável por compatibilizar ordens jurídicas distintas (a autoritária e a democrática) e de estabelecer os mecanismos de *accountablility*[16] não trata, efetivamente, nem de uma coisa nem de outra. O Ato das Disposições Constitucionais Transitórias da Constituição da República de 1988 (ADCT) se preocupou pouquíssimo com problemas de "justiça", focando-se basicamente em questões operacionais da reconfiguração administrativa do Estado. Coube assim aos operadores do campo do direito a responsabilidade de encontrar fórmulas que permitissem a gradual compatibilização do acervo jurídico-normativo do período de repressão com o novo acervo jurídico-normativo em construção, atinente ao período democrático, evitando tanto a ruptura da capacidade de geração de respostas institucionais, quanto a produção de respostas institucionais inadequadas ou injustas pelo Estado a um grande número de casos concretos. Ainda, o processo social pós-constitucional é que operou, no campo infraconstitucional, a produção de uma série de medidas de Justiça Transicional que, desde uma perspectiva organizacional lógica, deveriam ter sido matéria do ADCT.

A lógica imanente ao Ato das Disposições Constitucionais Transitórias é a de equivaler a transição para a democracia brasileira a uma reforma de menor impacto na estrutura do Estado e da sociedade, de modo a que aquele ato não funcionasse como uma condenação explícita do acervo autoritário nacional, estabelecendo mecanismos para sua eliminação e para a reparação dos abusos cometidos, mas sim que desse apenas as providências necessárias para a máquina pública funcionar sob o comando de novos chefes em uma nova distribuição de poder. Essa lógica de continuidade entre regime militar e democracia

---

[15] Nesse sentido, Carvalho Netto exemplifica, no plano constitucional, que as "normas constitucionais que asseguravam a ruptura com o regime ditatorial, autocrático, acabaram sendo lidas e aplicadas à luz da continuidade das antigas práticas [...]" (CARVALHO NETTO. A revisão constitucional e a cidadania: a legitimidade do poder constituinte que deu origem à Constituição da República Federativa de 1998 e as potencialidades do poder revisional nela previsto. *Revista do Ministério Público do Estado do Maranhão*, p. 37-61).

[16] O termo inglês *accountability* significa, basicamente, ter atribuída a si a responsabilidade por seus próprios atos. Não há consenso sobre qual a melhor tradução para o português, sendo mais comum o desmembramento do termo para o uso dado no contexto, com sua simplificação em termos como "responsabilização" ou "prestação de contas".

será verificável em inúmeros momentos neste livro, especialmente em sua segunda parte.

A razão da omissão de determinados assuntos no ato transitório próprio é produto de um contexto político bastante específico: a longa transição brasileira, por ser controlada por agentes do regime repressor (com maior ou menor capacidade operacional, a depender do momento histórico concreto) não possibilitou que as forças democráticas tivessem, já em 1988, capacidade para tratar de determinadas pautas que puderam surgir apenas após um enfraquecimento, na *realpolitik*, das forças que mantiveram o regime opressor e, de outra mão, com o fortalecimento das instituições democráticas que a própria Constituição de 1988 desenhou.[17] O cenário em 1988 não era de uma condenação mais explícita à ditadura como um governo criminoso, mas, sim, o da abertura "lenta e gradual" após o afastamento "do mal maior do comunismo".

Esse contexto de limitações no plano interno quando da transição não é peculiar apenas ao Brasil, mas a todos os países que tiveram a gênese de seus regimes não democráticos majoritariamente na política interna (mesmo que com o apoio internacional). A complexidade dessa problemática só faz crescer na medida que adicionamos mais casos concretos ao campo exemplificativo, uma vez que tanto o regime não democrático pode ter uma origem nacional ou internacional (interna/externa), quanto o processo transicional pode ser fundado em uma mudança da política nacional ou uma intervenção externa e que, em ambos os casos, gera-se um acervo jurídico-político próprio que dialoga com aquela realidade transicional especificamente, e não com uma ideia de justiça a ser construída desde uma perspectiva efetivamente democrática, uma vez que tal acervo tem, em grande medida, seu peso jogado na equação presente no balanço de poder que sustenta a transição. Nesses contextos, a democracia se torna, majoritariamente, um dado externo ao conjunto de elementos que se agrupam para gerar a transição, tornando-se não o objetivo político da própria transição, mas, sim, uma meta de longo prazo.

A influência de atores externos altera radicalmente este cenário, uma vez que permite a inclusão/exclusão na equação de balanço de poder de novos agentes com capacidade para estabelecer diferentes narrativas sobre o passado autoritário e o futuro democrático (ou o oposto).

Como exemplo, pode-se observar o quadro sinóptico a seguir, que cruza essas duas variáveis bastante simples: a origem dos regimes

---

[17] A esse respeito, cf. GENRO. *Teoria da democracia e Justiça de Transição.*

autoritários que são sucedidos pela transição (se interna ou externa) e a origem do próprio processo de transição (igualmente se interna ou externa).

QUADRO 1

Regime autoritário – Justiça Transicional/endógeno-exógeno

	Justiça Transicional endógena	Justiça Transicional exógena
Regime Autoritário endógeno	Restauração Inglesa América Latina África do Sul Bulgária Romênia Etiópia Hungria (1945) Grécia Itália Espanha Atenas (411 a.C.)	Atenas (403 a.C.) Alemanha (1945) Japão (1945) França (1814) França (1815) Áustria (1945) Rodésia
Regime Autoritário exógeno	Estados Unidos (1783) Argélia (1962) Polônia Hungria (1989) Checoslováquia Países da Ocupação Alemã (WWII)	República Democrática da Alemanha (RDA)

Fonte: ELSTER. *Rendición de Cuentas*: La Justicia Transicional en Perspectiva Histórica, p. 93.

O quadro fornece uma visualização ampla de diversos casos nos quais instituições internas ou externas à unidade nacional operam a alteração de um regime de governo e permite, portanto, refletir sobre como as próprias sociedades articulam ou não uma mudança na equação interna de forças para a produção de mudanças políticas de regime. Esse dado interessa para que se possa começar a analisar como a aceitação social mais ou menos ampla do regime não democrático, que virá a se traduzir em discursos de condenação ou louvor a um regime (democrático ou não), influenciará um conjunto de medidas típicas de transições, como a depuração ou a manutenção no poder de agentes do antigo regime. Ainda, como será visto mais adiante, com alusão à obra de Samuel Huntington e Ruti Teitel, o macrofenômeno "transição endógena" *versus* "transição exógena" também implicará uma ampla modulação do tipo de medidas a serem adotadas (cf.: item 2.1).

Comentando sua sistematização, Elster assinala aquele que é um dos fatores mais desafiadores das transições similares da América do Sul, incluso o Brasil: sua dupla endogenia.

> [...] os casos mais interessantes são os duplamente endógenos (o quadrado superior esquerdo) em que a sociedade deve se colocar em acordo *consigo mesma*. Logo quando da transição, os líderes e os agentes do antigo regime seguem sendo parte do tecido social. É possível que, seja diretamente, graças a seu acesso a meios de violência ou as urnas, seja indiretamente, graças a sua importância para a reconstrução e o desenvolvimento econômico, acabem por influir no tratamento que lhes será imposto. Segundo uma metáfora que também utilizei para descrever o processo de desenho constitucional nas democracias recentes, a sociedade deve se *reconstruir em alto mar*, utilizando aqueles materiais que tem à mão, por mais viciados que estejam. Inclusive quando os juízes, por exemplo, tenham estado profundamente envolvidos com o regime pré-democrático, talvez, em termos práticos, não haja outra alternativa que os empregar, ainda que estes não sejam os mais compromissados, para julgar este mesmo antigo regime.[18]

A ideia de uma sociedade "se reconciliando internamente" é a síntese do conflito existente em processos de transição como os experimentados por Brasil, Argentina, Uruguai, Paraguai e Chile, para ficar apenas com os exemplos regionais. Não há aqui a negação da influência externa nos golpes de Estados que tomaram o poder dos países da região, mas a verificação de que as democracias entraram em colapso em um contexto no qual a influência externa foi apenas uma das razões para o rompimento institucional. Mais que isso, diferentemente do que

---

[18] "[...] los casos más interesantes son los doblamente endógenos (el casillero superior izquierdo) en que la sociedad debe ponerse de acuerdo *consigo misma*. Luego de la transición, los líderes y los agentes del antiguo régimen siguen siendo parte del tejido de la sociedad. Es posible que, ya sea directamente, gracias a su acceso a los medios de violencia o a las urnas, o indirectamente, gracias a su importancia para la reconstrucción y el desarrollo económico, logren influir sobre el tratamiento que se les impone. Según una metáfora que también he utilizado para describir el proceso de diseño constitucional en democracias recientes, la sociedad debe reconstruirse *en alta mar*, utilizando los materiales que tiene a mano, por más viciados que estén. Incluso cuando los jueces, por ejemplo, hayan estado profundamente involucrados con el régimen predemocrático, quizás, en términos prácticos, no haya otra alternativa que emplearlos, aunque más no sea los menos comprometidos, para juzgar a ese mismo régimen" (ELSTER. *Rendición de Cuentas*: La Justicia Transicional en Perspectiva Histórica, p. 94-95, tradução livre, grifos no original).

ocorreu, por exemplo, com os países do Eixo após a Segunda Grande Guerra, os próprios países latino-americanos puseram fim as suas ditaduras. Aqui, o esfriamento das tensões internacionais entre os EUA e a URSS, o contexto econômico internacional e a mudança do discurso institucional norte-americano (afastando-se do discurso da segurança nacional e da Doutrina Truman e se aproximando do discurso dos direitos humanos)[19] foram apenas mais alguns fatores de influência, mas não as únicas variáveis determinantes para que o desfecho das disputas políticas internas levasse ao rompimento da ordem constitucional e a um golpe de estado antidemocrático, sendo eminentemente o balanço interno de poder e as disputas políticas nacionais as causadoras da ruptura de legalidade, consequentemente insurgindo um discurso social ideologizado de justificação que apossa-se do Estado e desde ele difunde valores que, se não revertidos na democratização, seguem a reverberar mesmo após a transição estar "concluída".

É nesse sentido que, para a análise de medidas transicionais, além da necessidade de se considerarem as causas da transição em si e como tais causas determinaram um maior ou menor controle político do processo (seja por parte das forças democráticas, seja por parte das forças não democráticas), é importante considerar aquilo que tratarei como uma "classificação semântico-valorativa" dada ao próprio regime.

Entendo por "classificação semântico-valorativa" o próprio discurso social articulado em torno de temas-chave do regime, como "legitimidade" e, inclusive, "necessidade", uma vez que discursos como o do "mal necessário" justificaram ditaduras mesmo sem considerá-las legítimas. Esse tipo de classificação é absolutamente externa ao sistema jurídico em uma leitura *prima facie*, mas será determinante para o enquadramento legal posterior dos fatos a serem considerados para o equacionamento de medidas transicionais, pois a narrativa sobre os regimes, sua legitimidade, a natureza de seus atos e a razão de seus crimes (incluso no cruzamento dessas variáveis, que pode nos conduzir ao debate da legitimidade dos crimes, tanto do regime quanto da oposição) é gerada externamente ao mundo do direito, em um diálogo predominantemente orientado pelas racionalidades da defesa de determinados valores e do balanço de poder que permite ou não a oposição de outras visões a esta.

---

[19] Cf.: TORELLY. Globalização, colonialismo e direito ao desenvolvimento na nova ordem global. *In*: MENEZES (Org.). *Estudos de direito internacional*, p. 454-456.

CAPÍTULO 1
ELEMENTOS CENTRAIS PARA O ESTUDO DAS TRANSIÇÕES

A classificação dos regimes e a aceitação dessa classificação pelo senso comum, especialmente pelo senso comum da política e do direito, será fundamental para a estruturação dos mecanismos transicionais. A capacidade do discurso oficial do regime para gerar sensos comuns que orientam interpretativamente a narrativa sobre o passado acaba por influenciar o modo como o conjunto da população e as autoridades políticas e judiciais leem seus deveres com relação a défices transicionais, de tal feita que a naturalização de elementos autoritários se torna meio impeditivo de avanço das medidas de justiça. Para melhor desenvolver esse argumento importa transcrever a definição de Bourdieu do que seja um "sistema simbólico":

> Os <<sistemas simbólicos>>, como instrumentos de conhecimento e de comunicação, só podem exercer um poder estruturante porque são estruturados. O poder simbólico é um poder de construção da realidade que tende a estabelecer uma ordem **gnoseológica**: o sentido imediato do mundo [...] supõe aquilo que Durkhein chama o **conformismo lógico**, [...] ou, depois dele, Radcliffe-Brown, que faz assentar a <<solidariedade social>> no fato de participar num sistema simbólico [...]. *Os símbolos são os instrumentos por excelência da integração social enquanto instrumentos de conhecimento e de comunicação [...], eles tornam possível o consensus acerca do sentido do mundo social que contribui fundamentalmente para a reprodução da ordem social: a integração <<lógica>> é a condição da integração <<moral>>.*[20]

Na medida em que se constrói um universo simbólico que legitima a prática autoritária, pelas razões que forem, constrói-se um mecanismo permanente na sociedade, que operará mesmo após a própria transição, marcando a democracia e limitando as possibilidades de efetivação de qualquer modalidade de Justiça Transicional, na medida em que tal mecanismo turva a percepção sobre as injustiças do autoritarismo. Os mecanismos de valoração e fixação semântica sobre os processos políticos e sociais formulados durante os períodos de repressão serão marcantes para, posteriormente, classificarem-se os agentes políticos, os resistentes, os opressores, os justos e os injustos, e todos os demais envolvidos nos conflitos, e influenciarão especialmente a classificação destes como criminosos a serem punidos ou vítimas a serem reparadas, pois as categorias jurídicas dependem das categorias sociais construídas discursivamente na política para fazerem sentido e funcionarem normativamente. A competição de agentes internos e externos pela

---

[20] BOURDIEU. *O poder simbólico*, 7. ed., p. 9, negritos no original, demais grifos nossos.

formulação de discursos sobre a legitimidade dos sistemas políticos pode alterar esse jogo que, em contextos como o latino-americano, costumeiramente era jogado com prevalência pelos atores internos, cenário que só se altera mais substancialmente na atualidade, com a ampliação da atuação da Corte Interamericana de Direitos Humanos.

Em sua análise do sistema político brasileiro, produzida pouco antes do início da distensão, Celso Lafer apresenta o seguinte quadro de legitimação para a ditadura no país instalada:

> A que título, portanto, os que governam hoje o Brasil exercem o poder? Consoante se verifica pelas exposições dos Atos Institucionais que fundamentam o uso da moeda da coerção organizada, uma legitimidade de negação ao caos, ao comunismo e a corrupção, vistos como características principais da República Populista dos anos 60. Esse fundamento negativo deseja ver-se assegurado, num processo de legitimação positiva face aos governados, pela racionalidade da administração econômica, na presidência Castello Branco (gestão econômica dos Ministros Roberto Campos e Octavio Gouveia de Bulhões), e pela eficácia econômica, isto é, pelo desenvolvimento, nas presidências Costa e Silva e Médici (gestão econômica do Ministro Delfim Netto).[21]

Note-se que se faz presente a ideia de uma gestão eficiente contra um caos iminente, coisa que, posteriormente, não se verificou do ponto de vista histórico, uma vez que as denúncias de corrupção contra o Governo Jango jamais se comprovaram, e o milagre econômico brasileiro faliu. O fato relevante aqui, e que é bem capturado por Lafer, é a articulação de um discurso sobre a legitimidade do exercício do poder. Discurso este que fundamenta, inclusive, o uso da força e da violência. Sem esse discurso, os golpistas de 1964 seriam apenas isso: golpistas, porém, com a inclusão desse discurso de legitimação no senso comum social e político, tornaram-se, pelo menos para alguns setores sociais expressivos, defensores da pátria. Esse é um fato altamente conturbador do processo de transição, vinculado não a uma problemática propriamente jurídica, mas a uma disputa política sobre o passado que determina o alcance da releitura que o Estado de Direito é capaz de fazer sobre determinados eventos.

Nas transições latino-americanas – resguardada a suprarreferida exceção da atuação da Corte Interamericana de Direitos Humanos e o caso argentino, no qual a derrota do regime em guerra externa fez

---

[21] LAFER. *O sistema político brasileiro*, p. 74.

arrefecer a impressão de legitimidade da repressão – o discurso sobre o passado foi massivamente construído e imposto pelos próprios governos autoritários, de modo a que, após seu final, permanece uma semântica confusa a valorá-los como "um mal necessário" (para usar as palavras de um atual ministro do Supremo Tribunal Federal).[22] Esse discurso só se mantém por possuir um sistema simbólico, produzido pelo autoritarismo, que lhe dá guarida.

Esse tipo de classificação valorativa que se forma na sociedade e permeia as instituições influi, inclusive, nas classificações "científicas" sobre os regimes repressivos, determinando aquilo que os autores consideram mais relevante valorar quanto os descrevem e classificam e, consequentemente, aquilo que será mais importante sanear por meio de mecanismos transicionais, de tal feita que essas classificações determinarão também como cada pesquisador lerá a relação entre, por exemplo, medidas de estabilidade e de justiça em uma transição.

Cabe aqui exemplificar apresentando um dos "conceitos descritivos" mais canônicos sobre as transições na América Latina, que é o de Guilhermo O'Donnell, que introduz, ao procurar estabelecer uma classificação analiticamente mais refinada do que o amplíssimo termo "ditaduras autoritárias", a ideia de um "autoritarismo burocrático",[23] caracterizado, grosso modo, pelo seguinte:[24]

(I) Por ter sua sustentação política dada pela grande burguesia;

(II) Por ter seus aparelhos institucionais especialmente vocacionados e especializados para o atingimento de dois fins: (a) subordinar as classes populares ao poder central; (b) normalizar a economia gerando desenvolvimento;

(III) Por excluir deliberadamente do sistema político um setor social ativo predeterminado, mais notadamente o conjunto de organizações ligadas ao povo, procurando capitalizá-las para o burocratismo (por exemplo sindicatos e associações);

(IV) Por suprimir a cidadania e a democracia políticas como formas de participação social aberta à crítica pública;

---

[22] Veja-se a entrevista do Ministro do STF Marco Aurélio Mello ao jornalista Kennedy Allencar no programa "É Notícia" da Rede TV, no qual afirma que a ditadura foi "um mal necessário tendo em conta o que se avizinhava". A entrevista pode ser acessada no *link*: <http://www.redetv.com.br/portal/Video.aspx?113,24,89352,Jornalismo,E-Noticia,Marco-Aurelio-Mello-Bloco-3>.

[23] O'DONNELL. *Análise do autoritarismo burocrático.*

[24] O'DONNELL. *Análise do autoritarismo burocrático*, p. 60-63.

(V) Por excluir economicamente todos os setores sociais menos capazes de se associarem ao capital estrangeiro, concentrando renda e formando oligopólios produtivos;

(VI) Por organizar as instituições de modo a tecnicizar as questões políticas, procurando orientá-las por critérios "neutros e objetivos de racionalidade técnica", vetando a invocação de petições de justiça material ou conceitos de classe;

(VII) Por restringir fortemente ou eliminar todos os mecanismos de acesso ao poder e ao governo.

O conceito de O'Donnell é bastante conforme com a descrição que Lafer faz do sistema político brasileiro durante a ditadura: um governo tecnicamente orientado para a imposição da ordem e o progresso econômico. Ocorre que tal visão, embora bem descreva um enorme grupo de ações dos governos repressivos, falha rotundamente na descrição de outras, que virão à tona no momento da dita "reconciliação interna da sociedade", como os casos notórios de inúmeras mortes provocadas pelos aparelhos de Estado responsáveis pela manutenção da ordem e anulação de forças políticas opositoras. É nesse sentido que, em seu estudo sobre a ditadura argentina (1976-1983), Pascual argumenta questionando a tese de O'Donnell ao defender que:

> Esse tipo de análise centraliza, erroneamente, sua consideração nos principais atores do processo político sob a doutrina da segurança nacional – os grupos militares e tecnocráticos – e na relação existente entre esses atores, sem abordar a característica mais importante desse tipo de regime, que consiste na natureza do poder exercido e nos objetivos do exercício desse poder. O conceito burocrático-autoritário considera, basicamente, fatores externos e superficiais, sem abordar o essencial da natureza dos regimes: a prática política própria da doutrina da segurança nacional. A nomeação burocrático-autoritário, por sua vez, é branda demais para ser empregada na qualificação das cruentas ditaduras militares que assolaram a América Latina naquelas décadas [1960-1990], e acaba produzindo mais confusão do que clareza com relação à índole desses regimes.[25]

As diversas classificações sobre a natureza dos regimes repressores influem significativamente nas consequências das transições. Na esteira do argumento de Pascual, sobre a prática terrorista do Estado argentino durante a ditadura militar, chega-se à evidente conclusão da

---

[25] PASCUAL. *Terrorismo de Estado*: a Argentina de 1976 a 1983, p. 31.

necessidade de responsabilização civil e penal dos agentes responsáveis pela implementação de uma doutrina de segurança que voltou o Estado contra seus cidadãos, coisa que não necessariamente ocorrerá se sustentada a visão de O'Donnell, onde o emprego da violência é tratado com menor centralidade na problemática da discussão e o restabelecimento de uma ordem não autoritária parecerá suficiente medida transicional, sendo muito mais importante estabelecer uma democracia eleitoral estável e um Estado imparcial. É assim que a diferente valoração dos regimes implica uma construção discursiva distinta e, ao final, essa construção político-social é incorporada pelo sistema jurídico na tomada de decisões e pelo sistema político no desenho de programas e políticas públicas.

Mais ainda, se consideradas visões dos próprios agentes autoritários, como a da ditadura como "mal necessário" ou como "revolução",[26] o processo transicional pode restar completamente inviabilizado como meio para identificar vítimas que resistiram ou foram perseguidas (pois desde essa perspectiva elas eram, em verdade, "criminosas"), ou em processar qualquer forma de justiça em referência aos crimes de Estado, justificáveis desde o discurso de legitimação inserido na sociedade pela própria repressão.

O debate argentino, em concreto, superou a argumentação dos militares, que alegavam estarem em uma luta contra o terrorismo e, ainda, complementou os argumentos de ordem acadêmica similares ao de O'Donnell, que não consideravam a violência massiva em suas teorizações, tendo os poderes públicos entendido ser relevante o acionamento da justiça penal contra ex-agentes de Estado para a efetiva consolidação da transição democrática,[27] enquanto em outros países, como no Uruguai, leis de anistia impediram que os processos de Justiça Transicional abrangessem a esfera penal.[28] A argumentação que afastou da ditadura argentina a classificação politicamente vinculada a ideais como a do "mal necessário" ou de um regime de exceção "para luta contra o terrorismo", inobstante, não se encontra prescrita em nenhum texto legal, mas, sim, é produto de uma leitura interpretativa e política que superou um senso comum autoritário instalado no campo simbólico social e classificou o conjunto de atos tidos em nome do Estado

---

[26] Cf.: USTRA. *A verdade sufocada*: a história que a esquerda não quer que o Brasil conheça.

[27] Cf.: NINO. *Radical Evil on Trial*; TEITEL. *Transitional Justice*.

[28] No momento de finalização deste livro, o Uruguai apresenta efetivas possibilidades de abandonar sua lei de anistia e promover processos judiciais, mas o dado concreto se definirá apenas nos próximos anos.

como criminosos. Temos, com esse processo, a formação de um novo senso comum, mais coerente com as ideias de democracia e Estado de Direito, que pode ser bem apreendido na excelente argumentação de Santiago Nino:

> [...] os meios empregados para repelir a agressão [da guerrilha] eram irracionais e desproporcionais. O regime militar foi muito além do que era necessário para neutralizar os agressores e utilizou meios de determinação incertos para definir quem era ou não agressor. São poucas as dúvidas existentes sobre os meios eleitos para a luta contra o terrorismo subversivo terem excedido a proporção do mal causado pelo próprio terrorismo. Mais pessoas foram seqüestradas, torturadas e mortas e, neste processo, a ditadura também destruiu o Estado de Direito e a segurança jurídica. Afinal, os meios legítimos para uma sociedade combater o terrorismo podem ser encontrados no direito penal [...].[29]

Desta feita, ao articular o debate sobre as transições, seguindo com a perspectiva dantes referida de Ost, o direito democrático sempre valora o regime repressivo desde uma perspectiva vinculada à ideia de preservação do Estado de Direito e dos direitos humanos como forma de matizar aquilo que é ou não aceitável, negando a legitimidade de violações aos direitos fundamentais mesmo quando elas ocorrem em consonância com a vontade da maioria, ou quando se legitimam por meio de um discurso social hegemônico porém contrário aos direitos fundamentais de dado setor social. Ainda, ao valorar o regime repressor, a perspectiva do direito reforça a ideia da necessidade da não arbitrariedade para a própria garantida da legitimidade do sistema de direito. Nas palavras de Teitel:

> Enquanto o entendimento convencional da concepção de tirania é a ausência do estado de direito enquanto arbitrariedade, o estado de direito em transição nos casos modernos ilumina uma resposta normativa diversa para a tirania contemporânea. Com sua origem no antigo entendimento do termo "isonomia", o ideal do estado de direito emerge em resposta à tirania entendida enquanto arbitrariedade e cumprimento

---

[29] "[...] the means employed to repel the aggression [from the guerrilla] were irrational and disproportionate. The military regime went far beyond what was needed to neutralized the aggressors and used unreliable ways of determining who where aggressors and who were not. There is little doubt that the means chosen to fight subversive terrorism were way out of proportion to the evils caused by terrorism. More people were abducted, tortured, and killed, and in the process the dictatorship also destroyed the rule of law and legal certainty. In the end, the legitimate means for a society to use against terrorism can be found in criminal law [...]" (NINO. *Radical Evil on Trial*, p. 174, tradução livre).

parcial da lei. Como as tiranias do passado são associadas com a feitura da lei por vias tanto arbitrárias como desiguais, o antigo entendimento de estado de direito compreende tanto o valor da segurança jurídica quanto da igual aplicação da lei. Como nos tempos antigos, o ideal contemporâneo de estado de direito é forjado no contexto de mudança de um regime repressivo para um modelo de governo liberal. Quando a perseguição é sistematicamente aplicada por meio de sanções legais, onde a tirania é a perseguição sistemática, a resposta transicional legal será uma tentativa de desfazer esses abusos perpetrados nos termos da lei.[30]

É considerando esses raciocínios sobre a valoração e formação semântica de um discurso sobre o passado, bem como a necessidade do direito de superar essa valoração se fundando em critérios diversos que os do senso comum, que se inicia o processo de superação de consensos sociais rumo à afirmação de uma ideia de justiça que permitirá, por sua vez, auferir a capacidade que determinadas medidas tem de contribuir ou afetar a democracia e, mais ainda, a legalidade dessas medidas frente a um ordenamento legal não arbitrário.

1.2.2 Tipos de regime e formas de transição

Após a verificação sobre como elementos de valoração sobre os regimes repressivos influenciam a formação das leituras políticas, jurídicas e acadêmicas sobre os processos transicionais, e ainda antes de avançar para o estudo dos mecanismos transicionais propriamente ditos, insta explorar outra dimensão de classificação. Nesse caso, e na medida do possível, a classificação dos regimes repressivos em categorias gerais amplas visa não um fim prescritivo, mas, sim, descritivo, auxiliando na verificação empírica das medidas transicionais que foram

---

[30] "Whereas the conventional understanding of the conception of tyranny is the lack of the rule of law as arbitrariness, the transitional rule of law in the modern cases illuminates a distinctive normative response to contemporary tyranny. From its inception in the ancient understanding term 'isonomy', the ideal of the rule of law emerges in response to tyranny. In ancient times, isonomy is forged in response to tyranny understood as arbitrary and partial enforcement of law. Because prior tyranny associated with lawmaking that is both arbitrary and unequal, the ancient understanding of the rule of law comprehended both values of security in the law and equal enforceability of the law. As in ancient times, the contemporary ideal of the rule of law is forged in the context of the move from repressive to more liberalizing rule. Where persecution is systematically perpetuated under legal imprimatur, where tyranny is systematic persecution, the transitional legal response is the attempt to undo these abuses under the law" (TEITEL. *Transitional Justice*, p. 18, tradução livre).

utilizadas na democratização de diversos países e no estabelecimento de conexões entre a capacidade de ingerência política do antigo regime e a legitimidade das medidas perante a ótica democrática, que será extensamente desenvolvida no capítulo 2.

Apoia-se esta seção predominantemente nos estudos de Linz e Stepan sobre as transições para a democracia, nos quais os autores classificam os regimes em quatro tipos, com vistas a avaliar como cada tipo de regime produz meios e limita medidas durante as transição. São eles: (I) autoritários; (II) totalitários; (III) pós-totalitários e; (IV) sultanísticos.[31] Ao fazer essas verificações, os autores, em última análise, estabelecem um raciocínio imageticamente parecido com a matriz que se origina de uma equação-função, uma vez que o "tipo do regime" nesse tipo de raciocínio é definido, majoritariamente, pelas medidas de alteração do modelo ideal "estado de direito" e do procedimento ideal "democracia" em respeito a um conjunto de fatores (sistema político, economia, pluralismo social etc.), sendo essas alterações os objetos centrais de reversão e mudança durante a democratização e, posteriormente, suas consequências constituem fundamento de fatos para os principais processos de Justiça Transicional.

Em razoável consonância com Arendt, Linz e Stepan classificam os regimes *totalitários* como aqueles nos quais (i) inexiste pluralismo significativo nas searas econômica, política e social, (ii) uma ideologia holística, abrangente e nem sempre coerente norteia as ações de Estado, sendo vedado seu questionamento, (iii) toda a mobilização social ocorre em torno de associações e órgãos compulsórios de origem e controle estatal e, (iv) não existe limitação externa ou controle institucional para o poder da autoridade-líder.[32]

O regime *autoritário* é classificado como um regime no qual (i) existe um pluralismo limitado na sociedade, seja por meio de uma "semioposição", seja por persistirem padrões de pluralidade social ou econômica que são prévios ao regime, mas que não o afetam substancialmente, (ii) a ideologia única e holística é substituída por ideologias setorizadas (mesmo que amplamente abrangentes), cabendo mais falar em "mentalidades" que em "ideologia" (no singular), (iii) a mobilização política é fortemente repreendida e praticamente inexiste, ficando, quando muito, adstrita à ação institucional da "semioposição", (iv) há

---

[31] LINZ; STEPAN. *A transição e consolidação da democracia*: a experiência do sul da Europa e da América do Sul, p. 82-87.

[32] LINZ; STEPAN. *A transição e consolidação da democracia*: a experiência do sul da Europa e da América do Sul, p. 59-61.

uma liderança única ou grupo de lideranças que se revezam no poder segundo critérios de acesso próprios e exclusivos.[33]

O regime *pós-totalitário* se caracteriza por ser (i) mais aberto que o totalitário quanto ao pluralismo, uma vez que mesmo conservando estruturas de fechamento como o partido único, já permite que a sociedade e a economia funcionem de modo menos controlado pelo Estado. Mesmo não sendo possível falar em "pluralismo político", num regime pós-totalitário já é possível se falar na existência de uma ala de oposição, (ii) a ideologia herdada do totalitarismo subsiste, mas a adesão a ela é menor e a possibilidade de questionamento passa a ser menos reprimida, (iii) a mobilização interna nas associações e órgãos estatais se torna mais burocratizada e menos efetiva, surgindo, nos pós-totalitarismos maduros, associações de mobilização independentes do Estado (que abrem caminho para a superação do regime), (iv) as lideranças passam a receber especial proteção institucional de mecanismos como "a democracia interna ao partido", e tem sua origem não mais na comunidade política, mas, sim, na tecnocracia, sendo comum a mudança do perfil carismático para o burocrático.[34]

O regime *sultanístico*, por sua vez, caracteriza-se pelo (i) poder despótico do Sultão, que pode alterar as condições de existência do pluralismo em qualquer setor social, estimulando-o ou o limitando, (ii) o principal pilar ideológico é o próprio Sultão, que detém a liberdade para a manipulação de símbolos e instituições, (iii) a mobilização é baixa, controlada e atende a interesses políticos do próprio regime, sendo comumente clientelística, (iv) a liderança central é personalíssima e arbitrária, não observando limites de qualquer espécie.[35]

Entre as principais implicações para a transição da vinculação dos regimes a essas matrizes, interessam ao campo jurídico especialmente aquelas análises quanto (i) à possibilidade de estabelecimento de reformas e rupturas pactuadas (cujos mecanismos e formas jurídicas serão tema do item 1.3 deste estudo) e (ii) à influência das elites do antigo regime no processo de transição.

(I) Quanto à possibilidade de reforma ou ruptura pactuada: a realização de uma transição pactuada, com maior ou menor grau de

---

[33] LINZ. *Totalitarian and Authoritarian Regimes*, p. 159-260; LINZ; STEPAN. *A transição e consolidação da democracia*: a experiência do sul da Europa e da América do Sul, p. 57-58.

[34] LINZ. *Totalitarian and Authoritarian Regimes*, p. 159-260; LINZ; STEPAN. *A transição e consolidação da democracia*: a experiência do sul da Europa e da América do Sul, p. 61-69.

[35] LINZ. *Totalitarian and Authoritarian Regimes*, p. 159-260; LINZ; STEPAN. *A transição e consolidação da democracia*: a experiência do sul da Europa e da América do Sul, p. 69-73.

liberdade para a pactuação em si, depende da combinação de dois elementos: (i) a existência de uma oposição de viés democrático e (ii) a existência de autoridades moderadas no regime não democrático com suficiente poder para estabelecer um "diálogo de resultados". Assim, considerando as quatro classificações empreendidas, Linz e Stepan esboçam o seguinte panorama de relações entre tipo de regime e implicações à transição:[36]

a) *Totalitarismo*: a inexistência de sociedade civil e oposição democrática organizada inviabiliza uma transição sem ruptura;

b) *Autoritarismo*: existe espaço para acordos de elite ou movimento de massas, desde que haja sociedade civil e oposição organizada, podendo-se estabelecer pactos (como eleições, a serem disputadas pelo regime e a oposição, ou outras modulações);

c) *Pós-totalitarismo*: pode haver espaço para pactuações caso o regime pós-totalitário tenha permitido a subsistência de suficiente pluralidade para a formação da oposição e existam, entre seus quadros, atores moderados capazes de fomento ao diálogo;

d) *Sultanismo*: a inexistência de um embrião para o Estado de Direito ou dos dois pré-requisitos para a pactuação eliminam a possibilidade de transição sem ruptura.

A *realização de pactos* depende, portanto, da *capacidade de abertura do regime* para o diálogo, coisa que, como se verá adiante, também afetará qualitativamente a *validade* e *legitimidade* dos pactos no tempo. A capacidade de realização de pactos mais dialogais, como ocorreu na Hungria pós-comunista,[37] tende a gerar resultados estruturalmente mais legítimos e estáveis que aqueles produzidos em transições como as da Argentina.[38] Regimes cujo modelo obstaculiza fortemente o diálogo, como fora o argentino, tendem a inviabilizar a geração do mínimo de consenso necessário para a estabilização dos acordos necessários à transição sem ruptura, inobstante, a manutenção do poder nas mãos do regime durante a transição, como no caso brasileiro, pode garantir a imposição autoritária do aceite social ao pacto transicional eliminando determinados debates da agenda política da abertura.

---

[36] LINZ. *Totalitarian and Authoritarian Regimes*, p. 159-260; LINZ; STEPAN. *A transição e consolidação da democracia*: a experiência do sul da Europa e da América do Sul, p. 82.

[37] Cf.: SCHWARTZ. *The Struggle for Constitutional Justice in Post-Communist Europe*, p. 75-108.

[38] CAVAROZZI. Political Cycles in Argentina since 1955. *In*: O'DONNELL; SCHMITTER; WHITEHEAD (Org.). *Transitions from Authoritarian Rule*: Latin America, p. 19-48.

(II) Quanto à influência das autoridades do antigo regime na transição: quando um regime é governado por determinada hierarquia, mais notadamente uma hierarquia militar, sua substituição por um governo civil por via eleitoral pode ser o caminho mais curto para o início de um processo de democratização. A existência de um governo militar implica uma substancial diferença para o processo de transição quando comparada a uma transição não militar, considerando-se que os militares são parte orgânica do todo estatal, tendo sido ímpar na história a experiência do Haiti, que em meio a uma longa história de golpes dissolveu e extinguiu os poderes militares em 1995, passando a existir como país soberano sem forças armadas.

A hierarquia militar autoritária pode abrir mão do poder que detém caso os "militares como instituição" se sintam ameaçados, pressionando os "militares enquanto governo" à abertura. Linz e Stepan destacam que tal possibilidade não encontra-se disponível quando o regime em questão é totalitário, uma vez que "a primazia do partido revolucionário e o papel ilimitado dos líderes tornam impossível o governo de uma hierarquia militar",[39] fato que se repete no pós-totalitarismo e no sultanismo, neste último estando o Sultão a substituir o partido.

É nesse sentido que os autores asseveram que "se um regime não democrático autoritário for liderado por militares não hierárquicos e esse regime cair ou for derrubado, será mais fácil impor o controle civil democrático e levar os militares a julgamento do que se o regime fosse liderado por uma hierarquia militar",[40] uma vez que a permanência dos militares como instituição no poder implica constante receio de desencadear-se um novo golpe de Estado. Assim, a inclusão da variável "militar" na categoria "autoritarismo" ainda agrega um novo elemento de limitação política à transição e, por sua vez, a política limitada é que define o escopo jurídico inicial de uma transição no plano nacional.

Se o tipo de regime impacta a via de transição para democracia, tornando-a mais ou menos controlada e, ainda, condiciona a possibilidade de pactuação para a não ruptura da ordem, é de se esperar que as tarefas necessárias para a consolidação democrática também sofram variações a depender do tipo de regime que se propõe superar. Os autores analisam cinco condições necessárias para a democracia, desde

---

[39] LINZ; STEPAN. *A transição e consolidação da democracia*: a experiência do sul da Europa e da América do Sul, p. 83.

[40] LINZ; STEPAN. *A transição e consolidação da democracia*: a experiência do sul da Europa e da América do Sul, p. 84.

a perspectiva da ciência política, que precisam ser objeto do trabalho transicional:[41]

(i) a inexistência de restrições à sociedade civil;
(ii) a autonomia da sociedade política;
(iii) a estabilização de normas constitucionais democráticas;
(iv) a existência de uma burocracia estável e confiável e;
(v) a autonomização da atividade econômica frente ao Estado.

A incorporação desses valores pela semântica jurídica sobre a Justiça de Transição, com sua fusão ao debate sobre a consolidação de um Estado de Direito substancial[42] e compatível com o ordenamento jurídico internacional, é que permitirá chegar-se a um conceito aplicável e parcialmente deôntico de "Justiça de Transição" (objeto do próximo capítulo) sendo, portanto, interessante explorar a produção sobre esta questão, seguindo com a perspectiva de Linz e Stepan.

A reorganização das liberdades da sociedade civil tem diferentes desafios para cada tipo de transição. Enquanto num regime totalitário inexiste o Estado de Direito e a sociedade civil só existe como massa, sendo necessário um completo reinício, e em uma transição desde um regime pós-totalitário as reformas no sistema jurídico igualmente serão monumentais, os regimes autoritários podem apresentar diferentes variações quanto ao respeito ao Estado de Direito. Grosso modo, os regimes autoritários são compatíveis com uma ideia de Estado de Direito formal, cabendo ao processo transicional a consubstancialização dessa situação formal em uma situação material (ou substantiva).

A autonomia da sociedade política, inobstante, é um desafio para todas as formas transicionais. Os regimes totalitários e sultanísticos desconhecem a existência de liberdade política, o que implica a necessidade de estruturação de toda uma gama de instituições funcionais *ab ovo*. Os regimes pós-totalitários podem contar com algumas estruturas civis aptas a se transformarem em partidos políticos e darem o impulso inicial para a existência de pluralismo com autonomia. Por sua vez, os regimes autoritários toleram parcialmente a existência de oposição, o que pode garantir uma base inicial para a *competição política*. Ademais, muitas vezes o autoritarismo não é capaz de extinguir completamente o espectro político nacional, sendo comum o ressurgimento de partidos e agremiações políticas após a democratização – seja por terem vivido na clandestinidade, seja por encontrarem novos seguidores.

---

[41] LINZ; STEPAN. *A transição e consolidação da democracia*: a experiência do sul da Europa e da América do Sul, p. 85-87.

[42] Cf.: FERRAJOLI. Pasado y Futuro del Estado de Derecho. *In*: CARBONELL, Miguel. *Neoconstitucionalismo(s)*, p. 13-29.

A estabilização de normas constitucionais democráticas, por sua vez, traduz um desafio mais crítico. As experiências totalitárias legam constituições formais que, desde um ponto de vista material não são constituições, ou, ainda, constituições que formalmente aparentam materialidade mas que por sua ineficácia normativa restam sem efetividade, uma vez que o exercício do poder restava desconectado de mecanismos de controle efetivo. Os regimes sultanísticos, mesmo quando possuem constituições, precisam garantir sua democratização e a universalização equitativa de suas normas. Os regimes pós-totalitários, bem como os autoritários, podem já viver experiências constitucionais razoavelmente vinculadas à ideia de legalidade e controle, cabendo seu aprimoramento e efetivação, ou havendo a necessidade de processo constituinte absolutamente novo. Especialmente no caso de superação do autoritarismo, e em maior grau quando o regime autoritário alterou ou substituiu a constituição original do país, surge como possibilidade o resgate da Constituição anterior, como fez a Argentina após a ditadura, ao recolocar em vigor a Constituição de 1853, alterada pelas reformas de 1866 e 1898;[43] a abertura de um processo constituinte, como fez o Brasil em 1988; ou a reforma parcial da constituição vigente, removendo-lhe os dispositivos autoritários. Em todos esses casos há de se atentar para o problema acusado no início do parágrafo quanto à aparente materialidade da constituição e, mais especialmente, para a cultura jurídica, que será determinante para a *consolidação* das normas constitucionais em práticas efetivas ou meramente em conteúdos simbólicos.

Após a reforma institucional do escopo constitucional, é fundamental para a democracia poder contar com uma burocracia estável e confiável. A mais grave situação para uma transição de regimes é aquela deixada pelo fim de um regime totalitário, quando grande parte da sociedade funcionou como informante do Estado ou ocupou carreiras públicas altamente ideologizadas. O procedimento de depuração da máquina pública pode envolver grandes alterações para o funcionamento do Estado durante a transição. A Alemanha do pós-guerra passou décadas identificando colaboradores nazistas para afastar-lhes das funções públicas e, eventualmente, os levar aos tribunais. Ainda, conforme nos aduz Elster, as depurações ocorridas nos países ocupados chegaram a afetar 1,2% do total populacional da Bélgica, 1% da Holanda, 0,3% na Dinamarca e Hungria, 0,25% na França e 0,2% na Noruega e

---

[43] NINO. *Radical Evil on Trial*.

Áustria.[44] Em todos os tipos de transições, há de se atentar ao fato de que algumas instituições-chave, como o Poder Judiciário, podem estar completamente contaminadas pela ideologia do regime, demandando amplas reformas.

Finalmente, uma democracia precisa de razoável independência entre economia e Estado. Os autoritarismos, em geral, contam com estruturas econômicas mistas, que são funcionais em uma transição e podem ou não ser objeto de reformas, mas as transições dos regimes totalitários geralmente implicam a necessidade efetiva de organizar novos modelos de produção, sendo esse um procedimento extremamente delicado, pois o plano de transferência da economia planificada no Estado para a sociedade pode implicar desabastecimento, concentrar renda, reduzir a capacidade de gestão soberana do Estado e, ainda, desestruturar os meios de produção ao ponto de torná-los incapazes de concorrer internacionalmente, efetivamente falindo a nação. O processo de democratização russo pós-URSS é um bom exemplo de como a gestão da abertura de uma economia planificada pode seguir pautada por caracteres não democráticos, como a corrupção, rapidamente gerarando a transferência de capital econômico (mas também político) do Estado para determinada elite, propiciando concentrações brutais de renda e assimetrias sociais.

Do conjunto de discussões deste tópico, infere-se, quanto à primeira parte, que a classificação política dada a um regime repressivo, qualificando-o como um regime "de exceção" frente a uma situação de ameaça, um regime "de revolução popular", uma "ditadura", um regime "terrorista" ou, simplesmente, um regime "burocrático autoritário", tende a influir sobre o tipo de tratamento jurídico a ser dado ao acervo autoritário desse regime, uma vez que tais classificações preenchem as categorias normativamente vazias dos textos legais. Ademais, na segunda parte, verificou-se como os tipos de regime autoritário prévios à transição estabelecem limites e possibilidades ao que é possível fazer no plano político para a implementação de medidas transicionais.

Nesse sentido, antes de avançar para o tratamento da ideia-chave sobre "o que é uma democracia consolidada" e antes de definir o escopo programático e normativo do que seja uma Justiça de Transição, passa-se à análise dos dois mecanismos político-jurídicos mais comuns para as transições pós-autoritárias por transformação da terceira onda, típicas da parte final da segunda metade do século XX: as *eleições,* as *anistias e* os *pactos.*

---

[44] ELSTER. *Rendición de Cuentas*: La Justicia Transicional en Perspectiva Histórica, p. 76.

1.3 Procedimentos político-jurídicos para as aberturas democráticas na terceira onda

1.3.1. Definindo a terceira onda (localizando o modelo transicional brasileiro)

O início de um processo de transição pode ocorrer de diversas maneiras, pela perda de eleições (quando existem), como ocorreu no México; pela derrota de uma das partes numa Guerra Civil, como na Atenas clássica; pela morte de um ditador, como na Espanha de Franco; por pactos entre grupos rivais, dentre tantas outras possibilidades.

Com fito de investigar e classificar transições políticas como macroprocessos de relevo internacional, que são afetados por fatores internos, mas também influenciados por fatores externos, estabelecendo um estudo de abrangência diversa do de Jon Elster (retratado no QUADRO 1, item 1.2.1), Samuel Huntington procurou afastar-se da divisão endógeno/exógeno e criou o conceito de "ondas de democratização". Para Huntington:

> Uma onda de democratização é um grupo de transições de regimes não democráticos que ocorre num período de tempo específico e que supera significativamente o número de transições em sentido oposto. A onda geralmente também envolve liberalização ou a democratização parcial de sistemas políticos que não se tornam plenamente democráticos. [...] Cada onda afeta um número relativamente pequeno de países, e durante uma onda algumas transições ocorrem em sentido não democrático. Ainda, nem todas as transições para a democracia ocorrem durante uma onda. A História é confusa e mudanças políticas não se enquadram em quadrantes históricos herméticos, a História, além disso, não é unidirecional.[45]

Dessa forma, se a classificação de Elster nos auxilia a entender conflitos de legitimidade e problemas de organização social oriundos da "origem" do regime repressor e do processo de transição, o estudo de

---

[45] "A wave of democratization is a group of transitions from nondemocratic regimes that occur within a specified period of time and that significantly outnumber transitions in the opposite direction during that period of time. A wave also usually involves liberalization or partial democratization in political systems that do not become fully democratic. [...] Each wave affect a relatively small number of countries, and during each wave some regime transitions occurred in a nondemocratic direction. In addition, not all transitions to democracy occurred during waves. History is messy and political changes do not sort themselves into neat historical boxes, History is also not unidirectional" (HUNTINGTON. *The Third Wave*: democratization in the late twentieth century, p. 15, tradução livre).

Huntington, por outro lado, nos ajuda a verificar como macroprocessos se formam em escala global. Com isso, torna-se mais fácil verificar os padrões mais comumente utilizados nas transições políticas em dado período histórico e, com isso, verificar as mudanças ocorridas na conformação jurídica em torno desses padrões políticos e, mais especialmente, o modo como a análise dessas conformações e a produção normativa dela oriunda ensejam a afirmação do conceito de Justiça Transicional.

Huntington identifica três grandes ondas de democratização na história moderna, sendo as duas primeiras acompanhadas de refluxos:[46]

1ª onda (1828-1926): Estônia, Letônia, Lituânia, Alemanha Oriental, Polônia, Portugal, Espanha, Argentina, Checoslováquia, Grécia, Hungria, Áustria, Bélgica, Uruguai, Colômbia, Dinamarca, França, Alemanha Ocidental, Itália, Japão, Holanda, Noruega, Chile, Austrália, Canadá, Finlândia, Islândia, Nova Zelândia, Suécia, Suíça, Reino Unido e Estados Unidos da América.

1º refluxo (1922-1942): Estônia, Letônia, Lituânia, Alemanha Oriental, Polônia, Portugal, Espanha, Argentina, Checoslováquia, Grécia, Hungria, Uruguai, Áustria, Bélgica, Colômbia, Dinamarca, França, Alemanha Ocidental, Itália, Japão, Holanda e Noruega.

2ª onda (1943-1962): Birmânia, Fiji, Gana, Guiana, Indonésia, Líbano, Nigéria, Bolívia, Brasil, Equador, Índia, Coreia do Sul, Paquistão, Peru, Filipinas, Turquia, Botswana, Costa Rica, Gambia, Israel, Jamaica, Malásia, Malta, Sri Lanka, Trinidad e Tobago, Venezuela, Argentina, Checoslováquia, Grécia, Hungria, Uruguai, Áustria, Bélgica, Colômbia, Dinamarca, França, Alemanha Ocidental, Itália, Japão, Holanda, Noruega, Chile, Austrália, Canadá, Finlândia, Islândia, Nova Zelândia, Suécia, Suíça, Reino Unido e Estados Unidos da América.

2º refluxo (1958-1975): Birmânia, Fiji, Gana, Guiana, Indonésia, Líbano, Nigéria, Bolívia, Brasil, Equador, Índia, Coreia do Sul, Paquistão, Peru, Filipinas, Turquia, Alemanha Oriental, Polônia, Portugal, Espanha, Argentina, Checoslováquia, Grécia, Hungria, Uruguai e Chile.

3ª onda (1974 ao presente[47]): Haiti, Sudão, Suriname, Bulgária, República Dominicana, El Salvador, Guatemala, Honduras,

---

[46] HUNTINGTON. *The Third Wave*: democratization in the late twentieth century, p. 14-16.
[47] O estudo é de 1992 e os dados não foram atualizados para o período 1992-2010.

Mongólia, Namíbia, Nicarágua, Panamá, Papua Nova Guiné, Romênia, Senegal, Nigéria, Bolívia, Brasil, Equador, Índia, Coreia do Sul, Paquistão, Peru, Filipinas, Turquia, Botswana, Costa Rica, Gambia, Israel, Jamaica, Malásia, Malta, Sri Lanka, Trinidad e Tobago, Venezuela, Alemanha Oriental, Polônia, Portugal, Espanha, Argentina, Checoslováquia, Grécia, Hungria, Uruguai, Chile, Áustria, Bélgica, Colômbia, Dinamarca, França, Alemanha Ocidental, Itália, Japão, Holanda, Noruega, Austrália, Canadá, Finlândia, Islândia, Nova Zelândia, Suécia, Suíça, Reino Unido e Estados Unidos da América.

Dessa forma, a primeira onda se caracteriza pela democratização de 33 países, dos quais 22 deixam de ser democráticos no primeiro reverso. A segunda onda verifica a democratização de 41 países, sendo classificados um total de 52 países como democráticos no período, dos quais 30 perdem tal *status* no refluxo seguinte, e a terceira onda agrega mais 35 países à categoria democrática, culminando com um total de 65 democracias no mundo.

Para os fins deste estudo, interessam as democratizações da terceira onda, na qual está situado o Brasil pós-regime militar. Mais especificamente, a verificação das características comuns à transição política de 16 dos 35 países que se democratizaram durante a terceira onda: aqueles que experimentaram processos transicionais que Huntington classifica como de "transformação".[48] Essa modalidade transicional é aquela na qual:

> [...] aqueles que ocupam o poder no regime autoritário tomam a dianteira e jogam o papel central no encerramento do regime e na mudança para um regime democrático. [...] ocorreu em regimes militares bem estabelecidos onde o governo claramente controlava os meios de coerção vis-à-vis sistemas autoritários que foram bem-sucedidos economicamente, como a Espanha, o Brasil, Taiwan, México e, se comparada com outros estados comunistas, a Hungria.[49]

---

[48] HUNTINGTON. *The Third Wave*: democratization in the late twentieth century, p. 124-142.

[49] "[...] those in power in the authoritarian regime take the lead and play the decisive role in ending that regime and changing into a democratic system. [...] it occurred in well-established military regimes where governments clearly controlled the ultimate means of coercion vis-à-vis authoritarian systems that had been successful economically, such as Spain, Brazil, Taiwan, Mexico, and, compared to other communist states, Hungary" (HUNTINGTON. *The Third Wave*: democratization in the late twentieth century, p. 124-125, tradução livre).

Em tais processos, as transformações sociais rumo à democracia não são pautadas nem pelo retorno da legalidade nem por uma ruptura com o regime, mas, sim, pelo próprio regime, que estabelece o tempo, os prazos, as etapas e as condições em que se promoverão as mudanças que podem, eventualmente, conduzir a uma democracia. Nesse formato de transição, a ameaça de retorno a uma forma de governo mais autoritária obriga os agentes em diálogo a moderarem suas demandas e faz com que, dada a gradação, seja inclusive difícil de classificar o exato momento do final do regime opressor. No caso brasileiro em concreto, mesmo existindo clareza sobre a data limite para marcar o final do regime militar, com a eleição de um presidente civil por via indireta em 1985, persiste na literatura uma razoável divergência sobre qual data-chave marcou o início da democracia: se esta mesma, em 1985, ou se a promulgação da nova Constituição em 1988. Recentes notícias na imprensa nacional, dando conta de que aparelhos de segurança seguiram monitorando autoridades civis mesmo durante a década de 1990, nos governos Sarney, Collor e Itamar, reforçam a dificuldade de estabelecimento do marco efetivo de nosso retorno à legalidade.

Os dois mais célebres e estudados casos de transição por transformação são o da transição "lenta, segura e gradual" do Brasil, e da transição espanhola após a morte do ditador Francisco Franco. Em ambos os casos, paradoxalmente, o processo transicional controlado pelo regime voltou a tensionar a sociedade décadas após a transição, sobremaneira pela via de pressões por *accountability* junto ao sistema jurídico, como se verá mais detidamente no capítulo 2. Huntington anota que em tais processos, nos quais ocorrem reformas do sistema autoritário rumo à democracia, podem-se perceber algumas diretrizes comuns adotadas pelo regime, que ele define como "lições" dos processos brasileiro e espanhol:[50]

---

[50] "(1) Secure your political base. As quickly as possible place supporters of democratization in key power positions in the government, the party, and the military. (2) Maintain backward legitimacy, that is, make changes through the established procedures of the non-democratic regime and reassure standpatter groups with symbolic concessions, following a course of two steps forward, on step backward. (3) Gradually shift your own constituency so as to reduce your dependence on government groups opposing change and to broaden your constituency in the direction of opposing groups supporting democracy. (4) Be prepared for the standpatters to take some extreme action to stop (e.g., a coup attempt) – possibly even stimulate them to do so – and then crack down on them ruthlessly, isolating and discrediting the more extreme opponents of change. (5) Seize and keep control of the initiative in the democratization process. Only lead from strength and never introduce democratization measures in response to obvious pressure from more extreme radical opposition groups. (6) Keep expectations low as to how far change can go; talk in terms of maintaining an ongoing process rather than achieving some fully elaborated democratic

CAPÍTULO 1
ELEMENTOS CENTRAIS PARA O ESTUDO DAS TRANSIÇÕES

(1) Proteja sua base política. O mais rapidamente possível posicione apoiadores da democratização em posições de poder estratégicas no governo, no partido e entre os militares.

(2) Mantenha a estrutura de legitimidade, ou seja, promova as mudanças pelos procedimentos estabelecidos pelo regime não democrático e reafirme grupos conservadores com concessões simbólicas, seguindo num ritmo de dois passos à frente, um para trás.

(3) Aos poucos, mude a sua própria base eleitoral, a fim de reduzir sua dependência de grupos do governo que se opõem à mudança e para ampliar seu eleitorado na direção aos grupos de oposição que apoiam a democracia.

(4) Prepare-se para a ocorrência de ações extremas dos conservadores (como um golpe de Estado) – estimule-os a tanto – e então os reprima sem piedade, isolando e desacreditando os oponentes mais radicais contra a mudança.

(5) Apodere-se e mantenha o controle sobre as iniciativas e processos de democratização. Sempre aja com força e nunca introduza medidas democratizantes em resposta a óbvias pressões dos grupos de oposição mais radicais.

(6) Mantenha baixas as expectativas sobre quão longe o processo pode chegar; articule um discurso de manutenção do processo em andamento em vez de elaborar uma utopia de democracia plena.

(7) Estimule o desenvolvimento de um partido responsável e moderado de oposição, que os setores-chave da sociedade (inclusive os militares) possam aceitar como uma plausível e não ameaçadora alternativa de governo.

(8) Construa um senso de inevitabilidade quanto ao processo de democratização de tal modo que ele se torne amplamente aceito como um necessário e natural curso do desenvolvimento, mesmo que algumas pessoas sigam o vendo como indesejável.

---

utopia. (7) Encourage development of a responsible, moderate opposition party, which the key groups in society (including the military) will accept as a plausible nonthreatening alternative government. (8) Create a sense of inevitability about the process of democratization so that it becomes widely accepted as a necessary and natural course of development even if some people it remains an undesirable one" (HUNTINGTON. *The Third Wave*: democratization in the late twentieth century, p. 142, tradução livre).

É nesse contexto que surgem os dois principais mecanismos de promoção transicional utilizados pelos países que reformaram sistemas não democráticos rumo à democracia durante a terceira onda: (i) as eleições e (ii) as anistias.

O *modus operandi* desses procedimentos políticos é que será determinante para que eles sejam efetivamente considerados democráticos e lícitos desde determinada perspectiva jurídica. Mais ainda: a capacidade de a sociedade compreender esses processos, seja no momento em que ocorrem, influindo de maneira mais objetiva, seja posteriormente, já na democracia, será fundamental para a conservação das configurações por eles definidas no tempo. Assim como visto no tópico anterior, no qual posto que a classificação semântico-valorativa de um regime influi no sistema simbólico dele derivado e consequentemente no modo como ele é lido pelo sistema do direito após este ganhar alguma independência do sistema político, o mesmo ocorrerá aqui. A capacidade dos processos de concessão de anistias e de realização de eleições em acumular legitimidade (ou gerar discursos legitimadores, mesmos que aporéticos ou falsos) será fundamental para a manutenção no tempo do poder coercitivo sobre a sociedade das medidas tomadas pelo regime autoritário enquanto controlava a transição. Ou seja: os mecanismos transicionais tendem a tornar-se parte do acervo permanente da democracia, o que é positivo, ressalvada a exceção das ocasiões em que esses mecanismos em si são antidemocráticos ou ferem o Estado de Direito.

1.3.2 Eleições como mecanismos transicionais

Em qualquer regime democrático moderno a existência de eleições é uma marca característica indelével e facilmente reconhecível, a tal ponto de autores como Linz e Stepan usarem como critério da definição de uma democracia consolidada a existência de eleições regulares para a alternância no poder:

> Em essência, [...] democracia consolidada [é] uma situação política onde, numa frase, a democracia passou a ser "o único jogo disponível na sociedade" [...] Quando uma tal situação se estabelece, o comportamento do novo governo, eleito em resultado da transição democrática, deixa de ser dominado pelo problema de como evitar o colapso da democracia.[51]

---

[51] LINZ; STEPAN. *A transição e consolidação da democracia*: a experiência do sul da Europa e da América do Sul, p. 23.

Desta feita, não há muito o que se questionar quanto à importância das eleições para as democracias nem seria do escopo deste estudo analisar as formas e mecanismos pelos quais diferentes democracias operam diferentes mecanismos eleitorais.

O que interessa neste ponto do estudo é verificar como a variável "eleições" é incluída no jogo político da transição como forma de torná-la viável, bem como, na esteira das assertivas de Huntington a pouco transcritas, como fazer para que a existência de eleições não funcione apenas como um meio de legitimar uma transição em termos que já foram predefinidos pelo regime não democrático.

O'Donnell e Schmitter oferecem um bom início para esse raciocínio ao afirmarem que:

> O anúncio por parte daqueles com autoridade na transição de que pretendem convocar eleições para cargos eletivos no âmbito nacional tem um efeito profundo. Se suas intenções convencerem e se tornar crível que os eleitores terão razoável liberdade em sua escolha – ou seja, que os partidos existentes e futuros serão livres para competir apresentando seus candidatos e que outros atores não serão livres para contar votos e eliminar candidaturas conforme entenderem – então as relações entre as facções e forças, dentro e fora do regime, começarão a mudar rapidamente.[52]

A realização de eleições durante a transição é um fator a tal ponto relevante em regimes autoritários e totalitários nos quais a participação e ação social restavam criminalizadas que pode, em si, caracterizar a própria transição. Nohlen e Thibaut chegam a afirmar que "[...] em muitos países latino-americanos, as eleições não constituíram [...] o fim da transição, mas sim foram elementos centrais dos processos de democratização, influindo fortemente em sua dinâmica".[53] O processo

---

[52] "The announcement by those in transitional authority that they intend to convoke elections for representative positions of national significance has a profound effect. If their intentions are believed and if it becomes credible that voters will be reasonably free in their choices – that is, that existing and future parties will be free to compete by putting forth alternative candidates and that incumbents will not be free to count votes or eliminate candidacies as they see fit – then relations between contending factions and forces, inside and outside the regime, begin changing rapidly" (O'DONNELL; SCHMITTER. *Transitions from authoritarian rule*: tentative conclusions about uncertain democracies, p. 57, tradução livre).

[53] "[...] En muchos países latinoamericanos, las elecciones no constituyeron [...] el fin de la transición, sino que fueron elementos centrales de los procesos de democratización, influyendo en alto grado en su dinámica" (NOHLEN; THIBAUT. *Investigación sobre la transición en América Latina*: enfoques, conceptos, tesis, p. 18, tradução livre).

eleitoral permite novamente que grandes grupos políticos se formem e que pequenos grupos possam se expressar sem o risco se serem repreendidos pelo conteúdo de seu pensamento. Desta feita, em muitos casos, promover eleições é a medida mais eficiente para iniciar o processo de ressurgimento e reorganização da sociedade civil.

Especialmente em contextos nos quais as organizações públicas e sociais foram muito fortemente controladas pelo Estado, elas se tornam incapazes de aglutinar forças, seja pela constante suspeita de serem instituições a serviço do Estado opressor, seja pela crença geral que a população tem de que, em se envolver em alguma organização eminentemente livre, possa vir a ser penalizada pelo Estado.

A instituição de partidos que recebem do Estado não democrático uma autorização oficial para funcionar equaciona em parte essa dificuldade, permitindo o surgimento de espaços nos quais a organização política é, a um só tempo, lícita e autônoma. Nesse sentido o processo necessário para realizar uma eleição minimamente livre e democrática já é, em si, a geração de um embrião para a democracia, na medida em que *limita* e *equilibra* a atuação dos grupos numa disputa balizada por regras previamente estabelecidas (mesmo que imperfeitas); estabelece *mecanismos de mobilização* social; conecta a sociedade com a *comunidade política* (que antes era isolada no sistema burocrático) e, sobretudo; permite uma ampliação significativa (e com crescimento gradual no tempo) do *acesso da cidadania ao poder*.

A ideia central da realização de eleições como processo para a transição é a de que, numa democracia, não existe a possibilidade de formação de consensos materiais sobre a integralidade dos temas conflituosos da sociedade, sendo necessário o estabelecimento de mecanismos de solução contingentes. O'Donnell e Schmitter trabalham a ideia de que as eleições pós-autoritárias devem permitir a articulação social (inclusive com o antigo regime) de um "consentimento contingente" que englobe, pelo menos, o processo inicial de escolha dos ocupantes dos cargos públicos, na esperança de que, com o tempo, esse processo possa se desenvolver de maneira mais completa.[54] Com esse processo,

---

[54] "Onde as regras são, de alguma maneira, elaboradas com sucesso, elas deitam bases para um 'consentimento contingente' que reforça as democracias políticas modernas. Diferentemente das teorias clássicas sobre a democracia (que eram baseadas na presunção da superioridade ética da unanimidade expressa por uma assembleia de cidadãos) ou da teoria liberal da democracia (que se baseia na presunção de que os cidadãos ativos vão eleger e tornar responsáveis representantes que podem, em troca, produzir decisões substantivamente superiores por meio de uma extensa deliberação pública entre si), as teorias contemporâneas da democracia colocam o peso do consentimento nas elites partidárias

torna-se possível a desobstrução da pauta pública para o debate, iniciando-se o processo de reconfiguração do espaço público desde o plano institucional do Estado.

Outros autores dedicados ao tema da superação do legado autoritário igualmente afirmam que, mesmo para além do plano institucional, é relevante e necessário para a democracia que o processo de superação do autoritarismo permita ao máximo que temas não consensuais sejam trazidos a público, debatidos e equacionados, sem que necessariamente promovam "reconciliações". Payne, por exemplo, explora a categoria bastante próxima de uma "coexistência contenciosa":

> [...] o conceito de coexistência contenciosa é tomado emprestado das abordagens da democracia deliberativa, mas enfatiza a realidade e a importância da competição sobre ideias e conflitos, sobre valores e metas. A emoção supera a razão nesses ambientes carregados [dos processos transicionais], mas não necessariamente ameaça a democracia. Consenso, harmonia e igualdade são resultados improváveis. [...] o debate contencioso aumenta as práticas democráticas provocando participação política, contestação e competição. Por estes processos torna possível desafiar publicamente atitudes, comportamentos e valores antidemocráticos na sociedade. A coexistência contingente oferece, em síntese, uma visão mais realista sobre as práticas dialogais na democracia, como ainda uma melhor alternativa aos processos de reconciliação que suprimem a fala política.[55]

---

e políticos profissionais (esporadicamente sujeitados à aprovação eleitoral) que acordam entre si, não em bases éticas ou substantivas, mas quanto à norma procedimental de contingência" (O'DONNELL; SCHMITTER. *Transitions from authoritarian rule*: tentative conclusions about uncertain democracies, p. 59, tradução livre: "Where the rules are somehow successfully elaborated, they lay the basis for the "contingent consent" which underlines modern political democracy. Unlike classical democratic theory (which was based on the presumption of the ethical superiority of unanimity expressed by an assembled citizenry) or the theory of liberal democracy (which was based on the presumption that active citizens would elect and hold accountable individual representatives who would, in turn, produce substantively superior decisions through extensive public deliberation among themselves), contemporary theories of democracy place the burden of consent upon party elites and professional politicians (sporadically subject to electoral approval) who agree among themselves, not on ethical or substantive grounds, but on the procedural norm of contingency").

[55] "[...] Contentious coexistence borrows from deliberative-democracy approaches, but emphasizes the reality and importance of competition over ideas and conflict over values and goals. Emotion overpowers reason in these charged environments, but it does not necessarily threaten democracy. Consensus, harmony, and equality are unlikely outcomes. [...] contentious debate enhances democratic practices by provoking political participation, contestation, and competition. Through those processes it makes possible public challenges prevailing antidemocratic attitudes, behavior, and values in society. Contentious coexistence, in short, offers a more realistic understanding of dialogic practices in democracies, as well as a better alternative to reconciliation processes that suppress political

Como na cultura autoritária o debate restava interdito, o processo democratizante precisa encontrar meios de restabelecer canais de diálogo público e, de modo geral, um amplo processo eleitoral viabiliza a consecução dessa meta.

O'Donnell e Schmitter apontam, pelo menos, três conjuntos de problemas a serem enfrentados na organização de um processo eleitoral para que este possa oferecer condições mínimas para a realização de um debate que, mesmo não sendo ideal, forneça elementos para o avanço do processo democrático pelas vias institucionais e, conforme acima acrescentado, estimule a reconstrução da esfera de atuação da sociedade civil:

> Primeiramente, é necessário determinar quais partidos terão permissão para participar deste jogo. Durante a transição, isso expõe a sensível questão de como tratar aqueles partidos que são manifestamente "antidemocráticos" ou aqueles cujas concepções de democracia não são contingentes.
>
> [...]
>
> A segunda dimensão diz respeito à seleção da fórmula de distribuição de cadeiras entre os setores do eleitorado, bem como a correlata questão do número e do tamanho das circunscrições eleitorais.
>
> [...]
>
> A terceira dimensão desta listagem não exaustiva diz respeito ao modelo de governo para o qual afluirão as eleições nacionais. As duas alternativas apresentadas historicamente vem sendo o parlamentarismo [...] e o presidencialismo.[56]

O primeiro problema aventado certamente é um dos mais relevantes. Durante os regimes repressivos, muitos (quando não todos) partidos são postos na clandestinidade e sofrem campanhas de difamação ideológica. Nesse sentido, seu retorno à arena pública é, em

---

talk" (PAYNE. *Unsettling Accounts*: neither truth nor reconciliation in confessions of state violence, 2008, p. 3, tradução livre).

[56] "First, it is important to determine which parties will be permitted to play this game. During the transition, this poses the sensitive issue of how to treat parties which are avowedly "antidemocratic" or whose conception of democracy is not that of contingency. [...] The second dimension concerns the formula selected for the distribution of seats within the constituencies, as well as the related one of the size and number of constituencies. [...] A third dimension in this nonexhaustive listing concerns the structure of offices for which national elections are held. The two historical alternatives have long been parliamentarism [...] and presidentialism [...]" (O'DONNELL; SCHMITTER. *Transitions from authoritarian rule*: tentative conclusions about uncertain democracies, p. 59-60, tradução livre).

si, uma sinalização clara de abertura. Na transição espanhola foram extremamente tensos os debates que possibilitaram a legalização do partido comunista. Linz e Stepan relatam que:

> [...] décadas de propaganda anticomunista, suspeitas quanto às ambições dos comunistas, e preocupações quanto à força difusa com que aquele partido contava nas mais diversas esferas da sociedade configuraram um contexto no qual era bem possível que a direita, e em especial os militares, viessem a se mobilizar contra a transição.[57]

A problemática que se impõe é complexa, uma vez que a mais ampla abertura à participação é desejável e que alguma abertura é indispensável, mas que o grau de amplitude desse leque permanece sobre o crivo do regime que, em não abrindo o leque, empreenderá uma eleição fantasiosa, como costumeiramente ocorrem nas ditaduras.

A segunda e terceira questões trazem à pauta outra problemática: na saída do regime, a eleição pode definir o modelo de organização do Estado. Na transição brasileira a reforma constitucional ocorreu em separado da eleição presidencial, de modo a que este debate não fez parte da pauta transicional imediata, mas em outros processos a realização de eleições pode embutir a problemática seleção, num momento no qual o poder do regime é amplamente maior que o da sociedade, de um modelo de Estado e de uma forma de distribuição do poder entre as regiões do país.

Em apertada síntese, os processos eleitorais, mesmo quando não plenamente livres, são estímulos para a retomada democrática, de tal feita que não apenas dão início ou ampliam o processo de *rearticulação da sociedade civil*, como ainda fornecem uma base de *legitimidade social* (mesmo que parcial ou precária) para o novo governo, permitindo a saída dos modelos *de legitimação técnica* do exercício do poder (como os baseados na necessidade de manutenção da ordem ou de geração de desenvolvimento) e devolvendo a atividade de governo à esfera da política. As eleições em contextos transicionais envolvem problemáticas diversas daquelas tidas na ordinariedade da vida democrática, haja vista que a fixação das "regras do jogo" ocorre numa relação assimétrica entre os partícipes, porém, considerando a verificação empírica de que, nas transições por transformação da terceira onda, parte do regime a iniciativa democratizante (ou pelo menos é o regime que controla este

---

[57] LINZ; STEPAN. *A transição e consolidação da democracia*: a experiência do sul da Europa e da América do Sul, p. 123.

processo), a discussão sobre o processo ficará muito mais adstrita ao receio de manipulações do que a fixação de regras que conduzam a eleições artificiais. De toda forma, o debate em torno da temática gera acúmulo de forças entre os atores pró-democratização, o que, em longo prazo, amplia sua legitimidade para negociação com o regime – mesmo que a eleição em vista não ocorra efetivamente. O problema da legitimação dos atos de poder ressurgirá, inobstante, na questão da fixação de pactos para as transições.

1.3.3 As anistias como mecanismos transicionais

As anistias foram (e ainda são) mecanismos amplamente utilizados nos processos transicionais, nos mais variados contextos. Sopesada sua ampla utilização, existe enorme polêmica sobre a aceitabilidade jurídica e a adequação da utilização de leis de anistia.

Para uma conceituação geral do que seja uma anistia, utilizarei o conceito de Freeman:

> A anistia é uma medida legal, adotada em circunstâncias excepcionais, cuja função primária é remover, condicional ou incondicionalmente, a possibilidade e as vezes mesmo as consequências de um procedimento legal contra determinados indivíduos ou classe de pessoas em relação a também designados tipos de ofensas.[58]

Em seu extenso estudo de casos, Mallinder aponta que as anistias são introduzidas nos processos transicionais por quatro diferentes procedimentos:[59]

(i) Ato discricionário do Poder Executivo;
(ii) Negociações em um processo de paz;
(iii) Promulgação pelo Poder Legislativo;
(iv) Referendo popular.

Em todas as quatro opções (com uma possível, mesmo que improvável, exceção da última), a introdução de uma lei de anistia incorre na mesma problemática que muitas outras medidas transicionais: *sua*

---

[58] "Amnesty is a legal measure, adopted in exceptional circumstances, whose primary function is to remove, conditionally or inconditionally, the prospects and sometimes the consequences of a legal procedure against designated individuals or class of persons in respect of designated type of offenses" (FREEMAN. Amnesties and DDR programs. *In*: PATEL; DE GREIFF; WALDORF (Org.). *Disarming the past*: transitional justice and ex-combatants, p. 37, tradução livre).

[59] MALLINDER. *Amnesty, Human Rights and Political Transitions*, p. 30.

CAPÍTULO 1
ELEMENTOS CENTRAIS PARA O ESTUDO DAS TRANSIÇÕES | 85

origem jurídica é contingente em relação a um processo político no qual rara-mente existe qualquer forma de simetria de poder ou mesmo qualquer tipo de equilíbrio democrático. Nesse sentido, Elster aduz que:

> O resultado da justiça transicional é uma série de decisões legislativas, administrativas e judiciais. [...] Como é evidente, muitas destas "decisões" não refletem escolhas deliberadas entre uma série de alternativas. Nas transições negociadas, os líderes que saem podem excluir algumas opções como condição para entregar o poder. Em outros casos, algumas opções só são apresentadas quando outras foram tentadas e fracassaram.[60]

Considerando as similitudes encontradas entre o processo transi-cional brasileiro e o espanhol, ambos da terceira onda, conduzidos pelo regime e com aberturas em uma época similar e, ainda, considerando o fato de que em ambos os países foram introduzidas leis de anistia no mesmo período (final da década de 1970), pode ser interessante partir exemplificativamente deste caso para introduzir a problemática das leis de anistia.

Segundo Aguilar, inicia-se o processo de anistia espanhol com um decreto de graça:

> No início, medidas parciais de graça foram aprovadas, como a garantia de perdão de 25 de novembro de 1975 [...]. Como consequência deste perdão, a população prisional que era de 14.764 pessoas em 1974 recuou para 8.440 em 1975. Quinhentas e vinte e oito das mais de 6.000 pessoas libertadas estavam detidas por razões políticas.[61]

Posteriormente, o decreto de graça parcial foi ampliado por Decreto Real, que o tornou extensivo a outros crimes "Em julho de

---

[60] "El resultado de la justicia transicional es una serie de decisiones legislativas, adminis-trativas y judiciales. [...] Como será evidente, muchas de estas "decisiones" no reflejan elecciones deliberadas entre una serie de alternativas. En las transiciones negociadas, los líderes salientes pueden excluir algunas opciones, como condición para entregar el poder. En otros casos, algunas opciones se presentan una vez que se han intentado otras solu-ciones, y éstas han fracasado" (ELSTER. *Rendición de Cuentas*: La Justicia Transicional en Perspectiva Histórica, p. 140, tradução livre).

[61] "In the beginning, partial Grace measures were approved, such as the granting of a par-don on 25 November 1975 [...]. As a consequence of this pardon, prison population went from 14,764 in the 1974 to 8,440 in 1975. Five hundred and twenty-eight of the more than 6,000 people released had been imprisoned for political reasons" (AGUILAR. Transitional Justice in the Spanish, Argentinian and Chilean Case. *Crisis Management Initiative – Build-ing a Future on Peace and Justice*, p. 4, tradução livre).

1976 o primeiro governo da monarquia aprovou o Decreto Real da Lei de Anistia, que cobria crimes relacionados a atos de intencionalidade política, 'na medida em que esses atos não tivessem exposto a risco ou prejudicado a vida e a integridade física das pessoas'"[62].

Apenas após esse processo, chegou-se a uma anistia completa, aprovada pelo parlamento que fora democraticamente eleito em pleito nacional livre pouco antes:[63]

> A anistia de 15 de outubro de 1977 foi a primeira lei aprovada pelo novo parlamento democrático em sua sessão inaugural, fruto das eleições de 15 de junho do mesmo ano. [...] A parte mais progressista desta medida foi incluir os crimes que envolveram derramamento de sangue ocorridos até 15 de dezembro de 1976 (data em que a Lei da Reforma Política foi aprovada).
>
> [...]
>
> Porém, a inclusão de dois artigos estabelecendo a impunidade para a ditadura não foi defendida por nenhuma figura pública da política nem da sociedade, e sua inclusão constitui o maior obstáculo na atualidade democrática para a revisão legal do passado Franquista.[64]

Percebe-se, no processo que conduziu a abertura espanhola, que a anistia aos membros do antigo regime e seus opositores funcionou como mecanismo de transição para a democracia e que envolveu pelo menos duas das formas previstas por Mallinder: o ato discricionário do executivo e a promulgação parlamentar (em um parlamento eleito democraticamente). Inobstante, o trecho final da citação de Aguilar nos remete ao problema apontado por Elster: num processo contingente e

---

[62] "In July 1976, the first government of the monarchy approved the Real Decreto Ley de Amnistia (Royal Decree Amnesty Law), which covered crimes related to acts of political intentionality 'as long as these (acts) had not endangered or harmed the lives or integrity of the people (affected)'" (AGUILAR. Transitional Justice in the Spanish, Argentinian and Chilean Case. *Crisis Management Initiative – Building a Future on Peace and Justice*, p. 5, tradução livre).

[63] LINZ; STEPAN. *A transição e consolidação da democracia*: a experiência do sul da Europa e da América do Sul, p. 115-146.

[64] "The amnesty of 15 October 1977 was the first law approved by the new democratic parliament in its first session, the fruit of the elections on 15 June of the same year. [...] The most progressive part of this measure is that included crimes that involved bloodshed up to 15 December 1976 (date when the Law of Political Reform was passed). [...] However, the inclusion of the two articles that establish impunity in the dictatorship had not been publicly defended by any figure in politics or society, and this inclusion is now the main obstacle that today's democracy faces on its way to a legal review of the Francoism past" (AGUILAR. Transitional Justice in the Spanish, Argentinian and Chilean Case. *Crisis Management Initiative – Building a Future on Peace and Justice*, p. 5-6, tradução livre).

assimétrico nem sempre todas as variáveis em jogo são efetivamente disponíveis.

O exemplo da lei espanhola também introduz outra problemática além da origem da legislação: seu público-alvo. Como se pode extrair do conceito acima transcrito de Freeman, as leis de anistia se focam em indivíduos ou grupos de indivíduos determinados ou determináveis. Geralmente, e o caso espanhol não é exceção, as leis de anistia em processos transicionais de saída de regimes autoritários se focam (alternativa ou concomitantemente) em dois grupos (i) os presos e perseguidos políticos e (ii) os agentes do regime – uma guerra civil na qual o poder do Estado se fragmente pode alterar esse contexto.

Assim, temos aparentemente dois conjuntos de variáveis para mapear no estudo das anistias como mecanismos transicionais: (i) fonte e (ii) foco. Inobstante, a jurisprudência internacional gradualmente passou a operar de tal modo a mostrar que tal distinção não merece consideração *em si*, ao utilizar diferente critério: só há relevância de perquirir a fonte quando o foco da lei confundir-se com a própria fonte. Ou seja, a distinção só é relevante num segundo nível de leitura. Assim, do ponto de vista jurídico, as anistias como medidas transicionais só são limitadas de modo substancial pelo seu conteúdo efetivo.

O problema superposição de fonte e foco nas leis de anistia é facilmente verificável em diversos casos latino-americanos. Enquanto no caso espanhol o parlamento eleito democraticamente concedeu anistia a outrem: os presos políticos e os agentes de Estado. Nos casos latino-americanos, incontáveis vezes os regimes autoritários concederem anistia a seus agentes. Ou seja: *o regime concede anistia a si próprio*.

A Corte Interamericana de Direitos Humanos fixou o precedente quanto à vedação de autoanistias para os países das Américas condenando o Peru no caso conhecido como *Barrios Altos*, tendo no dispositivo de número 4 da sentença considerado nulas as leis de anistia do país por serem incompatíveis com a Convenção Interamericana de Direitos Humanos. Argumentou o acórdão da Corte no seguinte sentido:

> A Corte entende necessário enfatizar que, à luz das obrigações gerais consagradas nos artigos 1.1 e 2 da Convenção Interamericana, os Estados-Partes têm o dever de tomar as providências de toda índole para que nada seja subtraído da proteção judicial e do exercício do direito a um recurso simples e eficaz, nos termos dos artigos 8 e 25 da Convenção. É por isso que os Estados-Partes da Convenção que adotam leis que tenha este efeito, como são as leis de autoanistia, encorem em violação dos artigos 8 e 25 em combinação com os artigos 1.1 e 2 da Convenção. *As leis de autoanistia conduzem à impunidade, razão pela qual são manifestamente*

incompatíveis com a letra e o espírito da Convenção Americana. Este tipo de lei impede a identificação dos indivíduos responsáveis pelas violações de direitos humanos, já que obstaculiza a investigação e o acesso à justiça, e impede as vítimas e seus familiares de conhecerem a verdade e receberem a reparação correspondente.[65]

Concluindo a Corte que:

> Como consequência da manifesta incompatibilidade entre as leis de autoanistia e a Convenção Americana sobre Direitos Humanos, as mencionadas leis carecem de efeitos jurídicos e não podem seguir representando um obstáculo para a investigação dos fatos que constituem este caso nem para a identificação e o castigo dos responsáveis, nem podem ter igual ou similar impacto no que diz respeito a outros casos de violações dos direitos consagrados na Convenção Americana acontecidos no Peru.[66]

É interessante destacar que a Corte não se manifestou quanto à ilegalidade "de leis de anistia", mas, sim, de (i) leis de autoanistia que (ii) produzam impunidade quanto a violações graves contra os direitos humanos. Assim, a primeira conclusão lógica é que, quanto ao problema de autoria das leis, a norma internacional – pelo menos para os países americanos – é a de que a autoridade responsável ou mandante das violações, em nenhuma hipótese, pode ser a autora da lei de anistia.

Ainda, quanto à matéria, a Corte repisou algo a muito consolidado na doutrina e jurisprudência sobre o Direito Internacional dos

---

[65] "La Corte estima necesario enfatizar que, a la luz de las obligaciones generales consagradas en los artículos 1.1 y 2 de la Convención Americana, los Estados Partes tienen el deber de tomar las providencias de toda índole para que nadie sea sustraído de la protección judicial y del ejercicio del derecho a un recurso sencillo y eficaz, en los términos de los artículos 8 y 25 de la Convención. Es por ello que los Estados Partes en la Convención que adopten leyes que tengan este efecto, como lo son las leyes de autoamnistía, incurren en una violación de los artículos 8 y 25 en concordancia con los artículos 1.1 y 2 de la Convención. Las leyes de autoamnistía conducen a la indefensión de las víctimas y a la perpetuación de la impunidad, por lo que son manifiestamente incompatibles con la letra y el espíritu de la Convención Americana. Este tipo de leyes impide la identificación de los individuos responsables de violaciones a derechos humanos, ya que se obstaculiza la investigación y el acceso a la justicia e impide a las víctimas y a sus familiares conocer la verdad y recibir la reparación correspondiente" (item 43, tradução livre, grifos nossos).

[66] "Como consecuencia de la manifiesta incompatibilidad entre las leyes de autoamnistía y la Convención Americana sobre Derechos Humanos, las mencionadas leyes carecen de efectos jurídicos y no pueden seguir representando un obstáculo para la investigación de los hechos que constituyen este caso ni para la identificación y el castigo de los responsables, ni puedan tener igual o similar impacto respecto de otros casos de violación de los derechos consagrados en la Convención Americana acontecidos en el Perú" (item 44, tradução livre).

Direitos Humanos: não é possível conceder anistia a crimes contra esses direitos. A concessão de anistia, nessas situações, não configura uma anistia em sentido próprio, mas, sim, uma pseudoanistia que encobre juridicamente um ato de impunidade.

Para orientar sobre a matéria, as Nações Unidas editaram em 2005 o Conjunto de Princípios Atualizados para a Promoção e Proteção dos Direitos Humanos por meio da Luta Contra a Impunidade, cujo princípio 24 estabelece limites e diretrizes para a utilização de anistias em geral, com evidente aplicação à utilização deste mecanismo em âmbito transicional:

PRINCÍPIO 24. RESTRIÇÕES E OUTRAS MEDIDAS RELATIVAS À ANISTIA

Inclusive quando tiver por finalidade criar condições propícias para alcançar um acordo de paz ou favorecer a reconciliação nacional, a anistia e demais medidas de clemência serão aplicadas dentro dos seguintes limites:

a) Os autores de delitos graves conforme o direito internacional não poderão ser beneficiados dessas medidas enquanto o Estado não cumpra as obrigações enumeradas no princípio 19 ou os autores tenham sido submetidos a julgamento diante um tribunal competente, seja internacional ou internacionalizado ou nacional, fora do Estado de que se trata.

b) A anistia e outras medidas de clemência não afetam ao direito das vítimas a reparação previsto nos princípios 31 a 34, e não afetam ao direito de saber.

c) Como a anistia pode ser interpretada como um reconhecimento de culpa, não poderá impor-se às pessoas ajuizadas ou condenadas por feitos acontecidos durante o exercício pacífico do direito à liberdade de opinião e de expressão. Quando essas pessoas não tenham feito mais que exercer esse direito legítimo, garantido pelos artigos 18 a 20 da Declaração Universal de Direitos humanos, e 18, 19, 21 e 22 do Pacto Internacional de Direitos Civis e Políticos, uma lei deverá considerar nula e sem valor com relação a elas toda decisão judicial ou de outro tipo que interesse; será finalizada a reclusão sem condições nem prazos.

d) Toda pessoa condenada por infrações que não sejam as previstas na parte c) do presente princípio e que entrem no âmbito de aplicação da anistia poderá rechaçar a anistia e solicitar que se revise seu processo caso não tenha obtido um julgamento imparcial e com as devidas garantias, previstas nos artigos 10º e 11º da Declaração Universal de Direitos humanos e nos artigos 9º, 14 e 15 do Pacto Internacional de Direitos Civis e Políticos, ou se tiver sido condenada sobre a base de uma declaração que, conforme tenha sido verificado, foi produzida como resultado de interrogatórios desumanos ou degradantes, especialmente sob a tortura.[67]

Com esses parâmetros, resta claro qual pode ser, desde o ponto de vista legal, a correta medida de aplicação das anistias como medidas transicionais. Inexiste, no direito internacional, uma vedação às anistias. O que existe efetivamente é uma vedação ao alcance de determinadas anistias, mais notadamente, as autoanistias e as anistias para graves violações contra direitos humanos.[68]

A utilização indiscriminada de leis de anistia, incluso autoanistias, durante a terceira onda acabou por produzir um enorme número de solicitações judiciais, nos planos nacionais e internacionais, de invalidação de leis de anistia que beneficiassem agentes de Estado que cometeram crimes contra os direitos humanos durante os regimes não democráticos, especialmente na América Latina. A literatura dedicada a este tema, inclusive, formulou teses a respeito do fenômeno, que Lutz e Sikkink definem como "efeito justiça em cascata"[69] dado o grande volume de revisões judicias em julgamentos por crimes contra os direitos humanos.

Finalmente, conforme se verá no capítulo seguinte deste estudo, a aplicação de leis de anistia fora dos padrões acima estabelecidos igualmente fere a outro conjunto de normativas internacionais, que configuram a obrigação do Estado em investigar e punir delitos contra a humanidade praticados por seus nacionais ou em seu território e, ainda, podem ferir princípios substanciais do Estado Constitucional de Direito, o que leva à nulidade material por procedimento contramajoritário de toda e qualquer anistia que objetive tornar impunes atos de violação aos direitos humanos.

---

[67] ONU. (E/CN.4/2005/102/Add.1). Conjunto de principios actualizado para la protección y la promoción de los derechos humanos mediante la lucha contra la impunidad. 8 feb. 2005. *Revista Anistia Política e Justiça de Transição*.

[68] Uma análise da insurgência da chamada "norma global de responsabilização individual" pode ser encontrada em nossa obra coletiva: ABRÃO; PAYNE; TORELLY. *A Anistia na era da responsabilização*: o Brasil em perspectiva internacional e comparada; especialmente na nota introdutória ao volume: ABRÃO; PAYNE; TORELLY. A Anistia na era da responsabilização: contexto global, comparativo e introdução ao caso brasileiro. *In*: ABRÃO; PAYNE; TORELLY. *A Anistia na era da responsabilização*: o Brasil em perspectiva internacional e comparada. Uma análise com conjunto de casos mais ampliado, incluindo diversos estudos de caso, está disponível em LESSA; PAYNE. *Amnesty in the Age of Human Rights Accountability*: comparative and international perspectives.

[69] LUTZ; SIKKINK. The Justice Cascade: The evolution and impact of foreign Human Rights trials in Latin America. *Chicago Journal of International Law*, p. 1-33.

1.4 O fim dos processos de transição: o que é uma "democracia consolidada"?

Sistematizando um verbete para definir "democracia", Norberto Bobbio registra a existência de pelo menos três tradições históricas sobre o tema. A *teoria clássica*, de origem aristotélica, referida no início deste capítulo, classifica três formas de governo apresentando uma forma virtuosa e uma corruptela para cada uma delas, sendo a democracia a versão virtuosa do governo de todos. A *teoria medieval romana*, que se vincula à ideia de um poder soberano sobre algo, derivado do povo ou do monarca. E, por fim, as *teorias modernas*, oriundas do pensamento de Maquiavel, que dividem todos os governos em dois gêneros: as monarquias e as repúblicas, sendo a democracia apenas uma das formas republicanas de governo.[70] Os desdobramentos dos debates contemporâneos nos levam, não obstante, a outras classificações, como a democracia participativa, deliberativa, plebicitária etc.

Somente dessa simples alusão já é possível identificar aquele que será um dos grandes problemas encontrados na literatura sobre as transições políticas: conceituar o que seja uma "democracia consolidada".

Para formular tal conceito, boa parte dos estudos sobre a América Latina produzidos durante as décadas de 1980 e 1990 faz referência a elementos formais do processo eleitoral somados a requisitos substantivos apenas para questionar a capacidade dos países do subcontinente em garantir a existência de um sistema eleitoral funcional num contexto de amplíssimas desigualdades sociais. Importantes estudos, como o já bastante referido de Linz e Stepan que novamente será utilizado neste tópico, chegam a afirmar que a conjunção de uma desigualdade de renda brutal, uma incapacidade crônica de organizar partidos políticos estáveis e o baixo nível educacional da população fizeram com que no Brasil, após a redemocratização "o constitucionalismo e o Estado de Direito – que nunca foram fortes na altamente desigual sociedade brasileira – enfraqueceram-se ainda mais",[71] restando patente um contrassenso de afirmar que a "democracia" fragiliza o Constitucionalismo e o Estado de Direito.

No mesmo sentido vão inúmeros outros autores, especialmente quando enfatizam as características econômicas da região antes

---

[70] BOBBIO. Democracia. *In*: BOBBIO; MATTEUCI; PASQUINO. *Dicionário de política*, p. 319.

[71] LINZ; STEPAN. *A transição e consolidação da democracia*: a experiência do sul da Europa e da América do Sul, p. 204.

das reformas neoliberais da década de 1990.[72] Outros, ainda, como Huntington, ao avançarem na formulação de um conceito de democracia, basicamente desconsideram qualquer experiência que não a norte-americana.[73]

Essas teorizações apresentam um problema crônico, uma vez que, grosso modo, tentam partir de um conceito formal de democracia como processo eleitoral para chegar a um resultado material: o liberalismo de dada matriz. Nohlen e Thibaut, ainda em 1994, advertiam que esta tentativa tendia a isolar os estudos, tornando-os disfuncionais em relação aos processos que ocorriam na realidade concreta.[74] Vejamos como Linz e Stepan avançam nessa definição:

> Uma transição democrática está completa quando um grau suficiente de acordo foi alcançado quanto aos procedimentos políticos visando obter um governo eleito; quando um governo chega ao poder como resultado direto do voto popular livre; quando esse governo tem, de fato a autoridade de gerar novas políticas; e quando os Poderes Executivo, Legislativo e Judiciário, criados pela nova democracia, não têm que, de jure, dividir o poder com outros organismos.[75]

As dificuldades de organizar uma teoria coerente sobre "democracia consolidada" se tornam ainda maiores quando o conceito dos estudos sobre as transições é confrontado com os problemas atualmente em discussão nas ditas "democracias consolidadas". Elster, discutindo as perspectivas (correntes e históricas) de funcionamento democrático em cenários onde a democracia direta impera, sob a égide republicana, coadunada na ideia de "um homem, um voto", relembra que, mesmo na tradição clássica, a democracia sofria limitações: "a forma direta de democracia praticada na Atenas clássica se autoimpunha limitações de acordo com o espírito constitucionalista".[76] E segue definindo o que é o constitucionalismo e a natureza de seu papel limitador:

---

[72] Cf.: STEPAN. *Rethinking Military Politics*: Brazil and the Southern Cone; KARL. Petroleum and Political Pacts: The transition to democracy in Venezuela. *In*: O'DONNELL; SCHMITTER; WHITEHEAD (Org.). *Transition from Authoritarian Rule*: Latin America; O'DONNELL; SCHMITTER; WHITEHEAD (Org). *Transition from Authoritarian Rule*: Latin America.

[73] HUNTINGTON. *Political Order in Changing Societies*.

[74] NOHLEN; THIBAUT. *Investigación sobre la transición en América Latina*: enfoques, conceptos, tesis.

[75] LINZ; STEPAN. *A transição e consolidação da democracia*: a experiência do sul da Europa e da América do Sul, p. 21.

[76] "la forma directa de democracia que se practicaba en la Atenas clásica se había impuesto restricciones a sí misma de acuerdo con el espíritu del constitucionalismo" (ELSTER.

O vocábulo constitucionalismo alude aqueles limites sobre as decisões majoritárias; de um modo mais específico, aos limites que em certo sentido são autoimpostos. Tais limites podem apontar uma variedade de formas e ser procedimentais ou substantivos, assim como obstruir ou apenas fazer mais lento o processo de mudança legislativa.[77]

Seguindo uma concepção como a de Elster e de outros constitucionalistas,[78] para se chegar a uma democracia consolidada é necessário estabelecer não apenas um processo eleitoral, mas também um processo constitucional e, ainda, eleger teorias substantivas que preencham e deem conteúdo a esses processos. Mas como pode um país saindo de um regime autoritário (quanto menos de um regime totalitário ou sultanístico), a um só tempo, produzir todos estes processos sem que eles sejam efetivamente manipulados pelo próprio regime no processo de transformação?

Ainda argumentado pela utilização do conceito de "democracia consolidada", mas com ressalvas, Valenzuela alude que:

> [...] algo que é "consolidado" tem a qualidade de aparentemente ser imune a desintegração, há uma tendência a associar "democracias consolidadas" com a estabilidade e, por extensão, em converter a passagem de tempo sem reversão de regime e a ausência de fatores potencialmente desestabilizadores como critério básico para tal consolidação democrática.[79]

Rendición de Cuentas: La Justicia Transicional en Perspectiva Histórica, p. 34, tradução livre).

[77] "El vocablo constitucionalismo alude aquellos límites sobre las decisiones mayoritarias; de un modo más específico, a los límites que en cierto sentido son autoimpuestos. Tales límites pueden adoptar variedad de formas y ser de procedimiento o sustantivos, así como obstruir el tan solo sólo hacer mas lento el proceso de cambio legislativo" (ELSTER. *Rendición de Cuentas*: La Justicia Transicional en Perspectiva Histórica, p. 34, tradução livre).

[78] Uma excelente formulação da correlação interdependencial entre democracia e direitos fundamentais como forma de efetiva substancialização democrática no Estado de direito, nos termos aqui propostos, pode ser obtida em: HABERMAS. O Estado democrático de direito: uma amarração paradoxal de princípios contraditórios. *In*: HABERMAS. *Era das transições*.

[79] "[...] something that is 'consolidated' has the quality of being seemingly immune to disintegration, there is a tendency to associate 'consolidated democracies' with the stability and, by extension, to convert the passage of time with no regime reversals and the absence of potentially destabilizing factors into the basic criteria for democratic consolidation" (VALENZUELA. Consolidation in Post-Transitional Settings. *In*: MAINWARING; O'DONNELL; VALENZUELA (Org.). *Issues in Democratic Consolidation*: the new South American democracies in comparative perspective, p. 59, tradução livre, grifos nossos).

Porém, na sequência, atenta para o perigo de distorções contido nessa ideia de considerar consolidada aquela democracia na qual a alternância no poder está garantida:

> Em muitas circunstâncias é possível que governos democraticamente eleitos sucedam uns aos outros por considerável tempo sem que ocorram reversões simplesmente em função de um cuidado dos líderes em não desafiar os atores cujo poder escapa da prestação de contas democrática. Neste caso, o resultado estabilidade não pode ser equalizado com o progresso na criação de um regime plenamente democrático; *aquilo que aumenta a estabilidade pode depreciar as próprias qualidades democráticas do regime.*[80]

Uma das principais características dos regimes democráticos é sua capacidade de lidar com graves dissensões sociais de modo institucional, o que pode, muitas vezes, gerar grandes crises. Num contexto de substituição de regime é, no mínimo, razoável esperar que tais crises ocorram. Ainda mais: é altamente provável que com a alteração do balanço de poder no sistema político existam fortes reações, tanto de setores que não pretendiam ter diminuída sua esfera de poder, quanto de setores que se acreditam insuficientemente empoderados. É em função da evidência dessa mudança no balanço de poder que Huntington, nas "lições" dantes transcritas dos processos de transição por transformação, entende ser uma medida inteligente do regime estimular as forças políticas extremistas a agirem com radicalidade, justamente por saber que tal radicalidade lhes jogará, com o tempo, para fora do processo político democrático. Nesse contexto, é altamente provável que as crises ocorram e, mais ainda, que elas fortaleçam a democracia na medida que selecionam, pelas regras do jogo democrático, os atores prioritários a representarem grupamentos sociais. Evitar essas crises pode implicar, simplesmente, superestimar a representatividade de grupos radicais (favoráveis e contrários ao regime) que ameaçam a própria "consolidação".

---

[80] "In some instances it is possible that democratically elected governments may succeed one another for a considerable time without reversals simply as a result of caution of its leadership in not challenging actors whose power escapes democratic accountability. In this case the resulting stability cannot be equated with progress towards creating a fully democratic regime; what enhances stability may detract from the democratic quality of the regime" (VALENZUELA. Consolidation in Post-Transitional Settings. *In*: MAINWARING; O'DONNELL; VALENZUELA (Org.). *Issues in Democratic Consolidation*: the new South American democracies in comparative perspective, tradução livre).

Como asseverou Valenzuela, é uma ilusão associar a ausência de crises ou as sucessões regulares no poder a um sinônimo de consolidação democrática. Para formular seu conceito de "consolidação democrática", o autor partirá dos "requisitos institucionais" para uma democracia de Dahl:[81]

(i)   liberdade de associação;
(ii)   liberdade de expressão;
(iii)   direito ao voto;
(iv)   elegibilidade para cargos públicos;
(v)   direito de competir/concorrer por votos/eleições
(vi)   existência de variadas fontes de informação;
(vii)   realização de eleições livres e honestas;
(viii) existência de instituições públicas orientadas pelas preferências do eleitorado.

Esses oito requisitos institucionais se vinculam ao que o autor define como uma compreensão minimalista da democracia, mas, ainda assim, podem ser fraudados, razão pela qual devem existir num cenário onde não sejam detectados outros quatro "elementos perversos":[82]

(i)   ausência de qualquer forma de poder tutelar sobre as decisões democráticas;
(ii)   ausência de reserva de domínio sobre determinadas matérias;[83]
(iii)   o processo eleitoral não deve sub-representar ou deixar sem representação as minorias;
(iv)   eleições livres devem ser o único meio de acesso ao poder.

---

[81] DAHL. *Polyarchy*.

[82] VALENZUELA. Consolidation in Post-Transitional Settings. *In*: MAINWARING; O'DONNELL; VALENZUELA (Org.). *Issues in Democratic Consolidation*: the new South American democracies in comparative perspective, p. 62-68.

[83] Destaca-se que neste caso o autor faz uma restrição a sua própria condição: "A problemática da reserva de alguns domínios do debate democrático transicional é diferente [por exemplo, daquela reserva dada aos bancos centrais]. Elas dizem respeito a áreas da política que os altos funcionários governamentais gostariam de controlar como forma de afirmar sua autoridade ou fazer avançarem seus programas, mas que são impedidos de controlar em função de ameaças explícitas ou veladas de um regresso ao regime autoritário" (VALENZUELA. Consolidation in Post-Transitional Settings. *In*: MAINWARING; O'DONNELL; VALENZUELA (Org.). *Issues in Democratic Consolidation*: the new South American democracies in comparative perspective, tradução livre: "The problematic reserved domains of democratic transitional settings are different [from the reserves of the Central Bank, p.e.]. They pertain to areas of policy that elevated government official would like to control in order to assert governmental authority or carry out their programs, but are prevented from controlling by veiled or explicit menaces of a return to authoritarian rule").

Valenzuela defende, portanto, que se considere uma "democracia consolidada" todo aquele regime que atenda a um modelo mínimo de organização eleitoral (como fazem boa parte dos autores que utilizam o termo), somada à garantia de alguns direitos de liberdade essenciais a este processo. Inobstante, não avança a ponto de considerar a necessidade de respeito aos direitos humanos e fundamentais, como fazem os constitucionalistas.

Linz e Stepan também partirão desse "mínimo institucional" a ele adicionando a necessidade de ajustes (i) comportamentais, (ii) de atitude e (iii) constitucionais:

> Uma transição democrática está completa quando um grau suficiente de acordo foi alcançado quanto aos procedimentos políticos visando obter um governo eleito; quando um governo chega ao poder como resultado direto do voto popular livre; quando esse governo tem, de fato a autoridade de gerar novas políticas; e quando os Poderes Executivo, Legislativo e Judiciário, criados pela nova democracia, não têm que, de jure, dividir o poder com outros organismos.[84]

Nessa mesma conceituação, os autores avançam na apresentação do que seriam as chaves operacionais do conceito de democracia consolidada em três planos:

> Em termos *comportamentais*, um regime democrático, em um território, está consolidado quando nenhum ator nacional de importância significativa, quer social, econômica, política ou institucionalmente, despenda recursos consideráveis na tentativa de atingir seus objetivos por intermédio da criação de um regime não-democrático, lançando mão de violência ou de intervenção estrangeira, visando a secessão do Estado.

> Em termos de *atitude*, um regime democrático está consolidado quando uma grande maioria da opinião pública mantém a crença de que os procedimentos e instituições democráticas são a forma mais adequada para o governo da vida coletiva em uma sociedade como a deles, e quando o apoio a alternativas contrárias ao sistema é bastante pequeno, ou mais ou menos isolado das forças pró-democráticas.

> Em termos *constitucionais*, um regime democrático está consolidado quando tanto as forças governamentais quanto as não governamentais, em todo o território do Estado, sujeitam-se e habituam-se à resolução

---

[84] LINZ; STEPAN. *A transição e consolidação da democracia*: a experiência do sul da Europa e da América do Sul, p. 21.

de conflitos dentro de leis, procedimentos e instituições específicas, sancionadas pelo novo processo democrático.[85]

Igualmente, a concepção de Linz e Stepan só trabalha conceitos substantivos de democracia quando eles são eminentemente necessários para que o processo de escolha eleitoral ocorra dentro de um padrão de normalidade razoável e seus resultados sejam respeitados. Nesse sentido, aquilo que vem sendo classificado como uma "democracia consolidada" se vale daquilo que Bobbio define como "um significado formal de democracia" para elidir a necessidade efetiva de assunção de posições quanto à necessidade de escolha de critérios substantivos quanto ao que seja uma democracia e, ainda, para elidir a eleição de uma teoria do direito e da justiça que fundamente o funcionamento da instituição e sirva de parâmetro para seu controle.

Nos momentos em que são fornecidos elementos substanciais de composição de critérios pelas teorias apresentadas, eles são aludidos como "critérios mínimos", assim, ou servem para garantir o próprio processo formal de votação ou, como no caso de Linz e Stepan, reduzem a dimensão do debate sobre a formação de padrões constitucionais pós-autoritários à "resolução dos conflitos dentro de leis, procedimentos e instituições específicas, sancionadas pelo novo processo democrático", sem que se reflita sobre o fato de que o processo democrático pós-transicional, por seu próprio contexto, se não trabalhado dentro de uma perspectiva igualmente "constitucional", pode ser ensejador de novos processos autoritários ou injustos.

As teorias, nesse sentido, acabam por apostar que a simples concessão do poder de voto ao povo, se não houverem manipulações, poderá gerar o processo de democratização, desconsiderando, por exemplo, a necessidade de estabelecimento de premissas contramajoritárias (talvez pelo fato de as ditaduras latino-americanas não terem sido, abertamente, ditaduras das maiorias). Confunde-se, portanto, a grande relevância que as eleições podem ter no processo de democratização com uma ideia substancialmente distinta, de que as próprias eleições consubstanciam a democracia, à revelia da necessidade de afirmação de um modelo constitucional que limite essa própria democracia e permita o funcionamento em bases igualitárias de um Estado de Direito. Esse processo confunde o mecanismo "eleições", que, como visto, pode

---

[85] LINZ; STEPAN. *A transição e consolidação da democracia*: a experiência do sul da Europa e da América do Sul, p. 24.

auxiliar na democratização, com a própria democracia, resultando numa análise na qual o bom funcionamento do mecanismo eleitoral parece traduzir um bom funcionamento democrático, coisa que só é verdadeira em parte.

Esse tipo de formulação pode até ser útil para o debate sobre "a transição", mas não possui, de fato, maior relevância para outros dois debates: o da "Justiça de Transição" e o do "Estado Constitucional de Direito".

A tentativa de despolitizar o processo transicional para tratá-lo em termos analíticos neutros faz com que a capacidade explicativa das categorias apresentadas se limite aos termos das contingências do processo de mudança do sistema político do regime, razão pela qual este estudo dividirá, deste momento em diante, a transição em dois momentos: o *momento da contingência*, no qual o processo político determina o conteúdo e a medida de possibilidade de toda e qualquer ação transicional (caracterizado sobremaneira pela inserção dos dois mecanismos suprarreferidos no sistema político-jurídico: eleições e anistias) e o *momento da consolidação democrática*, no qual o Estado de Direito se firma e passa a conduzir prioritariamente o conjunto de medidas de justiça legal e política em substituição ao regime. Essa bipartição analítica é que fundamenta, em última análise, a qualidade distintiva que entendemos demonstrar existir entre os estudos das "democratizações" e da "Justiça de Transição".

Para esses fins, o debate trazido neste tópico sobre "consolidação democrática" será tratado como simples "instalação de uma democracia formal", nos termos do conceito de Bobbio:

> [...] pode concluir-se que por Democracia se foi entendendo um método ou um conjunto de regras de procedimento para a constituição de Governo e para a formação das decisões políticas (ou seja das decisões que abrangem toda a comunidade), mais do que uma determinada ideologia.[86]

Pressupõe-se que, sem que exista esse momento procedimental de instalação da democracia formal, não haverá espaço para a formulação de mecanismos e programas de Justiça Transicional – mesmo se sabendo que alguns mecanismos têm sua instalação em momento simultâneo ao da afirmação de uma democracia formal. Assim, deste ponto em diante, o estudo passa a enfocar não mais os procedimentos

---

[86] BOBBIO. Democracia. *In*: BOBBIO; MATTEUCI; PASQUINO. *Dicionário de política*, p. 326.

políticos adotados pelo regime autoritário em seu *iter* para a abertura formal à democracia, mas, sim, o modo como a configuração de um Estado de Direito de caris democrático, pautado pelos conteúdos presentes numa constituição protetiva de determinados direitos e concorde com instrumentos jurídicos internacionais de proteção da pessoa, lerá o processo transicional passado e orientará medidas futuras dentro de um escopo ideológico mais nítido – mesmo que não absolutamente preciso – de um Estado Constitucional de Direito.

Com isso, avança-se para a conceituação da Justiça de Transição, suas dimensões e suas possibilidades normativas, considerando-se, sempre, a necessária integração analítica entre os conceitos de Estado de Direito, democracia e constitucionalismo.

CAPÍTULO 2

A JUSTIÇA DE TRANSIÇÃO COMO CAMINHO PARA O ESTADO DE DIREITO

Balizado pelo estudo do capítulo anterior, focado nas transições em si e nos principais mecanismos utilizados para o estabelecimento ou restabelecimento da democracia, e considerando a crítica à superposição conceitual presente na ideia de que o estabelecimento de uma democracia formal de viés eleitoral já possa significar, também em si, o atingimento da "democracia", e não um mecanismo desta no contexto mais ampliado de um Estado de Direito, num raciocínio que desconsidera aspectos materiais relevantes ao debate sobre o que é uma democracia, o presente capítulo procurará conceituar "Justiça de Transição" e qual sua relação com a ideia de um "Estado Constitucional de Direito" que é, em última análise, o tipo ideal de modelo democrátio que o estudo aplicará à realidade concreta em sua segunda parte.

Dessa forma, adiciona-se à ideia já apresentada da "transição política" os limites e contrapesos de um sistema jurídico para que a transição possa ser vista não como o simples meio de instalação de um regime eleitoral honesto, mas também como parte do amplo processo de construção de uma democracia. Mais ainda: no presente estudo se almeja verificar como a Justiça de Transição permite estabelecer distinções entre mecanismos transicionais lícitos e ilícitos e, ainda, catalisa o atingimento de um tipo especial de democracia: a *democracia constitucional*. Para tanto, adotar-se-á uma visão substancial do que seja o "Estado de Direito", partindo de uma concepção que se vincula formalmente à premissa compartilhada com o ideal republicano de um "governo das leis",[87] mas, também, materialmente vinculada aos valores do chamado constitucionalismo (ou "neoconstitucionalismo", como preferem

---

[87] Cf.: BESSON; MARTÍ. Law and Republicanism: mapping the issues. *In*: BESSON; MARTÍ (Org.). *Legal Republicanism*: National and International Perspectives.

alguns) no que concerne ao ideário de que mesmo as leis elegidas por um povo de modo democrático e sob o manto de uma constituição legítima se encontram limitadas, apenas e tão somente, pelo próprio princípio democrático que não podem voluntariamente afastar e pelos direitos humanos e fundamentais, que garantem o mínimo essencial de integridade e de legitimidade do sistema de direitos como sistema de compartilhamento intersubjetivo.[88]

De tal feita, buscar-se-á um conceito de "Justiça de Transição" pela mesma metodologia antes aplicada, na esteira de Bobbio, para a classificação das formas de governo, identificando-se a dimensão descrita sem deixar de explicitar a dimensão prescritiva do conceito.

A dimensão descritiva dos processos de transição se encontra, grosso modo, apresentada no levantamento do capítulo 1, razão pela qual neste capítulo a ideia de "Estado de Direito" é inserida como forma de ativar um mecanismo de valoração dessas medidas, permitindo não apenas estabelecer parâmetros comparativos de desempenho entre as medidas no que toca ao atingimento de um fim, que é "a democracia" (uma vez que falar em transição necessariamente implica falar de algo que vira outro), como também verificar a necessidade de medidas adicionais àquelas que viabilizam a própria transição, que satisfaçam dimensões próprias da ideia de "justiça" que passa a se conectar à ideia de "transição", implicadas pela eleição de um modelo de governo e de organização do Estado que prima pela igualdade e pela promoção do conjunto de valores que se conectam ao discurso normativo dos direitos humanos, qual seja, a já referida democracia constitucional.

Metodologicamente, será apresentado o processo histórico que permitiu que do conjunto de medidas transicionais empreendidas em todo o mundo insurgisse um conceito de *justiça não ideal*, típico desses momentos de fluxo político entre uma visão não democrática de mundo e uma visão democrática e pautada pela ideia da existência de direitos

---

[88] Busca-se, portanto, um viés para a discução daqueles que em última análise são os problemas centrais do constitucionalismo. Nas palavras de Neves: "O constitucionalismo, vinculado originalmente ao Estado como organização territorial, surgiu para responder a duas questões: 1) como determinar coercitivamente os direitos e garantias fundamentais dos indivíduos? 2) como limitar e controlar o poder estatal expansivo e, ao mesmo tempo, garantir a sua eficiência organizacional? A resposta veio com as constituições estatais, pois esses problemas normativos ainda tinham uma dimensão territorialmente delimitada. Com o tempo, o incremento das relações transterritoriais com implicações normativas fundamentais levou à necessidade de abertura do constitucionalismo para além do Estado. Os problemas dos direitos fundamentais ou dos direitos humanos ultrapassam fronteiras, de tal maneira que o direito constitucional estatal passou a ser uma instituição limitada para enfrentar esses problemas" (NEVES. *Transconstitucionalismo*, p. 120).

inalienáveis e de limitações ao poder, chegando-se a um conjunto de *dimensões* substantivas da Justiça de Transição, que se superpõem e interligam no contexto concreto de busca por justiça em períodos de mudança política. O acúmulo legal gerado nos processos concretos nacionais e internacionais, consubstanciado nessas dimensões e conectado a uma ideia substancial de Estado de Direito, é que permite a extração e detecção dos limites normativos impostos pela aplicação do conceito de "Justiça de Transição" aos casos empíricos, desaguando na afirmação da existência de um conjunto de *obrigações dos estados* nos períodos transicionais e pós-transicionais e, mais especialmente, na formulação do fundamento das *políticas públicas* empreendidas no período pós-transicional para lidar com o acervo histórico e cultural dos governos autoritários no momento em que a prioridade política da sociedade deixa de ser a transição em si e passa a ser a Justiça da Transição. Dessa forma, esses mecanismos são entendidos como uma forma de, a um só tempo, dar extensão *retroativa* e *prospectiva* ao Estado de Direito, compensando e reparando as violações do passado, restabelecendo os efeitos típicos de um regime de leis justas, especialmente a igualdade perante essas próprias lei (genéricas e universais) e a previsibilidade do sistema de justiça, de modo a garantir a não repetição da violência e evitar a existência, na sociedade que entende fundar uma democracia constitucional, de um "espólio autoritário" irresoluto, composto por atos que não podem ser submetidos ao controle de legalidade do judiciário e pessoas que não podem ser processadas pelos poderes públicos da República.

A parte final do capítulo discute como o processo de Justiça Transicional, especialmente nas transições por transformação da terceira onda, tende a politizar-se, recolocando na pauta política presente elementos fragmentares das disputas políticas do próprio período autoritário que não restaram resolvidas no momento do fluxo transicional em função dos termos "negociados" com o regime ilegal. A verificação de algumas controvérsias de legitimidade política em relação ao processo transicional, desde a perspectiva *descritiva,* nos permite posteriormente valorar a qualidade e auferir a tecitura atual do regime democrático, uma vez que desde a perspectiva *prescritiva* é evidente – como se entende demonstrar – que medidas de justiça podem, sim, alterar termos da transição por transformação que foram arbitrários, embora necessários para permitir o surgimento das condições mínimas da transição (como exemplo, um sistema eleitoral equitativo), dando início ao processo de estabelecimento de uma democracia substancial ainda sob a égide de um momento que a ótica democrática considera, por tudo isso, de *contingência*, e não de *substancialização*.

Desta feita, o processo de Justiça Transicional restará, em alguns momentos, altamente politizado, uma vez que a um só tempo estabelecerá mecanismos de justiça para com o passado e também se tornará meio de disputa simbólica pelos fundamentos do direito e dos princípios de organização do sistema jurídico-constitucional presente, na medida em que combate as leituras do novo ordenamento jurídico pelos olhos do regime repressor, lidando com as contradições do sistema simbólico gerado pela própria ditadura e conservado na distensão. Considerando a característica especial dos processos por transformação da terceira onda, como o brasileiro e o espanhol, nos quais a transição abre espaço e dá origem a uma "democracia constitucional", ocorrerá, por meio da Justiça Transicional, um processo político não apenas de disputa dos fundamentos do direito, mas, mais especificamente, da *leitura histórica dos fundamentos da própria constituição* e do novo ordenamento jurídico (que carrega em si o antigo), obrigando a sociedade a enfrentar – superando ou não – as incoerências inerentes a sua formação democrática pós-autoritária.

2.1 Conceituando "Justiça de Transição" historicamente

Durante o século XX, dezenas de países atravessaram processos de transição de regimes não democráticos para regimes democráticos. Múltiplos modelos políticos considerados totalitários, autoritários, pós-totalitários ou mesmo sultanísticos, com variadas formas de organização econômica, desde o evidente exemplo socialista até as economias de subsistências e dependentes, empreenderam mudanças de liberalização política, geralmente associadas com aberturas democráticas que, em um número significativo de casos, produziram Estados de Direito fundados na ideia de uma democracia constitucionalmente limitada e organizada em torno de alguns valores universalmente reconhecidos pelo sistema internacional, como os direitos humanos.

Numa primeira leitura, poucas são as conexões possíveis entre as transições políticas experimentas pelos países do Eixo no pós-II Guerra Mundial, os países da Ásia e África coloniais que se tornaram independentes (embora nem sempre democráticos), os países do Sul da Europa na quadra histórica da década de 1970, as democracias latino-americanas pós-regimes militares e ditaduras subsidiadas por potências estrangeiras, os países oriundos da divisão e abertura do antigo "bloco comunista" capitaneado pela União das Repúblicas

Socialistas Soviéticas e, mais recentemente (como referido no prefácio desta obra), os países da chamada "primavera árabe", no que concerne à formulação do conceito de um dado tipo de "justiça" específico ao contexto transicional. Não obstante, existe, sim, um elemento comum a todas essas transições, e o modo de lidar com ele ensejou a criação de inúmeros tratados e resoluções internacionais, além de centenas de leis e processos nacionais e regionais, culminando na formulação de um conceito contingente de justiça a ser aplicado nos casos concretos. O elemento comum, de toda sorte, é negativo, trata-se do acervo de violações a regras de proteção mínimas e fundamentais dos direitos humanos cumulado com a ação estatal ou de grandes grupos organizados no território nacional voltada ao empreendimento dessas violações. Resta de comum a todos esses processos transicionais, portanto, a necessidade de estabelecer ou restabelecer um Estado de Direito e, a um só tempo, equacionar as violações empreendidas em nome deste mesmo Estado (quando não *de direito*) no período de exceção e autoritarismo.

Denominou-se de "Justiça de Transição" uma série de iniciativas empreendidas por via dos planos internacional, regional ou interno, nos países em processos de liberalização ou democratização, englobando suas políticas públicas, suas reformas legislativas e o funcionamento de seu sistema de justiça, para garantir que a mudança política seja bem-sucedida e que, ao final dela, exista não apenas uma democracia eleitoral (caracterizada por eleições procedimentalmente equitativas), mas, sim, um Estado de Direito na acepção substancial do tema.

A concepção de "Justiça de Transição" como campo de atuação e estudos resta claríssima da definição de Bickford:

> Justiça de Transição se refere ao campo de atividades e investigação sobre como as sociedades lidam com legados de violações e abusos contra os direitos humanos praticados no passado, atrocidades em massa, outras formas severas de trauma social, incluindo o genocídio e a guerra civil, com o objetivo de construir um futuro mais democrático, justo e pacífico.[89]

O autor segue apresentando a que, grosso modo, se está a referir ao usar o conceito de Justiça de Transição:

---

[89] "Transitional Justice refers to a field of activity and inquiry focused on how societies address legacies of past human rights abuses, mass atrocity, or other forms of severe social trauma, including genocide and civil war, in order to build a more democratic, just, or peaceful future" (BICKFORD. Transitional Justice. *In*: *The Encyclopedia of Genocide and Crimes Against Humanity*, p. 1045, tradução livre).

O conceito é comumente entendido como uma estrutura para o enfrentamento dos abusos passados e enquanto componente de uma mais ampla transformação política. Isso geralmente envolve a combinação de estratégias judiciais e não judiciais que se complementam, como processar perpetradores, estabelecer comissões da verdade e outras formas de investigação do passado; empreender esforços para a reconciliação em sociedades fraturadas, desenvolver programas de reparação para aqueles mais afetados por violências ou abusos, memorializar e promover a lembrança das vítimas; e reformar um amplo espectro de instituições estatais que promoveram abusos (como os serviços de segurança, polícias ou setores militares) como forma de prevenir violações futuras.[90]

Do ponto de vista institucional, portanto, o termo Justiça de Transição se refere ao acervo de experiências empreendidas para a superação do autoritarismo, e, do ponto de vista acadêmico, a um amplo campo investigativo, por excelência interdisciplinar, que se foca no conhecimento e avaliação dessas medidas de alta complexidade para o enfrentamento do legado autoritário. Mas Bickford chama ainda atenção para outro elemento importante, alusivo a um valor agregado ao conceito: "[...] o movimento por direitos humanos influenciou fortemente o desenvolvimento desse campo, *fazendo-o autoconscientemente centrado nas vítimas*".[91]

Assim, a referência à Justiça de Transição tem, notadamente, um significado diferente da referência a transição para a democracia, uma vez que nesse segundo conceito, como visto no capítulo 1, o foco central das preocupações estará na estabilização de um sistema eleitoral razoavelmente democrático, chegando-se mesmo a confundir os requisitos essenciais de uma democracia com os procedimentos mínimos necessários a empresa de uma eleição justa.

O desenvolvimento do campo da Justiça Transicional, mais notadamente no que refere as experiências institucionais, gera uma

---

[90] "The concept is commonly understood as a framework for confronting the past abuse as a component of a major political transformation. This generally involves a combination of complementary judicial and nonjudicial strategies, such as prosecuting perpetrators, establishing truth commissions and other forms of investigation about the past; forging efforts toward reconciliation in fractured societies, developing reparations packages for those most affected by violence or abuse, memorializing and remembering victims; and reforming a wide spectrum of abusive state institutions (such as security services, police, or military) in an attempt to prevent future violations" (BICKFORD. Transitional Justice. *In: The Encyclopedia of Genocide and Crimes Against Humanity*, p. 1045, tradução livre).

[91] "[...] the human rights movement has strongly influenced the development of the field, making it self-consciously victim-centrics" (BICKFORD. Transitional Justice. *In: The Encyclopedia of Genocide and Crimes Against Humanity*, p. 1045, tradução livre, grifos nossos).

fonte normativa interessante para o Direito, uma vez que o acúmulo dessas experiências pode se consolidar não apenas em pareceres técnicos, experiências comparadas, acordos e tratados internacionais, e assim por diante, mas também em farta jurisprudência, tanto no plano comparado quanto, e mais especialmente, no plano internacional. Os estudos acadêmicos gradualmente puderam classificar essas experiências concretas em *dimensões* que passaram a influir no modo como os estados organizaram a inserção de novos mecanismos em seus processos internacionais e, sobremaneira, o modo como as cortes, nacionais e internacionais, passaram a verificar o cumprimento de dadas obrigações legais, de modo a que, nesta dinâmica de dupla face, chegou-se a consolidação de alguns conjuntos de efeitos normativos.[92] É esse processo que leva Teitel a formulação de uma concepção jurídica do conceito nos seguintes termos: "justiça de transição pode ser definida como uma concepção de justiça associada aos períodos de mudança política, caracterizada por respostas legais de confrontação às malfeitorias do regime repressor precedente".[93]

Verifica-se, portanto, que a ideia de "justiça" presente no termo difere daquela apresentada em conceituações abstratas de justiça, como exemplo, uma concepção rawlsiana,[94] uma vez que o ponto de partida é eminentemente *concreto* e *contingente*, de tal feita que o conhecimento do processo genealógico da ideia de Justiça de Transição importa para a localização histórica de seus conteúdos, fontes de normatividade e referenciais no direito positivado, uma vez que os casos concretos de transições é que modularam, no tempo, o próprio escopo do conceito.

É praticamente consensual o "marco zero" da Justiça de Transição moderna. Segundo Elster "A história moderna de justiça após transições para a democracia começa, essencialmente, com a derrota da Alemanha, Itália e Japão em 1945. Na Alemanha, os processos de Justiça Transicional começaram imediatamente depois da guerra e ainda continuam

---

[92] Para o desenvolvimento desse debate, confira-se a exposição introdutória de nosso texto "Justiça de Transição no Brasil: a dimensão da reparação" (ABRÃO; TORELLY. Justiça de Transição no Brasil: a dimensão da reparação. *Revista Anistia Política e Justiça de Transição*).

[93] "Transitional justice can be defined as the conception of justice associated with periods of political change, characterized by legal responses to confront the wrongdoings of repressive predecessor regimes" (TEITEL. Transitional Justice Genealogy. *Harvard Human Rights Journal*, p. 69, tradução livre). Durante o processo de revisão deste trabalho, a Comissão de Anistia do Ministério da Justiça publicou o presente texto em português, não obstante, preferi manter-me com as traduções já extraídas do original. Aqueles com interesse na versão podem encontrá-la buscando a seguinte referência: TEITEL, Ruti G. Genealogia da Justiça Transicioal. *In*: REATEGUI, Felix (Org.). *Justiça de Transição*: manual para a América Latina, p. 135-170.

[94] RAWLS. *Uma teoria da justiça*.

no presente".[95] Partindo desse mesmo precedente, Teitel decomporá em três fases a formulação de nosso conceito hodierno de Justiça de Transição sinalizando que, já em 1945, a inauguração da primeira fase é acompanhada de uma crítica de viés histórico a incapacidade das forças democráticas de terem estabelecido, em 1919, um processo de justiça capaz não apenas de satisfazer a justiça pretérita alusiva à primeira guerra, mas como, e de modo definitivamente mais relevante, de evitar a repetição da perpetração de crimes bárbaros:

> A administração do modelo de justiça transicional punitiva após a Primeira Guerra Mundial, caracterizada pelo fracasso dos julgamentos nacionais, fora deixada para a Alemanha. Visto retrospectivamente pela história, era claro que os julgamentos nacionais após a Primeira Guerra não serviram para evitar futuras carnificinas. Numa evidente resposta crítica ao passado, a justiça transicional após a Segunda Guerra Mundial começou se abstendo de promover processamentos no âmbito nacional, procurando, em oposição, submeter as lideranças do Reich à responsabilização criminal internacional.[96]

Assim, o nascimento da ideia moderna de Justiça de Transição se conecta de maneira visceral à ideia de não repetição, elegendo a via criminal como meio eficaz tanto para a aplicação de medidas retributivas quanto para a formulação de um marco social significativo do repúdio a determinadas práticas.

A primeira fase de formulação da Justiça Transicional se estende de 1945 até meados de 1970 e tem, portanto, um caráter internacionalista e punitivo, uma vez que fora necessário o afastamento da jurisdição nacional para se chegar à punição dos responsáveis pelas atrocidades perpetradas na Segunda Grande Guerra. Esse modelo de aplicação de justiça concreta tem, portanto, uma conexão umbilical com o modelo de transição em questão. Apenas foi possível dado o completo

---

[95] "La historia moderna de la justicia luego de transiciones hacia la democracia comienza esencialmente con la derrota de Alemania, Italia y Japón en 1945. En Alemania, los procesos de justicia transicional comenzaron inmediatamente después de la guerra y aún continúan en el presente" (ELSTER. *Rendición de Cuentas*: La Justicia Transicional en Perspectiva Histórica, p. 73, tradução livre).

[96] "The administration of the post-World War I model of transitional punitive justice, characterized by failed national trials, was left to Germany. Seen with the hindsight of history, it was clear that the post-World War I national trials did not serve to deter future carnage. In an evident critical response to the past, the post-World War II transitional justice began by eschewing national prosecutions, instead seeking international criminal accountability for the Reich's leadership" (TEITEL. Transitional Justice Genealogy. *Harvard Human Rights Journal*, p. 72, tradução livre).

colapso do Estado-Nação que abrigou as atividades criminosas. É na primeira fase, portanto, que são mapeados aqueles que serão dois dos elementos-chave das políticas transicionais: (i) a *reforma das instituições perpetradoras* dos crimes com vistas à não repetição e a (ii) *responsabilização individual* e punição dos delitos perpetrados em nome do regime. A primeira medida, ainda, desdobrar-se-á numa segunda: o processo de *depuração da máquina pública*, com a remoção dos servidores que deram suporte ao regime das funções públicas essenciais do Estado.[97]

Conforme visto no capítulo 1, as transições da terceira onda não encontram similitudes com esse padrão concreto, mais notadamente aquelas que, como a do Brasil, foram mediadas pelo próprio regime. Voltando-se ao QUADRO 1 (página 56), pode-se perceber que, após a primeira fase da Justiça Transicional, na qual predomina um modelo de transição exógena, migrar-se-á a um outro modelo, estabelecendo-se um recorte cronológico no qual a principal forma de transição será, por sua vez, endógena.

Enquanto a primeira fase de consolidação da Justiça de Transição teve como panorama concreto um conjunto de estados desmantelados sendo reconstruídos sob a égide das potências nacionais que falavam em nome da comunidade internacional, as transições da segunda fase de consolidação, situadas entre meados de 1970 e 1989, encontram como cenário uma ordem mundial em plena mutação com o declínio da União Soviética e o surgimento de um mundo multipolar, sendo que na maior parte dos casos a própria experiência antidemocrática e a transição guardam relações em alguma medida com esta disputa bipolar entre Estados Unidos e União Soviética que chagava ao fim. Mais ainda: se em 1945 uma ampla intervenção internacional foi possível para a reconstrução dos estados beligerantes, nas transições da terceira onda a maior parte dos processos será de iniciativa e execução nacional, de modo que o restabelecimento do Estado de Direito pode contar com o direito internacional não para a promoção dos julgamentos, mas apenas como referência de parâmetros legais razoáveis a serem aplicados quando da retomada democrática. Nesta fase, as intervenções externas eram mal vistas pela própria comunidade internacional. Uma vez que as décadas da Guerra Fria tornaram comuns as intervenções externas de ordem ideológica, a política do momento era a de permitir que os próprios países em transição desenvolvessem seus caminhos

---

[97] Cf.: MAYER-RIECKH; DE GREIFF (Org.). *Justice as Prevention*: vetting public employees in transitional societies.

para a democracia, evitando o ressurgimento de disputas locais que se ligassem as disputas da antiga ordem internacional em decomposição. Avaliando os mecanismos adotados nesta segunda fase, Teitel assevera que:

> Em sua segunda fase, a justiça de transição reflete um balanço de valores considerados relevantes que dificilmente coincidem com os de um estado de direito ideal. Como o objetivo era promover a legitimidade, princípios pragmáticos guiaram as políticas de justiça e o senso de adesão ao estado de direito. A justiça transicional conectou-se a uma concepção de justiça que era imperfeita e parcial. O que é honesto e justo em circunstâncias políticas extraordinárias fora determinado pelo próprio momento transicional.[98]

A segunda fase de consolidação da Justiça Transicional foi, portanto, um momento de deslocamento de ênfase. Enquanto na primeira fase a restauração/implantação de um Estado de Direito se valeu do mecanismo punitivo para promover condenações cabais e restaurar a igualdade perante leis legítimas por via de tribunais internacionais, na segunda fase ocorrem injunções políticas de magnitude suficiente para fazer com que a alternativa penal fosse, grosso modo, interditada no plano local. É assim que, num processo típico da dialética política da vida concreta, vemos surgirem neste período outras *dimensões* de promoção de justiça durante o fluxo político para a democracia que virão a compor o conceito mais amplo e corrente de Justiça Transicional.

A impossibilidade política de levar a julgamento os criminosos de Estado no plano nacional, evitando uma prestação de contas direta nos moldes da fase um, fez com que os estados buscassem outras formas de equacionar seus débitos autoritários. Duas medidas transicionais de alta relevância são produto dessa fase: (i) as *reparações* em escala às vítimas (que surge também como consequência do amadurecimento dos processos da primeira fase no que toca à reparação aos crimes nazistas) e (ii) o *estabelecimento de comissões da verdade* como forma de prestação de contas desde uma perspectiva histórica (*historical accountability*).

---

[98] "Transitional justice in its second phase reflect that the relevant values in the balance were hardly those of the ideal rule of law. Where the aim was to advance legitimacy, pragmatic principles guided the justice policy and the sense of adherence to the rule of law. Transitional justice was linked to a conception of justice that was imperfect and partial. What is fair and just in extraordinary political circumstances was to be determined from the transitional position itself" (TEITEL. Transitional Justice Genealogy. *Harvard Human Rights Journal*, p. 76, tradução livre).

Se a grande crítica à primeira fase se focava na incompletude ínsita a se promover uma reconstrução histórica ampla do passado desde um processo eminentemente judicial,[99] a segunda fase se caracteriza pela pluralização de formas de acesso à verdade e de construção e difusão social de memórias. Teitel conclui que essa fase se caracteriza pela migração de uma perspectiva de prestação de contas individual (*individual accountability*) para o estabelecimento de processos comunitários de superação do passado, destacando a insurgência de conceitos como o da "reconciliação nacional", que são primariamente externos ao mundo do direito:

> O projeto da verdade e reconciliação incorpora muito de seu discurso normativo de fora do direito, especialmente da ética, medicina e teologia. Seu propósito não era apenas a justiça, mas também a paz para os indivíduos e a sociedade como um todo.[100]

Porém, ainda nessa segunda fase, especialmente em seu final, observaremos uma rejudicialização da Justiça de Transição, especialmente caracterizada pelo acionamento de tribunais internacionais para a devolução à esfera jurídica de questões tratadas no plano político durante as transições.[101] Nesse período, experimentar-se-á uma ampla proliferação dos instrumentos de direito internacional a lidarem com a matéria, o que permitirá, inclusive, que a terceira fase genealógica da Justiça de Transição, simbolicamente iniciada em 1989 e estendida até o presente, seja considerada a fase de sua "consolidação" propriamente dita, com a estabilização de variadas fontes normativas e jurisprudenciais para a orientação das políticas e medidas de transição. Ainda seguindo com Teitel, a criação do Tribunal Penal Internacional é o sinal mais evidente da chegada a uma fase estável de desenvolvimento da Justiça de Transição,[102] uma vez que se estabilizam instituições permanentes que detêm entre suas atribuições um conjunto de previsões de ação que atendem a feitura de justiça em períodos de fluxo político.

---

[99] Cf.: GINZBURG. La prueva, la memoria y el olvido. *In*: EIROA; OTERO. *Memoria y Derecho Penal*.

[100] "The truth and reconciliation project incorporate much of its normative discourse from outside the law, specifically from ethics, medicine, and theology. Its purpose was not merely justice, but peace for both individuals and society as a whole" (TEITEL. Transitional Justice Genealogy. *Harvard Human Rights Journal*, p. 82, tradução livre).

[101] Cf.: ONU. (HR/PUB/06/4). *Instrumentos del Estado de Derecho para sociedades que han salido de un conflicto*: iniciativas de enjuiciamiento. (HR/PUB/06/4); WOUTERS. La obligación de judicializar los crímenes de derecho internacional. *In*: HURTADO (Org.). *Judicialización de crímenes de sistema*: estudios de caso y análisis comparado.

[102] TEITEL. Transitional Justice Genealogy. *Harvard Human Rights Journal*, p. 90.

A existência de um tribunal permanente com jurisdição ampla para tratar de questões transicionais (mais notadamente na esfera penal), somada ao suficiente desenvolvimento normativo do direito internacional e de outras fontes, faz ser possível afirmar que hoje a Justiça de Transição possui uma base de fundamentação consolidada, a ser aprimorada com o tempo. Da genealogia apresentada, chama a atenção o modo como a fase dois serve, duplamente, para *ampliar o acervo de mecanismos* disponíveis para os processos transicionais na medida em que tenta se desviar da utilização da justiça penal e, ainda, *fortalece a base normativa da própria utilização da justiça penal*, na medida em que essa negativa de investigar e punir leva o direito internacional a estabelecer precedentes vários sobre a existência não de uma faculdade de investigar e punir pelos Estados, mas, sim, de uma *obrigação de investigar e punir* crimes contra os direitos humanos, sendo apenas os demais crimes passíveis de qualquer forma de perdão.[103]

Por todo o discutido, pode-se definir Justiça de Transição como o conjunto de esforços jurídicos e políticos para o estabelecimento ou restabelecimento de um sistema de governo democrático fundado em um Estado de Direito, cuja ênfase de atuação não recai apenas sobre o passado, mas também numa perspectiva de futuro. A base normativa da ideia de Justiça de Transição lança raízes na aplicação penalizante do direito internacional no tribunal de Nuremberg, amplia-se com as medidas de memória, verdade e reparação empreendidas mormente no plano nacional dos países que viveram democratizações durante a segunda fase de desenvolvimento da Justiça de Transição e a terceira onda de democratizações, e se consolida em diversos documentos e tratados internacionais durante uma fase da qual somos contemporâneos, com o surgimento de fóruns e organismos específicos para o processamento de determinadas demandas, como é o caso da recém-criada Relatoria Especial da ONU para "a promoção da verdade, justiça, reparação e garantias de não-repetição"[104] e, mais especialmente, da criação do Tribunal Penal Internacional. Importa ainda destacar que, por condição de seu surgimento na luta contra a impunidade e a tirania, a Justiça de Transição é caracteristicamente vocacionada para a promoção dos direitos das vítimas, sendo, portanto, diferente o enfoque dado a esta questão por estudos "das transições políticas" e "de Justiça de Transição".

---

[103] Cf.: MAY. *Crimes Against Humanity*: a normative account.

[104] Resolução nº 18/07, de 29.11.2011, do Conselho de Direitos Humanos da Organização das Nações Unidas.

Conforme se pôde ver, as medidas de Justiça Transicional exorbitam aquilo do que tradicionalmente se ocupa o direito, sendo interessante verificar agora o modo como mecanismos jurídicos e políticos são equacionados em processos de consolidação da democracia e do Estado de Direito.

2.2 O problema das classificações não substanciais: *justiça legal* e *justiça política* na criação e aplicação de mecanismos transicionais

Jon Elster acusa a existência de pelo menos três tipos possíveis de "instituições-justiça" num processo transicional: a *justiça legal*, a *justiça administrativa* e a *justiça política*:

> [...] podemos representar as instituições da justiça ao longo de uma linha, com a justiça legal pura em um extremo e a justiça política pura em outro. A justiça administrativa pode ficar mais próxima de um ou de outro extremo do espectro [...]. Ademais, a justiça legal pode ser impura, e ainda assim reconhecida como legal. Ainda, algumas formas de justiça política compartilham importantes características com a justiça legal.[105]

Elster claramente indica a existência de dois componentes centrais na ideia de justiça: *o direito*, entendido como lei formal, e *a política*, entendida como deliberação da maioria. A análise de casos concretos demonstra como há uma riqueza enorme de interações entre direito e política na resolução prática de problemas das transições. Referindo apenas um caso – que provavelmente seja o mais notório e estudado da década de 1990 –, na África do Sul se optou por anistiar violações a direitos – mesmo as contra os direitos humanos – desde que elas fossem assumidas publicamente, objetivando permitir o esclarecimento histórico e a pacificação social, fortalecendo a identidade nacional pós-apartheid. Num processo dessa natureza, claramente uma opção de justiça política suplanta aquilo que seria o mais lógico caminho de

---

[105] "[...] podemos representar las instituciones de la justicia a lo largo de una línea, con la justicia legal pura en un extremo y la justicia política pura en el otro. La justicia administrativa puede ubicarse más cerca de uno o de otro extremo del espectro [...]. Además, la justicia legal puede ser impura, y aun así reconocérsela como legal. Por lo demás, algunas formas de justicia política comparten importantes características con la justicia legal" (ELSTER. *Rendición de Cuentas*: La Justicia Transicional en Perspectiva Histórica, p. 104, tradução livre).

uma justiça legal: a promoção de julgamentos dos perpetradores das violações.[106]

Do acúmulo de experiências históricas e do arcabouço normativo formulado com o passar dos anos, pode-se classificar o conjunto de mecanismos de promoção de medidas transicionais em quatro grandes categorias descritivas:[107]

- Medidas de reformas institucionais e administrativas;
- Políticas de reconciliação, verdade e memória;
- Políticas de reparação às vítimas de abusos e violações;
- Alteração do sistema de justiça para o devido processamento de crimes.

Cada um destes conjuntos apresenta características próprias, porém, grosso modo, pode-se dizer que os dois primeiros conjuntos agregam um perfil mais político (traduzindo-se em medidas que dependem da aprovação da maioria, diretamente ou representada), enquanto os dois últimos um perfil mais legal (uma vez que pode-se, formalmente, depreender sua necessidade desde o próprio ordenamento jurídico). Todas estas medidas, inobstante, possuem uma clara dimensão de *efetivação substantiva de um estado constitucional de direito*. Com essas constatações é possível identificar os fóruns privilegiados para a implementação de cada conjunto de medidas. Enquanto as reformas institucionais e administrativas, bem como as políticas para a reconciliação, verdade e memória são prioritariamente conduzidas pelos poderes Legislativo e Executivo, as políticas de reparação às vítimas tendem a ser implementadas por tribunais (mesmo quando tribunais administrativos com competência extraordinária, situados no Executivo, num modelo que a classificação de Elster definiria como de *justiça administrativa legal*), e a responsabilização por crimes e atrocidades, prioritariamente, processadas pelo sistema regular de justiça nacional (sendo o uso do sistema internacional um indício de ineficiência do nacional). Desta feita, não faz sentido imaginar um tribunal de qualquer natureza conduzido pelo Poder Legislativo, ou, ainda, que o Judiciário seja o agente a deliberar sobre quais reformas deve o Estado empreender para que as violações aos direitos humanos não tornem a acontecer.

---

[106] Sobre este caso e suas implicações, Cf.: BOIS-PEDAÏN. *Transitional Amnesty in South Africa*.

[107] Cf. ELSTER. *Rendición de Cuentas*: La Justicia Transicional en Perspectiva Histórica; VAN ZYL. Promovendo a Justiça Transicional em sociedades pós-conflito. *Revista Anistia Política e Justiça de Transição*; BRITO. Justiça transicional e a política da memória: uma visão global. *Revista Anistia Política e Justiça de Transição*; TEITEL. *Transitional Justice*; BICKFORD. Transitional Justice. In: *The Encyclopedia of Genocide and Crimes Against Humanity*; GENRO. *Teoria da democracia e Justiça de Transição*.

Seguindo com Elster, temos que é altamente recomendável que a justiça legal seja o principal guia de ação do processo transicional, uma vez que é a ela que se referem no uso ordinário do Direito conceitos como o da *segurança jurídica* e a *legalidade*, mas que isso nem sempre é possível ou desejável quando consideradas as situações concretas sobre as quais a Justiça de Transição deve incidir.[108] Essas dificuldades se tornarão mais claras no momento em que visualizarmos os quatro elementos centrais da *justiça legal pura* para o autor:

1º Leis claras:

"[...] as leis devem estar o quanto mais livres de ambiguidades possível, para reduzir o alcance da interpretação judicial."

2º Independência do Judiciário:

"[...] o poder judiciário deve estar isolado de outros ramos do governo. Afora alguns poucos delitos específicos, não há lugar para tribunais militares."

3º Juízes imparciais:

"[...] os juízes e os jurados devem ser imparciais em sua interpretação da lei. Minimamente, devem evitar distorcer o significado da lei para justificar uma decisão que tenham tomado previamente por motivos extralegais. [...] Na justiça de transição, os juízes e os jurados, não menos que os legisladores, ilustram a afirmação de Seneca de que "a ira quer que se tenha por justo o que se julgou". Nestes casos, a parcialidade resultará de uma excessiva severidade."

4º Obediência do Devido Processo Legal:

"[...] a justiça legal deve acolher os princípios do devido processo legal, fundamentalmente:

Audiências públicas e de contestação;
O direito de escolher advogados;

---

[108] "[...] é possível que as violações [à justiça legal] sejam inevitáveis e, em algumas ocasiões, até desejáveis, e mesmo quando não forem nem uma coisa nem outra, ainda podem ser compreensíveis e até perdoáveis. Quando se acumulam numerosas violações ou quando se violam critérios fundamentais, se chega a um ponto, no entanto, em que a justiça legal é substituída pela justiça política" (ELSTER. *Rendición de Cuentas*: La Justicia Transicional en Perspectiva Histórica, p.108, tradução livre: "[...] es posible que las violaciones sean inevitrables, y en ocasiones incluso deseables, y aun cuando no son ni una cosa ni otra pueden ser comprensibles y quizá perdonables. Cuando se acumulan numerosas violaciones, o cuando se violan criterios fundamentales, se llega a un punto, sin embargo, en que la justicia legal es reemplazada por la justicia politica").

O direito recursal;

A irretroatividade da lei;

Respeito aos prazos prescricionais;

Determinação de culpabilidade individual;

Presunção de inocência que coloque o ônus da prova sobre a parte acusadora;

O direito a um julgamento rápido (a morosidade da justiça é uma denegação de justiça)

O direito a devida deliberação (a aceleração da justiça também é uma denegação de justiça)".[109]

A definição de justiça legal é formatada desde a perspectiva de uma democracia em funcionamento pleno, com o império do direito consolidado. É isso que situa a tipologia de Elster – como assume o próprio autor – em um plano necessariamente *ideal*, pois no século XX é raro identificar algum processo de transição que não parta de um documento constitucional e de um sistema jurídico-político prévio, que definia os critérios de legalidade de maneira estrita mas, mesmo assim, ilegítima. Numa concepção *positivo-normativista*[110] os dois conjuntos de

---

[109] 1º Leis claras: "[...] las leyes deben estar lo más libres de ambigüedad que sea posible, para reducir el alcance de la interpretación judicial."; 2º. Independência do Judiciário: "[...] el poder judicial debe estar aislado de las otras ramas del gobierno. Más allá de unos pocos delitos específicos, los tribunales militares no tienen lugar."; 3º. Juízes imparciais: "[...] los jueces y los jurados deben ser imparciales en su interpretación de la ley. Como mínimo, deben evitar distorsionar el significado de la ley para justificar una decisión que hayan tomado previamente por motivos extralegales. [...] En la justicia transicional, los jueces y los jurados, no menos que los legisladores, ilustran la sentencia de Séneca de que "la ira quiere que se tenga por justo lo que ha juzgado". En estés casos, la parcialidad da como resultado una excesiva severidad."; 4º. Obediência do Devido Processo Legal: "[...] la justicia legal acogerse a los principios del debido proceso, fundamentalmente: Audiencias públicas y de oposición; El derecho a elegir abogado defensor; El derecho de apelar; Irretroactivid de la ley; Respecto de los plazos de prescripción; Determinación de la culpabilidad individual; Presunción de inocencias que coloque la carga de la prueba en la parte acusadora; El derecho de audiencia rápida (el retraso de justicia es una denegación de justicia); El derecho a la debida deliberación (la aceleración de la justicia también es una denegación de justicia) (ELSTER. *Rendición de Cuentas*: La Justicia Transicional en Perspectiva Histórica, p.107-109, tradução livre).

[110] Barroso define uma concepção positivo-normativista da Constituição, que consequentemente vincula o ordenamento jurídico, estabelecendo sua oposição com uma concepção sociologista, nos seguintes termos: "Na vertente oposta situa-se a concepção estritamente jurídica da Constituição, vista como lei suprema do Estado. Ligada ao positivismo normativista, essa corrente teve seu ponto culminante na elaboração teórica de Hans Kelsen, considerado um dos maiores juristas do Século XX. Em busca de um tratamento científico que conferisse "objetividade e exatidão" ao Direito, Kelsen desenvolveu sua teoria pura, na qual procurava depurar seu objeto de elementos de outras ciências (como a sociologia, a filosofia), bem como da política e, em certa medida, até da própria realidade. Direito é

medidas transicionais relativos à reparação das vítimas e à responsabilização de criminosos de Estado ficam severamente prejudicados, uma vez que, em muitos casos, o sistema de justiça e o próprio direito foram alterados para justificarem formalmente a perseguição das vítimas, para beneficiar os criminosos, ou, ainda, o próprio regime inseriu no ordenamento medidas de impunidade (como autoanistias), com esperança que da *positivação* legal de tais medidas decorresse sua *legitição* jurídica. Tais fatos geram aberrações desde a perspectiva da teoria do direito, nas quais a *forma da lei* prejudica a própria *substância do direito*.

Cria-se assim, para a efetivação do grupo de medidas mais diretamente afeito ao campo jurídico, uma dificuldade adicional, pois sem uma definição *substantiva* de Estado de Direito, que oriente uma interpretação (inclusive constitucional) própria para a solução de controvérsias tipicamente transicionais, a efetivação de qualquer medida será brecada pelo choque com a legalidade anterior. Afastando-se a perspectiva normativista e buscando uma análise na ciência política, podemos melhor situar essa meta problemática, como pondera Avritzer:

> [...] restaurar o estado de direito é, talvez de modo surpreendente, mais fácil em países onde o sistema legal não possuía nenhuma autonomia durante o período autoritário (Chile e Argentina) do que em países que passaram por formas semilegais de autoritarismo e que experimentam grande continuidade entre o autoritarismo e a democracia (Brasil e México). *O é assim pois nos casos em que o autoritarismo alterou a estrutura do estado de direito é quase impossível aplicar retroativamente o estado de direito com relação ao período prévio à democratização.*[111]

O que constata o autor é que, em países como o Brasil, onde o sistema da repressão instalou-se fundado em amplos consensos não democráticos de variadas elites civis e militares, o *sistema de legalidade*

---

norma; o mundo normativo é o do dever ser, e não o do ser. Nessa dissociação das outras ciências, da política e do mundo dos fatos, Kelsen concebeu a Constituição (e o próprio Direito) como uma estrutura formal, cuja nota era o caráter normativo, a prescrição de um dever ser, independentemente da legitimidade ou justiça de seu conteúdo e da realidade política subjacente" (BARROSO. *Direito constitucional contemporâneo*, p. 79).

[111] "[...] restoring the rule of law is, perhaps surprisingly, easier in the countries in which the legal system did not have any autonomy during the authoritarian period (Chile and Argentina) than in countries that passed through a semi-legal form of authoritarianism and experienced greater legal continuity between authoritarianism and democracy (Brazil and Mexico). This is so because in the cases in which authoritarianism changed the structure of the rule of law, it is almost impossible to enforce retroactively the rule of law in relation to the period previous to democratization" (AVRITZER. *Democracy and Public Space in Latin America*, p.105, tradução livre, grifos nossos).

e a *cultura jurídica* restam afetados. A herança não fica restrita apenas à *produção legislativa e judicial* do período, mas também à *produção de cultura*, e a cultura é referencial-meio necessário para qualquer forma de interpretação.

No mesmo sentido das conclusões de Avritzer serão as conclusões de Pereira, que em extensa pesquisa comparativa de excelência acusa o consenso entre elites judiciais e militares brasileiras como uma das principais razões para a existência no país – diferentemente do ocorrido nos vizinhos sul-americanos que também viveram sob regimes repressivos – de uma farta utilização de meios "legais" para o processamento de criminosos políticos. Partindo de Pereira, temos que o processo transicional brasileiro pode ter sido capaz de instalar novas leis, mas não foi capaz de alterar a leitura autoritária dada a outras, ainda carecendo, portanto, de esforços substanciais no que concerne à mudança de mentalidades que permita a revisão do passado autoritário numa narrativa democrática, que depende de ajustes tanto na seara jurídica, com o afastamento de leis formalmente válidas mas ilegítimas, quanto no que diz respeito à *produção política de consensos sobre o passado*, com a criação de mecanismos transicionais de obtenção de informações e produção de verdades socialmente legítimas. É em sentido coerente com este que o autor aponta, em 2005, que:

> [...] não é surpreendente que a transição democrática brasileira careça tanto de comissões de verdade quanto de julgamentos. Esse resultado é bem conhecido, mas o que é menos reconhecido é como os militares e o judiciário ativamente defenderam o *status quo* no Brasil, configurando uma transição na qual uma amnésia simulada – combinada com o orgulho evidente do passado autoritário – estavam a ordem do dia.[112]

A dificuldade de lidar com o passado de modo, a um só tempo, afirmativo da democracia e juridicamente legal, extrapola a capacidade explicativa de um conceito *formal* de Estado de Direito que vislumbre o *império do direito* como um simples *império da lei*, pois se valendo de tal metodologia silogística de associar diretamente "lei" e "direito" se acaba por inserir no direito todo um conjunto de regras e valores

---

[112] "[...] its is not surprising that Brazil's democratic transition lacked both a truth commission and trials. This outcome is well known, but what is less recognized is how military and judiciary actively defended the status quo in Brazil, thus shaping a transition in which a feigned amnesia – combined with overt pride in the authoritarian past – was the order of the day" (PEREIRA. *Ditadura e repressão*: o autoritarismo e o Estado de Direito no Brasil, Chile e Argentina, p. 162, tradução livre).

autoritários incluídos de modo ilegítimo no ordenamento pelo próprio regime, de modo a que o poder judiciário funcione como *mecanismo de perpetração do autoritarismo no tempo*, reiterando práticas supostamente superadas pelo consenso político social na democracia.

O mesmo problema enfrentado pelos países da América do Sul, sacrificada por violentos regimes de direita, foi enfrentado pelos países do antigo Bloco Comunista, que viveram experiências revolucionárias de esquerda que igualmente não foram capazes de se compatibilizarem com a democracia, violando massivamente garantias fundamentais e direitos humanos. Apenas exemplificativamente, justifica-se ilustrar essa situação com breve passagem da pesquisa de Herman Schwartz, que focou a criação e atuação dos tribunais constitucionais nos países do antigo bloco soviético e como eles enfrentaram os problemas políticos com implicações jurídicas, sobretudo civis, penais e administrativas:

> Em três destes países [do antigo Bloco Comunista] – Polônia, Hungria e Bulgária – as cortes constitucionais tiveram de enfrentar o cruel dilema de lidar com o passado: colidindo a pressão por respostas quanto aos abusos do passado e a necessidade de avançar rumo ao futuro. De um lado, é importante que malfeitores sejam punidos; eles certamente não devem ser autorizados a se manterem com os ganhos de obtiveram de suas malfeitorias. Ainda mais, permitir que eles se mantenham em funções públicas pode sabotar a própria transição para a democracia. Do outro lado, buscar estes malfeitores pode custar aos países muitos de seus escassos recursos administrativos, gerenciais e outros talentos; pode ainda penalizar muitos que não foram mais culpados do que outros que sairão ilesos; pode produzir uma caça as bruxas; e pode abrir espaço para chantagens, especialmente quando parece difícil evitar o vazamento e o mal uso de arquivos que geralmente são incompletos, pouco precisos ou mesmo falsos. Há ainda o perigo do estabelecimento de culpa por associação.[113]

---

[113] "In three of these countries – Poland, Hungary and Bulgaria – the constitutional courts have to deal with the cruel dilemma of dealing with the past: the clash between the pressing need to respond to the abuses of the past and the need to move forward. On the one hand, it is important that wrongdoers be punished; they should certainly not be allowed to keep their ill-gotten gains. Moreover, allowing them to retain public office may sabotage the transition to democracy. On the other hand, going after the wrongdoers may cost these countries much of their scarce administrative, managerial, and other talent; it may penalize many who are no more guilty than others who are left unscathed; it may produce witch-hunts; and it may provide opportunities for blackmail, especially since it seems very difficult to prevent leaks and others misuse of files that are often inaccurate incomplete, and even falsified. There is also the danger of guilt by association" (SCHWARTZ. *The Struggle for Constitutional Justice in Post-Communist Europe*, p. 234, tradução livre).

Na análise do autor, o papel das cortes constitucionais foi fundamental para que se pudesse frenar um processo político de vingança contra os integrantes do antigo regime por meio do uso da premissa contramajoritária e de valores substanciais de um Estado de Direito sem que, por outro lado, isso implicasse não promover justiça. Coube as cortes o papel de, valendo-se das ideias do *império do direito* e de *conceitos substanciais de justiça*, balizados pela razoabilidade que se espera sempre presente na decisão de assuntos delicados, estabelecer os parâmetros *de direito* para a promoção de medidas reparatórias e, especialmente, de medidas restritivas de direitos:

> Muitas destas questões chegaram às cortes constitucionais da Polônia, Hungria e Bulgária, requerendo-lhes lidar com questões reparatórias, com esforços de depuração, com persecuções criminais por ações que ocorreram anos, às vezes décadas, no passado, e com a abertura dos arquivos secretos da polícia. Em geral as cortes contiveram o impulso de vingança bloqueando alguns dos mais dúbios esforços para punir antigos oficiais do Partido Comunista, pessoal dos serviços de segurança e seus colaboradores. As cortes limitaram a abrangência de muitas dessas medidas às vezes desleais, autorizando apenas aqueles que se focassem especificamente nos malfeitores e limitando a abertura de arquivos.[114]

A análise de Schwartz permite a identificação da difícil inter-relação entre as políticas de Justiça Transicional necessárias à consolidação democrática e à promoção de justiça em parâmetros razoáveis de uma democracia constitucional. De um lado, não promover justiça significa postergar infinitamente o conflito,[115] de outro, promover apenas "justiça política" pode secionar a sociedade e causar revolta popular contra as instituições, que continuarão sendo vistas como parciais e arbitrárias, perdendo-se a oportunidade de aproveitar a aplicação de medidas de transição para favorecer o processo democrático. De um

---

[114] "Many of these issues have reached the constitutional courts in Poland, Hungary and Bulgaria, requiring them struggle with restitution issues, lustration efforts, criminal prosecutions for actions that took place years and even decades ago, and the disclosure of secret police files. By and large the courts have restrained the impulse for revenge by blocking some of the more dubious efforts to punish former Communist Party official, security service personnel and their collaborators. The courts have limited the scope of many of these often unfair measures, allowing only those that are focused on the specific wrongdoers and limiting file disclosure" (SCHWARTZ. *The Struggle for Constitutional Justice in Post-Communist Europe*, p. 234-235, tradução livre).

[115] Confira-se, por exemplo, o caso francês: BANCAUD. A Justiça Penal e o tratamento de um conflito sem fim: a França e o término da Segunda Guerra Mundial (1944-2009). *Revista Anistia Política e Justiça de Transição*.

lado, os maiores problemas da Justiça Transicional no antigo bloco comunista dizem respeito ao funcionamento das instituições públicas, que devem passar a trabalhar para a proteção da cidadania, e não mais para a segurança do Estado e da revolução, e as formas de reorganizar toda a sociedade para a volta da existência da propriedade privada. De outro, não obstante, naqueles países é o próprio processo de transição que inaugura (ou reinaugura) algumas instituições de papel central na democracia, como as cortes constitucionais, diferentemente do que ocorreu na América do Sul, onde tais espaços existiam previamente e foram contagiados pelo regime autoritário.

Quando retornamos o olhar para a América do Sul temos, portanto, um outro problema: a perpetração de crimes em massa pelo Estado, sob a proteção de formas perversas de legalidade formal, sob o comando de instituições permanentes da estrutura estatal que sobrevivem (com ou sem reformas) a própria transição política. Se no antigo bloco comunista os serviços secretos de segurança que agiam contra os cidadãos do próprio Estado puderam ser desativados, nos países onde ocorreram golpes militares não se faz possível (nem desejável) extinguir as forças armadas e os serviços de polícia, apenas reformá-las.

É nesse sentido que as ditaduras do leste europeu foram menos preocupadas em inserir os processos de repressão política em um contexto legal, uma vez que tais processos eram conduzidos, em boa medida, por instituições que independiam de um conceito de legalidade para existirem, uma vez que os principais braços operacionais da repressão funcionavam numa zona de penumbra, controlada de modo eminentemente político.

Uma rápida visualização do QUADRO 2, a seguir, permite-nos identificar como, diferentemente, as políticas de repressão atravessavam transversalmente diversas instituições permanentes do Estado de Direito nas ditaduras da América do Sul, fomentando um quadro de maior "formalização" da repressão, que introduz seus meios, processos e valores de modo objetivo no ordenamento jurídico que restará parcialmente vigente no período pós-autoritário. Notoriamente o caso de maior "legalização" do regime antidemocrático será o brasileiro.

QUADRO 2
Características da legalidade autoritária no Brasil, Chile e Argentina

Características	Brasil (1964-1985)	Chile (1973-1990)	Argentina (1976-1983)
Declaração de Estado de sítio à época do golpe	Não	Sim	Sim
Suspensão de partes da antiga constituição	Sim	Sim	Sim
Promulgação de nova constituição	Sim	Sim	Não
Tribunais militares usados para processar civis	Sim	Sim	Não
Tribunais militares totalmente segregados dos civis	Não	Sim	Sim
Habeas corpus para casos políticos	1964-1968 1979-1985	Não	Não
Expurgos da Suprema Corte	Algumas remoções e aumento do número de juízes	Não	Sim
Expurgos no restante do judiciário	Limitado	Limitado	Sim
Revogação da inamovibilidade dos juízes	Sim	Não	Sim

Fonte: PEREIRA. *Ditadura e repressão*: o autoritarismo e o Estado de Direito no Brasil, Chile e Argentina, p. 58.

Resta evidente que os regimes sul-americanos envidaram esforços de grande monta para a produção de um aspecto formal de legalidade para suas ações, emprestando à infâmia um ar de legitimidade estatal. Não ocorre, por exemplo, uma extinção do Poder Judiciário, ou sua transformação em um "tribunal popular" de natureza exclusivamente política, mas, sim, um permanente processo de filtragem e depuração ideológica, com a exclusão das opiniões divergentes das do regime, de modo a que se perca a capacidade de interpretação divergente, num processo que deita raízes ao longo do tempo, uma vez que gera consensos falsamente democráticos que podem se reproduzir longamente, atingindo inclusive o presente. Ainda, os governos autoritários latino-americanos, grosso modo, não operaram à margem de uma constituição, mas sim sob a égide de uma constituição por eles próprios imposta ou reformatada. Tudo isso, como é possível extrair da leitura do QUADRO 2, é ainda mais intenso no Brasil.

Cria-se, assim, um processo que separa radicalmente a *lei formal* de qualquer conceito democrática e constitucionalmente aceitável de *direito* e *justiça*, formando-se uma justiça legal que é *politicamente ilegítima* e, a contrário senso do que indicaria uma lógica rasa, *juridicamente ilegal*. É esse hiato de legalidade da justiça formal que desafia o Estado de Direito que surge da transição e que, portanto, demanda de maneira severa uma solução transicional que não terá por objetivo, por exemplo, a estabilidade do novo governo democrático (já conquistada), mas, sim, a obtenção de soluções jurídicas para os problemas de legalidade criados desde a própria legalidade autoritária e, consequentemente, de justiça para com o passado, restabelecendo *pontes de legalidade contingentes* que permitam uma transição jurídica entre o autoritarismo e a democracia que fortaleça essa e não aquele.

No QUADRO 3, é possível verificar como os três principais países da região aplicaram medidas de Justiça Transicional, em suas quatro distintas dimensões, estabelecendo ou reconhecendo obrigações jurídicas com vistas a lidar com o acervo autoritário que receberam das ditaduras.[116] A visualização do quadro serve para que, de modo sistemático, se possa perceber a aplicação de medidas políticas e legais materiais de correção de deformidades formais, como a reversão de leis de impunidade, o afastamento da jurisdição das cortes militares sobre a população civil, os processos de depuração das instituições públicas e, ainda, a identificação e o reconhecimento por parte do Estado da existência de vítimas a serem reparadas.

---

[116] Vale lembrar que, diferentemente do que ocorreu no leste europeu, na América do Sul os processos transicionais foram significativamente lentos, e ainda mais especialmente lento no Brasil. Nas palavras de Ciurlizza: "Um denominador comum dos processos de justiça de transição na América Latina é sua longa duração, com retrocessos e avanços" (CIURLIZZA. Para um panorama global sobre a Justiça de Transição: entrevista: Javier Ciurlizza responde Marcelo D. Torelly. *Revista Anistia Política e Justiça de Transição*, p. 25).

QUADRO 3

Comparação de resultados da Justiça Transicional: Brasil, Chile e Argentina

Questão	Brasil	Chile	Argentina
Anulação da autoanistia militar	Não	Seletiva	Sim
Civis isentos da justiça militar	Não	Não	Sim
Expurgos do Judiciário	Não	Não	Sim
Manutenção da Constituição promulgada pelo regime militar	Não: nova constituição aprovada em 1988	Sim: algumas reformas em 1990	Não: restabelecimento da Constituição de 1854, posteriormente substituída em 1994
Dirigentes dos regimes autoritários levados a julgamento	Não	Sim	Sim
Outros responsáveis levados a julgamento	Não	Sim	Sim
Comissões da Verdade oficiais	Não	Sim	Sim
Indenização das vítimas	Sim	Sim	Sim
Expurgos na polícia e nas forças armadas	Não	Não	Sim

Fonte: PEREIRA. *Ditadura e repressão*: o autoritarismo e o Estado de Direito no Brasil, Chile e Argentina, p. 238.

As medidas postas no quadro tornam evidentes as deturpações existentes na legalidade formal imposta pelo regime e a necessidade de avançar com os processos de Justiça Transicional e, ainda, dá substrato empírico à antes referida tese de Avritzer, pontuando a maior dificuldade na reforma dos sistemas de justiça nos países onde o judiciário (e as instituições em geral) tiveram maior aderência ao autoritarismo, caso do Brasil, do que naqueles onde o regime teve de confrontar as instituições que contra ele se levantaram.

CAPÍTULO 2
A JUSTIÇA DE TRANSIÇÃO COMO CAMINHO PARA O ESTADO DE DIREITO

As medidas apontadas também permitem verificar como a alteração do discurso *semântico-valorativo* sobre o passado, adequando a formulação da narrativa história a um contorno democrático, facilita a adoção de medidas transicionais. Tanto na Argentina quanto no Chile aqueles que empreenderam "medidas de repressão" contra "terroristas" foram, posteriormente, julgados por crimes contra os direitos humanos. Igualmente podemos verificar como as categorias se reajustam com a maturação da mudança política, tomando agora como exemplo a indenização de vítimas que eram, do ponto de vista da legalidade formal da repressão, criminosas (no jargão mais comum da América do Sul: os "subversivos" e "terroristas"). Qual a razão para reparar? É medida legal ou política a remoção do óbice formal que estabelece, em uma perspectiva eminentemente positivista, uma pressuposta legitimidade do Estado para a empresa das persecuções pretéritas, à época classificadas como medidas administrativas legais, e hoje vistas como perseguições criminosas?

Todo o processo de transição é eminentemente político, mas as ações de Estado necessariamente se fundam em bases jurídicas quando as transições pretendem desembocar em democracias constitucionais orientadas pelo direito. A ilustração com casos concretos demonstra, em boa medida, como a distinção político *versus* jurídico, nesse contexto, deve ser matizada por outros elementos. Assim, caracterizada a peculiaridade do momento transicional e do choque de legalidades *formais* e *materiais* dele decorrentes, é necessário avançar na obtenção dos fundamentos da ideia de "Estado de Direito" utilizados para a implementação das medidas transicionais, uma vez que o que se verifica aqui é que a aplicação das medidas transicionais supra-apresentadas desemboca em uma grande tensão na base da ideia do que seja um Estado de Direito, forçando os limites do conceito formal até um ponto onde este perde completamente sua capacidade *explicativa* e *prescritiva*, passando a gerar incoerências lógicas radicais, como aquela que faz do princípio da legalidade não uma garantia para o processamento justo, mas sim um pressuposto de impunidade em favor daqueles que romperam com a própria legalidade que o princípio entende proteger.

Para resolver tal tensão, passa o estudo a focar-se na análise do próprio conceito de Estado de Direito numa democracia constitucional para poder chegar a uma definição que não seja meramente formal e permita uma distinção que seja, a um só tempo, *juridicamente legal* e *politicamente legítima*, entre Direito e arbítrio. Esse conceito deve ser, portanto, aplicável na solução das controvérsias que se exacerbam ao máximo nos debates dos períodos transicionais. Somente um conceito substancial de Estado de Direito, orientado para a democracia, será capaz de solucionar, pela via hermenêutica, as aparentes antinomias entre legalidade formal e mudança política que surgem como produto da superação regimes autoritários, uma vez que é este o conceito operativo que conecta direito e política de maneira reciprocamente limitada, permitindo a obtenção de parâmetros razoáveis de ação legítima.

2.3 Superando a separação estrita entre *justiça legal e justiça política*: para uma concepção substancial de Estado de Direito numa democracia constitucional

Se as experiências não democráticas foram capazes de traumatizar a sociedade mundial no século XX, não se pode deixar de registrar o esforço empenhado e o êxito obtido na estruturação de alternativas sustentáveis para a manutenção da democracia no longo prazo. A reestruturação dos Estados nacionais e a criação de um sistema internacional com capacidade de ação são, sem dúvida alguma, dois dos mais exuberantes produtos da superação dos legados de arbitrariedade e violação de direitos.

No plano dos Estados nacionais, verifica-se a consolidação de uma visão democrática e igualitária do funcionamento das instituições públicas, com significativa expansão das atribuições e possibilidades de ação do sistema de justiça, seja na promoção da democracia, seja na defesa contramajoritária das liberdades individuais. Este conjunto de desenvolvimentos no direito constitucional, alguns chamaram de "neoconstitucionalismo", em oposição geral às antigas ideias sobre o que era e para que servia uma Constituição.

Barroso define três grandes marcos para situar este "novo" constitucionalismo:

> (i) como marco histórico, a formação do Estado constitucional de direito, cuja consolidação se deu ao longo das décadas finais do Século XX; (ii) como marco filosófico, o pós-positivismo, com a centralidade dos direitos fundamentais e a reaproximação entre Direito e ética; e (iii) como marco teórico, o conjunto de mudanças que incluem a força normativa da Constituição, a expansão da jurisdição constitucional e o desenvolvimento de uma nova dogmática da interpretação constitucional.[117]

---

[117] BARROSO. *Direito constitucional contemporâneo*, p. 20.

Sem adentrar na polêmica sobre tratar-se neste quadrante histórico do surgimento de um "novo" constitucionalismo, ou da afirmação e desenvolvimento do próprio constitucionalismo em sentido estrito, essa classificação, que parte da verificação empírica para a elaboração teórica, demonstra de modo inequívoco a superação da ideia de que a lei, como texto escrito, poderia conter tudo o que é direito e, mais, a superação da ideia de que o direito, como prática social, possa conter *a priori* todas as respostas necessárias aos problemas da justiça. A ideia de Estado de Direito, nesses termos, afasta-se da noção de *império da lei* e se aproxima da noção de *império do direito*, conectando-se também à teoria democrática por meio do ideário de que a Constituição aproxima direito e democracia no Estado Constitucional de Direito.

Tal elucubração se torna extremamente útil para este estudo, uma vez que, situando-se a consolidação do Estado Democrático de Direito no final do século XX, em última análise, fala-se da consolidação de um Estado de Direito que em muitos casos é pós-transicional e se pretende mais democrático do que é. O instrumento para a permanente democratização que tal pretensão enseja será, entre outros, a própria Constituição, que permeada de princípios permite uma releitura tópica permanente da inter-relação entre as questões de direito e as questões da política, sanando em parte a problemática separação que o direito teve não apenas com a política, mas também com a moral e a ética na idade moderna.[118]

---

[118] Distintas leituras do fenômeno constitucional permitem abordagens neste sentido. Barroso afirma que "o marco filosófico do novo direito constitucional é o pós-positivismo. Em certo sentido, apresenta-se ele como uma terceira via entre as concepções positivista e jusnaturalista: não se trata com desimportância as demandas do Direito por clareza, certeza e objetividade, mas não o concebe desconectado de uma filosofia moral e de uma filosofia política. Contesta, assim, o postulado positivista de separação entre Direito, moral e política, não para negar a especificidade do objeto de cada um desses domínios, mas para reconhecer a impossibilidade de tratá-los como espaços totalmente segmentados, que não se influenciam mutuamente" (BARROSO. *Direito constitucional contemporâneo*, p. 6). Numa perspectiva distinta, Neves explora a ideia da Constituição como "acoplamento estrutural" entre direito e política, ensejando a construção de racionalidades transversais: "Os acoplamentos estruturais servem antes para a garantia das autonomias recíprocas mediante a seletividade de influências, relacionado complexidades desordenadas na observação recíproca (interpenetração estável e concentrada). Os entrelaçamentos promotores da racionalidade transversal servem sobretudo ao intercâmbio e aprendizado recíprocos entre experiências com racionalidades diversas, importando a partilha mútua de complexidade preordenada pelos sistemas envolvidos e, portanto, compreensível para o receptor (interferência estável e controlada) [...] O mesmo [não condução a uma racionalidade transversal] se pode dizer da Constituição como acoplamento estrutural entre política e direito: pode contribuir ou não para a construção de uma racionalidade transversal entre ambos os sistemas, destacando-se a segunda hipótese nos casos de tendências à judicialização da política e à politização do direito" (NEVES. *Transconstitucionalismo*, p. 49-50).

A Constituição, nesse contexto, tem um papel totalmente novo, devido a sua capacidade de mediar as relações entre direito e política nos mais variados níveis, seja em seu uso propriamente normativo, seja em seus mais variados usos simbólicos, seja nos processos de comunicação que permitem a entrada de demandas políticas no sistema jurídico, no qual poderão seguir apenas como simbolismos ou efetivamente ganhar normatividade,[119] a depender das concepções políticas de justiça a serem adotadas, entre outros, pelo Poder Judiciário.

Barroso define essa tensão que surge na aplicação, sobretudo dos princípios, como uma tensão entre "a norma e a realidade", "da qual derivam as possibilidades e os limites do direito constitucional".[120] Essas leituras afirmam a existência de independência entre direito e política, sem negar a interconexão entre ambos. Segundo a tese de Neves, desenvolvendo o argumento de Luhmann, a Constituição funciona como "acoplamento estrutural" entre os sistemas do direito e da política, o que lhe conduz a conceituar propriamente a existência, no Estado de Direito, de mecanismos para que o sistema político estruture comunicações e interferências democraticamente na seara jurídica e vice-versa:

> Através da Constituição como acoplamento estrutural, as ingerências da política no direito não mediatizadas por mecanismos especificamente jurídicos são excluídas, e vice-versa. Configura-se um vínculo intersistêmico horizontal, típico do Estado de Direito. A autonomia operacional de ambos os sistemas é condição e resultado da própria existência desse acoplamento.[121]

Da síntese, temos que o direito constitucional forma um campo de articulação de leis e valores próprios, que gera normas a serem aplicadas no mundo concreto. Existe assim uma autonomia do direito em relação à política e uma limitação do direito em relação à realidade. Tem-se, na resolução constitucional de casos concretos e, consequentemente, na jurisdição constitucional, um duplo processo de legitimação, oriundo da legitimidade política do autor do texto legal e da hermenêutica do aplicador da norma, que atuam em momentos diferentes atualizando historicamente o projeto constitucional. Sem violar-se a constituição, o processo hermêneutico aberto permite sua atualização com conteúdos

---

[119] NEVES. *A constitucionalização simbólica.*
[120] BARROSO. *Direito constitucional contemporâneo*, p. 80.
[121] NEVES. *A constitucionalização simbólica*, p. 98.

originados em distintas fontes.[122] Disso tudo decorre a inoperância de qualquer projeto hermenêutico que procure extrair sentido da lei com vistas a concretização de demandas políticas sem visualizar o direito como um *sistema articulado* que recebe ou não essas demandas em seu interior; ou, ainda, entender o direito sem localizá-lo em seu *contexto histórico*, que é facilitador ou limitador da efetividade de suas normas.

Tais assertivas são especialmente válidas para as leituras jurídicas a serem feitas em processos de democratização, desde a perspectiva de uma Justiça Transicional, na qual o direito e a Constituição são utilizados politicamente para induzir e/ou sustentar a mudança política mais ampla, num contexto histórico no qual a política (entendida simplesmente como poder) é sempre hipertrófica em relação ao direito (que dela é dependente, uma vez que não há ainda autonomia funcional), e muitas vezes invade suas esferas de atribuição, procurando alterar o sentido próprio do *império do direito*, com vistas a compatibilizar determinações jurídicas que, mesmo estando *na forma da lei*, são irreconciliáveis como "Estado de Direito". Sintetizando, em momentos transicionais ou pós-transicionais (sendo qualquer momento em que nos defrontamos com um legado autoritário um momento pós-transicional, mesmo após largo decurso de tempo), pode ocorrer da lei formal ser obstáculo à concretização material do direito. A lei pode representar uma inscrustação autoritária. Em processos sem ruptura de continuidade entre ordens legais democráticas e autoritárias, como as transições por transformação, a hermenêutica terá vital papel na desconstrução destes legados autoritários inscrustados no sistema jurídico.[123]

Nos períodos de transição política modernos, devido à enorme influência positivista no final do século XIX e início do século XX, criou-se uma enorme tensão para a consolidação do Estado de Direito. Tal tensão, na bibliografia de língua inglesa, fica adstrita ao próprio conceito de *rule of law*. A expressão é costumeiramente traduzida para

---

[122] Nas palavras de Neves: "[a Constituição] constitui um 'nível inviolável' da ordem jurídica do Estado constitucional, no sentido de Hofstadter. Mas, ainda recorrendo a esse autor, o 'nível inviolável' pode envolver-se, no dinâmico jogo constitucional, com outros níveis (entrelaçados) em um 'nível superentrelaçado'. Isso significa, em nosso contexto, que, embora a Constituição do Estado constitucional vincule normativamente os seus concretizadores, especialmente juízes e tribunais constitucionais, ela é reconstruída permanentemente mediante a interpretação e a aplicação por esses mesmos concretizadores. Esse é o paradoxo das hierarquias entrelaçadas: a sentença constitucional, subordinada normativamente à Constituição, afirma, ao concretizá-la, o que é constitucional" (NEVES. *Transconstitucionalismo*, p. 295).

[123] A discussão da lei de imprensa pelo STF, passados mais de 20 após o fim da ditadura, é um bom exemplo prático desta dinâmica.

o português como "Estado de Direito", "supremacia da lei" e "império do Direito".

A dificuldade de tradução não se deve a qualquer demérito dos profissionais da área, mas, sim, da própria dificuldade de estabelecimento de um marco conceitual preciso para o que seja o *rule of law*, *L'Etat de Droit* e *Rechstaat*, que sinalizam parcialmente conteúdos comuns e parcialmente conteúdos distintos em três vertentes a um só tempo concorrentes e complementares para a leitura constitucional contemporânea.[124]

O primeiro grande exemplo de como esse debate sobre o que é o *rule of law* se articula em torno do tema da Justiça de Transição pode ser obtido do debate entre Herbert Hart e Lon L. Fuller publicado em 1958 pela Harvard Law Review. Ambos os textos discutiam o espólio do regime nazista e o papel do direito para o restabelecimento da justiça naquilo que seria, na sistematização aqui proposta, uma primeira fase de consolidação da ideia de Justiça de Transição, com grande ênfase na justiça criminal e um acalorado debate sobre a legitimidade de se estabelecerem punições "retroativas", tornando nulo um ordenamento jurídico tido por ilegítimo. No debate, Fuller refuta Hart defendendo que os crimes nazistas ocorreram *sob a forma da lei*, mas não sob o "império do direito" (*rule of law*), determinando que o conteúdo de "direito" não advém apenas do texto da lei, mas também da moralidade,[125] explicitando o debate entre forma e conteúdo na semântica do período, calcada na divisão entre leituras juspositivistas e jusnaturalistas.

O mesmo problema de consubstanciação do conceito ocorre com o termo *Estado de Derecho* nas línguas espanhola e italiana (*Stato di Diritto*). Chama-nos atenção Ferrajoli para a polissemia do termo na seguinte passagem:

> Com a expressão "Estado de Direito" se entendem, habitualmente, no uso corrente, duas coisas diferentes que é oportuno distinguir com rigor. Em sentido lato, débil ou formal, "Estado de Direito" designa *qualquer ordenamento no qual os poderes públicos são conferidos por lei e exercitados nas formas e pelos procedimentos legalmente estabelecidos*. Neste sentido, corresponde ao uso alemão do termo Rechtsstaat, são Estados de Direito todos os ordenamentos jurídicos modernos, inclusive os mais anti-liberais, nos quais os poderes públicos têm uma fonte e uma

---

[124] ROSENFELD. A identidade do sujeito constitucional e o Estado Democrático de Direito. *Cadernos da Escola do Legislativo*, p. 17-21.

[125] FULLER. Positivism and Fidelity to Law: A Reply to Professor Hart. *Harvard Law Review*.

forma legal. Em um segundo sentido, forte ou substancial, "Estado de Direito" designa, diferentemente, *somente aqueles ordenamentos nos quais os poderes públicos estão, ademais, sujeitos a lei (e, portanto, limitados ou vinculados por ela), não somente naquilo que refere à forma, mas também quanto aos conteúdos*. Neste sentido mais restrito [...] são Estados de Direito aqueles ordenamentos nos quais os poderes, inclusive o legislativo, *estão vinculados ao respeito de princípios substanciais, estabelecidos pelas normas constitucionais, como a divisão dos poderes e os direitos fundamentais*.[126]

A distinção entre "Estado de Direito em sentido formal" e "Estado de Direito em sentido substancial" proposta por Ferrajoli não é muito distante da disputa em torno do conceito de *rule of law* tida a cinquenta anos entre Fuller e Hart. A principal diferença é que, enquanto aquela se dava num contexto de disputa entre jusnaturalistas e juspositivistas, o atual debate dá-se nos marcos da consolidação de uma leitura constitucionalista (ou "neoconstitucionalista") do direito que, de si, já possui alguns predicados.

É nesse contexto, no qual uma ideia pós-positiva do direito se torna possível sem o recurso exclusivo a regras morais, que Rosenfeld estabelece como três os requisitos essenciais mínimos para definirmos um "Estado de Direito": "Em termos gerais, o estado de direito requer que (i) a cidadania seja sujeitada apenas a leis publicamente promulgadas; (ii) que de alguma maneira a função legislativa seja mantida separada da função judicante; (iii) e que ninguém envolvido com o governo esteja acima da lei".[127]

---

[126] "Con la expresión <<Estado de Derecho>> se entienden, habitualmente, en el uso corriente, dos cosas diferentes que es oportuno distinguir con rigor. En sentido lato, débil o formal, <<Estado de Derecho>> designa cualquier ordenamiento en el que los poderes públicos son conferidos por la ley y ejercitados en las formas y con los procedimientos legalmente establecidos. En este sentido, correspondiente al uso alemán del término Rechtsstaat, son Estados de Derecho todos los ordenamientos jurídicos modernos, incluso los más anti-liberales, en los que los poderes públicos tienen una fuente y una forma legal. En un segundo sentido, fuerte o sustancial, <<Estado de Derecho>> designa, en cambio, sólo aquellos ordenamientos en los que los poderes públicos están, además, sujetos a la ley (y, por tanto, limitados o vinculados por ella), no sólo en lo relativo a las formas, sino también en los contenidos. En este significado más restringido [...] son Estados de Derecho aquellos ordenamientos en los que todos los poderes, incluido el legislativo, están vinculados al respeto de principios sustanciales, establecidos por las normas constitucionales, como la división de poderes u los derechos fundamentales" (FERRAJOLI. Pasado y Futuro del Estado de Derecho. *In*: CARBONELL. *Neoconstitucionalismo(s)*, p. 13-14, tradução livre, grifos nossos).

[127] "In the broadest terms, the rule of law requires that (i) the citizenry be subjected only to publicly promulgated laws, (ii) that the legislative function be somewhat kept separate from the adjudicative function, (iii) and that no one within the polity be above the law" (ROSENFELD. The Rule of Law, and the Legitimacy of Constitutional Democracy. *Working Paper Series*, p. 2, tradução livre).

Ademais, segue Rosenfeld afirmando que, sem esses requisitos mínimos quanto ao Estado de Direito, aquilo que definimos como uma *democracia constitucional* restará prejudicado, uma vez que os conteúdos que preenchem tais conceitos são necessariamente inter-relacionados. Para que exista uma democracia constitucional se deve, minimamente, encontrar as seguintes condições: "[i] limitação aos poderes do governo; [ii] adesão à lei; [iii] e proteção aos direitos fundamentais".[128] Assim, o conceito substancial de "Estado de Direito" será o responsável por mediar a relação entre a vontade democrática e a proteção individual das pessoas, como visto acima no exemplo das cortes constitucionais do leste europeu, que se valeram do direito para restringir pretensões políticas que entenderam abusivas, de tal feita que a ideia de "Estado de Direito" se consubstancia em um conjunto de valores que não irá opor-se, necessariamente, à vontade de uma minoria ou de uma maioria que assalta ao poder (como ocorre em uma ditadura), mas, sim, à vontade dos homens como gênero que independe de número, haja vista que a ideia de Estado de Direito também poderá limitar a vontade democrática da maioria quando essa "vontade da maioria dos homens" afastar-se do resguardo do sistema de direito e ameaçar liberdades e direitos fundamentais.

Ocorre que essas definições permitem a conceitualização negativa do Estado de Direito em sentido substancial, indicando o que ele não é. O problema para se chegar a uma conceitualização positiva será, logicamente, enfrentar a dupla dimensionalidade dos conceitos jurídico-políticos aplicados, já diversas vezes referida (inicialmente desde a perspectiva de Bobbio), para ilustrar a interconexão entre as dimensões *descritivas* e *prescritivas* das categorizações sobre as formas de governo. Trazendo essa discussão para a definição do escopo de Estado de Direito, Rosenfeld aponta que:

> As dificuldades acima [quanto ao conceito negativo] são agravadas por não haver consenso sobre o que "o estado de direito" deve ser, mesmo sendo razoavelmente claro o que é contrário a ele. Uma importante parte do problema se funda no fato de que "o estado de direito" é "essencialmente um conceito contestável", um conceito com, ao mesmo tempo, conteúdo descritivo e prescritivo, sobre os quais não há um acordo generalizado. Exatamente como os conceitos de "liberdade" e

---

[128] "[i] limiting the powers of government, [ii] adherence to the rule of law, [iii] and protection of fundamental rights" (ROSENFELD. The Rule of Law, and the Legitimacy of Constitutional Democracy. *Working Paper Series*, p. 3, tradução livre).

"igualdade", o significado descritivo de "o estado de direito" é dependente do significado prescritivo que lhe é atribuído, e como é típico do complexo contexto político contemporâneo, é suscetível de vigorosas divergências sobre os padrões prescritivos relevantes que delimita.[129]

Se uma visão formal, eivada de qualquer conteúdo, do que é o "Estado de Direito" pode permitir a uma ditadura dizer-se um Estado de Direito, pois, *fundada em leis*, uma visão substancial não oferece abrigo a tal interpretação, pois quando a ideia de Estado de Direito se conecta à ideia de uma democracia constitucional, esvazia-se de sentido a pretensão de que leis não legítimas e desvinculadas do próprio processo constitucional sejam aceitas como leis de direito, e não leis de fato, ou, simplesmente, vontade dos homens. É assim que o Estado de Direito, entendido como *Império do Direito*, e não como *império "do texto legal"*, criará aquilo que o autor define como "o paradoxo do Estado de Direito", que consiste na função mediadora que o direito ocupará como mecanismo de implementação da vontade da maioria que respeite as liberdades individuais que fundam o regime democrático:

> Nos termos do quadro institucional necessário para uma democracia constitucional e da implementação da vontade da maioria por meio da lei, o estado de direito parece definitivamente postar-se ao lado do Estado, muitas vezes contra os cidadãos. Em contraste, ao conectar-se com a proteção aos direitos constitucionais fundamentais, o estado de direito parece postar-se ao lado dos cidadãos e contra o Estado, na medida em que o direito constitucional pode ser invocado pelos cidadãos contas as leis e as políticas do Estado.[130]

---

[129] "The above difficulties [around the negative concept] are compounded because there is no consensus on what 'the rule of law' stands for, even if it is fairly clear what it stands against. An important part of the problem stems from the fact that 'the rule of law' is an 'essentially contestable concept', that is a concept with both descriptive and prescriptive content over which there is a lack of widespread agreement. Just as in the case of concepts such as 'liberty' or 'equality', 'the rule of law's' descriptive meaning is dependent on the prescriptive meaning one ascribes to it, and typically in the context of complex contemporary polities there are likely to be vigorous disagreements concerning the relevant prescriptive standards at stake" (ROSENFELD. The Rule of Law, and the Legitimacy of Constitutional Democracy. *Working Paper Series*, p. 4, tradução livre).

[130] "In terms of the institutional framework necessary for constitutional democracy, and of implementation of the will of the majority through law, the rule of law seems definitely on the side of the state, and often against the citizen. In contrast, in connection with protection of fundamental constitutional rights, the rule of law seems on the side of the citizen against the state to the extend that constitutional law can be invoked by citizens against laws and policies of the state" (ROSENFELD. The Rule of Law, and the Legitimacy of Constitutional Democracy. *Working Paper Series*, p. 5, tradução livre).

Considerando esse paradoxo como parte permanente da própria ideia de *rule of law* como império do direito é que Rosenfeld poderá complementar sua conceituação *negativa* e, finalmente, desenvolverá uma concepção mínima porém *positiva* de Estado de Direito:

> O "estado de direito" é ordinariamente contrastado com o "regramento pela vontade dos homens" [*rule of men*]. Ao passo que geralmente o "regramento pela vontade dos homens" (ou, como dizemos hoje, "o regramento pela vontade de pessoas individuais") conota irrefreado e potencial arbítrio pessoal no governo, exercido por um governante não limitado e às vezes imprevisível, o compreenderemos aqui de forma mais ampla. Para os presentes propósitos, mesmo o governo pelas leis será considerado como "regramento pela vontade dos homens" se a lei puder ser alterada unilateral ou arbitrariamente, se for amplamente ignorada ou se o governante e seus associados estiverem constantemente acima da lei. Minimamente, portanto, o estado de direito requer [i] um razoavelmente e generalizado governo por meio das leis. [ii] uma quantidade razoável de previsibilidade jurídica – por leis gerais, públicas e prospectivas, [iii] uma significativa separação entre as funções legislativas e judicantes, [iv] generalizada aderência ao princípio de que ninguém está acima da lei. De acordo com isto, todo o regime no qual se encontrarem estes requisitos mínimos poderá ser considerado um regime que satisfaz as prescrições do "estado de direito em sentido restrito".[131]

Finalmente, ao se conectarem as ideias de Estado de Direito e Democracia Constitucional, resta pendente a questão da legitimidade, para a qual igualmente Rosenfeld apresentará três condições mínimas necessárias que, inobstante, podem não ser suficiente para a legitimação do sistema de direitos nos casos concretos quando a substância contida na ideia de "império do direito" restar prejudicada: "Para se tornar

---

[131] "The 'rule of law' is often contrasted to the 'rule of men'. While the 'rule of men' (or, we might say today, 'the rule of individual persons') generally connotes unrestrained and potentially arbitrary personal rule by an unconstrained and perhaps unpredictable ruler, it will be understood more broadly. For present purposes, even rule through law will be deemed to amount to the 'rule of men', if the law can be changed unilaterally and arbitrarily, if it is largely ignored, or if the ruler and his or her associates consistently remain above the law. At a minimum, therefore, the rule of law requires [i] fairly generalized rule through law, [ii] a substantial amount of legal predictability – through generally applicable, published and largely prospective laws; [iii] a significant separation between the legislative and the adjudicative function; and, [iv] widespread adherence to the principle that no one is above the law. Consistent with this, any legal regime which meets these minima requirements will be considered to satisfy the prescriptions of the 'rule of law in the narrow sense'" (ROSENFELD. The Rule of Law, and the Legitimacy of Constitutional Democracy. *Working Paper Series*, p. 12, tradução livre).

legítimo o estado de direito parece portanto ter de ser [i] democraticamente responsável, [ii] procedimentalmente correto e ainda, talvez, [iii] substancialmente fundamentado".[132]

É nesse sentido que, doravante, os termos "Estado de Direito" e "Império do Direito" serão usados em sentido substancial neste estudo para identificar um conceito material, que se caracteriza minimante pela (i) independência do direito e suas normas do sistema político, sendo a relação entre direito e política mediada apenas por meios juridicamente lícitos e prévios a própria "interferência" e (ii) existência de conteúdos mínimos que caracterizem o império do direito e o Estado de Direito dele decorrente como um projeto histórico-político substantivo, e não formal, baseado nos princípios da não arbitrariedade, da legalidade, da igualdade perante a lei, do devido processo e dos direitos humanos, entendidos como requisitos mínimos para uma democracia constitucional e, ainda, considerando, no estudo de caso a ser aprofundado na parte 2 desta obra, sua presença na Constituição brasileira de 1988.

2.4 O Estado de Direito no contexto da transição: *transitional rule of law*

A transição de um "Estado de fato" ou de um regime autoritário de qualquer natureza para um Estado de Direito – do *military rule* para o *rule of law*, no caso de boa parte das transições latino-americanas – implica a necessidade da recomposição do império do direito. Não é possível, contemporaneamente, pensar uma democracia legítima que se afaste do império do direito. Inobstante, durante um processo de transição política o conteúdo do conceito de império do direito deve ser adequado interpretativamente ao seu contexto, retomando a ideia de que a Justiça Transicional não se apresenta como forma *ideal* de justiça, mas sim como forma *contingente*. Segundo Teitel:

> Em períodos de mudança política radical, o direito se torna incerto, e o império do direito [*rule of law*] não é bem explicado como fonte de normas ideais em abstrato. No contexto de uma teoria do direito transicional [*transitional jurisprudence*], *o estado de direito pode ser melhor compreendido como um esquema normativo de valores que é histórica e*

---

[132] "To become legitimate the rule of law would seem to have to be [i] democratically accountable, [ii] procedurally fair and even perhaps [iii] substantively grounded" (ROSENFELD. The Rule of Law, and the Legitimacy of Constitutional Democracy. *Working Paper Series*, p. 13, tradução livre).

politicamente contingente, elaborado em resposta ao passado de repressão política perpetrada em termos legais. [...] Apesar de tanto o estado de direito quanto o constitucionalismo se preocuparem com a produção normativa na democracia, esses entendimentos são seriamente desafiados nos períodos transicionais.[133]

O papel do direito nas transições políticas é sempre um papel de longo prazo, pois como bem ilustra o processo de abertura brasileiro – que se inicia com a gradual distensão depois de 1974, passando pela anistia de 1979, as eleições indiretas em 1985, a constituinte e a promulgação da Constituição em 1988 (14 anos depois do início do processo) – as forças políticas não democráticas podem ser suficientemente fortes para controlar o processo de maneira a não permitir a efetiva aplicação do direito em uma perspectiva democrática, modulando efeitos desejáveis das reformas legislativas ou mesmo impondo pactos, políticos e eleitorais. No caso nacional, a capacidade de perpetração no poder e inserção na democracia de agentes (e, sobretudo, de valores e mentalidades) autoritários levou vários analistas do sistema jurídico-político brasileiro a simplesmente afirmarem que o país ainda não viveu uma transição plena para o Estado Democrático de Direito em algumas searas, como os sistemas de justiça e segurança, tendo ainda pendências por sanar.[134]

Na concepção aqui sustentada do que seja o império do direito que funda o Estado de Direito e sustenta uma democracia constitucional, cabe a mediação do direito constitucional para conter e reverter as ações políticas que violem a afirmação de um Estado de Direito substantivo, garantindo que o sistema de direitos funcione *prospectivamente* no sentido de garantir a legalidade e a democracia no futuro, mas também de modo *restitutivo* (ou *retrospectivo*), sanando quando possível, e reparando quando não, as violações a direitos oriundas do

---

[133] "In periods of radical political change, the law is unsettled, and the rule of law is not well explained as a source of ideal norms in the abstract. Within the context of a transitional jurisprudence, the rule of law can be better understood as a normative value scheme that is historically and politically contingent and elaborated in response to past political repression often perpetuated under the law. [...] Although the rule of law and constitutionalism both concern the norms that seek to guide lawmaking in democracy, these understandings are seriously challenged during transitional periods" (TEITEL. *Transitional Justice*, p. 7, tradução livre, grifos nossos).

[134] Entre outros: O'DONNELL. Introduction to the Latin America Cases. *In*: O'DONNELL; SCHMITTER; WHITEHEAD. *Transition From Authoritarian Rule*: Latin America, p. 7; PEREIRA. *Political (In)Justice*: Authoritarianism and the Rule of Law in Brazil, Chile, and Argentina, p. 8).

afastamento do Estado de Direito e da imposição autoritária no passado. Seguindo a desenvolver o argumento de Teitel:

> Há uma tensão entre o estado de direito transicional como retrospectivo e prospectivo, como no estabelecido contra o dinâmico. Neste dilema, o império do direito (*rule of law*) é em última instância contingente; para além de simplesmente fundamentar a ordem legal, ele serve para mediar a virada normativa nos valores que caracterizam esses períodos extraordinários.[135]

Para que ocorra a compatibilização entre um sistema jurídico que não se baseou no império do direito, mas gerou amplos efeitos fáticos com aparente juridicidade no mundo concreto, e um novo sistema jurídico, sob o império do direito, garantindo a máxima efetivação de uma legalidade legítima (mais restrita, portanto, que aquela que Elster definiu como "justiça legal" em detrimento de uma "justiça política pura" ou uma "justiça dos vitoriosos"), é fundamental a análise de duas situações fáticas que determinam a medida da legalidade do sistema anterior nas situações concretas de superposição dos dois sistemas jurídicos, balizando pelos seguintes critérios: (i) a legitimidade do antigo e do novo sistema jurídico (o que o relaciona com a legitimidade do próprio regime político) e (ii) a relação existente entre ambos os sistemas jurídicos, que pode ser de ruptura ou de continuidade.

A formulação jurisprudencial da Justiça Transicional é, portanto, eminentemente tópica, pois a evidente ilegitimidade de um regime autoritário para formular leis "de direito" não implica incompatibilidade legal de toda a ordenação jurídica do período de tal regime, que pode ter tido momentos mais ou menos democráticos ou, mesmo, ter produzido leis que ganhem, no escopo da Justiça Transicional presente, suficiente legitimidade, seja por terem sido produzidas de modo razoavelmente legítimo; seja por serem passíveis de interpretação conforme o novo ordenamento democrático e seu sistema de princípios (restando, portanto, "constitucionalizadas"); seja por simplesmente serem prévias ao próprio regime; seja por não serem materialmente inconstitucionais, mesmo que formalmente questionáveis etc. O que será inafastável, evidentemente, é o imperativo de adequar-se a leitura

---

[135] "There is a tension between the rule of law in transition as backward-looking and forward-looking, as settled versus dynamic. In this dilemma, the rule of law is ultimately contingent; rather than merely grounding legal order, it serves to mediate the normative shift in values that characterizes these extraordinary periods" (TEITEL. *Transitional Justice*, p. 11, tradução livre).

de *todo* o ordenamento à nova configuração democrática, sob pena de uma deslegitimação constitucional da democracia, calcada na colonização da jurisprudência democrática pela ordem constitucional ilegal e ilegítima do regime autoritário, com uma superposição da forma da lei antes ao império do direito.

A análise da jurisprudência e da produção de medidas transicionais, que será procedida na segunda parte deste estudo (valendo-se do caso brasileiro), é, portanto, um mecanismo privilegiado para a verificação substancial do grau de amadurecimento e efetivação de um regime democrático, uma vez que permite analisar como os poderes de Estado passam a tratar os direitos de cidadania e a necessidade de adequação da atuação estatal frente a formas legais de limitação do exercício do poder. É desta feita que o apontado no item 1.2.1 tornar-se-á relevante, pois sem a desconstituição plena da classificação semântico-valorativa com a qual o próprio regime se qualificou, a política voltará a interferir no direito, valendo-se de subterfúgios contextuais para impedir o restabelecimento pleno do império da lei (como exemplo, afirmar que a ditadura fora uma "revolução", ou que protegeu "a um bem maior" e assim por diante).

Surge assim um contexto em que a afirmação do império do direito a legitimar o constitucionalismo insurgente da transição depende de uma dupla dimensionalidade da aplicação do conceito de império do direito à realidade concreta, afastando-se a política como principal mediador da efetividade do direito e garantindo sua autonomia, sem desconsiderar o contexto concreto de aplicação, em que o próprio direito novo e democrático é instável.

O império do direito, e não da vontade dos homens, deverá fundar o Estado de Direito e, para tanto, atuará em dois diferentes sentidos: num primeiro sentido, o império do direito é *restitutivo*, objetivando a verificação concreta da aplicação do direito no passado quanto a sua legitimidade, especialmente no que toca a independência da política e a atenção a valores que compõem substantivamente a ideia de Estado de Direito, como a dignidade da pessoa humana. É aqui que se fundamenta materialmente a legalidade do direito à reparação às vítimas de perseguições e prisões políticas autorizadas ou não pela justiça, e dos processos de responsabilização de agentes violadores dos direitos humanos. Com essa mirada restitutiva, o Estado de Direito passa a atuar de maneira *retrospectiva* para impor-se ante ao Estado de fato. Num segundo sentido, o império do direito é *prospectivo*, e se refere à adesão à lei e aos princípios constitucionais "para frente", fundamentando, entre outros, a reforma das instituições usadas para a perpetração de crimes, a reorganização do sistema de proteção e garantia das liberdades fundamentais e a instalação de mecanismos de controle permanente de constitucionalidade de atos futuros dos poderes Executivo e Legislativo pelo Poder Judiciário independente.

A peculiaridade do processo de restauração do império do direito é que, para a hermenêutica dos problemas transicionais, aplica-se um conceito de *rule of law*, que é basicamente aquele formulado por Rosenfeld como negativo, opondo-se ao conceito clássico do que é uma "tirania", para que se possa restaurar a legitimidade democrática e a independência do direito, ao mesmo tempo em que se procura garantir para o futuro a efetivação das dimensões positivas da ideia de Estado de Direito, uma vez que evidentemente não é possível efetivar o Estado de Direito no passado, mas sim apenas alterar, restrospectivamente, a classificação dos atos autoritários para que sejam lidos como tais, viabilizando as medidas compensatórias e sinalizando eticamente o repúdio do Estado de Direito ao autoritarismo.

É apenas com a aplicação hermenêutica de conceitos substanciais de direito que se pode eleger quando uma medida retrospectiva deve ou não ser aplicada, sob pena ou de nada fazer-se, ou de se chegar a um número sem fim de medidas a serem tomadas (conforme presente, por exemplo, da ideia de se revisar a integralidade da produção legislativa de um período de exceção). Como não é possível – e, muitas vezes, nem desejável – revisitar todo um período histórico, o sentido restitutivo da Justiça Transicional, judicial e legislativamente falando, deve focar-se sobremaneira nas questões insurgentes de atos de grande arbitrariedade praticados contra indivíduos ou, ainda, atos persistentes, que seguem gerando efeitos concretos na vida democrática, prolongando o arbítrio. Dessa maneira, a restauração do império do direito gera efeitos individuais retrospectivos de resgate da dignidade e efeitos coletivos de afirmação da ordem democrática.

Surge neste momento, porém, a questão da continuidade no tempo do sistema jurídico, uma vez que a ação retrospectiva poderia comprometer a própria ideia de *segurança jurídica*, vinculada ao ordenamento anterior. Trata-se, não obstante, de um problema de perspectiva de leitura, novamente conectado com a aderência a conceitos formais ou substantivos, pois a lesão à segurança jurídica ocorre quando se descontinua o *império do direito*, e não quando se descontinua o *império da lei*. A Justiça de Transição deve reforçar a ideia de que os episódios de exceção caracterizam afastamentos do império do direito, mas que tais afastamentos receberão tratamento adequado das instituições democráticas. É esse o ponto central em se detectar os dois sentidos vetoriais de aplicação do império do direito. Isso significa, metaforicamente falando, que estabelecer uma seta que aponta em duas direções (passado e futuro) para representar o império do direito nas transições é diferente de estabelecer duas setas independentes. É o mesmo vetor que liga o passado e o futuro, conectando-os e garantindo a segurança jurídica com bases democráticas, vez que de nada nos serve, na democracia, a "segurança jurídica" autoritária. Do contrário, adotando-se apenas uma perspectiva prospectiva (o vetor que segue rumo ao futuro) o que se garante não é a *segurança jurídica*, mas a *impunidade para o arbítrio institucionalizado* do passado, criando uma classe de fatos e cidadãos infesos à lei. Nessa hipótese, sacrificar-se-ia a materialidade da segurança jurídica em nome da validade da lei positiva ilegítima e injusta que, em tese, fiaria a segurança do sistema formal, gerando-se um nódulo, uma descontinuidade, no próprio ordenamento de direito, que passa a cindir-se entre "antes" e "depois" do regime autoritário, que seguirá tendo autonomia normativa em relação ao Estado de Direito.

O problema central, portanto, é a extensão retroativa do vetor que aponta rumo ao passado, tanto quanto a seu alcance temporal, quanto material, especialmente em casos de países nos quais a democracia é uma exceção histórica, e não uma regra, pois quanto menor o acervo democrático prévio, menor a capacidade de formular, em bases e termos locais, os fundamentos da reconstrução democrática, pois o fato de não existir um regime democrático prévio ao regime não democrático não afasta o império do direito, mas torna mais complexa sua fundamentação normativa (a "escavação de sua própria normatividade", a que refere Ost quando fala da busca do direito por seu próprio "horizonte regulador").[136]

Podemos identificar pelo menos três linhas de continuidade para a sustentação jurídica do Estado de Direito como império do direito no tempo, com vista à fundamentação normativa do sentido restitutivo da Justiça Transicional, sendo a existência prévia de um ordenamento de direito pátrio apenas uma delas. As três "fontes normativas" do império do direito nas transições são:

a) a própria experiência nacional prévia de um sistema jurídico baseado propriamente no direito;[137]

---

[136] Supra, nota 08.

[137] Na Argentina, por exemplo, após o final da Ditadura em 1983 se retornou à Constituição de 1854, substituída apenas em 1994.

CAPÍTULO 2
A JUSTIÇA DE TRANSIÇÃO COMO CAMINHO PARA O ESTADO DE DIREITO

b) o direito comparado, no que toca ao acervo de experiências de transições democráticas e efetivação do império do direito mapeado por diversos órgãos oficiais;[138]

c) o direito internacional.

A ideia de continuidade da tradição jurídica se sustenta culturalmente nos ideais democráticos universais do ocidente e, normativamente, quando há falta de uma tradição de cultura jurídica democrática anterior no país, no direito internacional[139] ou no direito comparado. Essa observação se mostra fundamentalmente relevante na aplicação prática de medidas transicionais. Reiteradamente a Corte Interamericana de Direitos Humanos se utiliza direta ou indiretamente da ideia de um *international rule of law* para sustentar, contra Estados nacionais que anistiaram ou simplesmente não investigaram crimes perpetrados a seu mando contra seus cidadãos, a obrigação de investigar e punir os responsáveis e reparar as vítimas.[140] Nesse sentido, Ciurlizza assevera que:

> Há um princípio de Direito Internacional que diz que os Estados não podem utilizar sua legislação interna como desculpa para descumprir obrigações internacionais, e esse foi o critério básico da Corte Interamericana de Direitos Humanos ao decretar a nulidade das leis de anistia, ordenar o julgamento dos responsáveis e dispor sobre a adoção de medidas de reparação.[141]

As decisões da Corte Interamericana de Direitos Humanos são um excelente exemplo de como a restituição do Estado de Direito em

---

[138] Cf.: ONU. (S/2004/616). Conselho de Segurança. O Estado de Direito e a Justiça de Transição em sociedades em conflito e pós-conflito. *Revista Anistia Política e Justiça de Transição*, p. 320-351.

[139] Teitel formula tese análoga sobre o papel que o direito internacional pode cumprir como referente para uma ideia material do que seja o Estado de Direito: "O dilema nuclear da transição é como conceituar a justiça num contexto de mudança normativa maciça. Este problema é mitigado pelo direito internacional, uma vez que este oferece um grau de continuidade e, em particular, padrões de responsabilização" (TEITEL. *Transitional Justice*, p. 38, tradução livre: "The core transitional dilemma is how to conceptualize justice in context of a massive normative shift. This problem is mitigated within international law, international law offers a degree of continuity and, in particular, standards of accountability").

[140] Cf.: Caso Almonacid Arellano e outros *vs.* Chile; Caso Chumbipuma Aguirre e outros *vs.* Peru (Barrios Altos); Caso Goiburú e outros *vs.* Paraguai; Caso Gutierréz Soller *vs.* Colômbia; Caso La Cantuda *vs.* Perú; Caso Masacre de La Rochela *vs.* Colômbia; Caso Molina Teissen *vs.* Guatemala; Caso Tibi *vs.* Equador, Caso Velásquez-Rodríguez *vs.* Honduras.

[141] CIURLIZZA. Para um panorama global sobre a Justiça de Transição: entrevista: Javier Ciurlizza responde Marcelo D. Torelly. *Revista Anistia Política e Justiça de Transição*, p. 29.

retrospectiva não implica quebra da segurança jurídica, mas sim sua afirmação democrática. Tais decisões implicam anulação não de leis e atos legítimos e justos, produzidos no processo democrático e em conformidade com o direito (o que caracterizaria uma invasão da soberania dos Estados, segundo as visões mais clássicas do direito internacional público), mas sim de leis e atos arbitrários ou produzidos em desconformidade com o direito ou mesmo contra ele. Insta destacar que esse "controle de legalidade"[142] feito pela Corte também ocorre no plano nacional, como controle de constitucionalidade, permitindo aos países punir aqueles que agiram de modo ilegal durante um regime ilegítimo não com base em *juízos políticos* sobre a correição de suas vontades, mas com *juízos jurídicos* sobre a ilegalidade de seus atos.

Na América Latina já se manifestaram sobre questões de Justiça Transicional a Corte Suprema da nação Argentina,[143] a Corte Suprema de Justiça do Chile,[144] a Corte Suprema de Justiça de El Salvador,[145] a Corte Suprema de Justiça do Panamá,[146] o Tribunal Constitucional do Peru[147] e, mais recentemente, o Supremo Tribunal Federal brasileiro,[148] apenas ilustrando alguns precedentes exemplificativos. Em todos os casos em que atos e leis de exceção, aprovados com vista ao encobertamento de crimes praticados em nome do Estado, foram mantidos por essas cortes, os países foram condenados pela Corte Interamericana, tanto no que toca à reparação das vítimas, quanto no que toca à responsabilização dos criminosos. Apenas no Brasil, até o presente momento, o Estado reconhece a existência de vítimas, mas não de criminosos.

Nos países da região as políticas transicionais e de estruturação de Estados de Direito avançaram diferentemente. Inobstante, existe hoje um amplo consenso entre os pesquisadores do tema de que os Estados que enfrentaram o passado de modo mais incisivo conseguiram uma implementação mais substancial do Estado de Direito e apresentam melhores indicadores de confiabilidade nas instituições.[149] Novamente referindo Ciurlizza:

---

[142] Postas as aspas por tratar-se, tecnicamente, de um controle de convencionalidade.

[143] Caso Miguél Angito Espósito (sentença de 23 de dezembro de 2004) e Caso Simón Júlio Hecto (sentença de 14 de junho de 2005).

[144] Caso Miguel Angel Santander (sentença de 17 de novembro de 2004) e Recurso nº 6.188/2006 Resolução nº 29.445 de 13 de novembro de 2007.

[145] Resolução de 26 de setembro de 2000 (processos nº 27-97 e 21-98).

[146] Resolução de 2 de março de 2004.

[147] Resolução de 18 de março de 2004 (*habeas corpus* interposto por Maria Emilia Villegas Namuche).

[148] Em resposta à ADPF nº 153/2008.

[149] A esse respeito, apresentando resultados de análises quantitativas sobre países que combinaram processos de justiça, anistia, comissões da verdade e outras medidas de Justiça

Durante muitos anos pretendeu-se apresentar a justiça como um valor importante, porém inalcançável, principalmente em nome da governabilidade, da estabilidade ou da segurança nacional. Tentou-se "virar a página" com leis de anistia ou impedimento de ações judiciais. A experiência nos mostra que em todos os países da América Latina onde isso foi tentado, a justiça recuou e avançou. No Chile, por exemplo, a lei de anistia imposta pela ditadura de Pinochet em 1979 foi finalmente declarada sem aplicação a pouquíssimo tempo pela Corte Interamericana de Direitos Humanos. O mesmo ocorreu no Peru após a queda de Fujimori. Na Argentina, as leis de "devida obediência" e "ponto final", além de indultos que beneficiaram os militares, foram declaradas nulas, e hoje mais de 800 militares enfrentam processos por violações aos direitos humanos. Dito isso, a verdade é que é possível instaurar processos judiciais, pois não se trata de julgar cada uma das pessoas que estiveram envolvidas, e sim deixar de lado a hipótese de que a justiça produz instabilidade. Pelo contrário: está provado que a impunidade corrói as bases do Estado de Direito e afeta a essência da democracia.[150]

A efetivação do Estado de Direito e o fortalecimento das instituições democráticas são, sem dúvida, o maior ponto de conexão entre os novos constitucionalismos e a Justiça de Transição. Apenas com o avanço e aprimoramento democrático e do império do direito é que se torna possível a estruturação sólida do Estado Democrático de Direito; e a segurança jurídica advinda desse processo, numa democracia, não pode ser a segurança da impunidade, e sim a segurança da efetivação da justiça em suas mais variadas dimensões e formas, prospectivas ou retrospectivas.

---

de Transição, veja-se: PAYNE; OLSEN; REITER. *Transitional Justice in Balance*: comparing processes, weighing efficacy. Igualmente, a pesquisa Eco Social (que será explorada no item 4.3.3 deste estudo), realizada em diversos países do continente e tendo sido, no Brasil, conduzida pelo Instituto Fernando Henrique Cardoso, apresenta dados interessantes. Referindo apenas dois itens ilustrativamente, na Argentina, país onde ocorreu uma brutal repressão a movimentos contrários ao golpe, e a subsequente responsabilização judicial dos criminosos de Estado, 63% da população afirma que os "criminosos" devem ter os mesmos direitos das "pessoas honestas", enquanto o Brasil apresenta a menor taxa de resposta afirmativa do continente, 49%. Quando perguntados sobre sua confiança na polícia, 62,8% dos brasileiros disseram confiar "pouco" ou "nada", enquanto no Chile a resposta para a mesma pergunta somou apenas 39,9% do total (SCHARTZMAN. *EcoSocial*: pesquisa de coesão na América Latina: primeiros resultados).

[150] CIURLIZZA. Para um panorama global sobre a Justiça de Transição: entrevista: Javier Ciurlizza responde Marcelo D. Torelly. *Revista Anistia Política e Justiça de Transição*, p. 28.

2.5 Os efeitos retrospectivos do Estado de Direito e releitura histórica dos fundamentos do direito e da Constituição – uma aproximação com o caso espanhol[151]

As grandes disputas políticas envolvidas nos processos de transição, que afetam diretamente a consolidação do Estado de Direito, interferindo na feitura da justiça, costumeiramente dizem respeito às reminiscências das disputas ideológicas do passado não democrático. Sobretudo em contextos nos quais houve grande divisão social a respeito dos caminhos a serem seguidos pelo país, a tendência é que o processo de abertura democrática seja antecedido de variadas formas de violência, por parte do regime e por parte de seus opositores.

Quando a violência ocorre em grande escala, ou quando o regime não democrático entra em colapso, as medidas transicionais tendem a ser altamente incisivas, cabendo ao direito verificar a pertinência delas, de modo a que a justiça não seja transformada em vingança. Notoriamente esse é o caso dos países do antigo bloco soviético, que viveram um agudo processo de desarticulação política seguida de convulsões econômicas e sociais.[152] Os tribunais superiores, como visto anteriormente, intervieram no sentido de anular leis e atos anticomunistas que feriam ou eram potencialmente lesivos aos direitos individuais, ou que, pela generalidade, poderiam causar condenações em massa e um nível de injustiça altamente incompatível com os próprios resultados que as medidas esperavam alcançar.

De outro lado, estudos como os de Guilhermo O'Donnell já referidos, entre tantos outros, descrevem que muitos regimes autoritários, mais notadamente os latino-americanos, chegaram ao fim menos pela derrota do regime ou pela formação de uma convicção nacional sobre a superioridade da democracia e da importância do império do direito do que pela verificação do alto custo político e prático que implicava manter o controle totalizante do Estado sobre a sociedade:

> Após longas e muitas vezes violentas lutas, as principais forças políticas, sociais e religiosas concluem que o custo de continuarem a tentar

---

[151] A apresentação sobre a inserção da lei de anistia no ordenamento espanhol já foi procedida no item 1.3.3, razão pela qual não será aqui retomada. Em caso de dúvidas quanto a este processo, sugere-se retornar ao tópico indicado.

[152] Um excelente relato jornalístico desse período foi escrito pelo à época chefe da sucursal para Alemanha Oriental, Europa Central e Bálcãs da revista semanal norte-americana *Newsweek*, confira-se Michael Meyer (*1989: o ano que mudou o mundo*).

eliminar umas as outras excedem os custos implicados na tolerância recíproca às diferenças. Este acordo mínimo conduz a variadas invenções institucionais que posteriormente se tornam os canais principais para a mediação e atenuação dos conflitos prévios que aparentavam serem insolúveis.[153]

Nesse sentido, o que ocorre são mudanças no regime, e não mudanças de regime.[154] Como visto no capítulo anterior, nesses processos, o decurso de tempo, a série de mudanças legais e alguma participação social conduzem aproximativamente a uma "democracia", mas não necessariamente ocorrem mudanças de mentalidade de alterem, do ponto de vista prático, as concepções sociais necessárias para que exista um pleno Estado de Direito em termos substanciais. A transição política chega, portanto, a um paradoxo: muda-se o regime político sem repudiá-lo, fundando-se uma democracia insegura e incompleta, cujas raízes não são propriamente princípios políticos mas sim estratégicos e, portanto, insurge um regime cujas qualidades não necessariamente serão capazes de sustentar um Estado de Direito. Nas palavras de Luciano Martins sobre o caso brasileiro:

> [...] a "liberalização" brasileira foi originalmente desencadeada pelas dificuldades do regime em resolver problemas de sua "economia interna", e não de nenhuma mudança substantiva na correlação de forças entre os protagonistas do regime e seus oponentes [...].[155]

Concretamente, o fim do regime repressivo não ocorre pela vitória das forças democráticas, mas por um reposicionamento destas na equação do poder, de tal modo que a democracia não passa,

---

[153] "After long and often violent struggles, the main political, social, and religious forces concluded that the costs of trying to eliminate each other exceed the costs of tolerating each other's differences. This minimal agreement led to various institutional inventions which subsequently became the main channels for the mediation and attenuation of conflicts the previously had appeared to be unsolvable" (O'DONNELL. Introduction to the Latin America Cases. *In*: O'DONNELL; SCHMITTER; WHITEHEAD. *Transition From Authoritarian Rule*: Latin America 1993, p. 15, tradução livre).

[154] MARTINS. The "Liberalization" of Authoritarian Rule in Brazil. *In*: O'DONNELL; SCHMITTER; WHITEHEAD. *Transition From Authoritarian Rule*: Latin America, p. 73.

[155] "[...] the Brazilian "liberalization" was originally triggered by the regime's difficulties in solving problems of its "internal economy", and did not originate from any substantive change in the correlation of forces between the regime's protagonists and its opponents [...]"(MARTINS. The "Liberalization" of Authoritarian Rule in Brazil. *In*: O'DONNELL; SCHMITTER; WHITEHEAD. *Transition From Authoritarian Rule*: Latin America, p. 82, tradução livre).

mesmo após o fim do regime, a ser uma valor socialmente relevante a ser aprofundado, mas sim uma peça vazia da retórica política que precisa ser plenamente preenchida. Mais ainda, nesse modelo típico da terceira onda, de transição por transformação, o movimento rumo à democracia não é acompanhado de uma crítica socialmente universalizável ao arbítrio, restando presentes e politicamente atuantes setores sociais cuja aceitação da democracia é restrita à manutenção de certos privilégios (alguns destes condicionados para que se permitisse a transição), que, evidentemente, contrariam os preceitos do Estado de Direito, sobremaneira a igualdade formal. A interação entre esses dois elementos faz com que, grosso modo, as transições por transformação se caracterizem por gerar "Estados Democráticos de Direito" nos quais tanto a democracia quanto o direito são valores politicamente fracos (ou mesmo inicialmente irrelevantes), que precisam se substancializar em longos processos sociais, seja pela sucessão de processos eleitorais, seja pela atuação proativa dos poderes de Estado, seja finalmente, mas não com menor importância, pela participação social.

Essa característica impõe um grande desafio à Justiça de Transição, uma vez que sua implementação dependerá da resolução de conflitos que, durante o "momento central" da transição – quando mecanismos como eleições e anistias foram inseridos para equacionar a relação de forças entre democratas e não democratas – não foram resolvidos ou, ainda mais, foram sufocados. Trata-se, portanto, de um prolongamento pós-transicional da metáfora de Elster sobre a sociedade que se reconstrói em alto mar, mesmo que agora com mais recursos disponíveis.[156]

Como visto anteriormente, a implementação do Estado de Direito depende da consolidação de alguns valores-requisito mínimos, como a igualdade perante a lei, que podem ter sido preteridos no momento de *contingência* da transição ou, o que é ainda mais grave, feridos de morte

---

[156] "[...] los casos más interesantes son los doblemente endógenos (el casillero superior izquierdo) en que la sociedad debe ponerse de acuerdo *consigo misma*. Luego de la transición, los líderes y los agentes del antiguo régimen siguen siendo parte del tejido de la sociedad. Es posible que, ya sea directamente, gracias a su acceso a los medios de violencia o a las urnas, o indirectamente, gracias a su importancia para la reconstrucción y el desarrollo económico, logren influir sobre el tratamiento que se les impone. Según una metáfora que también he utilizado para describir el proceso de diseño constitucional en democracias recientes, la sociedad debe reconstruirse *en alta mar*, utilizando los materiales que tiene a mano, por más viciados que estén. Incluso cuando los jueces, por ejemplo, hayan estado profundamente involucrados con el régimen predemocrático, quizás, en términos prácticos, no haya otra alternativa que emplearlos, aunque más no sea los menos comprometidos, para juzgar a ese mismo régimen" (ELSTER. *Rendición de Cuentas*: La Justicia Transicional en Perspectiva Histórica, p. 94-95, tradução livre, grifos no original).

como meio de garantir a continuidade do processo de mudança. Mais ainda, uma ideia substancial de Estado de Direito repudia o arbítrio e fundamenta a necessidade de reparação a danos ilegitimamente impostos aos direitos fundamentais dos cidadãos, o que implica a necessidade de medidas que questionam o discurso do regime e suas classificações semântico-valorativas. Essa dinâmica faz com que o processo de justiça, novamente, extrapole as barreiras do "legal" como texto positivo e faça com que os consensos e dissensos políticos que fundamentam e dão conteúdo mas, igualmente, tencionam a ideia de Estado de Direito, sejam acionados para questionar o passado da sociedade, legitimando-o ou repudiando-o. Dessa forma, a Justiça de Transição acaba conectando passado e futuro num processo no qual a *legitimidade* e os *fundamentos* do direito são questionados e têm sua normatividade desafiada pela permanência no tempo de medidas de força do passado.

Em transições por transformação nas quais, em algum momento, insurgiu uma nova ordem constitucional democrática, tal tensão é ainda mais severa, uma vez que a ordem constitucional nesses contextos vive, permanentemente, uma disputa entre fundamentos de legitimidade democráticos e autoritários que se equacionam pela via hermenêutica ao longo do tempo. Dessa feita, a Justiça Transicional acaba por se tornar um mecanismo privilegiado de efetivação e disputa do conceito de direito e da leitura histórica da constituição desde uma perspectiva bem definida, qual seja: a da afirmação dos direitos fundamentais e das liberdades individuais, desafiando as leituras jusfilosóficas impostas durante o período transicional e pré-transicional, quando o equilíbrio de forças permitia ao regime estabelecer limitações unilaterais tanto à política quanto ao direito.

Os dois mais marcantes exemplos de transições por transformação no marco cronológico da terceira onda são, certamente, Brasil e Espanha. Huntington aponta essa semelhança, incluindo no tipo ideal ainda a Hungria, destacando as diferenças próprias da maior conexão com a disputa geopolítica entre URSS e EUA, apresentando um panorama de similitudes no que toca à condução do processo "sob controle" e destacando, mormente, a diferença de lapso temporal entre os dois processos, haja vista a "democratização" espanhola ter sido muito mais célere que a brasileira:

> Os casos prototípicos de transformação são a Espanha, o Brasil e, entre os antigos regimes comunistas, a Hungria. [...] A transição brasileira foi uma "liberalização desde o alto" ou uma "liberalização do regime". Na Espanha "era uma questão de elementos reformistas

associados a uma ditadura em exercício que iniciava um processo de mudança política dentro do próprio regime estabelecido". No entanto as duas transições diferem significativamente em sua duração. Na Espanha em menos de três anos e meio após a morte de Franco, um primeiro-ministro democratizante havia substituído um liberalizante, os legisladores franquistas haviam votado o fim do regime, reformas políticas foram aprovadas em referendo, partidos políticos (incluindo-se o partido comunista) foram legalizados, um novo congresso eleito, uma constituição democrática foi desenhada e aprovada em referendo, os principais atores políticos chegaram a um acordo sobre a política econômica e o parlamento passou a se organizar segundo a nova constituição.

[...]

No Brasil, contrastantemente, o Presidente Geisel determinou que as mudanças políticas fossem "graduais, lentas e seguras". [...] Na prática, os presidentes Geisel e Figueiredo seguiram uma política de dois passos à frente, um para trás. O resultado foi uma democratização morosa na qual o controle do governo sobre o processo jamais fora seriamente desafiado.[157]

A morte de Franco, no caso espanhol, funcionou como impulso necessário para se por fim a violência e encontrar uma forma mais democrática de administração do Estado num processo rápido e objetivo, mas, inobstante – e isso aproximará a Espanha do caso brasileiro – as sequelas político-sociais da ditadura franquista, especialmente no que toca a violações a direitos fundamentais protegidos pelo Estado de Direito, não foram objeto de debate próprio na transição. As forças de oposição, dizimadas fisicamente pela repressão estatal, não tinham capacidade de mobilização suficiente para promover qualquer medida

---

[157] "The prototypical cases of transformation were Spain, Brazil, and, among the communist regimes, Hungary. [...] The Brazilian transition was 'liberalization from above' or 'regime liberalization'. In Spain 'it was a question of reformist elements associated with incumbent dictatorship, initializing processes of political change from within the established regime'. The two transitions differed significantly, however, in their duration. In Spain in less than three and a half years after the death of Franco, a democratizing prime minister had replaced a liberalizing one, the Franco legislature had voted the end of the regime, political reform had been endorsed in a referendum, political parties (including the communist party) were legalized, a new assembly was elected, a democratic constitution was drafted and approved in a referendum, the major political actors reached agreement on economic policy, and parliamentary were held under the new constitution. [...] In Brazil, in contrast, President Geisel determined that political change was to be 'gradual, slow, and sure'. [...] In effect, Presidents Geisel and Figueiredo followed a two-step forward, one-step backward policy. The result was a creeping democratization in which the control of the government over the process was never seriously challenged" (HUNTINGTON. *Political Order in Changing Societies*, p. 125-126, tradução livre).

de justiça, e o conjunto social – em situação novamente similar à brasileira – não tinha condições de discutir os "termos" da democratização sem ameaçar o processo mais amplo que objetiva por fim às práticas de violência (mesmo considerando-se que a abertura espanhola foi, sim, mais participativa que a brasileira em inúmeros sentidos).

Esse processo faz com que a transição espanhola tenha uma característica singular, que vem sendo gradualmente suprimida de modo exitoso do espólio das ditaduras latino-americanas da terceira onda, excepcionando-se o Brasil, qual seja: uma distribuição geral da "culpa" pela violência na sociedade, numa semântica política que imputa a gênese da violência e do Estado de Exceção não no rompimento da ordem constitucional e do Estado de Direito por um regime golpista, mas sim no conflito social entre "dois lados" que se opunham politicamente. Aguilar destaca que, desta feita, a Espanha se torna talvez o único país no mundo onde o princípio do "nunca mais" não vem acompanhado do termo "ditadura", forjando-se uma ideia de que a negativa se refere a uma violência generalizada e indistinta:

> A transição espanhola se caracteriza, entre outras coisas, pelo fato de que as mais importantes regras do novo jogo democrático foram adotadas por meio da obtenção de consenso entre aqueles que reformavam o Franquismo e as principais forças políticas da oposição democrática. [...] Um dos principais pontos do acordo que lançou as bases para a democracia espanhola fora o princípio do "nunca mais". Em contraste com tal princípio em outros países, este não se referia à ditadura ou a seus crimes, mas sim à guerra civil, cuja culpa das atrocidades é usualmente dividida entre os dois grupos adversários.[158]

A transição espanhola não foi capaz de formular um discurso social sobre o passado coerente com as premissas de um Estado de Direito, restando refém da semântica da repressão. A incapacidade de definir a ditadura como ditadura e aqueles que romperam com a legalidade como criminosos impossibilitou o país de adotar medidas

---

[158] "The Spanish transition was characterized, among other things, by the fact that the most important rules of the new democratic game were adopted through consensus between those who reformed Francoism and the main political forces of the democratic opposition. [...] One of the main points of the agreement that laid the foundations for Spanish democracy was the principles of 'never again'. In contrast to such principles in other countries, this does not refer to the dictatorship or its crimes, but instead to the civil war for whose atrocities the guilt is generally shared between the two adversaries" (AGUILAR. Transitional Justice in the Spanish, Argentinian and Chilean Case. *Crisis Management Initiative – Building a Future on Peace and Justice*, p. 4, tradução livre).

de promoção de justiça penal, e a reparação as vítimas do franquismo foi significativamente lenta (e mesmo, para alguns, ineficiente). O conjunto de fatos oriundo dessa questão, novamente, aproximará o caso brasileiro do caso espanhol, desconstruindo parcialmente a formulação de Huntington sem invalidá-la.

Se de um lado é inequívoca a constatação de que a transição espanhola foi capaz de rapidamente formular consensos sobre a democracia como procedimento, no plano substancial, Huntignton se depara com as mesmas inconsistências teoréticas das abordagens que tentam um enquadramento estritamente formal das democracias latino-americanas. Uma abordagem sobre as medidas para o restabelecimento do Estado de Direito, inclusive em sua dimensão retrospectiva, reparando e restabelecendo as condutas arbitrárias do passado, demonstra que o processo espanhol foi, nessa seara, tão ou mais lento que o brasileiro no que toca à desconstrução de consensos antidemocráticos e na formulação de alternativas presentes para lidar com o mal pretérito. Dessa feita, novamente, encontra-se uma interessante similitude entre os dois casos.

Apenas na década dos anos 2000, mais de vinte anos após o fim da ditadura que se seguiu à Guerra Civil, a Espanha conseguiu por em marcha o processo legislativo referente a uma lei de amplas proporções com vistas à reparação das vítimas e à promoção da memória histórica, conhecida genericamente como "Lei da Memória Histórica".[159] O projeto de lei, de iniciativa do governo, continha uma série de medidas que iam desde a reparação econômica às vítimas até a remoção dos espaços públicos de objetos e símbolos de todo tipo que fizessem apologia ao franquismo, tais quais estátuas e placas.

O debate sobre o projeto ganhou contornos sociais de antemão imprevisíveis, com manifestações de grande apelo emocional de diversos setores sociais e uma intensa polarização entre direita e esquerda, especialmente no Parlamento. A tentativa de "purgar" elementos autoritários do passado espanhol, bem como de efetivar políticas de justiça para com as vítimas, fez reacender na sociedade o debate sobre variados espectros de legitimidade das ações tidas em nome do Estado durante a repressão, evidenciando debilidades e défices democráticos do processo transicional que, mesmo parecendo adormecidos, existiam no seio da sociedade.

---

[159] Cf.: REINO DA ESPANHA. Lei nº 52/2007, de 26 de dezembro, pela qual se reconhecem e se ampliam direitos e se estabelecem medidas a favor de quem sofreu perseguição ou violência durante a Guerra Civil e a ditadura (uma tradução pode ser obtida em: *Revista Anistia Política e Justiça de* Transição, p. 352-370).

O acionamento do Poder Legislativo pelo Poder Executivo com vistas ao estabelecimento de medidas compensatórias e de memória para as vítimas do franquismo fez surgir o questionamento não apenas sobre a legitimidade dessa mesma demanda, reativando discursos autoritários, como também inaugurou um novo processo de disputa em torno dos conceitos de Estado de Direito e de democracia na Espanha, transformando a Justiça de Transição em catalisador da dialética de aprimoramento democrático.

Na narrativa de Martín Vallín, magistrado do Tribunal Supremo espanhol e de Escudero Alday, professor da Universidade Carlos III de Madri, encontramos a seguinte descrição da reação dos partidos de direita no parlamento espanhol às propostas da lei:

> Na opinião de seus dirigentes, este Projeto supunha abrir as feridas do passado e não fazia mais que aprofundar a divisão entre os espanhóis que, segundo sua opinião, o Partido Socialista vinha praticando a tempo. Supunha, em definitivo, romper com a herança da transição pactuada entre todos. Ademais – e sempre segundo declarações de seus porta-vozes – o Projeto de Lei era desnecessário e supérfluo, dado que continha medidas que eram ou carentes de relevância jurídica ou poderiam ser adotadas sem a necessidade de recorrer aos mecanismos legislativos.[160]

Do outro lado, a esquerda, e especialmente o Partido Socialista, achavam que a lei, para além de tardia, estava muito aquém do necessário:

> [criticavam] Em primeiro lugar, a resistência a reconhecer na Exposição de Motivos uma clara e rotunda condenação do Franquismo [...]. Em segundo lugar, a negativa do Governo e de seu grupo de parlamentares de incluir na Lei uma declaração de nulidade das condenações e sanções emanadas de órgãos franquistas que tivessem sido produzidas por razões políticas ou ideológicas e, ainda, sem reconhecerem os direitos humanos [...]. Em terceiro lugar, também foi objeto de forte crítica o tratamento que o Projeto dava a tudo que dizia respeito ao acesso aos

---

[160] "En opinión de sus dirigentes, este Proyecto suponía abrir las heridas del pasado y no hacía más que profundizar la división entre españoles que, según su opinión, el Partido Socialista estaba practicando hacía tiempo. Suponía, en definitivo, romper con la herencia de la Transición pactada por y entre todos. Además – y siempre según las declaraciones de sus portavoces –, el Proyecto de Ley resultaba innecesario y superfluo, dado que contenía medidas o carentes de relevancia jurídica alguna o que pudieran haberse adoptado sin necesidad de recurrir al mecanismo legislativo" (MARTÍN PALLÍN; ESCUDERO ALDAY. *In*: MARTÍN PALLÍN; ESCUDERO ALDAY (Org.). *Derecho y Memoria Histórica*, p. 14, tradução livre).

arquivos e fundos documentais [...]. Também foram objeto de discussão e debate questões como, de um lado, o tratamento que o Projeto dava a questão dos símbolos e monumentos franquistas [...] e, de outro, as obrigações do Estado – escassas, segundo se alegava – em relação à localização, exumação, identificação e translado dos restos mortais de pessoas.[161]

Na transição espanhola uma anistia bilateral foi inserida como modo de libertar os detentos políticos e apaziguar o conflito que, na visão dominante do regime, poderia fraturar a democracia insurgente. Diferentemente do caso brasileiro, na Espanha a anistia foi concedida já no período democrático, no bojo do processo participativo que conduziu a promulgação de uma nova constituição, porém, de qualquer sorte, tal lei recebe – pelo menos no que diz respeito ao direito internacional – algumas das mesmas ressalvas que a lei brasileira, especialmente no que toca à anistia a perpetradores de graves violações contra os direitos humanos.[162] Ocorre que, em razão dessa lei e de seu processo social, é corrente o discurso de que a democracia espanhola se funda em um pacto de perdão bilateral que é contemporâneo e componente da constituição democrática de modo a que a pauta transicional é permanentemente premida por uma disputa sobre os "verdadeiros" fundamentos da democracia e do Estado de Direito (coincidentemente ou não, esse argumento será apresentado também no caso brasileiro, durante o processamento da ação de questionamento da lei de anistia junto ao Supremo Tribunal Federal, conforme se demonstrará detalhadamente no item 4.4).

---

[161] "[criticavam] En primer lugar, su resistencia a recoger en la Exposición de Motivos una condena clara y rotunda del franquismo [...]. En segundo lugar, la negativa del Gobierno y de su grupo parlamentario a incluir en la Ley una declaración de nulidad de las condenas y sanciones emanadas de órganos franquista, producidas por razones políticas o ideológicas y con el más absoluto desconocimiento de los derechos humanos [...]. En tercer lugar, también resultó objeto de fuerte crítica el tratamiento que el Proyecto de daba a todo lo que tenía que ver con el acceso a los archivos y fondos documentales [...]. También fueron objeto de discusión y debate cuestiones como, por un lado, el tratamiento que en el Proyecto se daba a la cuestión de los símbolos y monumentos franquistas [...] y, por otro lado, las obligaciones del Estado – escasas, según se alegaba – con respecto a la labor de localización, exhumación, identificación y traslado de restos de personas" (MARTÍN PALLÍN; ESCUDERO ALDAY. In: MARTÍN PALLÍN; ESCUDERO ALDAY (Org.). Derecho y Memoria Histórica, p. 14, tradução livre).

[162] Cf.: AGUILAR. The Spanish amnesty law of 1977 in comparative perspective: from a low to democracy to a law for impunity. In: PAYNE; LESSA (Org.). Amnesty in the Age of Human Rights Accountability: international and comparative perspectives, p. 315-335.

É assim que surge o grande problema conexo com o debate da dita Lei de Memória Histórica, bem identificado e descrito por García Amado, que defendeu posição contrária à lei, afirmando que, em última análise, aprovar a lei "se trataria de refundar, sobre novos elementos, a base histórica que legitima a atual Constituição".[163] O argumento do autor é de que, ao promulgar a lei, estar-se-ia legitimando a II República, derrubada pelo golpe, e repudiando não os crimes do regime de Franco, mas sim o próprio regime, reabrindo por meio do direito o debate político que a lei de anistia entendeu encerrar no momento da transição por transformação:

> Minha hipótese é a seguinte. Na Lei da Memória Histórica os grupos políticos e muitos cidadãos viram um propósito distinto e novo, já não meramente o ânimo reparador e compensador daquelas injustiças. Esse propósito novo seria o de renovar os fundamentos históricos legitimadores da ordem constitucional presente, fundamentos centrados até agora nos acordos tidos na transição. Tratar-se-ia de dotar a Constituição de uma nova legitimidade histórica, baseada em dois componentes principais: [i] a conexão da Constituição com a Segunda República abortada pelo golpe de Estado franquista e [ii] o questionamento do pacto de silêncio político da transição, entendido agora como um acordo para ignorar os insultos do passado e não reparar suas injustiças.[164]

A lei espanhola de 2007 não conseguiu lidar com questões de justiça e devido processo legal ("obrigação de investigar e punir"), sobremaneira pelo decurso de tempo, uma vez que a Guerra Civil – quando ocorreram as mais bárbaras violações – antecedeu a ditadura, mas também pela própria limitação política facilmente detectável na

---

[163] "Se trataría de refundar, sobre nuevos elementos, la base histórica que legitima la actual Constitución" (GARCÍA AMADO. Usos de la historia y legitimidad constitucional. *In*: MARTÍN PALLÍN; ESCUDERO ALDAY (Org.). *Derecho y Memoria Histórica*, p. 58, tradução livre).

[164] "Mi hipótesis es la siguiente. En la Ley de Memoria Histórica los grupos políticos y muchos ciudadanos han visto un propósito distinto y nuevo, ya no meramente el ánimo reparador y compensador de aquellas injusticias. Ese propósito nuevo sería el de renovar los fundamentos históricos legitimadores del orden constitucional presente, fundamentos centrados hasta ahora en aquellos acuerdos de la transición. Se trataría de dotar la Constitución de una nueva legitimidad histórica, basada en dos componentes principales: [i] el entronque de la Constitución con aquella segunda República abortada por el golpe de Estado franquista y [ii] el cuestionamiento de aquel pacto de silencio político de la Transición entendido ahora como acuerdo para pasar por alto los pasados oprobios y no reparar las injusticias" (GARCÍA AMADO. Usos de la historia y legitimidad constitucional. *In*: MARTÍN PALLÍN; ESCUDERO ALDAY (Org.). *Derecho y Memoria Histórica*, p. 62, tradução livre).

citação acima, haja vista que a simples declaração pública de uma ilegitimidade parcial do regime franquista e do pacto transicional causara tamanha reação, não existindo ambiente para pautar uma releitura democratizante ainda mais ampla do passado. Dessa feita, a lei manifesta peremptoriamente em ato oficial do Estado o repúdio à ditadura, reconhecendo que determinados atos extrapolaram qualquer tipo de legalidade – mesmo se mantendo sobrestada a possibilidade de apuração dos responsáveis por violações – determinando a revisão de milhares de atos administrativos e judiciais, a exumação e identificação de todos os corpos enterrados em valas comuns e a retirada de todos os símbolos franquistas do espaço público, entre muitas outras medidas, cuja extensão chega até a concessão de cidadania espanhola aos descendentes dos estrangeiros que se engajaram na Guerra Civil.

Assim, a lei fez balançar um dos mais arraigados mitos autoritários persistentes na cultura política democrática do Reino da Espanha, mito esse que procura vincular a cultura jurídica limitando-a de modo fundacional e que, novamente, será também encontrável no caso brasileiro: o mito da simetria entre os atos e crimes dos agentes do Estado e dos agentes da resistência ao regime.

É nesse tipo de situação-limite que se distanciam dramaticamente as classificações formais e substanciais de democracia e Estado de Direito, haja vista que para as classificações formais e de viés minimalista a democracia espanhola já é tida por plenamente consolidada, tanto pela perenidade do sistema eleitoral quanto pela capacidade instalada de proteção a um conjunto amplo e definido de liberdades fundamentais. De outro lado, para uma visão substancialista sobre o que é a democracia e o Estado de Direito, resta inequívoca a existência de défice quanto à reparação dos atos arbitrários do passado e, portanto, um vazio de Estado de Direito *em retrospectiva*.

É nesse sentido que Martín Pallín defende que a Lei da Memória Histórica surge para consolidar o princípio da justiça como valor supremo do sistema de justiça espanhol, restaurando a ordem jurídica rompida pelo golpe,[165] especialmente por desfazer a vedação de acesso aos tribunais para dadas demandas: "se algo caracteriza o conceito de cidadania democrática em um Estado de Direito esse algo é a capacidade de reclamar de maneira real e efetiva seus direitos ante aos tribunais de

---

[165] MARTÍN PALLÍN; ESCUDERO ALDAY. Introducción. *In*: MARTÍN PALLÍN; ESCUDERO ALDAY (Org.). *Derecho y Memoria Histórica*, p. 20.

justiça".[166] Conclui, ainda, sustentando que nenhuma lei, mesmo que aprovada por um parlamento eleito, pode ser antidemocrática ou ferir os direitos fundamentais, numa posição típica de defesa constitucional contramajoritária dos direitos e liberdades fundamentais, afirmando sobre o legado da ditadura que "se a justiça é um valor supremo em nosso ordenamento constitucional, então não há desculpa para não colocar em prática um procedimento de revisão [de leis e pactos injustos]".[167]

A manutenção, na democracia e em um Estado de Direito, do princípio da simetria entre a violência praticada pelo Estado franquista e aquela praticada pela resistência – fosse a resistência ao golpe durante a Guerra Civil, ou a resistência à ditadura – insultava a noção de Estado de Direito, uma vez que colocava lado a lado aqueles que lutavam pelo restabelecimento da República legítima que havia sido derrubada por um Golpe de Estado e aqueles golpistas que, para além de originalmente romperem com a legalidade posta, valeram-se do aparelho estatal para disparar um processo de violências contra setores políticos e, mais ainda, contra a população civil, colocando em marcha um gravíssimo processo de intimidação e eliminação física de opositores.

Andrea Greppi delimitou essa questão nos seguintes termos:

> Cabe afirmar [...] que o argumento daqueles que apelam à ideia de uma violência simétrica, exercida ou consentida no território (mais ou menos) controlado pelo governo legítimo, como razão para se oporem à Lei, está baseado em uma simples falácia. Supõe atribuir ao adversário uma tese absurda, como seria afirmar que o reconhecimento de um fato – a violência do lado franquista – "implica" negação de outro fato distinto – a violência do lado republicano. Essa estratégia argumentativa busca, de maneira perversa, reduzir ao absurdo a condenação da violência fascista, dissolvendo a responsabilidade e a reprovação através de uma indiscriminada repartição de culpas. Pelo contrário, a tese da simetria não guarda nenhuma ligação com a negação de qualquer coisa, das culpas – se estas existiram – e menos ainda da violência. Neste sentido, o legislador não nega que tenham ocorrido violências – é um fato inequívoco que elas ocorreram – de um lado e do outro do front. A única coisa que afirma, e com boas razões, é a não equidistância, a assimetria

---

[166] "Si algo caracteriza al concepto de ciudadanía democrática en un Estado de Derecho es la capacidad de reclamar de manera real y efectiva sus derechos ante los tribunales de justicia." (GARCÍA AMADO. Usos de la historia y legitimidad constitucional. *In*: MARTÍN PALLÍN; ESCUDERO ALDAY (Org.). *Derecho y Memoria Histórica*, p. 41, tradução livre).

[167] "Si la justicia es un valor supremo de nuestro ordenamiento constitucional, entonces no se ve la excusa para no poner en marcha un procedimiento de revisión [de leis e pactos injustos]" (GARCÍA AMADO. Usos de la historia y legitimidad constitucional. *In*: MARTÍN PALLÍN; ESCUDERO ALDAY (Org.). *Derecho y Memoria Histórica*, p. 42, tradução livre).

no reconhecimento, derivada de uma assimetria nos fatos. A chave está, portanto, em estabelecer publicamente que para o legislador a violência produzida por um ou por outro lado não é igual, não é equidistante e, por consequência, as duas formas de violência não podem – nem devem – ser medidas pelas mesmas normas. [...] E é assim que, prontamente, somente desde a tese oposta, a tese da assimetria, é que se explica a obrigação moral e política de dar atenção ao sofrimentos e a dupla derrota daqueles que perderam a Guerra Civil.[168]

Num argumento eminentemente transicional, o autor bem situa a necessidade que possui o direito de se tornar independente da política quando afirma que os pactos que estabilizam um processo transicional – como fora a anistia bilateral espanhola – só podem ser válidos se forem legítimos e compatíveis com a ideia de Estado de Direito, do contrário são pactos provisórios que persistem enquanto as causas de instabilidade subsistem, pois foram firmados sob a égide da força, e não do direito. No momento em que a política se torna independente da força, não há porque o direito não tornar-se independente da política, afirmando os valores do núcleo normativo dos conceitos de democracia e Estado de Direito e fazendo-os valer retrospectivamente para que possam reparar atos praticados sob a égide não do direito, mas da força, que, por essa mesma característica, são lidos como ilegítimos e ilegais num Estado de Direito.

Os conteúdos normativos da ideia de uma Justiça Transicional implicam necessidade de que, a um só tempo, integrem-se os núcleos normativos atinentes ao conceito de "democracia" e "estado de direito" para fornecer uma resposta substancial às demandas de justiça

---

[168] "Cabe afirmar [...] que el argumento de quienes apelan a la violencia simétrica, ejercida o consentida en el territorio (más o menos) controlado por el gobierno legítimo, como razón para oponerse a la Ley está basado, sencillamente, en una falacia. Supone atribuir al adversario una tesis absurda, como sería la de afirmar que el reconocimiento de un hecho – la violencia en lado franquista – <<implica>> la negación de otro distinto – la violencia en el lado republicano. Esta estrategia argumentativa busca, de forma perversa, reducir al absurdo la condena de la violencia fascista, disolviendo la responsabilidad y el reproche a través de un indiscriminado reparto de culpas. Por el contrario, la tesis de la simetría nada tiene que ver con la negación de nada, de las culpas – si las hubo – y menos de la violencia. En este sentido, el legislador no niega que haya existido violencia – es un hecho que la hubo y no tendría sentido ignorarlo – a un lado y otro del frente. Lo único que afirma, y con buenas razones, es la no equidistancia, la asimetría en el reconocimiento, derivada de una asimetría en los hechos. La clave está, por tanto, en establecer públicamente que para el legislador democrático la violencia producida de uno y otro lado no es igual, no es equivalente, y, por consiguiente, que las dos formas de violencia no pueden – no deben – ser medidas con el mismo rasero. [...] Y es que, en efecto, sólo desde la tesis opuesta, la tesis de la asimetría, se explica la obligación moral y política de atender al sufrimiento y a la doble derrota de quienes perdieron la Guerra Civil" (GREPPI. Los límites de la memoria y las limitaciones de la ley: antifascismo y equidistancia. *In*: MARTÍN PALLÍN; ESCUDERO ALDAY (Org.). *Derecho y Memoria Histórica*, p. 108, tradução livre).

sobre o período pretérito, impondo não apenas um questionamento à *legitimidade política* de determinados pactos como também sua *validade jurídica*, por via da premissa ínsita ao Estado de Direito da proteção contramajoritária dos direitos e das liberdades fundamentais, de modo a evitar a armadilha de utilizar um conceito vazio de legalidade que faça com que uma ideia de formal e positivista do direito se sobreponha à própria necessidade de o direito ser afirmado contra a força, estabelecendo uma aporia para a fundação de legitimidade do direito na medida em que resta obstaculizada por ele próprio a reparação de injustiças contidas nos atos de arbítrio do passado.

Assim, é o próprio conceito de Estado de Direito que tenciona o debate sobre as condições substantivas e o conteúdo mínimo fundamental da ideia do que seja a democracia, estabelecendo um processo de questionamento do passado aos olhos do presente, com vistas ao estabelecimento de processos de justiça que alterem as diferenciações sociais construídas pela semântica autoritária, desobstaculizando o devido processo de reparação de danos. Nesse sentido, segue Greppi:

> Não se pode ser democrata e manter a "concórdia" com os fascistas, porque a opção pela democracia expressa e requer uma tomada de posição intransigente contra o fascismo. Outra coisa distinta, e que nos situa em um plano diferente, é afirmar que as circunstâncias políticas de um contexto histórico determinado obrigaram o estabelecimento de acordos e a promoção de consensos de todo tipo e com quem quer que fosse. Assim o é, por exemplo, quando se trata de garantir o êxito de um processo de transição para a democracia. Porém, para um democrata, as razões que justificam esses acordos – e creio que esse ponto é decisivo – se mantêm somente enquanto subsistem estas circunstâncias que resultavam radicalmente adversas para a democracia e que implicam derrogação do núcleo normativo dessa própria democracia. No caso daqueles que afirmam que durante a transição a estabilidade da ordem política dependia do consenso, uma vez que era essencial que a transição fosse uma transição pactuada, sem rupturas, porque tais rupturas somente haviam servido para atrasar o retorno a democracia etc. Porém isso de nenhuma maneira justifica a afirmação que hoje seguimos escutando com insistência, isto é, de que a democracia espanhola ou a Constituição de 1978 estão baseadas ou tem fundamento nos valores da "concórdia" ou da equidistância [...]. Não há nada no pacto histórico entre as distintas forças sociais e políticas da transição que possa hipotecar para o futuro a afirmação dos princípios do antifascismo.[169]

---

[169] "No se puede ser demócrata y mantener la <<concordia>> con los fascistas, porque la opción por la democracia expresa y requiere una toma de posición intransigente contra

A consolidação substantiva do Estado de Direito implica repúdio pela democracia de práticas com ele incompatíveis, e na adoção de medidas (mesmo que contramajoritárias ou tardias) para sanear os danos por essas práticas causados, sem que isso implique qualquer violação jurídica, uma vez que tal prática reforça os princípios do igual tratamento perante a lei, devolvendo aos crimes cometidos no passado sob o manto de uma legalidade formal e ilegítima o *status* de crimes, reforçando os princípios do devido processo legal e da igualdade perante a lei, uma vez que tal procedimento afasta as excepcionalidades obtidas por agentes da repressão em circunstâncias nas quais política e força se confundiam e, mais notadamente, nas quais a política subordinava o direito. Mais ainda, a consolidação substantiva e retrospectiva do Estado de Direito reforça o princípio da dignidade da pessoa humana, uma vez que devolve às vítimas seu direito de conhecer o passado, ver seus algozes punidos e receber reparações justas pelos danos infringidos (ou não impedidos) pelo Estado que as devia proteger. Especialmente em contexto no qual os pactos de estabilidade e as leis de impunidade foram promulgados durante o regime antidemocrático ou no processo controlado de transição, a validade de tais diplomas deve ser fortemente questionada pelo direito democrático, uma vez que eles possuem inequívoco potencial lesivo aos princípios-chave do Estado de Direito.

Essa breve apresentação do debate tido no caso espanhol permite refletir sobre o modo como o debate transicional estende no tempo uma série de questões relativas à substancialidade do Estado de Direito, pois, de um lado, força uma releitura do ordenamento jurídico de acordo com novos valores, impostos pela democracia e pelo Estado de

---

el fascismo. Otra cosa distinta, y que nos sitúa en un plano diferente, es afirmar que las circunstancias políticas de un contexto histórico determinado obligan a establecer acuerdos y promover consensos de todo tipo y con quien sea. Así es, por ejemplo, cuando se trata de garantizar el éxito de un proceso de transición a la democracia. Pero, para un demócrata, las razones que justifican esos acuerdos – y creo que este punto es decisivo – se mantienen solamente mientras subsistan esas circunstancias que resultaban radicalmente adversas para la democracia y explican la derogación del núcleo normativo de la democracia misma. En el caso de quienes afirman que durante la Transición la estabilidad del orden político dependía del consenso, porque era esencial que la Transición fuera una transición pactada, sin rupturas, porque tales rupturas sólo habrían servido para alargar el retorno a la democracia, etc. Pero esto de ninguna manera justifica la afirmación que hoy seguimos escuchando con insistencia, esto es, que la democracia española o la Constitución de 1978 está basada o tiene su fundamento en el <<valor>> de la concordia o de la equidistancia. [...] Nada hay en el pacto histórico entre las distintas fuerzas sociales y políticas de la Transición que pueda hipotecar hacia el futuro la afirmación de los principios del antifascismo" (GREPPI. Los límites de la memoria y las limitaciones de la ley: antifacismo y equidistancia. *In*: MARTÍN PALLÍN; ESCUDERO ALDAY (Org.). *Derecho y Memoria Histórica*, p. 110-111, tradução livre).

Direito na insurgência de um Estado Constitucional de Direito e, de outro, tenciona a própria leitura histórica da Constituição, uma vez que esta é produto de um pacto gerado em dado momento concreto, mas, inobstante, desvincula-se desse momento histórico na medida em que seus efeitos se projetam no tempo.

As transições por transformação se caracterizam pelo controle do regime sobre o processo de democratização e, consequentemente, pela transmissão ao regime democrático de valores do regime autoritário. Nesse contexto, a Justiça Transicional cumpre o duplo papel de garantir o restabelecimento do Estado de Direito *prospectivamente* e, ainda, reparar danos e restabelecer *retrospectivamente* o império da lei, gerando continuidades e condições de inteligibilidade para o passado, em coerência com o presente, inaugurando uma perspectiva de futuro. Para tanto é que se faz necessária a ideia substancial de Estado de Direito, uma vez que apenas com um conceito substantivo é que se preenchem os vazios de direito do regime repressivo, evitando que a justiça do novo regime ao lidar com o passado seja uma justiça dos vitoriosos, novamente afirmando a arbitrariedade frente ao direito, ou, ainda, que o direito seja reduzido a sua dimensão formal, transformando-se em meio de perpetuação da injustiça, numa acepção teórica que faz com que "a letra da lei" tenha valor em detrimento da legitimidade do direito, ensejando uma crise de justificação funcional do direito, que passaria a ser inimigo de si mesmo ao sustentar o arbítrio.

Ao cumprir essa função dialética, a Justiça de Transição acaba por transformar as arenas institucionais, nas quais se realiza, em lócus de realização da dialética de aprimoramento da democracia. Se de um lado isto permite o avanço das pautas e debates democráticos, de outro, isto politiza ao extremo a realização da justiça, fazendo com que a positivação das *dimensões* da Justiça Transicional em *obrigações*, bem como a concretização destas obrigações no mundo da vida, seja constantemente marcada por avanços e refluxos, como bem se verá a seguir, na analítica do caso brasileiro.

PARTE II

DEMOCRATIZAÇÃO E JUSTIÇA DE TRANSIÇÃO NO BRASIL

CAPÍTULO 3

A REDEMOCRATIZAÇÃO E OS OBSTÁCULOS PARA A JUSTIÇA DE TRANSIÇÃO NO BRASIL

Esta segunda parte do estudo buscará, após toda a fundamentação teórica, definir e analisar em maior profundidade o modelo de democratização brasileiro e sua relação com a efetivação posterior de medidas de Justiça Transicional para, dessa feita, identificar aquilo que classificaremos como o modelo transicional brasileiro.

Para tanto, seguirá com a metodologia que comungar esforços descritivos com a análise das dimensões normativas aplicadas de modo a obter uma adequada compreensão do modelo que se esboça, bem como possibilitar críticas a suas limitações. Ainda quanto à metodologia, cabe aqui uma nota: deixei para este capítulo a refutação de algumas teses de natureza teórica, por duas razões. Primeiramente, porque são teses produzidas a partir da contraposição da busca por aplicação concreta dos mecanismos da Justiça de Transição no contexto brasileiro no período pós-transicional, não sendo, portanto, fora de lugar delas aqui tratar. Em segundo lugar, por serem teses que irão se opor, basicamente, àquilo que compõe o núcleo das teorias do direito e da justiça que este estudo busca fundamentar desde as ideias de Estado de Direito e de Democracia Constitucional, havendo sequenciamento lógico em apresentar e buscar refutar tais teses após a apresentação daquela que fundamenta este estudo.

Dessa feita, este capítulo é aberto contraditando teorias produzidas no Brasil sobre a Justiça de Transição, sua dimensão normativa e modo de aplicação, de modo a seguir analisando os mecanismos transicionais utilizados para a consolidação democrática e, posteriormente, o capítulo 4, analisando os mecanismos de Justiça de Transição propriamente ditos, reproduzindo-se na analítica concreta a mesma subdivisão tida para a formulação teórica na primeira parte do estudo.

É desse acervo complexo, que analisa a transição para a democracia e a Justiça de Transição, que se parte para a formulação do que seja o "modelo brasileiro" de Justiça Transicional, calcado na reparação, memória e verdade, encerrando-se com a afirmação das vantagens e crítica aos défices que esse mesmo modelo produz, fulcrada na ausência de justiça e na baixa densidade da reforma das instituições, e seu impacto em nossa concepção nacional, analítica e concreta, de Estado de Direito e Democracia Constitucional.

3.1 Democratização e justiça: estabelecendo distinções e refutando oposições teoréticas à efetivação das dimensões da Justiça Transicional no Brasil

A argumentação até agora construída procurou demonstrar que existe uma distinção latente entre estudos que investigam a *transição em si* e estudos que investigam a *Justiça de Transição*. Essa distinção pode ser qualificada, grosso modo, numa distinção entre a leitura que a literatura da ciência política dá ao fenômeno transicional, enfocada na estabilização de um regime democrático (majoritariamente desde a perspectiva eleitoral) equânime e eficiente, e a leitura que a literatura jurídica dá a este fenômeno, verificando como a transição enseja *direitos* e *obrigações* desde uma perspectiva específica de uma democracia constitucional.

A Justiça de Transição, como antes posto no item 2.1 desde a citação de Bickford,[170] é um campo interdisciplinar de ação e estudo (i) umbilicalmente vinculado aos direitos humanos e (ii) cujo foco central são as vítimas. Ao iniciar um estudo estruturado do caso brasileiro, importa destacar novamente essa questão, uma vez que um dos eixos de oposição à implementação das medidas transicionais no Brasil fundamentar-se-á na ideia de que o conceito de Justiça Transicional defendido pelas entidades, órgãos e agências promotoras de direitos humanos seria tão somente normativo-axiológico, não possuindo uma dimensão propriamente positivo-normativa no ordenamento jurídico, o que poderia tornar a efetivação de suas dimensões eventualmente desejável, mas não compulsória, e, mais ainda, produto não de medidas jurídicas, mas sim políticas, ou mesmo apologéticas, (tese parcialmente esposada pelo Ministro do Supremo Tribunal Federal Eros Roberto Grau, em seu voto relator na ADPF nº 153/2008, que será objeto de

---

[170] Supra, nota 84 *et seq.*

mais detida análise adiante). Traduz tal argumento a ideia de que as *dimensões* da Justiça de Transição, em nosso ordenamento, não traduziriam *obrigações*.

Nesse sentido, a mais complexa e elaborada refutação teórica à aplicação concreta da Justiça de Transição no Brasil (nos termos aqui defendidos, pelo menos), em especial no que concerne à verdade e à memória, e a efetivação de medidas de justiça, restou assentada na obra coletiva de Dimolius, Martins e Swensson Junior, e posteriores atualizações.[171] Essa refutação se assenta tanto em argumentos de ordem positiva, quanto em argumentos de ordem filosófica. Os argumentos de ordem positiva serão objeto de análise individualizada quando da investigação analítico-descritiva das quatro dimensões de efetivação da Justiça de Transição no Brasil, porém os argumentos de ordem teórico-filosóficos devem desde já ser enfrentados, como forma de explicitar algumas divergências e construir algumas alternativas.

Dimoulis qualifica a visão que caracteriza o conceito globalmente mais aceito de Justiça de Transição, a qual este estudo se vincula, como *normativo-axiológica* – no que não deixa de possuir determinada razão – sustentando, posteriormente, basear-se ela numa visão moralista da justiça[172] que busca a imposição retroativa de responsabilidade com fundamento em juízos que não seriam de *ordem jurídica*, mas sim de *ordem política*,[173] seguindo uma tradição argumentativa que, nesse campo específico, remonta as já aludidas teses de Herbert Hart,[174] e finda por apontar duas dificuldades concretas para sua implementação, no momento em que a argumentação das possibilidades teóricas de aplicação do conceito conforme proposto defronta-se igualmente com dificuldades de natureza prático-políticas:

---

[171] DIMOULIS; MARTINS; SWENSSON JUNIOR (Org.). *Justiça de Transição no Brasil*: direito, responsabilização e verdade. Swensson posteriormente autaliza parte destes argumentos quanto à dimensão da justiça em SWENSSON JUNIOR, Lauro Joppert. Ao julgar a justiça, te enganas: apontamentos sobre a justiça da Justiça de Transição no Brasil. *Revista Anistia Política e Justiça de Transição*. E Dimoulis, quanto à dimensão da memória e verdade em DIMOULIS; SABADELL. Anistia: a política para além da justiça e da verdade. *Revista Acervo*.

[172] DIMOULIS. Justiça de Transição e função anistia no Brasil: hipostasiações indevidas e caminhos da responsabilização. *In*: DIMOULIS; MARTINS; SWENSSON JUNIOR (Org.). *Justiça de Transição no Brasil*: direito, responsabilização e verdade, p. 119.

[173] DIMOULIS. Justiça de transição e função anistia no Brasil: hipostasiações indevidas e caminhos da responsabilização. *In*: DIMOULIS; MARTINS; SWENSSON JUNIOR (Org.). *Justiça de Transição no Brasil*: direito, responsabilização e verdade, p. 122-123.

[174] HART. Positivism and the Separation of Law and Morals. *Harvard Law Review*; HART. *O conceito de direito*.

> Primeiro, os adeptos do anterior regime nunca se considerarão agressores dos direitos humanos e encarnações do Mal, como lhes apresentam seus adversários políticos. Bastaria conversar com um agente do regime anterior ou ouvir seu depoimento no tribunal para constatar que não só rejeita categoricamente as acusações e rótulos que lhe aplicam os adversários, mas que também apresenta justificativas racionais e plausíveis para a sua atuação.
>
> [...]
>
> Segundo, medidas de justiça de transição sempre são tomadas após mudanças radicais de regime, sendo qual for a orientação política. Atribuir esse título só às transições que nos agradam politicamente, fechando os olhos perante realidades com as quais não concordamos é uma postura que não condiz com as tarefas analíticas (e não apologéticas) do estudioso do direito. "Transição" significa não apenas mudança para regimes democráticos, mas também substituição de democracias por ditaduras.[175]

Neste mesmo sentido, porém com variações, aponta a argumentação de Swensson Junior.[176] A crítica dos autores diverge radicalmente da argumentação em construção neste estudo em pelo menos três pontos, que pretendo a seguir explorar.

Para que seja funcional, um estudo sobre Justiça de Transição deve ter bem delineado um conceito de direito e um conceito de justiça, coisa que, evidentemente, qualifica os demais processos desde uma perspectiva axiológica sem que isso desvirtue o processo em arbítrio. Na esteira dos já aduzidos argumentos de Teitel, entendemos que em momentos de fluxo político o próprio conceito de Estado de Direito contém um núcleo normativo referencial, núcleo este que, de toda sorte, também é encontrado em "estados de direito estáveis", como verificado desde a obra de Rosenfeld, sendo possível, portanto, encontrar

---

[175] DIMOULIS. Justiça de transição e função anistia no Brasil: hipostasiações indevidas e caminhos da responsabilização. *In*: DIMOULIS; MARTINS; SWENSSON JUNIOR (Org.). *Justiça de Transição no Brasil*: direito, responsabilização e verdade, p. 119.

[176] Swensson Junior aponta que "é preciso ter seriedade e ser responsável coma desconstrução. E a primeira justiça que deve ser feita é a justiça de escutar (como fazem as deusas Diké e Justitia com seus olhos vendados), de preocupar-se em entender a razão do outro, em dissecar-lhe o vocábulo, em transitar por mundo e submundos culturais diferentes do seu, em decodificar mitos, místicas e rituais, em desautorizar visões unívocas do comportamento humano em realidades sociais marcadas pelo jogo da diferença e da identidade, em compreender as singularidades aos quais a justiça se destina. Mais do que decidir para onde nossos argumentos nos levarão, para que lado da história queremos ir, a justiça exige que "descontruamos" a nós mesmos: nossas teorias, ideologias, opções políticas, visões de mundo, fantasmas, conceitos e preconceitos" (SWENSSON JUNIOR. Ao julgar a justiça, te enganas: apontamentos sobre a justiça da Justiça de Transição no Brasil. *Revista Anistia Política e Justiça de Transição*, p. 97).

desde este núcleo um conjunto de valores-princípio *positivos* cuja carga normativa permite retirar da penumbra certos períodos da história em que o direito foi francamente manipulado (como na ditadura), evitando que a manipulação técnica (seja ela tecnicamente própria ou completamente arbitrária) seja utilizada no sentido de volver o direito contra si mesmo, jogando o Estado de Direito num processo de contradição interna irresolúvel entre seus princípios.

É nesse sentido que se verificam na argumentação posta (i) uma radical divergência de ordem histórico-teórica quanto ao próprio conceito de Estado de Direito e os fundamentos de validade do ordenamento jurídico; (ii) um equívoco de enfoque quanto às expectativas presentes no processo transicional quanto às vítimas e os violadores e, por fim, (iii) uma ausência de uma teoria substancial da justiça que permita a observação externa do próprio ordenamento jurídico positivo, permitindo que a teoria da justiça não reste subsumida numa teoria positiva do direito, conduzindo a uma completa confusão entre "transição" e "Justiça de Transição", na medida em que resta implícita a hipótese de que exista a possibilidade material de uma "justiça" que conduza a um regime autoritário, enquanto o que poderia existir nesse caso é uma "lei" de transição em uma asserção positivista mas que, do ponto de vista de uma teoria do direito e da justiça (no caso deste estudo fundada na ideia de um Estado Constitucional de Direito), careceria de qualquer legitimidade fundante e, portanto, para usar os termos positivistas, de qualquer validade jurídica, pois carente de procedimento. A seguir, passa-se a um mais detalhado desenvolvimento.

Primeiramente, para sustentar que a transição gera direitos, partiu este estudo de uma leitura substancial do que é o "Estado de Direito". Apenas com essa leitura substancial é que se torna possível a localização do conjunto de processos produzidos pela transição política em uma moldura jurídica que permite valorar os procedimentos empregados desde a perspectiva principiológico-hermenêutica do constitucionalismo, clareando as indistinções entre direito e política produzidas pelo regime de exceção e, nesse cenário mais claro, identificar os atos e as responsabilidades deles decorrentes frente a um contexto que não é de "justiça retroativa", mas sim e simplesmente de "justiça", haja vista que o período de exceção não substitui o Estado de Direito, mas, sim, vale-se da força para afastá-lo.

É com base nessa argumentação que se exclui a ideia de uma justiça "retroativa", pois o que se pretende não é voltar no tempo para aplicar novas normas, mas, sim, *corrigir sua não aplicação prévia*, produzida por um regime de força que ilegitimamente as afastou.

Para a sustentação da ideia de *retroação* da lei penal, antagônica com a ideia aqui apresentada de uma aplicação *restitutiva* (supra item 2.4), a tese concorrente se vale de uma tripartição das formas de responsabilização pelo Estado.[177]

Inicialmente, existe a responsabilização *normativa-esperada*, na qual "as autoridades estatais aplicam normas vigentes em casos nos quais a pessoa responsabilizada conta com a eventualidade de sua responsabilização e conhece aproximadamente a sanção". Em segundo lugar, a responsabilização *normativa não esperada*, na qual "certa conduta poderia ser percebida como ilícita com base na literalidade de dispositivos vigentes. Mas o autor e a sociedade não pensam, no momento da realização da conduta, que ensejará responsabilidade jurídica". E, por fim, a *responsabilidade retroativa*, que "baseia-se em normas posteriores à conduta" na qual "independentemente da situação legal no período da conduta e da opinião do autor e da sociedade considera-se, hoje, que sua conduta deve ensejar responsabilidade e para tanto são criadas novas normas".[178]

A conclusão da tese que procura descontruir vem no sentido da existência de uma "hipostasiação" do debate em torno da Justiça de Transição, onde, para fundamentar a normatividade de determinadas dimensões da Justiça de Transição ocorre uma "interpretação extensiva de princípios constitucionais de baixíssima densidade normativa"[179] pois:

> [...] os doutrinadores e aplicadores do direito sentem-se mais seguros e conseguem melhor justificar sua atuação quando silenciam ou subvalorizam o momento volitivo na aplicação do direito, apresentando sua decisão como necessária, obrigatória, até "automática". Dizer que o operador do direito deve punir um crime ou descobrir a verdade é uma estratégia retórica que causa menos reações do que reconhecer que ele imputa a alguém responsabilidade criminosa ou atribui "efeitos de verdade" a certo relato sobre acontecimentos políticos. As hipostasiações de processos fluidos e incertos permitem apresentar decisões com forte carga volitiva como decorrência de necessidades conceituais ou fáticas. Por isso fazem parte do arsenal da argumentação retórica.[180]

---

[177] DIMOULIS. Justiça de transição e função anistia no Brasil: hipostasiações indevidas e caminhos da responsabilização. *In*: DIMOULIS; MARTINS; SWENSSON JUNIOR (Org.). *Justiça de Transição no Brasil*: direito, responsabilização e verdade, p. 109.

[178] DIMOULIS. Justiça de transição e função anistia no Brasil: hipostasiações indevidas e caminhos da responsabilização. *In*: DIMOULIS; MARTINS; SWENSSON JUNIOR (Org.). *Justiça de Transição no Brasil*: direito, responsabilização e verdade, p. 109.

[179] DIMOULIS. Justiça de transição e função anistia no Brasil: hipostasiações indevidas e caminhos da responsabilização. *In*: DIMOULIS; MARTINS; SWENSSON JUNIOR (Org.). *Justiça de Transição no Brasil*: direito, responsabilização e verdade, p. 102, em alusão ao "direito à memória".

[180] DIMOULIS. Justiça de transição e função anistia no Brasil: hipostasiações indevidas e caminhos da responsabilização. *In*: DIMOULIS; MARTINS; SWENSSON JUNIOR (Org.). *Justiça de Transição no Brasil*: direito, responsabilização e verdade, p. 119-120.

A argumentação, bem fundamentada, promove um conceito de "segurança jurídica" nos termos que procurei questionar no item 2.4, não obstante, o conceito de Justiça de Transição conforme proposto neste estudo adentra de maneira mais profunda e interdisciplinar na história, buscando a série de fatos que remete à ideia de responsabilização no *rompimento do ordenamento jurídico* pelo regime de exceção por meio de expedientes de força, e não no *ordenamento jurídico imposto* (de maneira mais ou menos assentada) pelo próprio regime. Ocorre aqui uma clara divergência quanto à classificação da ditadura como um *Estado de Direito* ou um *Estado de Exceção*.[181]

É nesse sentido que, sem fugir à classificação apresentada, o que se busca – pelo menos no caso brasileiro – é a responsabilização *normativo-esperada* dos agentes do regime anterior pela ruptura com a ordem e estabelecimento de um regime de arbítrio e por violações graves contra os direitos humanos. Essa responsabilização remonta ao golpe que implicou a quebra do regime constitucional de direito previsto pela Constituição então vigente, evitando que o reconhecimento de um estado de fato como Estado de Direito torne o próprio Estado de Direito incapaz de efetivar qualquer de seus princípios, independentemente de densidades normativas. Importa ainda destacar que, como se verá no capítulo 4, parte das condutas que busca responsabilizar por meio do que chamamos de "norma global de responsabilidade individual"[182] poderia ser objeto de persecução penal independentemente da insurgência desta mesma norma, simplesmente recorrendo-se a normas positivas pátrias correntes durante a própria ditadura, vez que práticas como a tortura e o sequestro de opositores jamais foram autorizadas pela própria legalidade autoritária, e sua não punição só se deu, antes de 1979, pela capacidade de o regime impedir que as estruturas institucionais as processassem. A interpretação extensiva dada à lei de anistia para compreender também os crimes de estado, a nosso ver e de modo incompatível com o direito, surge justamente para tentar afastar uma punição que de outra maneira, num contexto institucional ordinário, seria certa. Daí se falar não em *retroação*, mas sim em *restitutividade*.

---

[181] A este respeito, veja-se: STRECK. A lei de anistia e os limites interpretativos da decisão judicial: o problema da extensão dos efeitos à luz do paradigma do Estado Democrático de Direito. *Revista do Instituto de Hermenêutica Jurídica*.

[182] Cf.: ABRÃO; PAYNE; TORELLY. A Anistia na era da responsabilização: contexto global, comparativo e introdução ao caso brasileiro. *In*: ABRÃO; PAYNE; TORELLY (Org.). *A Anistia na era da responsabilização*: o Brasil em perspectiva internacional e comparada.

Todos os fatos e atos decorrentes da ruptura com o ordenamento jurídico, portanto, atos da legalidade autoritária, estão conectados a um fato gerador inicial. Neste caso, a responsabilização não é nem *não esperada*, pois a expectativa em não ser punido pelo rompimento da ordem constitucional não é legitimável frente ao Estado de Direito, constituindo-se meramente em expectativa de impunidade (novamente mediante a força); quanto menos, *retroativa*, pois seja sob uma égide substancial, como a defendida por este estudo, seja por uma égide formal-procedimentalista ou mesmo positivista, não há fundamento válido para a ruptura da ordem, que enseja a mudança no ordenamento, que permite, por sua vez, o afastamento da ilicitude e da responsabilidade dos agentes de Estado por determinadas condutas. Mais válido ainda é este argumento para aqueles crimes cuja punição era *normativo-esperada* mesmo dentro da legalidade autoritária do regime.

Na primeira hipótese, considerando-se uma ideia minimamente substancial do direito, temos a completa ausência de *legitimidade* em si do movimento que afasta a ordem constitucional por meio da força para impor valores antidemocráticos, com violação latente de liberdades fundamentais, no segundo, de viés positivista, como sói ser evidente, não existia no ordenamento jurídico brasileiro qualquer *previsão normativa* a autorizar a tomada do poder civil pelos militares nos meios postos, quanto menos para iniciar a alteração do ordenamento por expediente de atos institucionais que abririam espaço para outras dezenas de mecanismos de arbítrio.

É assim que o argumento da retroatividade só faz sentido se equivalermos formalmente o golpe de 1964 a uma espécie de "poder constituinte", como em certa medida tentaram fazer os próprio militares ao tomarem o poder.[183] Porém, avançando nessa seara, o procedimento formal de equivalência que garantiria a validade dos atos de exceção remontaria ao problema da legitimidade, devolvendo a questão a um campo mais substancial onde, como demonstrado, o golpe não tem guarida.

Portanto, o procedimento analítico que viabiliza esta tese necessariamente depende de um fechamento analítico do campo do direito cujo cariz faz lembrar a crítica feita, já em 1988, por José Ribas Vieira às metodologias em aplicação pelos estudiosos do direito que, ao se isolarem em saberes autônomos e tautológicos, terminavam por gerar

---

[183] Sobre essa tentativa, confira-se: BARBOSA. *Mudança constitucional, autoritarismo e democracia no Brasil pós-1964*, p. 38-120.

explicações que não eram satisfatórias nem do ponto de vista jurídico, nem do ponto de vista político (aqui em sentido lato): "[...] houve [nesse sentido] um visível empobrecimento do campo do Direito no sentido de sua própria capacidade de responder adequadamente as questões básicas, tais como a da existência do fato jurídico nas sociedades e sobre o fenômeno estatal".[184]

Aceitar a tese de que a propositura de imputação de responsabilidades que impliquem anulação formal de dispositivos do ordenamento positivo do regime autoritário implica privilegiamento da vontade política dos agentes do novo regime significa, em última análise, dizer que a vontade autoritária, por qualquer razão, é juridicamente superior à legalidade democrática, uma vez que tal regime se impôs por meio da força, e não do direito, e o que busca-se no regime democrático é que o Estado de Direito imponha-se vetorialmente no tempo por sobre o regime de exceção. É por isso que se defende, ao contrário disso, que a Justiça de Transição é mecanismo *restitutivo* do Estado de Direito, uma vez que se efetiva (no plano ideal) não pela vontade política dos vencedores, mas sim pela legalidade forjada pela maioria, limitada por mecanismos de proteção a liberdades individuais do Estado de Direito, destacando-se que a ruptura por meio da força com este mesmo Estado de Direito não é causa excludente da aplicação de seus princípios no tempo passado.

Por outro lado, se há um fechamento tautológico do campo do direito na interpretação que nega a responsabilidade, é importante destacar que, na argumentação hipotética sobre os efeitos práticos do processo de justiça quanto aos perpetradores empreendida pela tese que procuro refutar, ocorre uma consideração de ordem política, que conduz àquilo que é o segundo ponto divergente da argumentação: se há um golpe de Estado que fundamenta um discurso político que o justifica, *é legítimo a seus agentes seguirem defendendo tal discurso*, seja por nele acreditarem, seja por dele dependerem, *mas disso não decorre a ilegitimidade do Estado para a responsabilização dos atos aos quais esse discurso se refere.*

Embora um dos objetivos da Justiça de Transição seja a reconciliação, não faz parte de seu escopo a ilusão de que, ao final de um processo de responsabilização, os agentes violadores venham a reconhecer sua eventual culpa e aderir ao discurso democrático. Pesquisas etnográficas apontam, no mesmo sentido do exemplo apresentado na citação que

---

[184] VIEIRA. *O autoritarismo e a ordem constitucional no Brasil*, p. 4-5.

apresenta a tese que contesto, a tendência ao uso de formas de negação da legitimidade do julgamento, com a utilização dos depoimentos por parte de antigos perpetradores de crimes como mecanismos de reengajar e reconstruir a história do regime, permitindo-lhes angariar algum capital político com o processo judicial. Nesse sentido, afirma Payne:

> [...] o curso confessional permite aos perpetradores reinventar seu passado através da narrativa. Os perpetradores não recontam seu passado como ele ocorreu naquele tempo, nem necessariamente possuem uma "pretensão de veracidade ou exatidão". As histórias que eles contam podem ser moldadas, consciente ou inconscientemente, para se ajustarem a um momento político de especial necessidade pessoal. [...] Rendições de contas ou reinvenções do passado por parte dos perpetradores incluem remorso, heroísmo, negação, sadismo, silêncio, mentiras e ficções, amnésia e traição.[185]

O fato de relevância central aqui é o dever do Estado de Direito de identificar os responsáveis por violações a este mesmo direito, especialmente aquelas mais graves, contra os direitos humanos, protegidas por um amplo conjunto de ordens jurídicas entrelaçadas, e isso não implica identificar nestas violações o "mal absoluto", mas apenas as parcelas individuais de responsabilidade por atos praticados em flagrante violação ao Estado de Direito ou para dar sustentação a seus violadores. Assim como não é necessário que um estelionatário se identifique como tal e se sinta culpado ao chegar ao banco dos réus, o papel do Estado na Justiça de Transição não é o de tornar um defensor do regime em um crítico, mas sim de *devolver ao processo judicial sua normalidade*, tornando investigáveis e puníveis as condutas praticadas e remediando, por meios individuais ou coletivos, os males que tenham sido cometidos em nome do próprio Estado durante o período de exceção. A postura do perpetrador da violação, seja sincera ou estratégica (como as apresentadas por Payne), é algo com que o Estado de Direito deve lidar procedimentalmente, separando o sentimento que o próprio tem em relação a seus atos da classificação que o direito democrático

---

[185] "[...] confessional scripts allow perpetrators to reinvent their past through narrative. Perpetrator do not recount their past as it occurred at the time, nor do they necessarily possess a 'a claim to truth or accuracy'. The stories they tell may be made up, consciously or unconsciously, to fit a particular political moment of personal need. [...] Perpetrators' accounts, or reinventions, of their past include remorse, heroism, denial, sadism, silence, fiction and lies, amnesia, and betrayal" (PAYNE. *Unsettling Accounts*: neither truth nor reconciliation in confessions of state violence, p. 19, tradução livre).

dá aquela mesma conduta no plano genérico, abstrato e universalizável da lei, respeitadas todas as garantias fundamentais.

A consideração de que "um agente do regime anterior [...] não só rejeita categoricamente as acusações e rótulos que lhe aplicam os adversários, mas [...] também apresenta justificativas *racionais* e *plausíveis* para a sua atuação" (grifos nossos) é pouco consistente, ao fazer parecer que existe a intenção de usar o direito penal e a busca pela verdade durante o processo transicional para reabrir um debate sobre quem estava "correto" e quem estava "errado" desde a perspectiva política de dado momento de conflagração social, enquanto o debate que interessa à Justiça de Transição é outro: *quem é responsável e em que medida por graves contra os direitos humanos*. O que está em pauta, portanto, não são razões políticas e condutas extremadas que possam ter dado azo, posteriormente, a anistias legalmente válidas, como as anistias a crimes comuns. Essas anistias são aceitas, tanto por tribunais (como é o caso do equacionamento chileno entre anistia e julgamentos),[186] quanto por especialistas em direito internacional e justiça de transição.[187] A discussão que se pretende é quanto à própria ideia de que seja "plausível" ou "justificável", *em qualquer contexto político*, a prática de crimes contra a humanidade, como a tortura, o desaparecimento forçado e o genocídio. E é a esta possibilidade que a perspectiva da Justiça de Trasição aqui defendida se opõe de maneira radical. Não faz parte de seu escopo debater se os defensores do regime soviético estavam corretos ao defender o comunismo, ou se correto estava o regime militar brasileiro ao lutar contra os comunistas, seu objetivo é a consecução de um Estado de Direito no qual prevaleçam garantias mínimas aos direitos humanos e, portanto, a responsabilização por violações graves e a busca pela verdade quanto a estas violações tornam-se imperativas, sem que para tanto se adentre em debates de qualquer natureza quanto à qualidade política de opiniões mais ou menos fundamentadas.

Embora a Justiça de Transição não seja neutra, uma vez que se posiciona ao lado das vítimas de violações, é importante que reste claro que seu engajamento dá-se para com as vítimas por sua condição de vítima, e não pelas características étnicas, políticas ou sociais que a levaram a uma situação de vitimização. Pela mesma razão, evidentemente, ao perseguir os perpetradores de violações contra o Estado

---

[186] Cf.: COLLINS, Cath *et al.* Verdad, justicia y memoria: las violaciones a los derechos humanos del pasado. *In*: *Informe Anual sobre Derechos Humanos en Chile 2011.*

[187] FREEMAN; PENSKY. The amnesty controversy in International Law. *In*: LESSA; PAYNE. *Amnesty in the Age of Human Rights Accountability*: comparative and international perspectives.

de Direito ou os direitos humanos, a Justiça de Transição e o Estado não adentram em um processo limitador da esfera política, investindo contra a ideologia por eles proferidas, mas sim buscam punir condutas exorbitantes tidas na defesa dessas ideologias com o fito de eliminar a divergência existente em vez de com ela competir na esfera pública, consideradas as limitações correntes numa democracia constitucional.

A última diferença de enfoque que se faz necessária explicitar quanto a esta questão diz respeito a ideia de que "medidas de justiça de transição sempre são tomadas após mudanças radicais de regime, sendo qual for a orientação política". Essa afirmação só faz sentido se "justiça" for entendida eminentemente como o produto determinado do direito positivo (leia-se: do texto legal em sentido estrito). Por todo o exposto no capítulo 2, especialmente nos itens 2.3 e 2.4, não parece necessário desenvolver mais longamente essa questão, mas cabe apenas destacar a razão teórica que enseja essa divergência, que é a desconexão da teoria do direito com algum tipo de teoria substancial do Estado ou da justiça, nos termos da crítica de Ribas Vieira anteriormente transcrita.

Evidentemente, se entendermos que a mudança do direito positivo possa ocorrer em toda direção, eventualmente mesmo sem qualquer tipo de contrapeso ou limitação, será possível entender que uma reforma constitucional com objetivo de estabelecer uma ditadura tenha conteúdo de "justiça" e seja, neste sentido, "Justiça de Transição". Porém, aceitos os pressupostos materiais mínimos de um Estado de Direito ou, ainda, no caso brasileiro, de uma Democracia Constitucional, tal hipótese deixa de existir. Caracteriza-se, dessa forma, a distinção entre "disposições de transição" e "Justiça de Transição".

Finalmente, a fundamentação teórica que demonstra que o enfoque da Justiça de Transição nas vítimas é produto de sua condição de vítima, e que o escopo de atuação da Justiça de Transição é o Estado de Direito, e não a vontade arbitrária de um dos lados do conflito, é fundamental para desfazer a confusão entre a dimensão "analítica" e "apologética" do campo. Nesse sentido, insta destacar que o estado constitucional de direito é um produto político-cultural da sociedade ocidental que contém, em si, a apologia a um conjunto de valores, não havendo, *a priori*, demérito na reiteração desses valores quando da prescrição que segue a analítica dentro do campo jurídico. O mesmo é válido para os direitos humanos. De toda sorte, se considerada a hipótese sincera de que esses valores se encontram em disputa, não haveria igualmente razão para que estes não fossem objeto da análise e posterior afirmação pelo estudioso do direito. Afirmar o contrário significaria, em última análise, terceirizar para outra área do saber a tarefa de interpretar o próprio direito no que concerne a seus princípios e valores centrais, restando ao "operador" do direito a execução de um mero procedimento técnico, e não hermenêutico.

Nesse sentido, de identificar e analisar o modelo brasileiro de Justiça de Transição, até este momento, no estudo em curso procurou-se contextualizar os principais mecanismos transicionais empregados pelos poderes políticos em geral na chamada "terceira onda", com especial ênfase aos países que experimentaram transições por transformação. Consoante com a metodologia desenvolvida nos capítulos anteriores, parte-se agora para a verificação do contexto social em que ocorre o fluxo e a adoção de medidas políticas no caso brasileiro, para apenas então adentrar no debate sobre as conformações jurídicas dos direitos insurgentes (e renegados) pelo processo democrático, conforme os pressupostos estabelecidos desde as ideias de "estado de direito", de "constitucionalismo" e de "Justiça de Transição".

3.2 A "natureza" do regime e a transição sob controle

A ideia de se estudar uma "Justiça de Transição" ou mesmo uma "transição para a democracia" é produto da inquietação científica mais recente, razão pela qual não faria muito sentido estender esta investigação para um passado distante. Inobstante, para a boa contextualização do *modus operandi* recorrente da tradição política brasileira, importa destacar que desde a independência até o golpe militar de 1964 o país experimentou pelo menos 13 tentativas (1823, 1891, 1930, 1932, 1935, 1937, 1945, 1950, 1954, 1955, 1956, 1959 e 1961), com ou sem sucesso, de uso da força ou de expedientes de poder excepcional para a definição dos rumos da política ordinária, em uma sucessão de legitimação e derrogação de atos não previstos em lei, golpes e contragolpes, notadas vezes gestados ou diretamente operados pelo poder militar, desestabilizando qualquer possibilidade de fundação de um "senso comum democrático" no Brasil.[188] Se é certo que, nesse contexto, o golpe de 1964 não representa grande novidade, não se pode deixar de referir algumas características peculiares dessa interrupção da ordem jurídica, uma vez que tais características distintivas influenciam e guardam direta relação com o processo de reabertura, conduzido sob o pulso forte do regime.

---

[188] Cf.: TORELLY. Justiça transicional, memória social e senso comum democrático: notas conceituas e contextualização do caso brasileiro. *In*: SANTOS *et al. Repressão e Memória Política no Contexto Luso-Brasileiro*: estudos sobre Brasil, Guatemala, Moçambique, Peru e Portugal, p. 111.

O golpe de 1964 originalmente seguia um roteiro compatível com a história pretérita, traduzindo um consenso entre elites civis e militares da necessidade de intervir nos rumos que a política democrática impingia ao país. Porém, com o decurso do tempo, a "revolução" estabelece padrão diverso daquele originalmente adotado em demais interrupções da rotina institucional, tornando o período de ditadura militar o mais largo episódio de ausência de exercício do poder civil da história do Brasil, de tal feita que o processo desencadeado pelo golpe militar de 1º de abril de 1964 não apenas marca a derrocada da democracia como também o início de um amplo processo de transferência continuada de poder civil para as Forças Armadas. Nas palavras de Werneck Sodré:

> O processo da ditadura assinala a crescente concentração do poder: de início, logo após o golpe militar, a ampla frente a que o golpe atende tem condições de estabelecer o provimento do Executivo pelo consenso entre os dirigentes civis e autoridades militares, os partidos estão em atividade, o Congresso, consideravelmente ferido, é compelido a consagrar a escolha de uns poucos. Essa escolha, depois, vai se tornando privativa de um reduzido número de chefes militares, que deliberam qual deles deverá ser o escolhido. Gerou-se, assim, uma fonte de poder singular. Em nossa história, realmente, há precedentes de chefes militares, em situações de emergência, escolherem o Executivo. Dar forma sistemática a esse processo é uma criação específica do regime de 1964, entretanto. Torna-se, com o processo, peça essencial do regime, define-o. Ao mesmo tempo que define as Forças Armadas como base política do regime. Não base transitória, para uma ação esporádica de força, resultante de emergência, de crise, mas base política deliberada, continuada e única.[189]

Diferentemente do que ocorrera em outros episódios de interrupção da normalidade institucional (fosse na República, fosse no Império), no caso do golpe de 1964 a participação das forças armadas não cessou após a alteração dos dirigentes do Executivo, inaugurando um modelo de gestão do Estado pelos militares que posteriormente se repetiria na Argentina (1976-1983), no Uruguai (1973-1985) e no Chile (1973-1990). É assim que, na medida em que decorria o tempo, o regime ampliava sua capacidade de gestão sobre os mais diferentes setores do Estado.

Nesse sentido, deve-se destacar que as características da organização do poder no Brasil já eram, de si, singularmente autoritárias. Em estudo comparativo, Ribas Vieira destaca que as constituições de

---

[189] SODRÉ. *Vida e morte da ditadura*: vinte anos de autoritarismo no Brasil, 1984, p. 119.

1824, 1891, 1934 e 1946 já possuíam elementos típicos do que ele definiu como um "Estado de Exceção Híbrido",[190] no qual a própria constituição estabelece e a política trivializa a questão da suspensão parcial da ordem ou das garantias constitucionais. Porém, é a partir do regime de 1964 que isso se agrava, com o estabelecimento de um estado de exceção de cariz eminentemente militar e permanente.

Com a edição do primeiro Ato Institucional, os generais militares parcialmente substituem o Congresso Nacional, que viria a ser posto em recesso sob a égide do AI-2. Com o AI-3, alteram o processo de escolha dos governados, que passou a ser indireto, e, finalmente, com o AI-4, convocam extraordinariamente um Congresso submetido ao Executivo para a aprovação de uma nova Constituição, cujo principal objetivo era o de "atualizar" a ordem jurídica, que havia restado defasada em relação ao poder de fato que os militares vinham exercendo.

A ideia aqui presente, de "atualizar" a constituição que se defasara em relação à revolução vem no sentido de promover aquilo que Valadéz, partindo da experiência mexicana, define como uma "dictadura constitucional".[191] A ditadura constitucional nada mais é do que um regime com esqueleto e aparência de Estado de Direito, em sua acepção formal de um "estado guiado por regras", porém que confere ao poder executivo tamanha discricionariedade para atuar que, na prática, desfazem-se as garantias institucionais, individuais e, em última análise, a própria separação dos poderes.

O ano de 1968 marca um período de ampla agitação de diversos setores sociais, com manifestações variadas clamando pelo fim da opressão e a organização de movimentos armados de resistência à ditadura militar.[192] Em resposta, o regime promulga o Ato Institucional nº 5 (AI-5), que confere ao Executivo poderes para decretar de ofício o recesso de qualquer dos órgãos do Poder Legislativo (coisa que antes fora feita por meio de Ato Institucional), intervir nos estados e municípios sem considerar os requisitos presentes na Constituição, cassar mandatos e direitos políticos de qualquer cidadão por até 10 anos, além de estabelecer possibilidade de confisco de bens, suspender o *habeas corpus*, e remover outras garantias constitucionais, como a inamovibilidade, vitaliciedade e estabilidade de servidores públicos, inclusive dos juízes.

---

[190] VIEIRA. *O autoritarismo e a ordem constitucional no Brasil*, p. 59.

[191] VALADÉZ. *La dictadura constitucional en America Latina*.

[192] Cf.: FICO; ARAÚJO (Org.). *1968: 40 anos depois*.

É nesse cenário, com sucessivos golpes à ordem constitucional, com a ampliação da agitação social, e com o Congresso em recesso por amplo período (desde dezembro de 1968), que ocorre o "golpe dentro do golpe", com o afastamento do Presidente-General Costa e Silva em 31 de agosto de 1969, em função de problemas de saúde, e o rompimento da ordem de sucessão presidencial formulada pelo próprio regime, que passaria a ser gerido por uma junta militar que terminaria por consagrar Emílio Médici presidente.

É este movimento de alteração do processo sucessório, evidenciando de vez a confusão entre "forças armadas" e "regime", que leva Werneck Sodré a afirmar que se consagrara uma nova fórmula de participação dos militares na vida pública do Brasil:

> [...] a rotatividade [entre os presidentes generais, sem critérios prévios de direito] representou a homenagem às aparências, de um lado, o mais superficial, de outro, o lado real, representou a presença da instituição na responsabilidade pelo regime: não era o general tal ou o general qual o responsável pelo regime, mas o Exército ou mesmo as Forças Armadas.[193]

Ao alterar a ordem sucessória prevista pelo próprio regime de exceção, rompe-se mesmo com a ideia de uma "ditadura constitucional", explicitando-se ao extremo o caráter de intervenção das forças armadas na vida civil e, consequentemente, a efetivação do modelo autoritário de uma "ditadura militar".

É nesse contexto, de ditadura militar, que será atualizado o discurso norte-americano da segurança nacional,[194] valendo-se as forças armadas de um discurso do medo para a consolidação social de uma série de valores caros à elite que se vira derrotada no processo eleitoral anterior ao golpe e que adere a este como forma de alterar os rumos políticos do país. Essa sinergia entre um poder militar que se confunde com a própria institucionalidade e o apoio de uma elite civil que procura reverter processos originados no seio democrático, é que enseja a formação de uma mentalidade autoritária, que persistirá após o término do próprio regime militar configurada numa semântica social amplamente difundida.

É neste mesmo sentido que conclui Ribas Vieira, ao discutir como a comunhão de valores entre elites civis e militares conduziram a consolidação de uma visão ideológica autoritária que, com o tempo,

---

[193] SODRÉ. *Vida e morte da ditadura*: vinte anos de autoritarismo no Brasil, p. 117.

[194] Cf.: JORDAN; TAYLOR JR.; KORB. *American National Security*.

autonomizou-se das próprias forças armadas, que a produziam desde a Escola Superior de Guerra. Tratando a Justiça de Transição tanto de mudanças institucionais como éticas e de mentalidade, importa transcrever trecho da análise do autor:

> [...] as Forças Armadas se inserem no aparelho repressivo do Estado e toda a sua postura ideológica não é algo autônomo e exclusivo a elas. Pelo contrário, normalmente os setores das Forças Armadas compartilham a mesma ideologia dominante numa sociedade. Por conseguinte, a Doutrina de Segurança Nacional implementada pela nossa Escola Superior de Guerra não é sua obra exclusiva, mas sim de um longo processo de maturação ideológica.[195]

A doutrina esposada pelo regime se traduziu em diferentes legislações extraordinárias, cabendo destacar que em nenhum momento se fez questão de omitir o caráter discricionário das definições contidas em tais diplomas, valendo destacar as palavras do Ministro da Justiça, Ibrahim Abi-Ackel, e do Secretário-Geral do Conselho de Segurança Nacional, Danilo Venturini, que ao proporem alterações à lei de segurança de 1978 (nº 6.620) no bojo da exposição de motivos da nova lei de segurança nacional de 1983 (nº 7.170) destacam que "as leis que vem sucessivamente tratando de tais crimes [contra a segurança nacional] no Brasil conservam o caráter de legislação especial, por isso mesmo não incorporada a um código, dada a necessidade de sua *frequente alteração* para atender a *contingências político-sociais*"[196] e seguem informando que, com a anistia e o recuo das forças contestatórias, o número de tipos penais do novo projeto seria de 22 ao invés de 40 e que "foram evitadas as definições genéricas da atual lei, visto que essa tarefa poderá ser mais bem empreendida pela jurisprudência e pela doutrina".[197] A afirmação denota claramente a utilização do expediente legal não para a simples proteção da segurança da pátria, mas sim para sua efetiva tutela por meio de dispositivos pouco objetivos e cambiáveis de acordo com a vontade política.

De toda sorte, as legislações de segurança nacional traduzem apenas uma pequena dimensão (normativa) daquilo que a doutrina da segurança nacional pode produzir e incorporar às instituições brasileiras. Voltando ao estudo de Ribas Vieira, destacam-se outros

---

[195] VIEIRA. *O autoritarismo e a ordem constitucional no Brasil*, p. 75.
[196] SENADO FEDERAL. *Segurança Nacional*: Lei n. 7.170, p. 135 (grifos nossos).
[197] SENADO FEDERAL. *Segurança Nacional*: Lei n. 7.170, p. 136.

elementos antidemocráticos nela contidos, dessa vez extraídos da Doutrina Básica de 1979 da Escola Superior de Guerra, redigida pelo General do Exército José Fragomeni. No caso, especificamente, Ribas Vieira analisa o conceito de participação política e responsabilidade, para demonstrar como era presente e institucionalizada a ideia de que mesmo após uma eventual abertura democrática, o povo poderia ter direito à participação, mas jamais poderia ser integralmente responsável pelo Estado, cuja administração caberia às elites:

> A História brasileira dá, portanto, relevo ao papel das elites na formulação dos Objetivos Nacionais. [...] É claro que na atualidade [1979] as comunicações se vêm aperfeiçoando e a participação política do povo na vida nacional pode ser maior. Mesmo assim, não se restringe a responsabilidade, que cabe as elites, de auscultar e interpretar com fidelidade os interesses e aspirações dos grupos sociais e de todo o povo brasileiro.[198]

Com a reabertura, as leis de exceção foram sendo eliminadas e a lei de segurança nacional democratizada, mas a mentalidade gerada à época – aqui ilustrada pela doutrina da segurança nacional – foi suficientemente forte para não apenas impingir sua marca na transição altamente controlada e gradual pela qual o Brasil passou como, e mais especialmente, para deixar rastros no próprio escopo institucional das Forças Armadas e do próprio Estado até o período recente.

É por isso que Ribas Vieira conclui em seu estudo de 1988 que:

> [...] a Doutrina de Segurança Nacional adotada no Brasil não é algo meramente transplantado ou imposto de fora. Pelo contrário, ainda que pesem aquelas influências externas [mormente norte-americanas], ela se apóia, diretamente ou não, num pensamento jurídico-político autoritário e conservador. Assim, a Doutrina de Segurança Nacional, na medida em que se prende àquela perspectiva ideológica dominante em nossa sociedade, legitima o papel das Forças Armadas Brasileiras como aparelho repressivo do Estado.[199]

Assim, se é dado consensual que a abertura brasileira foi "lenta e gradual", é necessário somar-se a essa informação, para os fins introdutórios ao caso brasileiro, a característica de manutenção de mentalidades presente em nossa transição política.

---

[198] *Doutrina Básica*, p. 94 *apud* VIEIRA. *O autoritarismo e a ordem constitucional no Brasil*, p. 81.

[199] VIEIRA. *O autoritarismo e a ordem constitucional no Brasil*, p. 82-83.

É essa constatação que leva Genro a afirmar que:

> [...] o desenvolvimento de uma Justiça de Transição [no Brasil] foi travado, politicamente, pelos compromissos firmados na migração "suave" da ditadura para a democracia política, o que proporcionou que ela evoluísse lentamente. Até hoje, em todas as instituições do Estado permanecem os que eram, à época, jovens apoiadores do regime de força e inclusive serviram dele para ascenderem na burocracia estatal ou nas carreiras políticas, o que é normal numa transição conciliada como a nossa.[200]

Dessa feita, a transição brasileira se caracteriza não apenas pela continuidade institucional entre antigo e novo regime, mas também pela manutenção de um conjunto de valores que os militares arraigaram em toda a máquina pública, valendo-se do consenso que puderam obter junto às elites. É daí que emerge um cenário no qual a continuidade institucional se mescla com a continuidade ideológica, política, jurídica e social que virá, posteriormente, a complicar a assunção por parte do Estado de uma reprovação veemente do regime de exceção tido entre 1964 e 1985.

A transição brasileira, nesse sentido, opõe-se a outras, como a Argentina, onde existe um claro rechaço ao conjunto de atores que romperam com a legalidade. Defende-se, mesmo na democracia, a importância da "revolução" de 1964, que ainda é comemorada por círculos militares. Mais ainda: o conjunto de reformas do Estado, que será mais adiante escrutinado, não conseguiu afastar o espectro de que, a qualquer momento, novas intervenções dos militares na política pudessem ocorrer, mantendo a democracia insurgente sob permanente angústia.

O discurso ideológico da ditadura será, mais de 30 anos após a anistia de 1979, repetido *ipsis litteris* por setores da mídia e dos poderes de Estado, havendo claramente a identificação de um discurso vencedor, do regime, e de um discurso perdedor, da oposição, independentemente da melhor ou pior adequação de ambos aos princípios da democracia e do Estado de Direito.[201]

É por tudo isso que Genro conclui que:

---

[200] GENRO. *Teoria da democracia e Justiça de Transição*, p. 16.

[201] No momento da finalização desta obra, não obstante, verifica-se um ambiente midiático mais favorável ao direito à memória e à verdade das vítimas, mesmo que ainda refratário a qualquer medida de justiça criminal. Apenas o tempo nos permitirá conhecer a evolução desta questão.

A "transição sob controle", de uma parte, trouxe uma vantagem extraordinária, pois não jogou brasileiros contra brasileiros, na possibilidade de uma luta armada fratricida. De outra parte, porém, trouxe desvantagens gritantes: impôs burocraticamente um conceito de perdão, que é o perdão através do qual os ofensores "perdoam" os ofendidos, o que limita a adesão subjetiva à reconciliação [...].[202]

A transição para a democracia no Brasil se estende, portanto, pelo menos entre 1979 e 1988, numa contagem bastante restritiva. Para fins didáticos, podemos dividir o processo transicional brasileiro (que inclui a "transição para a democracia" e a "Justiça de Transição") em três grandes recortes temporais:[203]

(i) um *primeiro momento* de acumulação de forças contra o regime militar, que dura quase toda a década de 1970, passando pela formação dos comitês brasileiros pela anistia a partir de 1975 e pela luta pela anistia brasileira em diversos países do mundo[204] chegando a seu ápice e se encerrando em agosto de 1979 com a histórica greve de fome dos presos políticos por anistia e com a promulgação da Lei nº 6.683. A alusão aos "ofensores que 'perdoam' ao ofendido" diz respeito a esse momento, quando o regime concede a anistia aos perseguidos e inicia um processo de imposição de esquecimento com vistas à sustentação de determinada paz social.

(ii) há, então, um *segundo momento*, no qual as forças acumuladas na luta pela anistia se desenvolvem em motores da luta pela redemocratização, culminando com o movimento "diretas já", com o processo constituinte e, finalmente, com a promulgação da Constituição Cidadã de 1988. As eleições indiretas de 1985, bem como a indicação de um candidato a vice-presidente vinculado ao regime para a chapa vencedora, tornando-se este o Presidente com a morte prematura do candidato titular, dão a tônica da força política ainda conservada no regime.

(iii) por fim, vivemos o período atual, um *terceiro momento*, no qual a consolidação da democracia convive não somente com a constante necessidade de aprimoramento da vida

---

[202] GENRO. *Teoria da democracia e Justiça de Transição*, p. 30-21.

[203] ABRÃO; TORELLY. Justiça de Transição no Brasil: a dimensão da reparação. *Revista Anistia Política e Justiça de Transição*, p. 165.

[204] Cf. GREEN. *Apesar de vocês.*

republicana, como também com a necessidade imposta ao Estado de Direito de enfrentar o legado autoritário do passado, agregando consistência a este que já é nosso mais longo período de democracia. Esse terceiro período, inaugurado com a Constituição Cidadã de 1988 é que se difere mais radicalmente dos dois demais.[205]

Se durante a primeira etapa da transição democrática a pauta se restringia à anistia, no segundo momento se ampliou para a consolidação do sistema político-eleitoral e a garantia dos direitos fundamentais para, então, no terceiro período, surgirem as demandas propriamente ditas por "Justiça de Transição", num contexto de claro amadurecimento institucional.

Cada um dos três períodos nos deixa um legado. Nos dois primeiros, o Brasil consegue implementar dois mecanismos transicionais típicos da terceira onda: uma anistia e a democratização por meio de eleições. Já no terceiro período, inicia-se um processo de questionamento da legitimidade de tais medidas ante ao Estado de Direito, bem como de suas eventuais limitações e necessidade de aprofundamentos, caracterizando-se o fortalecimento da distinção funcional entre direito e política.

Dessa feita, apontadas as principais características organizacionais e ideológicas do regime, passa-se à análise dos mecanismos transicionais utilizados e dos agentes sociais mobilizados durante os dois primeiros períodos da transição (propriamente, a "transição para a democracia").

Os dois principais mecanismos transicionais brasileiros foram, sem dúvida, a promulgação da lei de anistia em 1979 e a ocorrência de eleições livres. Se a promulgação da Constituição de 1988 é notadamente o marco jurídico mais importante da transição, inegável é que só se viabilizam os trabalhos da constituinte após o destensionamento nacional e a reinauguração de processos de participação social que permitissem agregar legitimidade ao próprio processo constitucional.

A literatura disponível sobre ambos os processos é farta e de qualidade, razão pela qual neste subitem do estudo procurar-se-á apenas destacar as principais nuances de ambos, de modo a que reste claro o

---

[205] Em outro estudo, a quatro mãos com Paulo Abrão, discutimos a ressiginificação do próprio conceito de "anistia" ao longo deste processo. Algumas destas questões serão trabalhadas adiante, no item 3.3, mas o aprofundamento pode ser buscado em ABRÃO; TORELLY. Mutações do conceito de anistia na Justiça de Transição no Brasil: a terceira fase da luta pela anistia.

modo como tais mecanismos foram inseridos na sistemática político-jurídico da época. Isso importa pois no Brasil, como em diversos outros países, o período posterior à redemocratização é marcado parcialmente pelo questionamento desses mecanismos, sendo típico do modelo a necessidade de interpretá-los, como forma de garantir que novas medidas transicionais, voltadas não mais para a transição em si, mas sim para a Justiça de Transição, sejam justificadas e validadas nos planos político e jurídico como coerentes. Isto é especialmente válido para todos os debates que se referem, de modo mais ou menos direto, à anistia de 1979 e os princípios que ela busca inserir no sistema político e no ordenamento jurídico, tal qual o princípio da "reconciliação nacional", que passa a ser lido e utilizado política e juridicamente de acordo com leituras cuja genealogia remonta à aprovação da lei, fazendo com que questões de legitimidade e validade anteriores à própria constituição voltem à tona no debate contemporâneo, fundamentando a necessidade de construção de conceitos explicativos que deem conta de equacionar as diferentes dimensões conflitivas que surgem durante o fluxo político não apenas no presente, mas também no passado, sob pena da solução tida ser artificial e pouco duradoura. É a esse fim que se propõe a ideia já apresentada de uma justiça em retrospectiva.

Passa-se, então, à questão da inserção do "mecanismo anistia", ingresso no ordenamento jurídico pelo processo político que se finda em agosto de 1979.

3.3 Entre o perdão e a impunidade: o paradoxo da vitória de todos na anistia brasileira

Como pudemos ver na passagem específica deste estudo dedicada à questão da anistia como gênero, sua problemática é oriunda da necessidade de compatibilização entre caracteres jurídicos e políticos para sua aprovação e validade e, ainda, persistem no tempo posterior a sua introdução questionamentos sobre sua fonte e seu foco, ou seja, quem a confere e quem são seus beneficiários (supra item 1.3.3).

Desde a Segunda Grande Guerra, pudemos acompanhar a introdução de mais de 90 anistias nas Américas, aproximadamente 80 na Ásia, mais de 120 na Europa, quase 60 no Oriente Médio e Norte da África e, ainda, pouco mais de 140 anistia na África Subsaariana.[206] Disso se conclui, portanto, ser a anistia um mecanismo comum nos processos de transição. Quanto à fonte, aproximadamente 180 dessas

---

[206] MALLINDER. Louise. *Amnesty, Human Rights and Political Transitions*, p. 21.

anistias foram conferidas diretamente pelo Poder Executivo, em torno de 160 por meio de leis parlamentares, aproximadamente 60 foram produto de acordo de paz e menos de 20 foram originadas em consultas ou referendos populares.[207]

O dado seguinte a ser apresentado, sobre o foco, é igualmente relevante, especialmente se for somado ao caractere típico das anistias da segunda fase da Justiça Transicional,[208] situado entre 1970 e o fim da Guerra Fria, justamente o chamado período da "terceira onda".[209] É nesse período que os Estados nacionais buscam superar a alternativa de justiça posta no período anterior, de viés internacionalista e punitivista, creditária do formato dos julgamentos de Nuremberg (supra item 2.1).

A anistia funciona, nesse sentido, como um meio de permitir que o Estado não processe e puna determinados conjuntos de crimes por entender que estes foram produto de um conflito político anormal no qual, em regra, o próprio conceito de criminalidade resta desconfigurado pelo amplo número de alterações impingido ao sistema jurídico (e a interpretação de seus comandos). Portanto, nessa segunda fase da Justiça Transicional, a anistia surge como mecanismo no qual o Estado perdoa crimes cometidos contra si por entender (i) que os agentes que ocupavam cargos de Estado se excederam em suas funções, agindo ilegitimamente e, ainda, (ii) que os crimes praticados contra o Estado foram meio de afirmação e resistência política, sendo em alguns casos sua caracterização como crimes simplesmente arbitrária, como no caso dos crimes de opinião, ou produto da necessidade de obter meios fáticos para promoção de mudança contra o regime, como no caso de operações armadas variadas. O mesmo ocorre em casos nos quais os crimes não são cometidos contra o Estado, mas numa situação de generalizada ausência de estado, como numa guerra civil.

Nesse sentido, o Estado se torna independente dos crimes cometidos em seu nome (ou por ele não evitados), anistiando seus excessos e os crimes contra ele cometidos como atos de resistência. Dessa forma o ente abstrato, "o Estado", livra-se duplamente da criminalidade sua e contra si, reconhecendo sua perda de capacidade de gerir o uso da violência em dado quadrante histórico, e restabelecendo-se num local isonômico para a administração das tensões sociais próprias do novo regime.

---

[207] MALLINDER. *Amnesty, Human Rights and Political Transitions*, p. 30.

[208] TEITEL. Transitional Justice Genealogy. *Harvard Human Rights Journal*.

[209] HUNTINGTON. *The Third Wave*: democratization in the late twentieth century.

É por essa razão que mais de 450 anistias do período entre a Segunda Guerra e 2002, inclusa, portanto, a "terceira onda", foram conferidas a opositores do regime e pouco menos de 150 abrangeram seus agentes. O número de anistias a agentes do regime é, portanto, muito parecido com o de anistia a exilados, tida em 140 casos, e a prisioneiros políticos não violentos, que fica em aproximadamente 100 casos.[210] Num cálculo somatório simples, para fins comparativos, temos, portanto, 150 anistias a agentes do regime contra aproximadamente 690 anistias a seus opositores ou a cidadãos arbitrariamente criminalizados.

Surge, para sustentar as políticas de anistia, um discurso legitimador calcado nas ideias da "reconciliação" e do "perdão". Esse discurso objetiva afastar a justiça como forma de evitar que, logo quando da transição, a sociedade nacional volte a fragmentar-se e incidir em medidas de força para conter o ressurgimento, no plano da justiça, dos debates políticos que ensejaram a ruptura original com a democracia. O evento custo de uma ruptura é, em última análise, o principal argumento empreendido por defensores do uso de anistia.[211] Tal procedimento evita que o novo regime, quando assume o Estado, tenha de administrar a tensão gerada por meio e em nome desse mesmo Estado contra determinado setor ou conjunto de setores, no interesse de um outro setor ou conjunto de setores. Em última análise, a filosofia presente na ideia da anistia política é a de evitar "contaminar" o novo Estado que o governo sucessor pretende fundar com as disputas oriundas de um conflito que ele próprio, ao tornar-se novo, pretende resolver.

Esse conceito, inobstante, é meramente *estratégico*, uma vez que não objetiva efetivamente garantir um nível mínimo de consenso sobre o passado entre os grupos que entraram em conflito, mas sim evitar que esse passado se faça presente novamente e intervenha no futuro que se intenta construir.[212] É assim que as anistias costumam vir acompanhadas de outras medidas, como o afastamento da função de poder de dados agentes, o desmonte do aparato de repressão, o fim da criminalização das condutas políticas etc. É nesse sentido que Lefranc formula o conceito de "políticas do perdão", enfocadas menos na reconciliação moral (a qual atribui, com boa razão, um fundo religioso)

---

[210] HUNTINGTON. *The Third Wave*: democratization in the late twentieth century, p. 84.

[211] Cf.: VINJAMURI. Anistia, consequencialismo e julgamentos protelados. *In*: PAYNE; ABRÃO; TORELLY. *A anistia na era da responsabilização*: o Brasil em perspectiva internacional e comparada.

[212] Para uma melhor distinção entre ações *estratégicas* e *comunicativas*, confira-se: HABERMAS. *Direito e democracia*: entre facticidade e validade.

e mais na tolerância política entre diferentes com vistas à reunificação de um povo num Estado:

> Esta aparente indisponibilidade da justiça quando se trata de "sair" da violência estatal explica o predomínio de uma retórica do perdão e da reconciliação nacional nos debates sobre a justiça suscitados pela passagem à democracia. Introduzida pelas autoridades dos primeiros governos democráticos eleitos, essa retórica poderia parecer uma tentativa de legitimação *a posteriori* do compromisso de transição. Constituiria o núcleo de uma "falsa moralidade". Se se considera que a mobilização da figura do perdão é de ordem puramente estratégica, o que é verosímil, a questão parece resolvida. Se levado em conta o aparente absurdo de um projeto que transporta a figura do perdão, geralmente considerada como de ordem religiosa ou moral, para a esfera política, o círculo parece então fechar-se plenamente.[213]

Assim, seguindo com Lefranc, temos que:

> Os governos democráticos, chamados a fazer justiça, recorrem de maneira sistemática a uma figura do perdão a qual se atribui legitimar as leis de anistia e permitir uma saída da violência. Os responsáveis pela violência estatal são convidados a pedir perdão e, as vítimas, a responder positivamente a este pedido. Porém o perdão nunca se define com clareza. Os discursos relacionados com ele, para rechaçá-lo ou consagrá-lo enquanto solução política, parecem pressupor a existência de um sentido implícito e amplamente aceito do termo, determinado sobremaneira por seu significado cristão.[214]

---

[213] "Esta aparente indisponibilidad de la justicia cuando se trata de 'salir' de la violencia estatal explica el predominio de una retórica del perdón y la reconciliación nacional en los debates sobre la justicia suscitados por el pasaje a la democracia. Introducida por las autoridades de los primeros gobiernos democráticamente elegidos, esa retórica podría aparecer como un intento de legitimación a posteriori del compromiso de transición. Constituiría el núcleo de una 'falsa moralidad'. Si se considera que la movilización de la figura del perdón es de orden puramente estratégico, lo cual es verosímil, la cuestión parece resuelta. Si se toma en cuenta la aparente absurdidad de un proyecto de traslado de la figura del perdón, en general considerada como de orden religioso o moral, a la esfera política, el rizo parece cerrarse" (LEFRANC. *Políticas del Perdón*, p. 20, grifos no original, tradução livre).

[214] "Los gobiernos democráticos, llamados a hacer justicia, recurren de manera sistemática a una figura del perdón a la que se atribuye legitimar las leyes de amnistía y permitir una salida de la violencia. Los responsables de la violencia estatal son invitados a pedir perdón, y las víctimas, a responder positivamente a ese pedido. Pero el perdón nunca se define con claridad. Los discursos relacionados con él, para rechazarlo o consagrarlo como una solución política, parecen presuponer la existencia de un sentido implícito y ampliamente aceptado del término, determinado sobre todo por su significación cristiana" (LEFRANC. *Políticas del Perdón*, p. 169, tradução livre).

O processo de anistia no Brasil, igualmente, valeu-se do discurso da reconciliação, mas ele surgiu com maior vigor apenas na promulgação da lei de anistia em 1979, que passa agora a ser objeto de análise. O caso brasileiro, *in concreto*, apresenta inúmeras diferenças em relação às principais anistias dos países vizinhos da América do Sul e, ainda, é quase antagônico com o processo ideal de construção de uma "política do perdão", conforme descrito anteriormente.

Primeiramente, a anistia no Brasil tem sua origem – o gérmen de sua ideia – não no próprio regime, mas em sua oposição. É por isso que na tripartição antes esboçada sobre o processo transicional brasileiro, considera-se este o "primeiro período", no qual a sociedade disputa a anistia com o regime. Trata-se, portanto de um período de articulação de forças que culmina na anistia, que mesmo não sendo a pretendida pela cidadania, inaugura um novo conjunto de demandas e ações da sociedade pró-democracia no país. Nas palavras de Del Porto:

> O primeiro evento político que destaco [na luta pró-anistia] [...] remete às vitórias do Movimento Democrático Brasileiro (MDB) nas eleições legislativas de 1974, que mostravam o início da rearticulação da sociedade civil e significou a primeira manifestação abertamente política de oposição à ditadura desde 1968. Demonstrou-se também que as oposições não de acomodavam passivamente ao projeto de "abertura" do governo e que sabiam explorar suas possibilidades.[215]

A vitória eleitoral, evidentemente, era relativa, uma vez que os parlamentares tinham sua atuação monitorada e seu mandato sujeito à cassação por ato do executivo, mas também significativa, justamente por demonstrar que setores mais amplos da sociedade passavam a questionar o golpe pelas vias que dispunham. Ainda na seara dos instrumentos de arbítrio que o regime possuía em relação aos parlamentares, importa também destacar a criação, três anos após a vitória da oposição, já no ano de 1977, da figura do "senador biônico", eleito indiretamente como forma de ampliar a base do governo, no bojo de uma série de medidas de controle do regime sobre o conjunto das atividades políticas de Estado tidas no chamado "pacote de abril".

Enquanto o regime se valia de mecanismos atípicos para seguir mantendo firme uma base fictícia de "apoio" parlamentar, a sociedade

---

[215] DEL PORTO. A luta pela Anistia no Regime Militar brasileiro e a construção dos direitos de cidadania. *In*: SILVA (Org.). *A luta pela Anistia*, p. 60.

seguiu se organizando, com a insurgência, sobremaneira após 1975, dos Comitês Brasileiros pela Anistia:

> Os Comitês Brasileiros pela Anistia (CBAs) surgem como uma organização independente, reunindo homens e mulheres dispostos a levar à frente um programa político mínimo e de ação que ia além do esquecimento e exigia a libertação imediata de todos os presos políticos; a volta de todos os exilados, banidos e cassados; a reintegração política, social e profissional dos funcionários públicos ou privados demitidos por motivos políticos em conseqüência dos efeitos dos Atos de Exceção; o desmantelamento do aparato repressivo; o esclarecimento das mortes e dos desaparecimentos por motivação política; a denúncia sistemática da tortura e dos casos de mutilação; o julgamento e punição dos responsáveis.[216]

Como se infere da citação, os CBAs tinham, para além de sua pauta clássica, eternalizada no *slogan* "anistia ampla, geral e irrestrita" a todos os presos políticos, uma série de outras pautas pró-democracia, constituindo-se em verdadeiro movimento político de coalizão, focado centralmente na pauta da anistia mas ciente e ativo, em maior ou menor grau, para um conjunto de outras demandas políticas e transicionais que seguiriam indo e vindo na agenda política nacional até os dias atuais, passados mais de 30 anos. Nas palavras daquela que foi a primeira idealizadora do que viriam a ser os CBAs, Terezinha Zerbini, a questão era "como se existisse uma barreira segurando a água, após fazer o primeiro furo [no caso: a anistia] a água se encaminha de trazer o resto".[217] É justamente por compreender a importância para a cidadania e para a democracia desse conjunto de pautas que se articularam no eixo comum "anistia", e, especialmente, de sua insurgência após mais de 10 anos de ditadura, que Del Porto assevera que:

> [...] a luta pela anistia não se definiu apenas como oposição ao regime militar, mas foi também um marco importante no processo de (re) constituição da sociedade civil no país. Essa luta constituiu-se e interagiu com outros movimentos emergentes na cena pública brasileira, que lutavam pelo reconhecimento de seus direitos e pelo próprio direito de serem reconhecidos como "sujeitos portadores de direitos".[218]

---

[216] ARANTES. O Comitê Brasileiro pela Anistia de São Paulo (CBA-SP): memória e fragmentos. *In*: SILVA (Org.). *A luta pela Anistia*, p. 84.

[217] ZERBINI. Depoimento. *In*: BRASIL. Ministério da Justiça. *30 anos da luta pela anistia no Brasil*.

[218] DEL PORTO. A luta pela Anistia no Regime Militar brasileiro e a construção dos direitos de cidadania. *In*: SILVA (Org.). *A luta pela Anistia*, p. 59.

É nesse contexto político de enfrentamento e de exigência de anistia pela sociedade que, em 26 de junho de 1979, o General João Baptista Figueiredo, fazendo as vezes de Presidente, encaminha o projeto de anistia do regime ao Congresso Nacional, para lá transferindo o debate social, apesar de aquela casa restar parcialmente controlada pelo regime. A tramitação do projeto seguiu o fluxo regimental da época, tendo recebido significativo número de aportes. Em sua obra, Swensson Júnior nos dá notícia da participação de pelo menos 108 deputados e de 26 senadores na tramitação, apresentando 305 emendas e 9 substitutivos. Desse conjunto de parlamentares, 49 compunham a base do governo, integrando a antiga Arena. Das mais de 300 emendas à época propostas, 83 procuram alterar o art. 1º que, após a tramitação e aprovação do texto final da lei, seria parcialmente vetado pelo Poder Executivo.[219]

O processo legislativo revelou de maneira translúcida a existência de ampla divergência social em torno do tema da anistia. De um lado, os movimentos sociais e um determinado conjunto de parlamentares defendiam uma anistia que fosse "ampla, geral e irrestrita" aos perseguidos políticos e que, a um só tempo, não impedisse a apuração e a responsabilização dos crimes cometidos em nome do Estado. A postura do regime de negar sistematicamente a prática de crimes conduzia sua base a um conjunto de posições ambíguas contra a anistia ou a favor de sua limitação: (i) um primeiro grupo, "linha dura", entendia que qualquer anistia seria um descaminho para o país. Esse grupo sequer aceitava a ideia de uma distensão gradual, o que tornava impossível imaginar ter, em poucos meses, uma anistia de qualquer sorte; (ii) o discurso do medo e a classificação semântico-valorativa dos agentes da resistência como perigosos terroristas enseja em um outro conjunto expressivo do regime (e da sociedade) o receio quanto à justeza de se conferir uma anistia, reforçando uma posição que aceitava a anistia apenas para os que não tomaram armas, avançando na ideia de pacificação e reconciliação nacional; (iii) por fim, um terceiro grupo chegava a mostrar-se favorável a uma anistia ampla (fosse por meio direto da lei, fosse por sua posterior ampliação ou por meio de indulto), desde que esta também albergasse os crimes do regime. Como o próprio regime negava a existência de tais crimes, tal posição não encontrava um ponto de equilíbrio discursivo onde acomodar-se.

---

[219] SWENSSON JUNIOR. *Anistia penal*: problemas de validade da Lei de Anistia Brasileira: Lei 6.683/79, p. 182.

Evidentemente, a posição do governo gradualmente se cristalizou em torno do próprio projeto originalmente remetido pelo Poder Executivo, porém, do embate, pode-se chegar a uma distinção clara sobre o que os movimentos reivindicatórios da anistia entendiam por "anistia" e o que o próprio regime compreendia. Para os primeiros, a anistia era o ato que significava a assunção da correição de suas lutas, mesmo que questionáveis os métodos elegidos, enquanto para o regime notadamente a anistia significa o esquecimento do passado.

Comparando os anseios sociais com o que o regime apresentava como proposta, a Fundação Perseu Abramo organizou o quadro a seguir transcrito:

QUADRO 4

Anistia do Governo *versus* Anistia do Povo

Anistia do Governo	Anistia do Povo
Não libertará todos os presos políticos nem trará de volta os exilados, pois exclui os que foram condenados pelos Tribunais Militares pelo que o governo acusa de "terrorismo, assalto, sequestro e atentado pessoal".	Anistia deve alcançar a todos, porque muitos brasileiros pegaram em armas para lutar contra as torturas e assassinatos praticados pelo governo, contra a miséria e o analfabetismo. Contra o TERRORISMO DE ESTADO.
Não devolve os direitos retirados arbitrariamente: a volta dos punidos ao serviço público (civil e militar) dependerá do juízo de uma comissão nomeada pelo próprio governo.	Anistia devolve automaticamente os direitos que foram retirados arbitrariamente tanto para os civis quanto para os militares. São bem conhecidas no passado essas "Comissões" que têm o poder de "desanistiar" os anistiados.
Sugere a anistia aos torturadores.	Pede contas, ao governo, dos presos políticos, mortos e desaparecidos e punição contra os torturadores.
Não devolve integralmente os direitos de nenhum dos anistiados, pois continuam em vigor todas as leis da ditadura, como a Lei de Segurança Nacional, a lei de greve e a constituição feita pelos militares.	Anistia significa LIBERDADE, o fim da ditadura, o desmantelamento dos órgãos de repressão política. A liberdade de dizer, reunir, organizar, reivindicar e participar sem ser reprimido.

Fonte: FUNDAÇÃO PERSEU ABRAMO *apud* GONÇALVES. Os múltiplos sentidos da anistia. *Revista Anistia Política e Justiça de Transição*, p. 280.

Da simples leitura do quadro é possível extrair impressões sobre o debate político ocorrido em torno da lei, coisa que nos ajuda a compreender porque, mesmo não vendo a integralidade de sua demanda contemplada com a aprovação da anistia em 1979, por meio da Lei nº 6.683, a sociedade ainda se intitula vitoriosa pela aprovação de alguma lei de anistia. O principal ponto de divergência, certamente, era o art. 1º da lei. Na concepção dos defensores da anistia ampla, geral e irrestrita, o artigo deveria ter a seguinte redação:

> Art. 1º É concedida anistia a todos quantos, no período compreendido entre 02 de setembro de 1961 e 15 de agosto de 1979, cometeram crimes políticos ou conexo com estes, crimes eleitorais, aos que tiveram seus direitos políticos suspensos e aos servidores da Administração Direta e Indireta, de fundações vinculadas ao poder público, aos Servidores dos Poderes Legislativo e Judiciário, aos Militares e aos dirigentes e representantes sindicais, punidos com fundamento em Atos Institucionais e Complementares "e outros atos legais".

A expressão destacada entre aspas, "e outros atos legais", permitia anistia àqueles que se envolveram em "terrorismo", assaltos, homicídios, ou, ainda, os banidos por atos do Poder Executivo. Com essa formatação, seria possível garantir efetivamente a liberdade a todos os presos políticos que, além de não prevista, seria literalmente impedida na versão final da lei, por meio do parágrafo segundo do mesmo artigo que institui cabalmente "Excetuam-se dos benefícios da anistia os que foram condenados pela prática de crimes de terrorismo, assalto, seqüestro e atentado pessoal". Ainda, gerou contrariedade o parágrafo primeiro do dispositivo. Embora o regime negasse peremptoriamente a prática de torturas, homicídios ou qualquer ato violento, e, ainda, negasse anistia a atos análogos por parte da resistência, fez constar no parágrafo primeiro do artigo primeiro da lei um dispositivo genérico, indicando que "consideram-se conexos, para efeito deste artigo, os crimes de qualquer natureza relacionados com crimes políticos ou praticados por motivação política".

A ideia embutida obscuramente no artigo era a de que os agentes da repressão que tivessem cometidos crimes igualmente estariam anistiados por conexão, coisa que causou desconforto, especialmente ao MDB e à Ordem dos Advogados do Brasil.

O trâmite final da aprovação da lei, com sua votação em sessão conjunta de turno único no Congresso Nacional, nos dias 21 e 22 de agosto de 1979, é a comprovação cabal da divisão instalada entre os que defendiam o projeto do governo e suas variações e aqueles que defendiam o projeto da sociedade e suas variações. A sessão é instalada transcorridos já 30 dias do início da greve de fome nacional dos presos políticos por anistia. A greve, histórica, ganhou especial fôlego após a visita de diversos artistas e políticos aos presos que protestavam, com especial ênfase ao Senador Teotônio Vilela, despertando ampla atenção social para a questão.[220]

Das 305 emendas apresentadas ao projeto, uma foi integralmente aceita, 67 parcialmente e 283 foram rejeitadas. O projeto substitutivo do MDB foi derrotado por margem de 15 votos, 194 a 209. A emenda Djalma Marinho, que previa a anistia a todos os perseguidos políticos igualmente foi derrotada por pequena margem, de 5 votos, 206 contra, 201 favoráveis. No balanço final, a anistia traria a liberdade apenas para um conjunto de perseguidos, deixando um amplo leque de questões irresolutas, a começar pela daqueles perseguidos já condenados ou sendo processados por "crimes de sangue". Nas palavras de Gonçalves:

> A lei então recentemente aprovada não contemplava a liberdade a to-dos os presos políticos (condenados por crimes de terrorismo, assalto, seqüestro e atentado pessoal ficaram de fora da lei), contrariamente ao que propunham os movimentos para quem a Anistia deveria atingir a todos os punidos. Questões como a reintegração ao emprego (já que a lei se limitava praticamente aos funcionários públicos, sendo que a reintegração se daria somente se houvesse interesse da administração, o que inviabilizava em muitos casos o retorno ao trabalho) e a não-devolução integral dos direitos dos anistiados (visto que as leis de segurança nacional e a lei de greve ainda estavam em vigor) continuaram a ser pontos polêmicos.[221]

Para que não houvesse dúvida da extensão da lei de anistia aos perseguidos, para além da referida inserção do parágrafo segundo do artigo primeiro, o regime ainda exerceu veto sobre a expressão "e outros atos legais", conforme citado anteriormente. Em sua mensagem nº 267/1979 ao Congresso Nacional, vetando o dispositivo, o General Presidente João Figueiredo argumenta que:

> É certo que tal expressão foi incluída no projeto com o propósito de atender às razões da Emenda n.º 35, que objetivava alcançar, explici-tamente, os servidores que, "também por motivos políticos", tenham sido punidos com fundamento "em quaisquer outros diplomas legais", diversos dos Atos Institucionais ou Complementares.
>
> [...]

---

[220] Cf.: VIANA; CIPRIANO. *Fome de liberdade*: a luta dos presos políticos pela Anistia.

[221] GONÇALVES. Os múltiplos sentidos da anistia. *Revista Anistia Política e Justiça de Transição*, p. 283.

Com efeito, observado que na redação dada ao artigo 1º os servidores civis e militares, como os dirigentes e representantes sindicais, são contemplados isoladamente sem necessária vinculação aos delitos indicados na parte inicial do artigo, impõe-se compreender que, ali, a anistia cuidou particularmente das punições de conotação política impostas àqueles servidores e dirigentes – daí referir-se aos Atos Institucionais e Complementares –, afigurando-se imprópria, assim, qualquer generalização que despreze o motivo político.

Mantida na lei a expressão ora vetada, admissível seria entender que o perdão, para aquelas pessoas, desprezaria o pressuposto político da sanção, chegando ao extremo privilégio de alcançar todo e qualquer ilícito porventura cometido, independentemente de sua natureza ou motivação.

É assim que, com sua promulgação em 28 de agosto de 1979, a lei de anistia brasileira entra para a história como um paradoxo: *mesmo sem ser a lei desejada pela sociedade, é por ela apoiada e considerada uma grande vitória*. A luta social desenvolvida em torno do tema da anistia, como afirmou Del Porto, constituiu-se em canal de restabelecimento de uma cidadania ativa, que voltou a articular-se. Nesse sentido, a anistia de fato *representa uma vitória social sobre o regime*. De outro lado, o regime igualmente sai do processo fortalecido. Paradoxalmente, a estratégia de abertura formulada passa a ganhar vida: "perdoam-se" os crimes políticos, mantêm-se encarcerados (pelo menos por mais algum tempo) os membros da resistência violenta e, ainda, sinaliza-se de maneira inequívoca um processo de abertura.

Para a melhor compreensão desse paradoxo, que chamarei de *paradoxo da vitória de todos*, importa destacar que, à época da anistia, os principais focos de resistência armada ao regime já haviam sido des-mantelados e a pressão social por esclarecimentos a respeito dos mortos e desaparecidos do regime começava a se transformar em um incomodo desnecessário, na medida em que as organizações as quais se filiavam os desaparecidos não mais eram ativas. Para o regime, portanto, era mais interessante uma anistia controlada do que um maior tensionamento com a sociedade. Entendia-se que com a anistia poder-se-ia encerrar o problema em curso sem maiores explicações. Daí o mais notório efeito perverso da anistia brasileira: *a pecha do esquecimento imposto*.

O movimento do regime, ao "ceder" uma anistia, enquadra-se em um arquétipo característico da cultura política brasileira no qual se utiliza a conciliação "[...] como forma de preservação dos interesses

CAPÍTULO 3
A REDEMOCRATIZAÇÃO E OS OBSTÁCULOS PARA A JUSTIÇA DE TRANSIÇÃO NO BRASIL | 195

fundamentais das classes dominantes na nossa sociedade e a [(...), utilização da] contra-revolução preventiva como estratégia anticrises".[222] A anistia no Brasil funciona como mecanismo de articulação de uma série de outras medidas em curso pelo regime para conter o avanço da oposição e dos movimentos sociais que vinham, justamente, articulando-se em torno do tema da libertação dos presos políticos.

O contexto de inserção da Lei nº 6.683/1979 em nosso ordenamento resta bem caracterizado no estudo de Câmara da Silva sobre a tramitação da lei:

> Preocupado em garantir o ritmo e o alcance do processo de abertura em curso, o presidente Geisel encaminhou, ao final de seu governo, uma série de reformas que modificaram significativamente as estruturas políticas vigentes, constituindo-se num verdadeiro legado para o seu sucessor. A fim de esvaziar o movimento das ruas e implodir a frente oposicionista, facilitou a concessão de passaportes e títulos de nacionalidade a brasileiros que viviam no exterior por motivos políticos, e fez aprovar a Emenda Constitucional n.º 11, que além da extinção do AI5, eliminou o caráter perpétuo das penas previstas na Constituição.[223]

Seguindo com Câmara da Silva, a anistia proposta e aprovada pelo Governo Figueiredo:

> [...] se apresentava como item de suma relevância para o controle do processo político da abertura, "cada vez mais sob risco de ultrapassagem do governo pelo movimento popular" (Teixeira da Silva), tendo-se em vista a larga mobilização que havia ganhado as ruas em torno do lema "anistia ampla, geral e irrestrita".[224]

Funcionando como uma faca de dois gumes, a anistia aprovada representou enorme avanço aos movimentos democráticos sem, contudo, representar uma derrota para o regime, uma vez que fora efetivamente mediada e controlada por este. O problema que decorrerá dessa medida transicional, inobstante, será sua deslegitimação pelo decurso do tempo. Sendo um ajuste conjuntural para a abertura política, a anistia acaba não se sustentando historicamente, na medida em que

---

[222] LEMOS. Anistia e crise política no Brasil pós-1964. *Topoi – Revista de História*, p. 289.

[223] SILVA. *Anistia Política*: conflito e conciliação no âmbito do Congresso Nacional Brasileiro (1964-1979), f. 103-104.

[224] SILVA. *Anistia Política*: conflito e conciliação no âmbito do Congresso Nacional Brasileiro (1964-1979), f. 98.

(i) falha como política do perdão, deixando a propalada "reconciliação nacional" fortemente abalada e, ainda, (ii) por ter sido "acertada" em "acordo político" travado num contexto no qual o governo detinha todos os meios de força e, ainda, submetia o Congresso Nacional com medidas de exceção, o "pacto político-jurídico" passa a ser fonte de permanente questionamento, mesmo após sobre ele se manifestar a corte máxima da República. Sua legitimidade não se consolida. Melhor explorei esses dois itens.

Conforme posto, uma política do perdão sincera depende, para que seja efetiva, de um deslocamento do Estado para fora do conflito posto. A ideia de "reconciliação nacional" – mais propícia a contextos de guerra civil do que de ditaduras militares – implica a assunção por parte dos dois (ou mais) lados em conflitos de que o Estado é uno e, independentemente de quem o tenha liderado, deve prover iguais direitos e proteção a todos. Nesse sentido é que o Estado se afasta do conflito, anistiando aqueles que contra ele se insurgiram e afastando, punindo ou igualmente anistiando, aqueles que o defenderam. Procedendo dessa maneira o Estado efetivamente se vale da anistia como elemento estratégico para recomposição de seu local de imparcialidade ou, pelo menos, de equidade, mesmo sem que exista uma efetiva reconciliação entre os grupos em disputa.

Ocorre que quando, como no Brasil, a anistia não vem acompanhada de uma verdadeira exclusão do Estado como polo do conflito, na prática, sua inserção apenas serve como meio de destensionar determinada conjuntura. É nesse sentido que a anistia, no caso brasileiro, muito mais funciona como um mecanismo transicional puro, sem nenhuma preocupação com uma Justiça de Transição. Insere-se na dinâmica da *contingência da transição*, não da *substancilização da justiça*. A anistia funciona como meio de abertura do regime, mas não como política do perdão. Daí a tese já apresentada anteriormente, defendida por Genro, de a anistia no formato originalmente proposto possuir uma limitação latente para a adesão subjetiva das partes, uma vez que trata de um perdão conferido ao ofendido pelo ofensor, o que logicamente não faz qualquer sentido. Para que funcionasse como efetiva política do perdão, a anistia precisaria vir cumulada com outras medidas que permitissem dissociar "regime" e "Estado". Num contexto no qual, como se demonstrou anteriormente, existe uma confusão entre "forças armadas", "regime" e "Estado", é impossível pensar na anistia como móvel da reconciliação nacional num contexto no qual os militares seguem no poder. Essa é, por exemplo, uma diferença vital entre o caso brasileiro e o caso espanhol (supra 2.5). A abertura política subsequente, mesmo tendo desaguado, 10 anos depois, na eleição direta de um

Presidente da República pela democracia, não tem o condão de afastar a desproporção da pretensão de ter-se na anistia um ato de perdão do Regime para com os resistentes.

É assim que o *paradoxo da vitória de todos*, presente na aprovação se transmuta, com o tempo, numa divergência irreconciliável de leituras entre aqueles que entendem a anistia *como esquecimento* e aqueles que a enxergam *como liberdade*, como o início do processo de justiça para com as vítimas e, consequentemente, como um estágio embrionário de uma Justiça de Transição.[225] A impossibilidade da compatibilização se torna mais evidente, por exemplo, ao tentar se inserir a ideia de anistia como pacto de esquecimento na divisão esquemática da efetivação da Justiça de Transição no Brasil em três etapas, conforme proposto por este estudo. Ora, se a anistia é esquecimento, não é possível considerar que o período de acumulação de forças da sociedade civil tido na década de 1970 seja coroado pela promulgação desta lei. Justamente o oposto: ao ler a anistia como esquecimento e, mais ainda, como ato assimétrico de perdão bilateral, está-se a fixar em 1979 um marco antidemocrático de *impunidade* e, mais ainda, como encerramento de um processo que (desde a perspectiva do regime) se esgota. É assim que a leitura da anistia, para o regime, é uma leitura de *anistia como impunidade e esquecimento*, incompatível com a ideia de anistia como liberdade que segue em disputa e desenvolvimento na sociedade civil, a qual se somará ainda à ideia de reparação, culminando na defesa social de um conceito de *anistia como liberdade e reparação*.[226]

Soma-se a esse défice em promover verdadeira adesão subjetiva à ideia de reconciliação um segundo problema, ainda mais grave, de legitimação material da lei, que acaba por conduzir a um questionamento sobre sua validade formal num Estado de Direito. Nesse sentido, avolumam-se fatos que, desde a perspectiva democrática, viciam o processo da lei.

---

[225] A tese da disputa pelo conceito de anistia que passa a ser aqui desenvolvida, opondo uma ideia de "anistia enquanto liberdade e reparação" a outra, concorrente, de "anistia enquanto impunidade e esquecimento", encontra-se amplamente desenvolvida a quatro mãos com Paulo Abrão em: ABRÃO; TORELLY. Resistance to Change: Brazil's persistent amnesty and its alternatives for truth and justice. *In*: PAYNE, LESSA. *Amnesty in the Age of Human Rights Accountability*: international and comparative perspectives.

[226] Um desenvolvimento desta tese, somada àquela que será apresentada no item 4.2 desta obra, pode ser encontrada em: ABRÃO; TORELLY. O programa de reparações como eixo estruturante da Justiça de Transição no Brasil. *In*: REATEGUI (Org.). *Justiça de Transição*: manual para a América Latina.

Primeiramente, a lei de 1979 foi aprovada por um Congresso Nacional controlado por um conjunto de medidas de força. A tese de que a lei cumpriu regularmente o trâmite indicado existente à época,[227] permite a assunção de sua validade formal, mas não resolve o problema da legitimidade material da lei. Assim, a primeira questão que surge, necessariamente, é a de ser ou não lícito a um regime perdoar seus próprios crimes. De qualquer ângulo que se examine, ao entender-se que a lei de 1979 é bilateral, insurge a problemática do controle do regime sobre as instituições, que culminaria em transformar a anistia de 1979 em uma autoanistia por parte do regime.

Em segundo lugar, importa reiterar tese já apresentada de que o golpe de 1964, ao romper com o regime constitucional e com o Estado de Direito, inaugura uma cadeia de atos ilícitos praticados em nome do Estado. Dessa feita, as condutas criminalizadas pelo regime e, posteriormente, anistiadas, quando não caracterizadas como crimes comuns (militância política, por exemplo), podem ser simplesmente desconsideradas como ilícitas frente ao Estado de Direito, e quando enquadradas como crimes comuns, são absolutamente passíveis de anistia, mesmo tendo-se os crimes comuns "de sangue", como já apresentado, excluídos do escopo da lei de 1979. Se a lei que tipifica a conduta é *materialmente ilegítima*, pois carente de validação democrática e, ainda, pode ser *formalmente questionada*, haja vista que o procedimento de aprovação fora igualmente adulterado por medida de força decorrente de ato de exceção, constitui-se um contexto de difícil justificação para a manutenção da pressuposta bilateralidade da lei.

É assim que a lei de anistia, funcional como *medida de transição*, torna-se abjeta como *medida de justiça*. Desde a perspectiva da Justiça de Transição aqui formulada, a lei de anistia, com as interpretações que lhe foram dadas, serve como causa de impunidade para os crimes de Estado e, ainda, legitima a criminalização da resistência, na medida em que considera "perdoadas" condutas que o próprio regime tipificou como crimes para atender a "contigênicas políticos-socias"[228] e garantir sua própria subsistência.

A Lei nº 6.683 de 1979 funciona, assim, como mecanismo procedimental para reduzir a tensão política sem diminuir o controle do regime sobre o Estado e sobre a sociedade, viabilizando a abertura, porém não funciona como política do perdão, quanto menos de reconciliação nacional. Ao assumir para si um "lado", no caso, o do

---

[227] Veja-se, por exemplo: SWENSSON JUNIOR. *Anistia penal*: problemas de validade da Lei de Anistia Brasileira: Lei 6.683/79.

[228] Supra, item 3.3, nota 196.

regime, a lei fundamenta o paradoxo da vitória de todos contido na etapa inicial da Justiça de Transição brasileira, tornando-se a um só tempo marco da reabertura e da insurgência dos direitos das vítimas e, ainda, símbolo da força do regime e de sua capacidade de produzir impunidade. O paradoxo da anistia gerará efeitos contínuos na Justiça de Transição brasileira, gerando tensionamento interno em todas as políticas transicionais na medida em que nubla as distinções entre Estado e regime, direito e não direito, vítima e ofensor. Cada dimensão da Justiça Transicional dialogará diferentemente com esse paradoxo, como se verá no capítulo 4.

3.4 Eleições e democratização vertical

O segundo mecanismo comumente utilizado para fomentar a transição política é a realização de eleições. Antes de avançar nesse argumento, não obstante, importa destacar que a realização de eleições, para que contribua com a transição política, implica necessidade de que estas tenham um razoável grau de lisura e legitimidade. Muitos regimes não democráticos utilizam eleições manipuladas ou fraudadas como meio para criarem uma aparência de legitimidade, assim como criam leis – e os atos institucionais são notabilíssimos nesse sentido – para tentar emprestar ao Estado de fato algumas características de um Estado de Direito.

Como visto no item 1.3.2, discute-se fortemente na literatura em que medida a inclusão de processos eleitorais livres em um regime não democrático é um mecanismo para a transição ou, ao contrário, um resultado esperado desta. Sem pretender resolver esse impasse, o presente estudo trata a inserção de uma dinâmica eleitoral com capacidade efetiva de promover alternância no poder como "mecanismo para a transição" por verificar, na esteira de Nohlen e Thibaut, que esse foi o quadro mais comum durante o último ciclo de democratização da América Latina durante a terceira onda:

> No Uruguai (1980) e no Chile (1989) foram plebiscitos, convocados por governos autoritários e respectivamente perdidos, os detonadores da redemocratização; já se mencionou anteriormente a importância das eleições no processo brasileiro entre 1974 e 1984; na Nicarágua, as eleições de 1990 trouxeram uma inesperada mudança no poder, tanto para os sandinistas quanto para a oposição triunfante, selando assim o processo político de abertura iniciado em 1987; em El Salvador e na Guatemala, o precário processo de democratização dos anos oitenta consistiu essencialmente na promoção de mudanças sucessivas na função

das eleições, cada vez mais limpas e crescentemente mais significativas para a formação do governo. [...] Em muitos países latino-americanos as eleições não constituíram, neste sentido, o fim da transição, mas sim foram elementos centrais dos processos de democratização, influindo fortemente em sua dinâmica.[229]

Num sentido muito próximo, Angell, Kinzo e Urbanjera apontam para o fato de que as eleições ganharam especial importância como mecanismo de transição na América Latina na medida em que substituíram a possibilidade de acesso ao poder dos setores conservadores (ou, "de direita", *right*) por meio da força, garantindo, dessa forma, que o novo meio de acesso ao poder pelas elites fosse, mesmo que em pequena medida, igualmente acessado pelo restante da sociedade, o que passou a estimular a *competição* que posteriormente dinamizaria o cenário eleitoral e lhe agregaria verdadeira legitimidade material:

> Outra razão para a crescente importância das eleições na América Latina é que os setores políticos de direita se empenharam em acessar o poder por meio das eleições. No passado, a direita frequentemente ascendeu ao poder com apoio de intervenções militares. Na sequência da onda de governos militares das décadas de 1960 e 1970, a direita tentou, nem sempre com sucesso, exercer influência cooperando com os governos autoritários. Com o fracasso desses governos e o retorno à democracia, a direita adentrou à arena eleitoral.[230]

---

[229] "En Uruguay (1980) y en Chile (1989) fueron plebiscitos, convocados por los gobiernos autoritários y respectivamente perdidos, los detonantes de la redemocratización; ya se mencionó más arriba la importancia de las elecciones en el proceso brasileño de abertura entre 1974 y 1984; en Nicaragua, las elecciones de 1990 trajeron un inesperado cambio de poder tanto para los sandinistas como para la oposición triunfante, sellando así el proceso político de apertura iniciado en 1987; en El Salvador y Guatemala, el precario proceso de democratización en los años ochenta consistió esencialmente en un cambio sucesivo de la función de las elecciones, cada vez más limpias, y crecientemente significativas para la formación del gobierno. [...] En muchos países latinoamericanos, las elecciones no constituyeron, en este sentido, el fin de la transición, sino que fueron elementos centrales de los procesos de democratización, influyendo en alto grado en su dinámica" (NOHLEN; THIBAUT. *Investigación sobre la transición en América Latina*: enfoques, conceptos, f. 17-18, tradução livre).

[230] "Another reason for the increasing importance of elections in Latin America is that the political right is presently committed to seeking power through elections. In the past the right frequently sought power through support from military intervention. Following the wave of military government in the 1960s and 1970s, the right tried, through not always successfully, to exercise influence through cooperation with authoritarian governments. With the failure of those governments, and the return to democracy, the right has entered the electoral arena" (ANGELL; KINZO; URBANEJA. Electioneering in Latin America. *In*: CAMP (Org.). *Democracy in Latin America*: patterns and cycles, p. 188, tradução livre).

No marco de seu estudo, os autores ainda identificam a influência da insurgência das políticas neoliberais que passariam a se instalar no continente, somada ao momento de reestruturação das organizações de esquerda pós fim do regime soviético como um elemento-chave da mudança da correlação de forças que permitiria às elites dirigentes inserirem o mecanismo eleitoral com relativa segurança de que isso, pelo menos em um primeiro momento, não afetaria sua capacidade de gestão e influência sob o Estado e a sociedade: "O fizeram assim com alguma confiança em função de suas novas crenças no ideário neoliberal, uma doutrina em evidente ascensão na política internacional, e por ver a esquerda lutando para reorganizar sua própria ideologia após o colapso do comunismo internacional".[231]

Num cenário com essas características, as eleições "servem não apenas como uma expressão da vontade popular, mas também como evidência de que tanto a direita quanto a esquerda, cuja aderência à democracia no passado havia sido, na melhor das hipóteses, condicionada, agora aceitam as regras de uma democracia pluralista".[232]

A estratégia de utilizar as eleições como caminho para a democratização tem pelo menos duas vantagens evidentes desde a perspectiva do regime não democrático: *primeiramente*, permitem que a inserção de um processo que Arturi define como democratização "pelo alto",[233] e que aqui chamaremos de *democratização vertical*, vá gradualmente distendendo a sociedade, sem que o fim do regime de exceção se caracterize por uma ruptura do sistema institucional que ocasionaria outras perdas para a sociedade (e para o próprio regime); *em segundo lugar*, ao realizar a abertura por uma via institucionalmente preexistente (mesmo que atrofiada), o regime permite a um só tempo que as elites e a oposição se organizem em partidos e passem a disputar espaço na sociedade, num processo que legitima a tomada de decisões, emprestando legitimidade para o próprio processo transicional, o que,

---

[231] "It has done so with some confidence because of its new found belief in neoliberal ideas, a doctrine that is seen to be in international political ascendancy, and because it sees the left struggling to assemble its own ideology following the collapse of international communism" (ANGELL; KINZO; URBANEJA. Electioneering in Latin America. *In*: CAMP (Org.). *Democracy in Latin America*: patterns and cycles, p. 188, tradução livre).

[232] "[...] serve not only as expressions of popular choice, but as evidence that both the left and the right, whose attachment to democracy in past has been conditional at best, now accept the rules of pluralistic democracy" (ANGELL; KINZO; URBANEJA. Electioneering in Latin America. *In*: CAMP (Org.). *Democracy in Latin America*: patterns and cycles, p. 187, tradução livre).

[233] ARTURI. As eleições no processo de transição à democracia no Brasil. *In*: ARTURI *et al.* (Org.). *Brasil*: transição, eleições e opinião pública.

duplamente, legitima o novo regime que surge mas também o regime anterior, que dissolve suas características mais autoritárias em meio ao pluralismo institucional insurgente, reduzindo o risco de busca de prestação de contas em relação ao passado.

Ainda considerando as vantagens para o regime da eleição como mecanismo de abertura, deve-se assinalar que a comparação de padrões estatísticos obtidos no período 1982-1995 nas eleições latino-americanas reforça o argumento de Angell, Kinzo e Urbanjera sobre a relativa segurança do regime em abrir-se sem perder completamente a liderança que detinha, como se pode verificar no quadro a seguir extraído de Echegaray:

QUADRO 5

Medida de tendência central das variáveis dependentes e independentes no cenário eleitoral latino-americano (1982-1995)

Variáveis	Todos os casos	
	Média	Desvio-padrão
Votos do partido da situação	35,95	15,29
Voto anterior	46,34	13,21
Força do partido	28,05	10,09
Taxa anual média do PIB	2,26	3,65
Taxa de desemprego	2,41	1,20
Taxa de variação da inflação	3,66	1,82
Taxa de variação do clima político	-0,46	2,16
Popularidade presidencial	34,00	19,05
Vantagem líquida do candidato 1	-7,16	15,34
Vantagem líquida do candidato 2	0	13,24
N = 36		

Fonte: ECHEGARAY. A escolha eleitoral e tempos de mudança: explicando os resultados eleitorais na América Latina, 1982-1995. *In*: BAQUERO; CASTRO; GONZÁLEZ (Org.). *A construção da democracia na América Latina*: estabilidade democrática, processos eleitorais, cidadania e cultura política, p.95.

A ideia presente é que, mesmo com o alto desvio-padrão e a real possibilidade de perda do poder pelo resultado das eleições, num período de 13 anos, os políticos do regime se mantiveram fortemente presentes e influentes no cenário eleitoral. Nas palavras do sistematizador da pesquisa:

> Em média, os eleitores têm favorecido o situacionismo com 36% dos votos válidos no nível presidencial, um número que – em certas circunstâncias e com a legislação eleitoral em favor – garante a primeira minoria (e, consequentemente, a reeleição), e que em outras ocasiões pelo menos permite disputar o segundo turno. Por outro lado, esse apoio tem sido tudo menos homogêneo entre eleições e eleitorados: em média, a dispersão de apoio (desvio padrão) flutuou 15,3% para cima ou para baixo daquela proporção de votos válidos. Isso significa que, juntamente com uma orientação timidamente favorável à continuidade política, existiram demonstrações dramáticas de respaldo e repúdio às forças no governo. Em outras palavras, tal dispersão significa que, em sete de cada dez eleições presidenciais que venham ser examinadas (e.g. equivalente a um desvio padrão), os votos coletados pelo situacionismo podem ter flutuado entre 11% e 51% [...].[234]

A situação brasileira se difere ligeiramente da situação dos demais países latino-americanos pelo fato de, durante a ditadura, terem ocorrido procedimentos eleitorais de modo mais ou menos regular. A organização bipartidária e as constantes alterações no procedimento eleitoral, em parte já analisadas no tópico anterior sobre a aprovação da lei de anistia, permitiam ao regime a possibilidade de, por meio de eleições não democráticas, garantirem um aspecto de legitimidade a si, de legalidade às medidas de arbítrio e, sobretudo, permitiam a manutenção de uma oposição fortemente controlada com quem "dialogar". Tudo isso, evidentemente, influencia a entrada em cena de eleições que passaram a democratizar-se num processo de imposição vertical de alterações nas regras eleitorais por parte do regime e, posteriormente, de democratização vertical, com a vontade popular surgindo nas frestas dos acordos entre elites.

Distinguindo o Brasil dos demais países do continente, Angell, Kinzo e Urbanjera apontam que:

> O Brasil foi a única ditadura militar latino-americana que manteve eleições regulares para o Congresso, as assembleias estaduais e as câmaras de vereadores. Porém essas eleições dificilmente se configuraram como

---

[234] ECHEGARAY. A escolha eleitoral e tempos de mudança: explicando os resultados eleitorais na América Latina, 1982-1995. *In*: BAQUERO; CASTRO; GONZÁLEZ (Org.). *A construção da democracia na América Latina*: estabilidade democrática, processos eleitorais, cidadania e cultura política, p. 96.

práticas democráticas. Não havia eleições diretas para presidente, escolhido em teoria por um colégio eleitoral composto por membros do Congresso e por delegados das assembleias estaduais, mas na prática por um grupo restrito de militares de alta patente. Igualmente não havia eleições para governadores e para os prefeitos das capitais, consideradas "áreas de segurança nacional". [...] O governo nunca exitou em valer-se de intimidação contra os candidatos da oposição. Após 1973, quando se inicia um processo de liberalização controlada, a oposição usou a televisão a seu favor na campanha para as eleições. A resposta do governo foi a imposição de restrições ao acesso da oposição à mídia, e a promoção de constantes tentativas de alterar dispositivos do sistema eleitoral de modo a causar desvantagem à oposição. Mas mesmo com todas estas restrições a votação da oposição seguiu aumentando, especialmente nas áreas urbanas modernas, e este constante aumento passou a minar a pretensão de legitimidade do regime, uma vez que cada eleição era, na prática, um plebiscito sobre o governo militar.[235]

O contínuo acumular de forças democráticas pressiona o regime que, paulatinamente, passa a ampliar a efetividade democrática do processo eleitoral, que vai gradualmente tornando-se mais amplo, mais participativo e, finalmente, mais livre. A abertura começa pela liberalização das eleições legislativas, razão pela qual Arturi destaca que:

A escolha do calendário eleitoral e da arena legislativa para conduzir e ritmar a transição foi fundamental para a estratégia do governo, pois liberalizou uma área do sistema político com grande valor simbólico na legitimação deste processo e com pouco peso decisório.[236]

---

[235] "Brazil was unique among the Latin American military dictatorships in holding regular elections for congress, the state legislatures, and municipal offices. But those elections hardly conformed to democratic practices. There was no direct elections for the president, who was chosen in theory by an electoral college composed by members of congress and delegates from state legislatures, but in practice by a restricted group of senior military officers. Neither were there elections for state governors, for the mayors of the capital cities considered to be 'areas of national security'. [...] The government did not hesitate to use intimidation against opposition candidates. After 1973, when a process of controlled liberalization began, the opposition used television to its advantage in electoral campaigns. The response of the government was to impose further restrictions on the opposition's access to media, and constant attempts to device electoral systems that would disadvantage the opposition. But for all these restrictions, the opposition vote continued to grow, especially in the modern urban areas, and this steady growth undermined the military regime's claim to legitimacy, for each election was in effect a plebiscite on the military government" (ANGELL; KINZO; URBANEJA. Electioneering in Latin America. *In*: CAMP (Org.). *Democracy in Latin America*: patterns and cycles, p. 189, tradução livre).

[236] ARTURI. As eleições no processo de transição à democracia no Brasil. *In*: ARTURI *et al.* (Org.). *Brasil*: transição, eleições e opinião pública, p. 16.

Evidentemente, como tudo ademais na transição brasileira, esse processo foi lento e gradual, mas garantia que, pouco a pouco, uma oposição até então fortemente controlada e muitas vezes figurativa pudesse começar a angariar verdadeira capacidade de ação, seguindo com Arturi:

> A oposição parlamentar aceitava as regras do jogo unilateralmente impostas e constantemente modificadas pelo governo, percebendo os ganhos políticos advindos do processo. Estes ganhos consistiam, basicamente, no aumento de seu poder político real, através do seu crescimento eleitoral constante, e no fortalecimento gradual da sociedade civil e dos movimentos sociais que demandavam a redemocratização no país.[237]

Novamente aludindo ao processo de aprovação da lei de anistia dantes analisado, temos a lembrança da importante e decisiva atuação de parlamentares como Teotônio Vilela, que desde uma arena legislativa ainda pouco aberta e muito instável, conseguiram dar atenção e agregar apoio social para a luta e a greve de fome dos presos políticos que clamavam por anistia, em um excelente exemplo de uma esfera real de poder e influência que passava a existir durante a abertura.

O modelo de abertura pela via eleitoral tido no Brasil, dessa feita, permitiu a um só tempo desviar de um grande problema e, ainda, acomodar variáveis altamente complexas da política nacional. Conforme já referido acima, o processo de democratização pela via eleitoral garante uma "transfusão" de legitimidade do novo regime insurgente para o regime anterior, na medida em que a continuidade institucional turva a distinção entre ambos fomentando uma sensação de continuidade. Angell, Kinzo e Urbanjera apontam como um dos grandes problemas do processo transicional latino-americano o fato de que "com o retorno à democracia [...] as reformas institucionais e eleitorais são temas de debate nos países na medida em que os países tentam criar sistemas políticos que não entrem em colapso frente à pressão social e as crises econômicas".[238] Com uma abertura controlada pelo próprio regime, que altera as regras do próprio procedimento eleitoral para que este se

---

[237] ARTURI. As eleições no processo de transição à democracia no Brasil. *In*: ARTURI *et al.* (Org.). *Brasil*: transição, eleições e opinião pública, p. 17.

[238] "[...] with the return to democracy [...] institutional and electoral reform are subjects of debate as countries attempt to devise political systems that do not collapse in the face of social pressure and economic crises" (ANGELL; KINZO; URBANEJA. Electioneering in Latin America. *In*: CAMP (Org.). *Democracy in Latin America*: patterns and cycles, p. 185, tradução livre).

ajuste a suas expectativas, evitou-se a possibilidade de colapso pela via eleitoral, uma vez que esta se autonomizava muito gradualmente. O governo contava, em última análise, com dois importantes mecanismos de controle do desenvolvimento da verve política na sociedade brasileira: de um lado, permitia a existência de uma oposição moderada, que representava diversos setores sociais potencialmente explosivos e, dessa feita, mantidos sob controle; de outro, podia a qualquer tempo alterar a legislação eleitoral, formar maiorias artificiais e caçar parlamentares, ou seja, garantia que apenas a oposição que o próprio regime considerava razoável existisse institucionalmente.

É assim que a abertura controlada permitiu o desvio de qualquer possibilidade aguda de crise, na medida em que as reformas institucionais eram produzidas por um parlamento submetido e que, em última análise, a reforma eleitoral seguia os desígnios do regime.

Ainda, ao adotar tal formato, o regime garantiu uma ampla possibilidade de acomodação das elites no novo sistema político, valendo-se do processo para equacionar interesses de elites regionais e outros grupos de interesse, não necessariamente democráticos, que caracterizam a cultura política nacional. Novamente me valendo de Arturi:

> [...] a longa duração e o gradualismo da fase de liberalização política, desenvolvida através de um processo eleitoral constantemente manipulado em suas regras pelos detentores do poder, criaram a percepção de uma "normalização" do processo político desenvolvido sob a legislação institucional imposta pelo regime autoritário. A aceitação implícita pelos líderes oposicionistas desta estratégia de liberalização reforçou crescentemente os setores liberais e moderados da oposição, ao mesmo tempo que constrangia os setores do regime autoritário que se opunham àquele projeto. [...] no caso brasileiro o êxito da transição "pelo alto" reforçou as características históricas de conciliação das elites sociais e políticas, em detrimento de alternativas mais democratizantes, embora mais arriscadas [...].[239]

Arturi destaca ainda mais uma característica importante do processo de abertura por meio eleitoral, no que concerne à rearticulação das elites: o fim do bipartidarismo artificial fragmentou a própria oposição. Com isso, "facilitou a reacomodação das elites políticas, permitindo que a transição 'pactada' se realizasse exclusivamente em termos institucionais, sem pactos explícitos e substantivos entre os atores políticos".[240]

---

[239] ARTURI. As eleições no processo de transição à democracia no Brasil. *In*: ARTURI *et al.* (Org.). *Brasil*: transição, eleiçnoes e opinião pública, p. 11-12.

[240] ARTURI. As eleições no processo de transição à democracia no Brasil. *In*: ARTURI *et al.* (Org.). *Brasil*: transição, eleiçnoes e opinião pública, p. 20.

Essa característica de "institucionalidade" que a democratização vertical ensejou fica mais clara quanto comparamos o caso brasileiro com seu análogo mais caro, já aqui cotejado, que é a transição espanhola, e será resgatada pelo STF quando questionada a validade da lei de anistia, transcorridas décadas desde o momento em análise (item 4.4).

Enquanto na Espanha os "pactos de Moncloa" efetivamente traduziam uma nova conformação social que se ajustava após o fim da ditadura, no Brasil os partidos políticos não necessariamente tinham legitimidade ou, no jargão, "peso político" verdadeiro para uma mesa de negociações, não sendo surpreendente que essa possibilidade não se tenha efetivado nem mesmo no próprio debate da anistia. Contribuem para isso tanto o excessivo poder que o regime brasileiro sempre manteve sobre a transição, quanto as características do próprio período, no qual os movimentos sociais centravam-se justamente na pauta das "eleições livres" e das "diretas já", e não em suas pautas próprias e típicas, que voltariam a se desenvolver no processo constituinte e no pós-1988. Dessa segunda característica é que decorre a própria ausência de atores sociais a serem chamados para pactuar. Mesmo no fantasioso relato que apresenta a lei de anistia de 1979 como um "acordo" entre direita e esquerda, os interlocutores, mesmo que de oposição, sempre são aqueles institucionalmente autorizados pelo regime, o que leva à falência a ideia de pacto, especialmente considerando o volume de parlamentares cassados nos anos que antecederam a votação.[241]

Decorre disso que, enquanto na Espanha a lei de anistia foi referendada em plebiscito e uma nova constituição imediatamente aprovada, no Brasil a lei de 1979 foi sempre protegida e defendida por setores conservadores, que historicamente se negaram mesmo a discuti-la e, ainda, entre a lei e a constituição transcorreu-se quase uma década inteira. Foi nesse tempo que gradualmente a sociedade política passou a se reorganizar.

O processo de democratização por via eleitoral no Brasil pode, assim, ser definido como um processo de *democratização vertical*, uma vez que surge – novamente em oposição ao caso espanhol – não desde uma base identificável que pressiona a estrutura formal do Estado defasada desde a perspectiva democrática, mas sim de uma "democratização", melhor lida como um "acerto de elite", entre aqueles que detinham o poder e que vão, gradualmente, permitindo que opositores moderados entrem em cena, sem que haja qualquer participação social efetiva

---

[241] Argumentando em sentido oposto, veja-se: FICO. A negociação parlamentar da anistia de 1979 e o chamado "perdão aos torturadores". *Revista Anistia Política e Justiça de Transição*.

na tomada de decisões. É evidente que, mesmo na controladíssima transição brasileira, o espaço político se autonomiza com o tempo e o processo que antes era vertical passa a horizontalizar-se e tornar-se mais inclusivo, mas disso não decorre que, na atualidade, passados mais de 20 anos da transição, tenhamos um sistema representativo ajustado aos interesses da maioria. Sem a presença forte do Estado para alterar a legislação eleitoral de modo autoritário, as reformas no sistema político brasileiro pouco avançaram nos últimos 25 anos, com as maiorias parlamentares mais interessadas em manter-se e garantirem sua sustentação no tempo do que com uma efetiva reformulação dos procedimentos eleitorais que garantam o aprimoramento democrático.

O *modus operandi* do processo, aproveitado em alguma medida pela oposição, acabou por conduzir o país a um modelo de democratização no qual as eleições acabaram favorecendo fortemente a implantação do regime democrático na esfera formal, sem com isso efetivamente garantirem a materialização da democracia eleitoral em uma democracia efetiva. Renato Lessa argumenta no mesmo sentido ao defender que o processo brasileiro catalisa a "implantação" de um regime democrático, mas não sua "consolidação",[242] daí o questionamento apresentado no item 1.4 deste estudo, no qual se define que "democratização", em seu sentido mais corrente na literatura, significa simplesmente "instalação de uma democracia formal" com um mínimo de legitimidade e segurança.

Ao se considerarem os valores democráticos substantivos oriundos de uma ideia normativa de Estado de Direito, tem-se que o processo transicional brasileiro, no que concerne ao mecanismo "eleições", mostrou-se eficiente para a concretização pura e simples do próprio processo eleitoral – sendo essa sua contribuição à democratização – sem ser efetivamente capaz de garantir que, na esteira do desenrolar da história, esse mesmo processo eleitoral se democratizasse materialmente. Mesmo com a vitória da oposição nas eleições presidenciais de 2002, que testou verdadeiramente a capacidade das eleições nacionais em permitirem alteração efetiva no poder, com a eleição de um partido de esquerda, alguns défices graves do sistema, herdados do processo transicional, seguem presentes e passam a ser enfrentados apenas no final da década de 2000 e início da de 2010, com a inserção no jogo eleitoral de regras para a fidelização partidária e a inviabilização de candidaturas de políticos condenados criminalmente etc.

---

[242] LESSA. Reflexões sobre a gênese da democracia banal. *In*: DINIZ; BOSCHI; LESSA (Org.). *Modernização e consolidação democrática no Brasil*: dilemas da Nova República.

A dificuldade em alterar o processo eleitoral nas bases postas no período pós-ditadura, num amplo processo de reacomodação de elites no regime democrático, é, talvez, a principal herança negativa deixada ao país pelo processo de democratização com as eleições como meio estruturante. Disso decorrem a ausência de uma cultura cívico-democrática e, ainda, a perpetuação no poder de representantes históricos de elites oligárquicas que apenas passam a perder influência no cenário eleitoral com a sucessão hereditária.[243] Se de um lado resta claro que a estratégia do regime pela "democratização vertical" desde o acordo de elites foi eficiente para os fins a que se propôs, garantindo uma abertura controlada, com uma oposição moderada e, ainda, com a perpetuação do poder político de seus agentes no tempo, igualmente é fácil constatar como hoje, na segurança de nosso mais longo período democrático, passam a surgir novas culturas políticas e novas práticas legais, orientadas pela ideia-força do Estado de Direito, que passam a alterar a conjuntura geral e objetivam o melhor desenvolvimento dos mecanismos eleitorais e, ainda, de outros mecanismos participativos que complementam e efetivam a democracia sem recorrer à representação.[244]

Mecanismos transicionais simples, como o *vetting* ou "depuração", que objetivam a exclusão do aparelho público estatal de agentes ligados a violações graves aos direitos humanos durante o regime, não foram utilizados no Brasil. Inobstante, no ano de 2010, os movimentos sociais foram capazes de aprovar uma legislação publicitariamente referida como "lei da ficha limpa" que, na escala penal e administrativa, simula procedimento similar porém mais radical, impossibilitando a eleição de candidatos com qualquer condenação criminal. Se de um lado a inclusão de medidas dessa natureza no jogo eleitoral o aprimoram, não deixa de ser curioso destacar, ao concluir o tópico, que no Brasil seu desenvolvimento se dê num contexto no qual o debate sobre a Justiça de Transição não se faça presente, demonstrando como o Estado de Direito paulatinamente se impõe, muitas vezes se desviando dos obstáculos postos pela própria transição.

---

[243] Caso notório das famílias de José Sarney e Antônio Carlos Magalhães, para citar apenas dois.

[244] Cf.: BONFIM. O aprofundamento da democracia no Brasil: tendências, conflitos e dinâmica recente. *Civitas – Revista de Ciência Sociais*; ABRÃO; TORELLY. Direitos sociais positivos e direitos sociais efetivos: o projeto brasileiro para a diminuição da exclusão social. *Revista OABRJ*.

3.5 Luta pela anistia e movimentos sociais pós-1988 – o ocaso de um movimento

Após analisarmos a anistia e as eleições como mecanismos transicionais no Brasil, resta finalmente procedermos à análise do papel dos movimentos sociais na articulação política pró-democracia que se instala no Brasil durante a transição. A tese a ser aqui apresentada é de que a baixa demanda social por Justiça de Transição no Brasil terá fundamento na satisfação social tida com a primeira fase da luta pela anistia ("anistia como liberdade") e com a redemocratização e a nova constituição (em que inaugura-se a fase da "anistia como reparação"), esvaziando a pauta de reivindicações gerais, que passa a se fragmentar na agenda plurívoca dos novos movimentos sociais, *pari passu* ao isolamento do movimento de familiares de mortos e desaparecidos, que acaba desconectando-se das pautas menos ideológicas e politicamente identificáveis dos novos movimentos sociais. Esse processo de declínio para mobilização social passa a reverter-se com a chegada a uma terceira fase da luta pela anistia ("anistia como verdade e justiça"),[245] cujos resultados ainda não são previsíveis.

As pautas da anistia e da democratização, tipicamente transicionais, foram assumidas por movimentos sociais de características *clássicas*, em contraposição à atual pauta dos movimentos sociais pós-1988, tipicamente inserida no modelo dos *novos movimentos sociais*. Nesse sentido, a combinação da satisfação das duas principais bandeiras dos movimentos pró-democráticos, com a anistia de 1979 e a constituinte seguida de eleições livres no final da década de 1980, somada ao ocaso dos movimentos sociais clássicos levou a sociedade brasileira a um amplo desenvolvimento de seu terceiro setor, porém este se desinteressou de modo mais geral da pauta transicional. Considerando a assertiva de Teitel, de que "a sociedade civil joga um grande papel em manter este debate [da Justiça de Transição] vivo, em seguir dizendo que é necessário mais do que simplesmente eleições para que uma transição seja completa",[246] a constatação que passo a fundamentar tem extrema

---

[245] Embora esteja transversalmente neste trabalho, a análise das três fases da luta pela anistia, empreendida por Paulo Abrão e por mim, pode ser explorada no texto ABRÃO; TORELLY. Mutações do conceito de anistia na Justiça de Transição no Brasil: a terceira fase da luta pela anistia, apresentado no Seminário Internacional Limites e Possibilidades da Justiça de Transição, PUCRS, abril de 2012, a ser futuramente publicado.

[246] TEITEL. Fazer justiça e pensar medidas de justiça num contexto de fluxo político é olhar para o passado mas também para o futuro: Ruti G. Teitel responde Marcelo D. Torelly. *Revista Anistia Política e Justiça de Transição*, p. 36.

relevância, pois ajudará a iluminar o quadro de "geração" de políticas de Justiça de Transição no Brasil.

Para proceder à análise, preliminarmente importa estabelecer a distinção entre movimentos sociais "antigos" ou, como prefiro, "clássicos", e os chamados "novos movimentos sociais".

Os *movimentos sociais clássicos*, originados pelas amplas transformações do mundo do trabalho com a industrialização e com as organizações laborais delas decorrentes, caracterizam-se, grosso modo, por sua *amplitude existencial* e *características político-ideológicas bastante definidas*, quase que constituindo cosmovisões pós-metafísicas. Os *novos movimentos sociais*, típicos do final do século XX, subprodutos do ocaso das grandes disputas políticas transglobais, perfilam-se de modo distinto. Nas palavras de Sobottka:

> Enquanto os antigos movimentos (sindicatos, associações de moradores, organizações políticas, etc.) orientavam suas ações estrategicamente, os novos voltam-se para a afirmação de identidades ou valores considerados universais (movimento ecológico, feminista, pela democracia).[247]

A descrição dos movimentos sociais clássicos, igualmente proposta pelo autor, é basilar, e permite facilmente localizar as raízes dos movimentos que deram suporte à luta pela anistia até 1979 e, ainda, os que a elas se somaram posteriormente a isso, quando os sindicatos se levantam durante o agravamento da crise econômica, sobremaneira no ABC paulista, somando-se às forças pró-democracia e marcando o último período não democrático da transição, que deságua no "diretas já":

> Diferentemente dos novos movimentos sociais [...], os que aqui foram objeto de estudo [movimentos sociais clássico] eram ideologicamente definidos, tinham freqüentemente projetos de mudança radical da sociedade e eram políticos, no sentido de estarem voltados ao jogo do poder antes que a expressões culturais alternativas. Surgiam como oposição à despolitização das relações sociais e de produção, às limitações da liberdade impostas pelos governos militares, ao alinhamento e subordinação política de sindicatos, associações de moradores e outras formas de organização dos cidadãos aos ditames do Estado e deste aos interesses de grupos econômicos, bem como ao clientelismo das organizações criadas para a defesa dos interesses dos desfavorecidos.[248]

---

[247] SOBOTTKA. Movimentos sociais: a busca pela ampliação do político. *In*: FLICKIGER (Org.). *Entre caridade, solidariedade e cidadania*: história comparativa do Serviço Social Brasil/Alemanha, p. 84.

[248] SOBOTTKA. Movimentos sociais: a busca pela ampliação do político. *In*: FLICKIGER (Org.). *Entre caridade, solidariedade e cidadania*: história comparativa do Serviço Social Brasil/Alemanha, p. 85.

A manifestação de Arantes, já transcrita no item 3.3,[249] dá a dimensão devida do movimento da anistia desde a perspectiva testemunhal e é corroborada pela tese de Del Porto,[250] igualmente já apresentada. O movimento pela redemocratização no Brasil se assenta nas bases da luta contra o regime, levada a cabo por movimentos sociais de esquerda, altamente politizados, que chegaram a empunhar armas em alguns contextos específicos para a defesa de seus ideais. Com o avançar da democratização, a eles se somam os movimentos operários, também caracterizados por um forte viés político anticapitalista e, finalmente, apenas na segunda metade da década de 1980, com o movimento "diretas já" é que vemos setores da sociedade menos politizados ingressarem na luta pró-democrática.

Os movimentos mais identificáveis de luta contra a ditadura são, portanto, movimentos amplos, eminentemente políticos e antissistêmicos, e estarão fortemente presentes na cena social entre 1964 e 1974, que Gohn define como a quarta fase das lutas sociais da história brasileira.[251] Em sua obra, a autora assim define os movimentos sociais do período:

> [...] a fase de 1964-74 corresponde a um período de intensa articulação de forças políticas no Brasil, operando clandestinamente, em ações violentas respaldadas na ilusão da necessidade da luta armada como a única forma de instalar uma nova sociedade no país. Tomando por modelo as Revoluções Russa, Cubana e Chinesa, a luta armada foi a saída arquitetada como solução para a nação.[252]

É nesse período inicial da ditadura, que compreende maio de 1968, que surgem os grandes atos do movimento estudantil, a Guerrilha do Araguaia, a implantação do movimento das Comunidades Eclesiais de Base da Igreja Católica e o movimento do Custo de Vida. O período seguinte – o quinto da história geral conforme proposta por Gohn – é o da luta pela redemocratização propriamente dita, caracterizado pelo ressurgimento sindical e o início da ampliação da pauta da esquerda, que se move da "revolução" para o restabelecimento da democracia. De toda sorte, nesse momento o mais relevante é a fixação da origem no formato clássico dos movimentos de luta, pois os anos 1980 e a

---

[249] Supra, nota 216.

[250] DEL PORTO. A luta pela Anistia no Regime Militar brasileiro e a construção dos direitos de cidadania. *In*: SILVA (Org.). *A luta pela Anistia*

[251] GOHN. *História dos Movimentos e Lutas Sociais*: a construção da cidadania dos brasileiros.

[252] GOHN. *História dos Movimentos e Lutas Sociais*: a construção da cidadania dos brasileiros, p. 105.

ampliação da adesão à pauta "democracia" marcam uma ruptura de continuidade do movimento que demandou a anistia. Se por um lado ele se amplifica na campanha das "diretas já" e com a constituinte e as eleições livres, de outro, perde identidade.

Analisaremos três fatores inter-relacionados que ensejam esse movimento de ampliação, saturação e ruptura: Primeiramente, o *esgotamento cíclico* do movimento pelo atingimento de seus objetivos mais imediatos e o isolamento do movimento de familiares de mortos e desaparecidos em uma pauta restrita. Em segundo lugar, a institucionalização dos partidos políticos e a *absorção dos quadros e pautas dos movimentos sociais por novas formas de organização*. Finalmente, em terceiro lugar, retomaremos a questão da *mudança de tipo do movimento social* que articula o conjunto das demandas sociais, migrando do formato clássico acima descrito para o formato dos "novos movimentos sociais".

A primeira tese, do esgotamento de objetivos, é bastante bem ilustrada pela leitura de Jacobi sobre os ciclos dos movimentos sociais urbanos:

> A maioria dos movimentos segue um determinado ciclo de vida, configurado pela obtenção de resultados positivos ou negativos face às demandas e pelo nível de organização e mobilização conseguido. Geralmente a obtenção dos serviços reivindicados representa o fim do movimento e somente em certas situações as lideranças conseguem manter a população mobilizada visando reivindicar pela solução de outras carências.[253]

A pauta da primeira fase da luta pela anistia, mesmo sem a aprovação de uma lei "ampla, geral e irrestrita", esgota-se em 1979. A continuidade dessa demanda dependeria de uma adesão social mais ampla às demais bandeiras do movimento, como a punição dos torturadores, que não ocorreu à época, pois o grosso da sociedade aderiu a outra campanha, pela continuidade da abertura democrática. Essa nova pauta, da abertura, estruturou-se em dois eixos: *eleições livres* e *constituinte*. Também essas pautas se esgotaram, sendo a constituinte, como veremos a seguir, o grande momento de transição de forma, na qual boa parte dos movimentos sociais existentes ou se dissolvem ou aderem ao formato dos "novos movimentos sociais", menos politizados e ideológicos.

---

[253] JACOBI. Movimentos sociais urbanos numa época de transição: limites e potencialidades. *In*: SADER (Org.). *Movimentos sociais na transição democrática*, p. 20.

A adesão social aos movimentos de cunho mais radical, que demandavam a condenação dos crimes da ditadura e do regime em si, permaneceu forte apenas entre aqueles que, justamente por integrarem organizações sociais de estrutura ideológica mais coesa como os antigos movimentos de resistência armada e as organizações comunistas, permaneceram, em verdade, tentando derrubar o regime para substituí-lo por um novo, completamente diverso não apenas do anterior, mas também de uma democracia liberal e capitalista que se via nascer.

O segundo fator relevante de desarticulação da demanda social em torno da Justiça de Transição é a própria institucionalização do pluripartidarismo e a absorção dos quadros e pautas políticas dos movimentos sociais por estes. Sobottka destaca a imposição do bipartidarismo como uma das principais causas da insurgência de um conjunto de movimentos sociais reivindicatórios no Brasil, haja vista a inexistência de outros canais de expressão e a maior agilidade de nossa transição em permitir a organização em movimentos não institucionais do que em partidos.[254] O fim do bipartidarismo permite a essas demandas que estavam sem representação no sistema político formal um reingresso na arena legislativa, alterando o tipo de instituição que alberga as pautas de reivindicação e, consequentemente, alterando o tipo de luta que esses atores se dispõem a levar a cabo na nova conjuntura em que se inserem. A relação entre partidos políticos e movimentos sociais é sempre muito dinâmica e altamente variável de sociedade para sociedade. No caso brasileiro, a cultura política indica uma tendência de absorção dos movimentos pela máquina partidária, e não é acaso o maior partido da América Latina ser brasileiro e oriundo do movimento sindical.

O Partido dos Trabalhadores nasce justamente da consolidação de um amplo conjunto de movimentos sociais que parcialmente se institucionalizam na nova agremiação partidária. A necessidade de organização dessa nova estrutura consome grandes quantidades de energia e, evidentemente, implica a construção permanente de novos filtros temáticos, haja vista a necessidade de concentração de energias e esforços finitos. Ademais, o processo eleitoral passa a consumir enorme carga de trabalho de um conjunto de atores que, anteriormente, disputavam na arena social com pautas mais livres e específicas.

Trabalhando especificamente a relação do insurgente PT com os movimentos sociais da época, Jacobi assevera que:

---

[254] SOBOTTKA. Movimentos sociais: a busca pela ampliação do político. *In*: FLICKIGER (Org.). *Entre caridade, solidariedade e cidadania*: história comparativa do Serviço Social Brasil/Alemanha, p. 86.

No caso de São Paulo, é fato inconteste que o peso que os militantes do PT exercem sobre a dinâmica de diversos movimentos, entre os quais se destacam o movimento de saúde da região leste, os movimentos de habitação e alguns movimentos de transportes.[255]

E, ainda, identifica algo que seria posteriormente verificável em profusão:

> [...] segundo depoimentos obtidos junto a diversos representantes de órgãos públicos, principalmente nos setores de habitação e saúde, os movimentos que contam, em seu interior, com uma maior presença de militantes do PT [...] exercem uma pressão maior no plano reivindicatório.[256]

Evidentemente o exemplo do Partido dos Trabalhadores é parcialmente aleatório, na medida em que outras agremiações partidárias também passaram a absorver e interagir com os movimentos sociais, mas dá a correta dimensão de um processo de institucionalização de demandas e caminhos de pressão que passou a ocorrer no país e que, em certa medida, albergou de modo pouco eficiente a pauta transicional, tanto pelo conjunto de construções simbólicas contra ela movidas pelo antigo regime, quanto pela maior universalidade e satisfatividade de pautas mais gerais, como a saúde, moradia e tantas mais. Será justamente em função dessas novas pautas que surgirão os novos movimentos sociais.

Se a característica principal dos movimentos sociais clássicos, como as primeiras versões do sindicalismo, eram a raiz política e ideológica marcadamente presente, os novos movimentos sociais se destacam pela:

> [...] ausência de uma ideologia fechada e unitária, a pluralidade e fluidez temática, baixo grau de organização e burocratização aliada a rejeição de hierarquias internas, pulverização em pequenos submovimentos interconectados mas autônomos, recrutamento de membros independente de extratificações sociais, ênfase em uma identidade coletiva.[257]

---

[255] JACOBI. Movimentos sociais urbanos numa época de transição: limites e potencialidades. *In*: SADER (Org.). *Movimentos sociais na transição democrática*, p. 14.

[256] JACOBI. Movimentos sociais urbanos numa época de transição: limites e potencialidades. *In*: SADER (Org.). *Movimentos sociais na transição democrática*, p. 14.

[257] SOBOTTKA. Movimentos sociais: a busca pela ampliação do político. *In*: FLICKIGER (Org.). *Entre caridade, solidariedade e cidadania*: história comparativa do Serviço Social Brasil/Alemanha, p. 83.

Os últimos momentos de disputa dos movimentos sociais clássicos dar-se-ão no cenário da constituinte, e, posteriormente, em movimentos sociais de grande porte porém baixa capacidade de impacto na realidade global, como o Movimento dos Trabalhadores Rurais Sem Terra (MST). Afora casos isolados, a sociedade brasileira verá surgir na mobilização para a constituinte e, posteriormente, para a efetivação das garantias estabelecidas e inclusão de novos direitos, uma plêiade de novos movimentos tópicos, que não necessariamente possuem um perfil ideológico, mas apenas uma pauta de reivindicação que sustenta e garante um nível mínimo de articulação e se desfaz plenamente após a obtenção do resultado, na exata medida anteriormente descrita por Pedro Jacobi.

A nova pauta dos movimentos sociais pós-1988, na democracia, esvazia-se completamente da pauta da transição. Voltando ao estudo dantes referido de Maria da Glória Gohn:

> Os anos 90 redefiniram novamente o cenário das lutas sociais no Brasil, assim como deslocaram alguns eixos de atenção dos analistas. Os movimentos sociais populares dos anos 70/80 se alteram substancialmente. Alguns entram em crise: de militância, de mobilização, de participação cotidiana em atividades organizadas, de credibilidade nas políticas públicas, de confiabilidade e legitimidade junto à própria população. Surgem novos movimentos sociais, centrados mais em questões éticas ou de revalorização da vida humana.[258]

Em certa medida, a reivindicação dos novos movimentos sociais terá muito mais relação com a consolidação democrática do que com os direitos da transição, que a própria democracia brasileira somente passará a melhor compreender a partir da segunda metade de década de 1990. Durante esse período, a grande luta que representa a pauta transicional é a dos familiares de mortos e desaparecidos políticos, porém os familiares demonstram pouca afinidade para a conexão de sua luta com a dos novos movimentos sociais, as estruturas partidárias ou mesmo os espaços de participação direta, fato que, somado a pequena quantidade numérica de mortos e desaparecidos (se comparada, por exemplo, as ditaduras do Chile e Argentina),[259] levou a um amplo isolamento do grupo, especialmente após a aprovação, em 1995, da Lei

---

[258] GOHN. *História dos Movimentos e Lutas Sociais*: a construção da cidadania dos brasileiros, p. 127.

[259] Fala-se em entre 3 mil e 10 mil mortos e desaparecidos no Chile, e entre 10 mil e 30 mil na Argentina.

nº 9.140 sobre mortos e desaparecidos, que simbolizou, especialmente para setores mais reacionários da sociedade, o "encerramento" do assunto (em perspectiva divergente da aqui apresente, onde tal processo apenas reflete mais uma etapa da segunda fase da luta pela anistia: *anistia como liberdade e reparação*).

É assim que, voltando as três fases do processo transicional brasileiro (item 3.2), e que se assenta parcialmente no próprio desenvolvimento dos movimentos sociais conforme lido por Gohn, temos que na primeira, que ocupa quase toda a década de 1970, ocorre um grande conjunto de mobilizações e acúmulo de forças contra o regime, a aniquilação e desmantelamento das alternativas armadas de oposição e a transferência de forças para o movimento de luta pela anistia. A conquista da anistia encerra esse período e inaugura um segundo, de luta pela democratização, no qual temos o movimento pela anistia como gérmen da luta pelas "diretas já", num processo de acumulação de forças que se caracteriza pela ampliação do leque político-ideológico do movimento, ampliação essa, refira-se, que se iniciou já com a adesão social ampliada à própria causa da *anistia como liberdade*, em 1979. Nesse período vivemos eleições indiretas e o fim dos governos militares, além de um processo constituinte no qual a demanda social por direitos atinge seu ápice, o conceito de *anistia como reparação* é inserido na Constituição (sendo apenas efetivado a partir da década de 1990, como se demonstrará adiante, no item 4.2) e, ao mesmo tempo, inicia-se a migração de perfil dos movimentos sociais para os de novo tipo. O período democrático da transição brasileira se inicia com os assuntos típicos da própria transição relegados a segundo plano na ampla agenda nacional da década de 1990.

A Justiça de Transição e a prestação de contas com o passado ganhará dois novos impulsos em 1995 e 2002, com a aprovação das leis de reparação, em atenção à suprarreferida previsão constitucional e, especialmente, robustecer-se-á em 2008, com o debate público sobre a responsabilização dos torturadores, que chegará ao Supremo Tribunal Federal e, em 2011, com a aprovação da Comissão Nacional da Verdade. Nesse meio tempo, não obstante, por caminhos variados e muitas vezes sinuosos, o Estado brasileiro promoverá reformas institucionais, implementará e ampliará o programa de reparações e fomentará políticas de verdade e memória. É esse cenário de efetivação ou negação das principais dimensões da Justiça de Transição, que ocupará o quarto final deste estudo, dedicado a avaliar o desenvolvimento dessa terceira fase de nossa transição, já na "época democrática", na qual disputa-se um novo conceito de anistia (como "verdade e justiça"), com vistas a conceituar o "modelo transicional brasileiro", suas vantagens e limitações.

CAPÍTULO 4

DECIFRANDO O MODELO TRANSICIONAL BRASILEIRO

Neste último capítulo, procurarei construir elementos de caracterização e leitura do modelo transicional brasileiro. Para tanto, partirei das constatações tidas sobre o processo de transição para a democracia para avaliar as políticas de Justiça Transicional do período democrático, tendo em especial conta como o formato de nossa democratização modula o próprio processo de Justiça Transicional. Chegando à definição do que seja o "modelo brasileiro", podemos avaliar suas qualidades e défices em relação a outros processos e ao panorama global já construído na primeira parte do estudo. Esse esforço permite verificar, entre outros, se o modelo brasileiro efetivamente é um "modelo" ou, do contrário, se é apenas um desvio padrão de modelos já preexistentes – como o modelo de *accountability* argentino[260] ou o de memória sem justiça da Espanha – e, ainda, dele extrair inferências sobre o próprio conceito de direito e de estado de direito que vem sendo constituído no país. Não obstante, é importante destacar, em foro introdutório ao capítulo, a dinamicidade da Justiça de Transição, bem como o fato de a redação do texto dar-se em momento de pleno desenvolvimento dela,[261] de tal forma que a constituição de um modelo para a Justiça de Transição brasileira, tanto quando o próprio modelo de inter-relação entre teorias da democratização, da Justiça de Transição e constitucionalistas, empreendido na primeira parte do estudo, é por excelência tentativo e exploratório, e não dogmático e canônico.

---

[260] Caracterizo, comparativamente, o modelo de *accountability* argentino como de "verdade, memória e justiça" (Cf.: TORELLY. La ruta de Brasil hacia verdad y justicia. *Clarín*).

[261] Apenas para situar o leitor exemplificativamente, a aprovação da Comissão Nacional da Verdade dá-se, justamente, entre a entrega dos originais à editora e seu processo de revisão.

A análise enfocar-se-á em quatro conjuntos de medidas, entendidos como representativos das quatro *dimensões* constitutivas de *obrigações* da Justiça de Transição, conforme apresentado no item 2.2: (i) a reforma das instituições para a democracia; (ii) a reparação às vítimas; (iii) as políticas de memória e verdade, e; (iv) a persecução de justiça em relação às violações contra o Estado de Direito e os direitos humanos.

Conforme se entende demonstrar no decorrer do texto, o modelo brasileiro se configurou desde um conjunto de reformas institucionais que primaram pelo amplo aperfeiçoamento democrático-institucional sem se preocupar, efetivamente, com a pauta transicional de reforma das instituições de segurança, consolidando a tese da "vitória de todos" e da imposição do esquecimento e não alterando, especificamente, os mecanismos eleitorais configurados na Constituição (a exceção da casuística inserção da possibilidade de reeleição consecutiva para os cargos majoritários); ainda, as políticas de reparação passaram a estruturar toda a agenda transicional, especialmente na consolidação e resgate da memória política e, graças ao impacto sociopolítico de seu desenvolvimento; eclodiram de modo sistemático, num período posterior, potentes reivindicações sociais por verdade e justiça. Dessas demandas, as por verdade e memória se estruturaram e as por justiça (até o presente momento) soçobraram, configurando um modelo no qual a disputa semântica e política sobre o passado não se encerra (nem na sociedade, quanto menos no Estado, que segue como parte do conflito). Assim, a sociedade não consegue estabelecer uma narrativa democrática sobre o passado e, em última análise, a reparação se torna o meio de reconhecimento estatal de responsabilidade, ensejando a assunção por parte do Estado da criminalidade tida em seu nome e gerando mecanismos para a produção oficial e não oficial de uma memória concorrente a do regime. A criação da Comissão Nacional desafia este cenário, não apenas por sua missão em si, mas, especialmente, pelo momento político que sua aprovação enseja. Por fim, resta um ônus permanente para o Estado democrático, que resta administrando um conflito herdado entre vítimas e regime, uma vez que sem conseguir resolver ou afastar-se do problema, por meio de medidas de responsabilização ou de anistias fundadas em políticas do perdão, o Estado segue numa posição contraditória em que defende a bilateralidade do próprio "conflito" do qual fez parte, repara as vítimas por entender como sua essa responsabilidade e afasta a possibilidade de identificação efetiva dos crimes do período, mantendo-se como um "estado criminoso".

Defender-se-á, finalmente, que o modelo transicional brasileiro fulcra-se na "reparação, memória e verdade", distintivamente dos de

Argentina e Chile, baseados no tripé "memória, verdade e justiça", e se assenta, portanto, numa assunção abstrata de responsabilidade do Estado pelos crimes do regime, configurada desde uma negação de descontinuidade entre ditadura e Estado de Direito. Essa assunção onera o Estado democrático com todo o espólio histórico da ditadura, tornando evidentes as contradições do processo de arranjo da reabertura e mantendo as agências estatais que promovem políticas relativas à transição em um permanente estado de conflito interno. Como consequência, a própria ideia de Estado de Direito no Brasil tem sua gênese em disputa e, portanto, a potência normativa do conceito de Estado de Direito, claramente identificável em uma democracia constitucional, resta sujeita a uma ampla instabilidade, uma vez que parte da história jurídico-constitucional da nação fica albergada em uma espécie de pacto pré-constitucional (notadamente ilegítimo) que exclui da esfera de aplicação do próprio Estado de Direito um conjunto de acontecimentos do passado.

De outro lado, o modelo brasileiro foi inequivocamente capaz de estruturar uma democracia eleitoral plena e, passados 20 anos da nova Constituição, pode-se verificar o avanço da consolidação democrática substantiva por meio de governos eleitos. Dessa feita, é possível questionar como caracteres estruturantes de nossa cultura política interagiram com o processo transicional propriamente dito fazendo com que a consolidação substantiva do Estado de Direito e seus preceitos (especialmente a igualdade perante a lei) fosse negada a um conjunto de cidadãos (os mais diretamente afetados pela ditadura) sem que esses arranjos de impunidade afetassem o grosso da população, num processo que, desde uma perspectiva idealista, é falho justamente por não atender aqueles que mais dele dependiam, mas, desde uma perspectiva pragmática – como a adotada por todos os governos democráticos do país até agora, sem exceção, para tratar do tema – é extremamente exitoso em alcançar, "para o futuro", aquilo que nega para o passado e para a história.

Essas contradições eminentes passam a ser agora analisadas desde as quatro dimensões propostas, em suas peculiaridades.

4.1 Em busca do Estado de Direito: a reforma das instituições como fator autônomo à Justiça de Transição no Brasil

Um elemento-chave comum tanto para os processos de democratização quanto para a Justiça de Transição é que as instituições perpetradoras de crimes do antigo regime sejam reformadas. Em relatório próprio ao tema, as Nações Unidas, sem excluir a possibilidade de intervenção para a realização de tal processo, destacam que "[...] nenhuma reforma do Estado de Direito, reconstrução da justiça ou iniciativa de justiça de transição pode esperar obter êxito e ser duradoura se vem imposta do exterior",[262] razão pela qual a própria organização prioriza a resolução doméstica dessa dimensão da Justiça de Transição em todos os casos em que a unidade estatal possua condições mínimas para tanto. Tal questão é central pois na medida em que o principal objetivo das reformas das instituições é a não repetição de violações ao império do direito e aos direitos humanos, apenas com o efetivo comprometimento social com essas reformas é que se obterão resultados sustentados.

No caso brasileiro, as reformas institucionais ocorreram sem quaisquer interferências externas. Inobstante, foram sempre tratadas como reformas para a consolidação do Estado de Direito, e nunca como reformas que guardassem relação com a Justiça de Transição. Para uma constatação rápida e trivial dessa afirmação, basta verificar que o Ato das Disposições Constitucionais Transitórias de 1988 em nenhum momento se vale de termos como "ditadura" ou "vítimas", tratando de medidas atinentes aos "anistiados" apenas no disposto em seu art. 8º. Tal fato é decorrência direta do *modus operandi* do processo de abertura, descrito no capítulo 3.

Com a abertura sob controle e a manutenção discursiva da semântica da ditadura em relação aos resistentes e as vítimas, os setores conservadores a serviço do regime conseguiram garantir um nível razoável de consenso sobre a continuidade institucional entre ditadura e democracia e, mesmo sem obter um acordo socialmente pleno sobre a questão, garantiram que a divergência permanecesse em aberto, evitando assim que o Estado pudesse tratar da ditadura enquanto um não Estado de Direito em um grande número de oportunidades (essa questão restará mais clara logo a seguir, ao tratarmos da constituinte). É em função dessa capacidade de estabelecer continuidades oportunistas entre ditadura e democracia que as medidas de reforma passam a ser tratadas num âmbito muito mais "institucional" do que político, com a notável ressalva da constituinte.

Tomadas as principais reformas tidas, e a seguir melhor descritas, temos que boa parte delas foi adotada com clara orientação para a

---

[262] ONU. (S/2004/616). Conselho de Segurança. O Estado de Direito e a Justiça de Transição em sociedades em conflito e pós-conflito. *Revista Anistia Política e Justiça de Transição*, p. 328.

consolidação de um Estado de Direito, mas sem aludir à especificidade transicional que possuem. Assim, mesmo reformas importantes, como a submissão dos poderes militares ao comando civil, com a criação de um Ministério da Defesa que se submete às Forças Armadas, não foram tratadas como conquistas da transição, mas sim como ajustes de aprimoramento institucional da forma de governo.

É como produto desse conjunto de fatores que aquela que é considerada a mais notável medida de reforma das instituições não foi jamais aplicada no Brasil:

> A mais óbvia conexão entre a justiça de transição e a reforma das instituições é o procedimento de veto/depuração (*vetting*). Este é um mecanismo que objetiva garantir que servidores públicos pessoalmente responsáveis em violações flagrantes contra os direitos humanos, particularmente o pessoal das forças armadas, dos serviços de polícia e segurança, e dos serviços judiciais e de inteligência, devem ser impedidos de trabalhar em instituições governamentais.[263]

O processo de anistia com a "vitória de todos" consolidou um discurso oficial de esquecimento (ou mesmo, negação) das graves violações praticadas não pelo Estado brasileiro, mas por agentes em seu nome, o que criminalizou ao longo do tempo o próprio Estado, e não seus agentes. Desta feita, restou impossível pretender afastar os criminosos da própria estrutura do Estado, uma vez que este próprio não os reconhecia como criminosos.

Esse fator é determinante para compreender por que, no Brasil, ao falarmos de reforma das instituições tratamos muito mais de uma pauta de *democratização* do que de uma pauta de *Justiça de Transição* (nos termos da distinção apresentada no capítulo 2) e nos ajuda a compreender por que, aqui, os três grupos centrais de reformas serão (i) a constituinte de 1987/1988, (ii) a submissão das forças armadas ao poder civil e, finalmente, (iii) uma série de pequenas e pontuais reformas nas instituições de segurança e justiça. Visto globalmente, o processo será lido como parcialmente exitoso, mas em boa parte do tempo suas características históricas o circunscrevem fora da dimensão transicional

---

[263] "The most obvious link between transitional justice and institutional reform is the vetting procedure. This is a mechanism that aims to ensure that government workers who are personally responsible for flagrant human rights violations, particularly personnel in the army, the security services the police, the intelligence services and the judicial system, must be prevented from working in the government institutions" (ONU. (UNHRC, Info Note 8). *Transitional Justice Options*: Democratic Republic of Congo 1993-2003, tradução livre).

propriamente dita, o que terá consequências, especialmente quanto a sua duração no tempo, uma vez que muitos agentes do regime seguirão atuando no Estado até o esgotamento de seu ciclo profissional ordinário, com a morte ou a aposentadoria, influindo diretamente na formulação e consolidação das práticas que deveriam ser novas e democráticas (ausência de *duparações*) e; que estruturas pouco afeitas a democracia permanecerão ativas (como é o caso da justiça militar).

Dentre os três conjuntos de reformas apontados, não resta dúvida de que a feitura de uma nova constituição tratou-se da central, tanto pelo resultado de redesenho institucional que promoveu, quanto pelo processo que a levou a tanto. Para tratar dessa questão, valer-me-ei basicamente de dois textos, cuja leitura é muito mais esclarecedora que a síntese que aqui se promove, com vistas à contextualização histórica. Primeiramente, o clássico texto de Raymundo Faoro, "A Assembléia Constituinte: a legitimidade resgatada" cuja publicação original data de 1981,[264] ainda, a tese de doutoramento de Leonardo Augusto de Andrade Barbosa, "Mudança constitucional, autoritarismo e democracia no Brasil pós-1964", cuja reconstrução documental do processo da constituinte é excelente.[265] Evidentemente, uma simples leitura da constituição, considerando o até aqui já desenvolvido, permite a gradação do espectro de mudanças, outra razão para menores delongas no tema.

Ainda em 1981, a Ordem dos Advogados do Brasil já defendia o chamamento de uma constituinte, por entender que as constituições de 1967 e 1969 eram, de fato, produtos não de um poder constituinte, mas de um poder usurpador. Na síntese de Faoro:

> Na sua origem há uma camada que, em nome de um movimento, de uma revolução ou contra-revolução, sempre com o esfacelamento da ordem constitucional, tomou e se assenhorou do Poder Constituinte, só pelo fato de dispor, em dado momento, da força. Todo o ordenamento de leis, reformas, emendas e constituições – na verdade, duas, a de 1967 e 1969 – alicerçou-se "no exercício do Poder Constituinte", usurpado por obra e audácia das armas.[266]

Faoro argumenta corretamente que a base de suposta legitimação dos atos legiferantes do regime, em especial a mudança constitucional, repousa em uma alteração de matriz institucional esdrúxula, cujo defeito é insanável:

---

[264] FAORO. *A república inacabada.*

[265] BARBOSA, Leonardo Augusto de Andrade. *Mudança constitucional, autoritarismo e democracia no Brasil pós-1964*, p. 121-212.

[266] FAORO. *A república inacabada*, p. 248.

A mudança institucional especificava-se, desde logo, por um traço característico: o deslocamento do Poder Constituinte do povo ("todo o poder emana do povo e em seu nome será exercido" – Constituição de 1946, art. 1º) para a revolução, denominação que adotou o movimento para se identificar, distinguindo-se das intervenções golpistas anteriores.[267]

Disso decorre que, ao iniciar uma nova constituinte, como entendia necessário a OAB, mesmo sem aprovar qualquer novo texto, avançava-se radicalmente na reforma do sistema, na medida em que se voltava a contar com a soberania popular como pedra angular de orientação do Estado, afastando o arbítrio dos generais que tomaram a presidência e modificaram o ordenamento positivo na expectativa de se legitimarem.

O processo de reivindicação dessa nova constituição, que ao originar um novo sistema de direito reforma as instituições postas, como apontado no desenvolvimento deste estudo, caracteriza um segundo momento do processo transicional brasileiro, com as forças democráticas migrando da causa da anistia para a causa da redemocratização. É nesse sentido que Barbosa afirma que:

> [...] não há como falar do processo histórico que culminou com a convocação da constituinte de 1987-1988 sem mencionar outros dois movimentos que, desde o primeiro momento, estiveram presentes no debate sobre a nova Constituição brasileira e, de certa forma, mesclaram-se a ele: a luta pela anistia e pelo restabelecimento das eleições diretas. Ambos demonstraram uma capacidade de mobilização popular superior até a do próprio movimento pró-constituinte.[268]

O processo social pró-constituinte, assim, caracteriza o momento máximo de conexão entre as pautas democráticas *lato sensu* e as pautas *stricto sensu* da Justiça de Transição, num grande período de reformas globais do Estado:

> Além da anistia, outro objetivo central do movimento pró-constituinte era a redemocratização do país, isto é, o restabelecimento de eleições diretas em todos os níveis de governo, em especial para Presidente da República. O movimento em prol das "Diretas" ganhou bastante força a partir de 1983, quando ocupou por mais de um ano o centro da cena política brasileira. Em abril daquele ano foi apresentada a

---

[267] FAORO. *A república inacabada*, p. 180.
[268] BARBOSA. *Mudança constitucional, autoritarismo e democracia no Brasil pós-1964*, p. 147-148.

emenda constitucional que ficou conhecida como "Emenda Dante de Oliveira", em homenagem a seu primeiro signatário. Em torno do debate deflagrado pela emendo o Brasil conheceu o maior movimento cívico de sua história. Possivelmente, em nenhum outra oportunidade a sociedade civil aplicou tamanha pressão sobre o Congresso Nacional.[269]

O processo constitucional de 1987 e 1988 foi absolutamente ímpar na história nacional, com amplíssima participação social. A gênese desse processo e o reconhecimento de seus principais atores é fundamental tanto para a compreensão do conteúdo de reforma democratizante do Estado que a nova Constituição viria a promover, quanto para a compreensão da expansão de pauta que faria com que a característica transicional do processo fosse negada. Tomando em conta as considerações de caráter histórico contidas no capítulo anterior, bem como a citação acima sobre a confluência das lutas pela anistia e pelas diretas com o movimento pró-constituinte, parece suficiente agora dar especial atenção às instituições sociais-chave do processo, sem demérito dos referidos movimentos.

Barbosa nos dá notícia, em sua pesquisa documental, de que "a ideia de que a superação da ordem autoritária passava pela construção de uma nova constituição para o Brasil iniciou sua trajetória de forma clandestina, nas teses de um encontro do Partido Comunista", ainda no final da década de 1970.[270] Entre 1981 e 1983 a OAB passou a discutir fortemente o tema, tendo realizado nesta última data um Congresso Nacional específico para tanto, na cidade de São Paulo, aberto pelo Presidente Mario Sérgio Duarte Garcia, que asseverou que:

> A Ordem dos Advogados do Brasil, desde o "pacote de abril", vem, intransigentemente, lutando pelo reordenamento constitucional brasileiro, convicta de que, sem uma nova Constituição, fundamentada em princípios democráticos e diretrizes ajustadas à realidade nacional, não é possível a estabilidade da vida político-institucional. Para essa finalidade, torna-se indispensável a convocação de uma Assembléia Nacional Constituinte, sem a qual o diploma constitucional existente receberá apenas novas emendas, não se removendo o vício de ilegitimidade.

A participação da Conferência Nacional dos Bispos do Brasil (CNBB) no processo pró-constituinte se torna decisiva, especialmente após 1986. Novamente me valendo da pesquisa histórica de Barbosa:

---

[269] BARBOSA. *Mudança constitucional, autoritarismo e democracia no Brasil pós-1964*, p. 151.

[270] BARBOSA. *Mudança constitucional, autoritarismo e democracia no Brasil pós-1964*, p. 157.

CAPÍTULO 4
DECIFRANDO O MODELO TRANSICIONAL BRASILEIRO | **227**

O envolvimento da Igreja no processo de transição e, mais especificamente, no próprio processo Constituinte é intenso. Uma boa síntese das expectativas da CNBB em relação à elaboração da nova Constituição pode ser encontrada no documento intitulado "Por uma nova ordem constitucional", adotado pela XXIV Assembléia Gera da Conferência, realizada em Itaici, em abril de 1986. O documento enfatiza a necessidade de adoção de procedimentos que estimulassem a participação no debate constituinte. A ideia central era, com a nova Constituição, "inverter a posição tradicional, que dá ao Estado toda a primazia da iniciativa social. A sociedade deverá ganhar condição de sujeito coletivo da transformação". Para tanto, a CNBB apostava no desenvolvimento de instrumentos de exercício da democracia capazes de colocar a ação do Estado a serviço da sociedade.[271]

Assim, como posto, a simples existência de uma constituinte já implicava, de si, uma reforma radical do sistema político, na medida em que implicava algum grau de abertura à participação e à cidadania. O problema que surgiria a seguir seria, inobstante, o de como chamar essa constituinte.

Os teóricos do direito que se alinharam ao regime, como Miguel Reale e Manoel Gonçalves Ferreira Filho, defendiam não apenas que o texto constitucional deveria ser redigido por uma elite de juristas, sob pena de prejuízo de sua sistematicidade, organicidade e coerência como que o chamamento da nova constituinte deveria ser feito com base na própria constituição de 1969, garantindo a *não descontinuidade* da ordem jurídica antiga com a nova.[272] Essa tese, da continuidade, era a mais interessante ao regime, pois coadunava com o processo que já vinha se desenhando com a abertura pela via eleitoral, na qual os novos processos catalisam a migração do autoritarismo para a democracia emprestando legitimidade do novo regime nascente para o antigo e ilegítimo, que, dessa feita, "capitaliza-se" democraticamente por meio do procedimento formal, num falseamento político evidente.

Procedimentalmente falando, a tese dos conservadores restou vitoriosa, se não por qualquer outra razão que aquela que caracteriza boa parte da transição brasileira: *essa era a tese mais vantajosa e desejada pelo regime e seus atores, que controlavam a transição.* Assim, em 27 de novembro de 1985, a Câmara e o Senado, conjuntamente, nos termos

---

[271] BARBOSA. *Mudança constitucional, autoritarismo e democracia no Brasil pós-1964*, p.147.

[272] Cf.: FERREIRA FILHO. Nova perspectiva do processo constitucional. *Revista Brasileira de Estudos Políticos*; REALE. Como deverá ser a nova Constituição. *Revista Brasileira de Estudos Políticos.*

do art. 49 da ilegítima Constituição de 1967, promulgaram à Emenda nº 26 à Constituição, chamando a constituinte.

De toda sorte, a derrota do chamamento originário da constituinte não implicou desprestígio de seus trabalhos. Ao enviar a proposta de emenda à constituição que viria a ser aprovada, o então Presidente José Sarney, antigo aliado do regime, registra que esperava que "[...] de agora, a sociedade se mobilize para criar a mística da Constituição, que é o caminho do Estado de Direito".[273] Tal afirmação muito provavelmente seja mais um exercício de retórica do que uma manifestação sincera, mas o que se tem por certo é que o processo social da constituinte efetivamente se afastou por completo de um processo "técnico", a ser conduzido por um conjunto de "especialistas", levando Barbosa a registrar que:

> A experiência de 1987-1988 rompeu com esse paradigma de processo constituinte, [engessado por uma comissão de notáveis e] restrito às instituições e pautado pelos técnicos do governo. A atuação de um conjunto de deputados e senadores, nem todos (quiçá uma pequena minoria) de perfil técnico, associado à intensa interferência da opinião pública, a mecanismos institucionais de participação popular e a uma dinâmica descentralizada em mais de duas dezenas de subcomissões temáticas sem a orientação de qualquer anteprojeto de Constituição, poderia resultar em qualquer coisa, menos em um texto dotado de "harmonioso sendo unitário de equilíbrio".[274]

Para além do marco que constitui "em si", a Constituição de 1988 restabeleceu de modo formal e efetivo a separação entre os poderes que o regime militar havia, na prática, sepultado, garantiu ao Ministério Público a prerrogativa de defender o regime democrático, a ordem jurídica e os interesses sociais e individuais indisponíveis, determinou a exigência de concurso público para o acesso às carreiras de Estado e, dentre tantas medidas mais, passou a funcionar como ponto de referência para o contínuo aperfeiçoar das instituições democráticas, servindo de baliza para as reformas institucionais democratizantes que se seguiriam, mesmo com a notável omissão das pautas específicas da Justiça de Transição (a exceção da reiteração da anistia, somando-a à reparação, e permitindo a insurgência e legitimação do conceito de *anistia como liberdade e reparação* no art. 8º do Ato das Disposições Constitucionais Transitórias).

---

[273] CONGRESSO NACIONAL. *Diário do Congresso Nacional*, p. 1283.

[274] BARBOSA. *Mudança constitucional, autoritarismo e democracia no Brasil pós-1964*, p. 122.

CAPÍTULO 4
DECIFRANDO O MODELO TRANSICIONAL BRASILEIRO | 229

Antes de avançar para o breve relato das principais reformas pós-constitucionais, importa destacar que a Emenda Constitucional nº 26, ao chamar a constituinte, também reiterou a anistia de 1979, dessa vez num Congresso Nacional menos controlado. Essa reiteração (que fora também brevemente ampliativa na constituição de alguns direitos não previstos na Lei nº 6.683 de 1979) será posteriormente um dos motes para a "constitucionalização" da própria lei de anistia de 1979, conforme se verá adiante no tópico dedicado à dimensão da responsabilização individual na Justiça de Transição brasileira (item 4.4).

Para além da reforma "global" das instituições promovidas pela nova Constituição, caracterizam-se como reformas-chave aquelas que puseram fim aos antigos órgãos de segurança paralelos às funções ordinárias da polícia e do exército, que praticavam policiamento político. As duas principais reformas, nesse sentido, foram a extinção do Serviço Nacional de Informações (SNI) em 1990, seguido da criação de uma nova agência, mais regulada, em 1999 (a ABIN – Agência Brasileira de Inteligência), e a extinção, já em 1985, do Destacamento de Operações de Informações – Centro de Operações de Defesa Interna (DOI-CODI), ligado diretamente ao Exército.

Segundo estimativas, o DOI-CODI, que tinha atuação nacional, em apenas cinco anos (1970-1975) deteve e investigou pelo menos 6.700, a maioria dos estados do Rio de Janeiro e de São Paulo.[275] Já o SNI, criado pela Lei nº 4.341 de 13 de junho de 1964, coordenava um amplo sistema de espionagem secreta, com diversas ramificações, igualmente nacionalizadas. A dinâmica de integração direta entre regime, forças e órgãos de polícia política fica evidente no relato da perseguida política Suzana Lisbôa:

> O Conselho de Segurança Nacional, presidido pelos generais presidentes da República e tendo como secretário geral o chefe da Casa Militar da Presidência, coordenava a política de atuação dos organismos repressivos. Seu braço central era o Serviço Nacional de Informações (SNI). Cada uma das três Armas possuía seus próprios sustentáculos: o Centro de Informações do Exército (CIE), o Centro de Informações da Marinha (CENIMAR) e o Centro de Informações e Segurança da Aeronáutica (CISA), além das segundas seções de cada uma delas destinadas, em princípio, à ação repressiva dentro de suas fileiras, mas, na prática, assumindo funções repressivas aos movimentos sociais e aos cidadãos e diretamente vinculadas ao SNI.[276]

---

[275] POMAR. Estatísticas do DOI-Codi. *Revista ADUSP*, p. 74.

[276] LISBÔA. Lembrar, lembrar, lembrar... 45 anos depois do golpe militar: resgatar o passado para transformar o presente. *In*: PADRÓS *et al.* (Org.). *A Ditadura da Segurança Nacional no Rio Grande do Sul*: 1964-1985.

O SNI foi extinto ainda em 1990, logo após a transição, pelo então presidente Fernando Collor de Mello. Órgãos do Estado brasileiro responsáveis por lidar com o período autoritário, como a Comissão de Anistia do Ministério da Justiça, constaram a existência de documentos investigativos produzidos pelo SNI monitorando cidadãos e autoridades públicas até a data de extinção do órgão (que é a data limite para o fornecimento da informação), atravessando, portanto, não apenas o Governo Sarney, como o próprio Governo Collor, e adentrando num período civil, democrático e constitucional da história do país.

O SNI viria a ser substituído, no Brasil democrático, pela Agência Brasileira de Inteligência, criada em 1999 pelo Governo Fernando Henrique Cardoso. No lapso de tempo entre a extinção do órgão de repressão e a criação da nova agência de inteligência, os serviços dessa natureza seguiram afetos à Casa Militar. Até hoje existem suspeitas de que boa parte da estrutura humana da ABIN se origine de antigos órgãos de segurança e repressão, sem que tenha ocorrido qualquer processo de depuração (*vetting*), mas a criação do órgão e sua vinculação a diretivas do Congresso Nacional (por meio da aprovação da Política Nacional de Inteligência), bem como a gradual submissão da Agência a outros mecanismos de controle estatal, sinalizam avanço no trabalho de inteligência, que deve trabalhar com ameaças e potenciais ameaças à nação e à população, e não contra o processo democrático.

Outra reforma relevantíssima na seara da segurança foi a submissão das Forças Armadas ao poder civil. No mesmo ano de 1999 em que encerrou um primeiro estágio de reforma radical das instituições de inteligências, dando forma específica à ABIN e evitando que a ausência de regulação permitisse a atuação velada de restolhos da estrutura do SNI, o Governo FHC também aprovou a Lei Complementar nº 97 de 10 de junho, que cria o Ministério da Defesa e submete as três forças a uma pasta civil do governo. A medida, ordinária na maior parte das democracias do ocidente, gerou reações e até a presente data é possível identificar episódios de insubordinação nas forças. Boa parte dessas manifestações ocorreu quando o governo democrático iniciou debates sobre temas polêmicos nos quais o regime repressivo teve forte incidência, como a política indigenista, a reforma das forças armadas e a lei de anistia. A principal explicação para essas manifestações é, justamente, a ausência de um processo de depuração, que, somada com a ampla confusão existente no regime entre Estado, Forças e o próprio regime, faz com que algumas das mais altas patentes das forças sejam ocupadas por ferrenhos defensores da ditadura, inconformados em se resignarem à vida militar e ansiosos por intervir na política. Considerando a renovação natural de quadros nas Forças, é de se esperar que tal movimento gradualmente se arrefeça, deixando de existir no futuro, restando como preocupação evidente para a plena consolidação dessa importante reforma apenas o controle dos efeitos de transmissão intergeracional no escopo das próprias forças. Com programas específicos na área de direitos humanos e, mais especialmente, com uma readequação da própria percepção das forças quanto ao importante papel que cumprem na defesa externa da nação, tende-se à plena estabilização do modelo proposto, no qual o Presidente coordenada seu assistente, o Ministro da Defesa, e este coordena dos chefes do Exército, Marinha e Aeronáutica.

Também no governo FHC, porém ainda em 1995, outro importante redesenho institucional ocorreu, com a criação de uma pasta específica no Ministério da Justiça para tratar da questão dos direitos humanos. Nas palavras de José Gregori:

> Era necessário um espaço específico, onde o eixo de todas as preocupações fossem os Direitos Humanos para operacionalizar políticas específicas e dar visibilidade a um tema tratado pelos governos, até então, como algo secundário, sem a autonomia que um órgão especialmente criado daria.[277]

A Secretaria de Direitos Humanos do Ministério da Justiça foi, posteriormente, transformada em Secretaria Especial com *status* de Ministério e, finalmente, formalizada na estrutura ministerial da República durante os dois governos Lula. Se a criação de um Ministério para tratar de direitos humanos, de si, já significa uma grande reforma, as ações específicas do órgão dão melhor dimensão de sua importância. Para além de medidas de memória e reparação (que serão a seguir tratas em espaço específico, tanto da SDH, quanto para o Ministério da Justiça e Casa Civil da Presidência), a Secretaria de Direitos Humanos passou a estabelecer projetos específicos de formação em direitos humanos e combate à tortura. Tais medidas, somadas a iniciativas da Secretaria de Segurança Pública do Ministério da Justiça, como a criação da RENAESP (Rede Nacional de Altos Estudos em Segurança Pública), permitiram ao Estado brasileiro iniciar ações estratégicas de formação cidadã e em direitos humanos para seu aparato policial (concentrado nos entes federados estaduais).

---

[277] GREGORI. Os direitos humanos no Brasil: um pouco do que se dez, do que se faz e do que se deve fazer. *In*: SOARES; KISHI (Org.). *Memória e verdade*: a Justiça de Transição no Estado Democrático brasileiro, p. 359.

A evolução das políticas de direitos humanos, especialmente na área da segurança pública, produziu avanços notórios (mesmo que insuficientes) desde a redemocratização, ao ponto de ideias antes impensáveis, como a participação social na gestão da segurança pública, tornarem-se efetivas, como visto durante a 1ª Conferência Nacional de Segurança Pública, levada a cabo pelo Governo Lula no ano de 2009 e que criou, ao seu final, o Conselho Nacional de Segurança Pública (CONASP). A ideia norteadora da própria conferência é radicalmente renovadora no conceito de segurança, especialmente se contratada ao ideário da doutrina da segurança nacional, analisada no capítulo anterior:

> Entendendo-se questões de segurança como questões exclusivamente técnicas, encobre-se um aparato de dominação e controle social altamente eficiente, inibindo a participação e apartando o debate público sobre o tema. Com isso, os titulares subjetivos do direito à segurança pública (os cidadãos) são apartados dos processos de tomada de decisão e têm suas demandas externadas somente através de mecanismos não-estatais de participação [...].[278]

Finalmente, vale-se reforçar o modo como a Constituição de 1988 e as posteriores reformas institucionais empreendidas passaram a redesenhar as possibilidades de utilização do Estado para limitar tanto atores sociais quanto os próprios governos democráticos, sempre que estes atentassem contra a própria democracia, as liberdades fundamentais e o Estado de Direito. Além da já referida reestruturação e ampliação do Ministério Público, criou-se a Defensoria Pública da União e foi garantida a máxima independência ao Judiciário. Com o advento da Emenda Constitucional nº 45, de 30 de dezembro de 2004, avançou-se ainda mais na consolidação do judiciário democrático.

Dessa feita, conclui-se que o processo de reformas, no Brasil, foi eficiente em desatar os principais "nós" necessários à criação de um ambiente político propício ao regular o funcionamento das instituições no Estado de Direito. Verifica-se que a contradição do *paradoxo da vitória de todos*, típica de nosso processo transicional, reconfigura-se aqui como *discurso de não depuração*, sendo a existência de membros do regime na

---

[278] KOPITTKE; TORELLY. Políticas públicas para a segurança com participação: esboço sobre a conferência nacional de segurança pública com cidadania. *In*: VIOLÊNCIA E CONTROLE SOCIAL NA CONTEMPORANEIDADE – CICLO DE ESTUDOS E DEBATES SOBRE VIOLÊNCIA E CONTROLE SOCIAL, p. 103.

liderança de setores importantes do novo sistema um fator de grande preocupação. Um défice transicional, portanto. A possibilidade do surgimento de um processo de depuração, nesse momento, é remota, sendo mais efetivo aguardar a própria renovação regular de quadros, mas outras medidas pendentes ainda podem ser adotadas. Certamente o maior défice do processo de reformas é a permanência da justiça militar, já extinta em países como a Argentina, ou substituída por órgãos administrativos de diminuta competência e estrutura, absolutamente antagônicas com a estrutura de Tribunal Superior que possui a justiça militar no Brasil.

Hoje, a justiça militar aparece como uma instituição arcaica e disfuncional, que, na prática, fere a igualdade perante a lei e, ainda, funciona como memória viva da má época em que fora instrumentalizada com vistas a apoiar o sistema de repressão, apesar das qualidades técnicas e éticas de muitos de seus membros.

De outro lado, sem dúvida alguma, verifica-se que as reformas nas instituições já passaram a influir nas mentalidades, com a insurgência e consolidação de políticas de combate à criminalidade que combinam repressão e prevenção, escapando do modelo altamente repressivo e vitimizador do regime militar para um modelo participativo e mais igualitário de organização social. Evidentemente tais reformas não objetivam apenas e simplesmente lidar com o espólio dos anos de chumbo, mas também com uma cultura punitivista e elitista mais arraigada e prévia à própria ditadura militar. Essa cultura, traditada desde séculos no país, dá dimensão do desafio que se enfrenta, do sucesso já obtido e da importância do constante aperfeiçoamento dos mecanismos institucionais de fortalecimento da participação e da democracia.

4.2 O eixo estruturante: as políticas de reparação e a reconciliação social com o Estado[279]

4.2.1 Conformação histórico-normativa do processo reparatório

A Lei nº 6.683/1979 (Lei da Anistia), que funciona como marco simbólico para o início da reabertura democrática, é a primeira referência

---

[279] Nesse item será referida abundante quantidade de dispositivos de lei, como forma de auxiliar a compreensão não apenas do processo reparatório em si, mas também de sua mecânica. Para evitar onerar desnecessariamente a leitura, os dispositivos serão preferencialmente apresentados em notas de rodapé. Parte substancial das ideias aqui defendidas

normativa a ser considerada para a inteligência do processo reparatório no Brasil. Embora seu enfoque tenha sido eminentemente penal e laboral, objetivando extinguir a punibilidade de atos de "criminalidade política", é nesse diploma legal que se encontram as raízes do atual sistema de reparação aos anistiados políticos brasileiros, estabelecendo-se a previsão de reintegração para os servidores eventualmente demitidos por perseguição política no período compreendido entre 02 de setembro de 1961 e 15 de agosto de 1979 e a restituição de direitos políticos a uma gama de brasileiros:

> Art. 2º Os servidores civis e militares demitidos, postos em dispo-nibilidade, aposentados, transferidos para a reserva ou reformados, poderão, nos cento e vinte dias seguintes à publicação desta lei, requerer o seu retorno ou reversão ao serviço ativo:
>
> I - se servidor civil ou militar, ao respectivo Ministro do Estado;
>
> II - se servidor civil da Câmara dos Deputados, do Senado Federal, de Assembléia Legislativa e da Câmara Municipal, aos respectivos Presidentes;
>
> III - se servidor do Poder Judiciário, ao Presidente do respectivo Tribunal;
>
> IV - se servidor de Estado, do Distrito Federal, de Território ou de Município, ao Governo ou Prefeito.
>
> Parágrafo único. A decisão, nos requerimentos de ex-integrantes das Políticas Militares ou dos Corpos de Bombeiro, será precedida de parecer de comissões presididas pelos respectivos comandantes.

O art. 3º da mesma lei determina a forma de retorno ao serviço, consignando que ela se daria apenas mediante a existência de vaga em aberto e para o mesmo cargo e função ocupado à época da demissão, desconsiderando eventuais progressões as quais o demitido teria di-reito. Os trabalhadores civis vinculados a entidades e movimentos de natureza sindical e os estudantes tiveram sua anistia regulada pelo art. 9º da lei, sem qualquer remissão a eventuais compensações por danos econômicos sofridos.

---

foi formulada em coautoria com Paulo Abrão Pires Junior e publicada em: ABRÃO; TORELLY. O sistema brasileiro de reparação aos anistiados políticos: contextualização histórica, conformação normativa e aplicação crítica. *Revista OABRJ*, p. 165-203 e ABRÃO; TORELLY. Justiça de Transição no Brasil: a dimensão da reparação. rev. e ampl. *Revista Anistia Política e Justiça de Transição*, p. 108-138. A versão aqui apresentada incorpora tre-chos extensos deste trabalho a quatro mãos, cabendo o registro. Finalmente, uma versão destes textos, reformulada e com novos aportes, igualmente escrita em coautoria, pode ser encontrada em: ABRÃO; TORELLY. O programa de reparações como eixo estruturante da Justiça de Transição no Brasil. *In*: REATEGUI (Org.). *Justiça de Transição*: manual para a América Latina.

Segundo Elster, a política de reparação é um dos pilares da transição democrática, mas, para que seja efetiva, deve acertar na escolha das violações que considerará reparáveis, privilegiando algumas em atenção a outras como forma de atingir o maior número possível de vítimas:

> Para compensar as vítimas é necessário determinar que tipo de dano caracteriza a condição de vítima. [...] Em primeiro lugar, os danos podem ser materiais (perda de bens), pessoais (violações a direitos humanos), ou intangíveis (perda de oportunidades). [...] Em segundo lugar, há de se definir que parentes e amigos próximos das vítimas "primárias" serão incluídos enquanto vítimas "secundárias". [...] Em terceiro lugar, há de se dizer o ponto de partida no tempo.[280]

Como se pode verificar, a lei de 1979 inaugura uma tradição ímpar do processo de reparação brasileiro quando comparado a outros, mais notadamente os demais da América do Sul, qual seja: o viés laboral, privilegiando a perda do emprego como um dos principais critérios não só para a verificação da perseguição, como também para sua reparação. Esse critério pode parecer inicialmente estranho, mas se justifica nas características históricas do próprio regime, que promoveu, antes de 1979, um amplo processo de perseguição trabalhista objetivando afastar do Estado e dos empregos privados os "subversivos" e, especialmente, entre 1979 e 1985, quando o regime passou a perseguir os movimentos sociais clássicos, em especial o movimento sindical, que se unira aos movimentos sociais pela anistia e pela democratização, no bojo daquele processo de ampliação da base de sustentação da luta pela anistia e a democratização que classifiquei aqui como a "segunda fase" de nosso processo transicional. Da soma destes dois fatores é que se chega a identificação da mais reiterada medida de exceção empregada pelo Estado brasileiro de forma punitiva durante os anos de exceção, qual seja: a demissão arbitrária do posto de trabalho. É por esta razão que, conforme veremos, todas as legislações reparatórias brasileiras dedicarão ampla atenção às medidas de saneamento a violações relativas a exonerações trabalhistas.

---

[280] "Para compensar las víctimas, es necesario decidir qué formas de daño determinan la condición de víctima. [...] En primer lugar, los daños pueden ser materiales (perdida de bienes), personales (violaciones de los derechos humanos), o intangibles (pérdida de oportunidades). [...] En segundo lugar, hay que definir a qué parientes y allegados de las víctimas "primarias" incluir entre las víctimas "secundarias". [...] En tercer lugar, hay que decidir el punto de partida en el tiempo" (ELSTER. *Rendición de Cuentas*: La Justicia Transicional en Perspectiva Histórica, p. 152-153, tradução livre).

A repetição e a transformação das formas de reparação com viés laboral ao longo do tempo também se justificam na incompletude dos dispositivos que previam o retorno aos postos de trabalho dos servidores, somada ao não estabelecimento, em 1979, de qualquer processo de reparação aos perseguidos sem vínculo empregatício com o Estado, como os perseguidos do setor privado, quanto menos para os demais perseguidos. Tendo estabelecido medidas de reparação muito limitadas e que, por vezes, acabaram por não se efetivar no mundo da vida, a lei de 1979 se tornou apenas uma primeira medida de saneamento de determinadas violações que, ademais, seguiram repetindo-se no período posterior à sua edição (1979-1988), de modo a que legislações posteriores tiveram de retornar à matéria. É fundamental desde agora assentar que: (i) a lei de anistia de 1979, para além de caracterizar o "perdão" aos "crimes" políticos e conexos, caracteriza-se como medida de reparação e; (ii) desde a sua gênese e como princípio, o modelo reparatório no Brasil assumiu e privilegiou a adoção de medidas de restituição de direitos, no caso concreto, restituição de postos de trabalho.

Assim, com o avanço do processo de abertura democrática, a Emenda Constitucional nº 26 de 1985 reiterou os termos da lei de 1979, porém agregou a possibilidade da promoção àqueles servidores públicos aposentados compulsoriamente ou afastados de seus cargos, deixando a critério da Administração Pública a reversão de aposentadorias ou colocação na reserva de ex-servidores.[281]

---

[281] Art. 4º É concedida anistia a todos os servidores públicos civis da Administração direta e indireta e militares, punidos por atos de exceção, institucionais ou complementares.

§1º É concedida, igualmente, anistia aos autores de crimes políticos ou conexos, e aos dirigentes e representantes de organizações sindicais e estudantis, bem como aos servidores civis ou empregados que hajam sido demitidos ou dispensados por motivação exclusivamente política, com base em outros diplomas legais.

§2º A anistia abrange os que foram punidos ou processados pelos atos imputáveis previstos no "caput" deste artigo, praticados no período compreendido entre 2 de setembro de 1961 e 15 de agosto de 1979.

§3º Aos servidores civis e militares serão concedidas as promoções, na aposentadoria ou na reserva, ao cargo, posto ou graduação a que teriam direito se estivessem em serviço ativo, obedecidos os prazos de permanência em atividade, previstos nas leis e regulamentos vigentes.

§4º A Administração Pública, à sua exclusiva iniciativa, competência e critério, poderá readmitir ou reverter ao serviço ativo o servidor público anistiado.

§5º O disposto no "caput" deste artigo somente gera efeitos financeiros a partir da promulgação da presente Emenda, vedada a remuneração de qualquer espécie, em caráter retroativo.

§6º Excluem-se das presentes disposições os servidores civis ou militares que já se encontravam aposentados, na reserva ou reformados, quando atingidos pelas medidas constantes do "caput" deste artigo.

§7º Os dependentes dos servidores civis e militares abrangidos pelas disposições deste artigo já falecidos farão jus às vantagens pecuniárias da pensão correspondente ao cargo,

A Constituição de 1988 novamente referenda a ideia de anistia como reparação posta nas legislações anteriores por meio de seu Ato das Disposições Constitucionais Transitórias, estendendo a possibilidade de reparação também ao setor privado, estabelecendo especificações para algumas categorias e ampliando o período de tempo a ser considerado para a reparação, qual seja "18 de setembro de 1946 até a data da promulgação da Constituição":

> Art. 8º É concedida anistia aos que, no período de 18 de setembro de 1946 até a data da promulgação da Constituição, foram atingidos, em decorrência de motivação exclusivamente política, por atos de exceção, institucionais ou complementares, aos que foram abrangidos pelo Decreto Legislativo nº 18, de 15 de dezembro de 1961, e aos atingidos pelo Decreto-Lei nº 864, de 12 de setembro de 1969, asseguradas as promoções, na inatividade, ao cargo, emprego, posto ou graduação a que teriam direito se estivessem em serviço ativo, obedecidos os prazos de permanência em atividade previstos nas leis e regulamentos vigentes, respeitadas as características e peculiaridades das carreiras dos servidores públicos civis e militares e observados os respectivos regimes jurídicos.
>
> [...]
>
> §2º Ficam assegurados os benefícios estabelecidos neste artigo aos trabalhadores do setor privado, dirigentes e representantes sindicais que, por motivos exclusivamente políticos, tenham sido punidos, demitidos ou compelidos ao afastamento das atividades remuneradas que exerciam, bem como aos que foram impedidos de exercer atividades profissionais em virtude de pressões ostensivas ou expedientes oficiais sigilosos.

Ocorre que o referido ato não veio acompanhado de um regulamento que o tornasse operativo, tendo a matéria sido regulamentada apenas em 2001, por meio de Medida Provisória do Governo Fernando Henrique Cardoso, posteriormente convertida na Lei nº 10.559 (aprovada por unanimidade no Congresso Nacional), que viria a ser o instrumento derradeiro para a reparação individual aos anistiados políticos brasileiros, ampliando significativamente os direitos até então existentes e alcançando um nível de efetividade muito superior ao de qualquer medida anterior.

---

função, emprego, posto ou graduação que teria sido assegurado a cada beneficiário da anistia, até a data de sua morte, observada a legislação específica.
§8º A Administração Pública aplicará as disposições deste artigo, respeitadas as características e peculiaridades próprias das carreiras dos servidores públicos civis e militares, e observados os respectivos regimes jurídicos.

No lapso de tempo entre a anistia da Constituição de 1988 e a sua efetiva regulamentação em 2002 pela Lei nº 10.559/2002, alguns ministérios e órgãos públicos passaram a criar Comissões para avaliar a pertinência jurídica de pedidos de reintegração ao trabalho e de reparação econômica diretamente baseados no art. 8º do ADCT que, quando aprovados, geravam benefícios pagos a título de "aposentadoria excepcional" pelo Instituto Nacional de Seguridade Social (INSS).

Nesse ínterim também foi editada a já referida Lei nº 9.140/1995, especificamente para o processamento das demandas de familiares daqueles que foram mortos ou desapareceram durante o regime militar. Essa lei também prevê o dever de localização e identificação dos restos mortais dos desaparecidos políticos. Para aqueles declarados mortos e/ou desaparecidos no processo apuratório, a reparação, nesses casos, orientou-se pelos seguintes critérios:

> Art. 11. A indenização, a título reparatório, consistirá no pagamento de valor único igual a R$3.000,00 (três mil reais) multiplicado pelo número de anos correspondentes à expectativa de sobrevivência do desaparecido, levando-se em consideração a idade à época do desaparecimento e os critérios e valores traduzidos na tabela constante do Anexo II desta Lei.
>
> §1º Em nenhuma hipótese o valor da indenização será inferior a R$100.000,00 (cem mil reais).
>
> §2º A indenização será concedida mediante decreto do Presidente da República, após parecer favorável da Comissão Especial criada por esta Lei.

Em 11 anos de atuação, foram apreciados 475 casos, dos quais 136 já se encontravam automaticamente reconhecidos em relação anexa à própria Lei nº 9.140/95. Foram apreciados outros 339 casos na tentativa de arregimentar as provas para reconhecer o fato morte/desaparecimento e conferir a reparação às famílias. Na concretização dos trabalhos da Comissão, as reparações oscilaram entre o valor mínimo de R$100 mil e um valor máximo de R$152 mil, tendo obtido uma média de R$120 mil e pago um total de aproximadamente 40 milhões a familiares de vítimas fatais do regime militar.[282]

De modo que, quando da edição da Lei nº 10.559, já se configurava um amplo contexto crítico pela demora do Estado em realizar as

---

[282] Cf.: BRASIL, 2007; CANO; FERREIRA. The reparations program in Brazil. *In*: DE GREIFF (Org.). *The Handbook of Reparations*, 2006.

reparações de modo abrangente. Sucintamente, até a edição da lei de 2002 havia um défice de danos ainda não reparados, como exemplo:

(i) A necessidade de reparação a toda e qualquer pessoa atingida por atos de exceção e qualquer forma de perseguição política que não somente limitadas àquelas perseguições cujo resultado final fora a morte ou desaparecimento (reparados pela lei de 1995);

(ii) As limitações do processo de reintegração de servidores públicos afastados de seus cargos prevista nas legislações anteriores (1979, 1985);

(iii) A necessidade de atenção aos trabalhadores do setor privado, dirigentes e representantes sindicais que, por motivos exclusivamente políticos, tenham sido punidos, demitidos ou compelidos ao afastamento das atividades remuneradas que exerciam, bem como aos que foram impedidos de exercer atividades profissionais em virtude de pressões ostensivas ou expedientes oficiais sigilosos;

(iv) A necessidade de atenção a um grupo significativo de servidores públicos civis e aos empregados em todos os níveis de governo ou em suas fundações, empresas públicas ou empresas mistas sob controle estatal, que tenham sido punidos ou demitidos por atividades profissionais interrompidas em virtude de decisão de seus trabalhadores, com ou sem motivação política;

(v) As críticas feitas aos limites da reparação concedida aos familiares de mortos e desaparecidos políticos pela modalidade reparatória da lei de 1995 que não abrangeu danos transgeracionais e danos ocorridos em razão de perseguições políticas ocorridas antes da morte ou desaparecimento;

(vi) A necessidade de estabelecimento de um rito especial de análise, uma vez que boa parte dos documentos públicos do período jamais foram tornados acessíveis pela cidadania e, finalmente;

(vi) A existência de um amplo conjunto de lesões praticadas pelo Estado para as quais a reparação econômica não era a melhor alternativa existente.

Elabora-se, assim, na lei de 2002, uma pormenorizada sistemática reparatória objetivando atender tanto a demanda dos perseguidos políticos "tradicionais" (os quadros políticos e militantes de organizações de resistência que foram presos, banidos, exilados, clandestinos e afins), quanto daqueles que foram atingidos por atos variados de exceção, especialmente o enorme contingente de militantes de movimentos operários, empregados públicos ou privados afastados de suas atividades laborais em função da aplicação de legislações excepcionais ou ordens arbitrárias. Ainda, visando à homogeneização das reparações, a lei determinou que todos os processos, conclusos ou em andamento, abertos em órgãos federais da Administração Direta ou Indireta com vistas a efetivar a previsão reparatória contida no art. 8º do ADCT fossem remetidos para a Comissão de Anistia, a fim de que fossem substituídos pelo regime jurídico criado pela nova legislação.

Em resumo, o Estado brasileiro criou duas comissões de reparação independentes, ambas com poderes de busca de documentos e esclarecimento da verdade: (I) a Comissão Especial sobre Mortos e Desaparecidos Políticos, com a precípua função de reconhecer a responsabilidade do Estado, e indenizar os eventos cujo resultado fosse morte e/ou desaparecimento forçado, além de localizar os restos mortais dos desaparecidos e; (II) a Comissão de Anistia, cuja função é reconhecer os atos de exceção ocorridos entre 1946 e 1988, na plena abrangência do termo (quais sejam, torturas, prisões, clandestinidades, exílios, banimentos, demissões arbitrárias, expurgos escolares, cassações de mandatos políticos, monitoramentos ilegais, aposentadorias compulsórias, cassações de remunerações, punições administrativas, indiciamentos em processos administrativos ou judiciais) e declarar a condição de anistiado político aos atingidos por esses atos e, ainda, repará-los moral e materialmente

4.2.2 O programa brasileiro de reparações e sua abrangência

Da articulação das políticas originárias das duas leis com demais ações do Executivo, tem-se que a dimensão da reparação no Brasil foi traduzida em verdadeiro "programa de reparações", na forma conceituada por De Greiff, ao entender que existe uma distinção entre os processos de reparação individuais, típico das demandas administradas pelo Judiciário em períodos de ordinariedade, e os processos "em massa", típicos das reparações em escala para episódios de violação de direitos de grandes contingentes populacionais, melhor organizados em "programas" ou, num vocabulário mais corrente no Brasil, sob a forma de políticas públicas de justiça:

> Essa tarefa [de refletir sobre a justiça e as reparações em massa] é particularmente urgente, porque se existe uma compreensão "comum"

ou corrente das reparações, ela se encontra fortemente influenciada por compreensão "judicial" do termo. Embora não tenha interesse algum em elaborar uma crítica dos enfoques judicias aos problemas transicionais, a aproximação judicial das reparações é problemática não por sua natureza judicial per se, mas sim porque se trata de uma compreensão que foi desenvolvida, por boas razões, com o objetivo da resolução de casos relativamente isolados. A diferença do enfoque proposto [na obra] é pensar sobre o que é justo, apropriado e eficiente na resolução de casos sistemáticos de abuso em massa.[283]

É nesse sentido que o programa de reparações no Brasil não se limita à dimensão econômica, mais facilmente identificável num processo de reparação ante ao Poder Judiciário. As leis preveem também direitos como a declaração de anistiado político, a contagem de tempo para fins de aposentadoria, a garantia de retorno a curso em escola pública, o registro de diplomas universitários obtidos no exterior, a localização dos restos mortais dos desaparecidos políticos e outros.

Especificamente, a Lei nº 10.559/2002 prevê duas fases procedimentais para o cumprimento do mandato constitucional de reparação: a primeira, a declaração da condição de anistiado político pela verificação dos fatos e requisitos previstos nas situações persecutórias discriminadas no diploma legal. A declaração de anistiado político é ato de reconhecimento ao direito de resistência dos perseguidos políticos e também de reconhecimento dos erros cometidos pelo Estado contra seus concidadãos.[284] A segunda fase é a concessão da reparação econômica. A Lei nº 10.559/2002 prevê como critério geral de indenização a fixação de uma prestação mensal, permanente e continuada em valor correspondente ou ao padrão remuneratório que a pessoa ocuparia, se na ativa estivesse caso não houvesse sido afastada do seu vínculo laboral, ou a outro valor arbitrado com base em pesquisa de mercado. O outro critério fixado, para quem foi perseguido mas não teve perda de vínculo laboral, é o da indenização em prestação única em até 30 salários mínimos por ano de perseguição política reconhecida com um teto legal de R$100.000. Conforme posto, a Lei nº 9.140/95 prevê também uma prestação única que atingiu um máximo de R$152.000,00 para os familiares de mortos e desaparecidos.[285]

---

[283] DE GREIFF. Justiça e reparações. *Revista Anistia Política e Justiça de Transição*, p.42.

[284] Cf.: BAGGIO. Justiça de Transição como reconhecimento: limites e possibilidades do processo brasileiro. *In*: SANTOS *et al*. (Org.). *Repressão e memória política no contexto ibero-brasileiro*: estudos sobre o Brasil, Guatemala, Moçambique, Peru e Portugal.

[285] A crítica que se faz ao modelo é a de que resultou daí que pessoas submetidas à tortura ou desaparecimento ou morte e que não tenham em sua história de repressão a perda

É possível, portanto, que alguém seja declarado anistiado político durante a primeira fase procedimental, mas não receba nenhuma reparação de ordem econômica, seja porque já fora materialmente indenizado por legislações anteriores, seja por perecimento de direito personalíssimo com o falecimento da vítima, uma vez que tais direitos não se transferem aos sucessores maiores – excetuando-se as viúvas e os dependentes econômicos –, seja porque se enquadram em categorias específicas, como o caso dos vereadores municipais que por força de atos institucionais tenham exercido mandatos gratuitos, cabendo somente o direito de cômputo do período de mandato para fins de aposentadoria no serviço público e previdência social.

Essas constatações oriundas da simples interpretação do dispositivo legal evidenciam uma dimensão fundamental de nosso programa de reparações que é pouco explorada pela literatura sobre o tema: a diferença substancial entre ser *declarado anistiado político* e *perceber reparação econômica*, permitindo visualizar com clareza que, para além da reparação econômica, existe também uma evidente dimensão de reparação moral no programa brasileiro, conectada ao sentimento histórico nutrido pelos perseguidos em relação à anistia e sua "conquista" personalíssima de ser declarado um anistiado político e, portanto, ser reconhecido como um agente vivo de nossa história democrática. Como se verá a seguir, esse não é o único "ponto cego" na literatura

---

de vínculos laborais podem acabar sendo indenizadas com valores menores que as pessoas que tenham em seu histórico a perda de emprego. Uma conclusão ligeira daria a entender que o direito ao projeto de vida interrompido foi mais valorizado que o direito à integridade física, o direito à liberdade ou o direito à vida. Essa conclusão deve ser relativizada pelo dado objetivo de que a legislação prevê que os familiares dos mortos e desaparecidos podem pleitear um dupla indenização (na Comissão de Anistia e na Comissão de Mortos e Desaparecidos) no que se refere à perda de vínculos laborais ocorridos previamente às suas mortes e desaparecimentos (no caso da prestação mensal) ou a anos de perseguições em vida (no caso da prestação única). Além disso, a maioria dos presos e torturados que sobreviveram concomitantemente também perderam seus empregos ou foram compelidos ao afastamento de suas atividades profissionais formais (de modo imediato ou não) em virtude das prisões ou de terem que se entregar ao exílio ou à clandestinidade. Esses casos de duplicidade de situações persecutórias são a maioria na Comissão de Anistia e, para eles, não cabe sustentar a tese de subvalorização dos direitos da pessoa humana frente aos direitos trabalhistas em termos de efetivos. Em outro campo, a situação é flagrantemente injusta para um rol específico de perseguidos políticos: aqueles que não chegaram a sequer inserir-se no mercado de trabalho em razão das perseguições, como é o caso clássico de estudantes expulsos que tiveram que se exilar ou entrar na clandestinidade e o das crianças que foram presas e torturadas com os pais ou familiares. Para reflexões específicas sobre as assimetrias das reparações econômicas no Brasil e o critério indenizatório especial, destacado da clássica divisão entre dano material e dano moral do código civil brasileiro, confira-se: ABRÃO *et al.* Justiça de Transição no Brasil: o papel da Comissão de Anistia do Ministério da Justiça. *Revista Anistia Política e Justiça de Transição*, p. 12-21.

sobre o tema, uma vez que as modalidades reparatórias do programa brasileiro são muito mais amplas do que se pode perceber num olhar ligeiro. Passo a ilustrar demonstrativamente.

No texto canônico de De Greiff,[286] as medidas de reparação justransicional são classificadas em quatro grupos, que serão descritos para posteriormente aplicação no caso concreto do Brasil. Primeiramente, o autor refere a hipótese da restituição:

> [...] que se refere àqueles medidas que procuram restabelecer o status quo ante da vítima. Essas medidas vão da restauração de direitos tais como a cidadania e a liberdade, a restituição do emprego e outros benefícios, até a restituição de propriedades.[287]

A segunda hipótese reparatória apresentada por De Greiff é a compensação:

> [...] que se refere àquelas medidas que procuram compensar os danos sofridos por meio da quantificação desses danos, em que o dano se entende como algo que vai muito além da mera perda econômica e inclui a lesão física e mental e, em alguns casos, também a lesão moral.[288]

Se a restituição objetiva a devolução de algo e a compensação a tradução de algo em outra coisa, outras medidas reparatórias, como a reabilitação, buscam a recomposição ou obtenção de um estado de espírito e de uma condição de vida. Nas palavras de De Greiff, esta é uma hipótese reparatória "que se refere a medidas que fornecem atenção social, médica e psicológica, assim como serviços legais".[289]

Finalmente, temos a hipótese das medidas de satisfação e garantia de não repetição:

> [...] que constituem categorias especialmente amplas, pois incluem medidas tão distintas como o afastamento das violações, verificação dos fatos, desculpas oficiais, sentenças judicias que restabelecem a dignidade e a reputação das vítimas, plena revelação pública da verdade, busca, identificação e entrega dos restos mortais de pessoas falecidas ou desaparecidas, junto com a aplicação de sanções judiciais ou administrativas aos autores dos crimes, e reformas institucionais.[290]

---

[286] DE GREIFF. Justiça e reparações. *Revista Anistia Política e Justiça de Transição.*

[287] DE GREIFF. Justiça e reparações. *Revista Anistia Política e Justiça de Transição,* p. 43.

[288] DE GREIFF. Justiça e reparações. *Revista Anistia Política e Justiça de Transição,* p. 44.

[289] DE GREIFF. Justiça e reparações. *Revista Anistia Política e Justiça de Transição,* p. 44.

[290] DE GREIFF. Justiça e reparações. *Revista Anistia Política e Justiça de Transição,* p. 44.

Assim, temos que a classificação de De Greiff, além de bastante extensiva e ampla, liga o conceito de reparação a outras dimensões da Justiça Transicional. Aplicando tal classificação às legislações e práticas reparatórias brasileiras, é possível formular o quadro a seguir, no qual a dimensão do programa reparatório se torna mais clara:

QUADRO 6

Medidas legais de reparação no Brasil

(Continua)

Medidas de exceção e repressão	Principais direitos fundamentais lesados	Modalidade de reparação	Direitos previstos	Dispositivo legal
Perseguidos políticos e atingidos por atos de exceção *lato sensu*	Direitos e liberdades fundamentais gerais	Satisfação pública e garantia de não repetição	Declaração da condição de anistiado político*	Art. 1º, I da Lei nº 10.559/02
Desaparecidos políticos	Direito à vida ou direito ao projeto de vida	Compensação	Reparação econômica em prestação única, pelo desaparecimento	Art. 11 da Lei nº 9.140/95**
	Liberdades públicas e direitos políticos	e Compensação	e Reparação econômica em prestação única ou mensal, pelas perseguições políticas em vida***	Art. 1º, II c/c art. 9º, parágrafo único da Lei nº 10.559/02****
	Direitos civis, culturais e religiosos	e Satisfação pública e garantia de não repetição	e Direito à localização, identificação e entrega dos restos mortais	Art. 4º, II da Lei nº 9.140/95

* A declaração de anistiado político é ato de reconhecimento das vítimas e do direito de resistência. É uma condição para todas as demais reparações da Lei nº 10.559/02. Cabe à própria vítima requerê-la ou aos seus sucessores ou dependentes (art. 2º, §2º da Lei nº 10.559/02).

** A indenização prevista nessa lei é deferida às seguintes pessoas, na seguinte ordem: ao cônjuge; ao companheiro ou companheira; aos descendentes; aos ascendentes; aos colaterais, até o quarto grau (art. 10 da Lei nº 9.140/95).

*** No caso de falecimento do anistiado político, o direito à reparação econômica transfere-se aos seus dependentes. Cabe reparação em prestação mensal aos casos de comprovada perda de vínculo laboral em razão de perseguição, aos demais casos cabe prestação em prestação única. As compensações (reparações econômicas em prestação única ou mensal) da Lei nº 10.559/02 não podem se cumular. As compensações podem cumular-se com as restituições e reabilitações, exceto a reparação em prestação mensal que não pode cumular com as reintegrações ao trabalho. As compensações da Lei nº 10.559/02 podem se cumular com as compensações da Lei nº 9.140/95.

**** Todas as reparações econômicas de cunho indenizatório da Lei nº 10.559/02, ensejam o direito à isenção do pagamento de imposto de renda.

QUADRO 6
Medidas legais de reparação no Brasil (Continua)

Medidas de exceção e repressão	Principais direitos fundamentais lesados	Modalidade de reparação	Direitos previstos	Dispositivo legal
Mortos	Direito à vida	Compensação	Reparação econômica em prestação única, pela morte e	Art. 11 da Lei nº 9.140/95[b]
	Liberdades públicas e direitos políticos	e Compensação	Reparação econômica em prestação única ou mensal,***** pelas perseguições políticas em vida	Art. 1º, II c/c art. 9º, parágrafo único da Lei nº 10.559/02
Torturados	Direito à integridade física e psicológica	Compensação	Reparação em prestação única	Art. 1º, II c/c art. 2º, I da Lei nº 10.559/02
Presos arbitrariamente	Direito à liberdade, direito ao devido processo legal	Compensação e Restituição	Reparação em prestação mensal ou única e Contagem de tempo para efeitos previdenciários	Art. 1º, II c/c art. 2º,I da Lei nº 10.559/02 Art. 1º, III da Lei nº 10.559/02
Afastados arbitrariamente ou compelidos ao afastamento de vínculo laboral, no setor público, com ou sem impedimentos de também exercer, na vida civil, atividade profissional específica	Direito ao projeto de vida, direito à liberdade de trabalho, direito à liberdade de pensamento, direito à associação sindical	Restituição ou Compensação e Restituição e Reabilitação	Reintegração/ readmissão assegurada promoções na inatividade ou reparação econômica em prestação mensal Contagem de tempo para efeitos previdenciários Benefícios indiretos mantidos pela Administração Pública aos servidores (planos de seguro, assistência médica, odontológica e hospitalar e financiamentos habitacionais)	Art. 1º, II, V c/c art. 2º, IV, V, IX, XI Art. 1º, III da Lei nº 10.559/02 Art. 14 da Lei nº 10.559/02

***** A indenização prevista nessa lei é deferida às seguintes pessoas, na seguinte ordem: ao cônjuge; ao companheiro ou companheira; aos descendentes; aos ascendentes; aos colaterais, até o quarto grau (art. 10 da Lei nº 9.140/95).

QUADRO 6
Medidas legais de reparação no Brasil

(Continua)

Medidas de exceção e repressão	Principais direitos fundamentais lesados	Modalidade de reparação	Direitos previstos	Dispositivo legal
Afastados arbitrariamente ou compelidos ao afastamento de vínculo laboral, no setor privado	Direito ao projeto de vida, direito à liberdade de trabalho, direito à liberdade de pensamento, direito de associação sindical	Compensação e Restituição	Reparação econômica em prestação mensal e Contagem de tempo para efeitos previdenciários	Art. 1º, II c/c art. 2º, VI, XI Art. 1º, III da Lei nº 10.559/02
Punidos com transferência para localidade diversa daquela onde exercia sua atividade profissional, impondo-se mudança de local de residência	Direito à estabilidade e liberdade laboral, direito à isonomia	Compensação	Reparação econômica em prestação mensal ou única	Art. 1º, II e art. 2º, II
Punidos com perda de proventos ou de parte de remunerações já incorporadas ao contrato de trabalho inerentes à carreira administrativa	Direito à remuneração pelo trabalho e direito à isonomia	Compensação e Restituição	Reparação econômica em prestação mensal e Contagem de tempo para efeitos previdenciários	Art. 1º, II e art. 2º, III, XII Art. 1º, III da Lei nº 10.559/02
Impedidos de tomar posse em cargo após concurso público válido	Direitos políticos	Compensação e Restituição	Reparação econômica em prestação mensal e Contagem de tempo para efeitos previdenciários	Art. 1º, II e art. 2º, XVII Art. 1º, III da Lei nº 10.559/02
Punidos com cassação de aposentadorias ou já na condição de inativos, com a perda de remuneração	Direito à isonomia, garantias constitucionais ao trabalho	Compensação	Reparação econômica em prestação mensal	Art. 1º, II e art. 2º, X, XII da Lei nº 10.559/02

QUADRO 6
Medidas legais de reparação no Brasil

(Continua)

Medidas de exceção e repressão	Principais direitos fundamentais lesados	Modalidade de reparação	Direitos previstos	Dispositivo legal
Aposentados compulsoriamente no setor público	Direito à isonomia	Compensação	Reparação econômica em prestação mensal	Art. 1º, II e art. 2º, I, XII
Compelidos à clandestinidade	Direito à liberdade, direito à identidade, direito ao projeto de vida	Compensação e Restituição	Reparação econômica em prestação mensal ou única e Contagem de tempo para efeitos previdenciários	Art. 1º, II e art. 2º, I, IV, VII
Banidos	Direito à nacionalidade, Direito à liberdade, direito ao projeto de vida, direito ao convívio familiar	Compensação e Restituição e Restituição	Reparação econômica em prestação mensal ou única e Contagem de tempo para efeitos previdenciários e Reconhecimento de diplomas adquiridos no exterior	Art. 1º, II e art. 2º, I, VII Art. 1º, III da Lei nº 10.559/02 Art. 1º, IV da Lei nº 10.559/02
Exilados	Direito à liberdade, direito ao projeto de vida, direito ao convívio familiar	Compensação e Restituição e Restituição	Reparação econômica em prestação mensal ou única e Contagem de tempo para efeitos previdenciários e Reconhecimento de diplomas adquiridos no exterior	Art. 1º, II e art. 2º, I, VII Art. 1º, III da Lei nº 10.559/02 Art. 1º, IV da Lei nº 10.559/02
Políticos com mandatos eleitorais cassados	Direitos políticos	Compensação e Restituição	Reparação econômica em prestação única e Contagem de tempo para efeitos previdenciários	Art. 1º, II e art. 2º, VII, XIV Art. 1º, IV da Lei nº 10.559/02

QUADRO 6
Medidas legais de reparação no Brasil

(Conclusão)

Medidas de exceção e repressão	Principais direitos fundamentais lesados	Modalidade de reparação	Direitos previstos	Dispositivo legal
Políticos com cassação de remuneração pelo exercício do mandato eletivo	Direito à isonomia e direito à remuneração pelo trabalho	Restituição	Contagem de tempo para efeitos previdenciários	Art. 2º, XIII
Processados por inquéritos judiciais e/ou administrativos persecutórios, com ou sem punição disciplinar	Direito à liberdade, direito ao devido processo legal ao contraditório	Compensação	Reparação em prestação única	Art. 1º, II e art. 2º, I, VII
Filhos e netos exilados, clandestinos, presos, torturados ou atingidos por quaisquer atos de exceção	Direito ao projeto de vida, direito à liberdade, direito à convivência familiar, direito à integridade física e psicológica	Compensação e Restituição	Reparação econômica em prestação única Contagem de tempo para efeitos previdenciários, em alguns casos	Art. 1º, II c/c art. 2º, I da Lei nº 10.559/02 Art. 1º, IV da Lei nº 10.559/02
Monitorados ilegalmente******	Direito à intimidade	Compensação	Reparação econômica em prestação única	Art. 1º, II c/c art. 2º, I
Outras medidas de exceção, na plena abrangência do termo	Direitos fundamentais e políticos gerais	Compensação	Reparação econômica em prestação única	Art. 1º, I e II c/c art. 2º, I

****** O entendimento da Comissão de Anistia tem sido o de que o direito à reparação cabe somente àqueles em que o monitoramento tenha dado concretude a alguma outra medida repressiva.

Fonte: ABRÃO; TORELLY. O sistema brasileiro de reparação aos anistiados políticos: contextualização histórica, conformação normativa e aplicação crítica. *Revista OABRJ*, p. 178-182.

O governo Luis Inácio Lula da Silva (2003-2010) inovou nas políticas de reparação, agregando uma gama de mecanismos de reparação simbólica: implantou o projeto Direito à Memória e à Verdade, com o registro oficial das mortes e desaparecimentos, e as Caravanas da Anistia, com julgamentos públicos da história e pedidos oficiais de desculpas às vítimas.[291] Criou ainda o Centro de Referência das Lutas Políticas no Brasil (mais conhecido como projeto "Memórias Reveladas", e que

---

[291] Cf.: ABRÃO *et al*. As caravanas da anistia: um instrumento privilegiado da Justiça de Transição brasileira. *In*: SANTOS *et al*. (Org.). *Repressão e memória política no contexto ibero-brasileiro*: estudos sobre o Brasil, Guatemala, Moçambique, Peru e Portugal.

será um dos assuntos do próximo tópico deste estudo), com a disponibilização dos arquivos do período e propôs um projeto de lei para criar uma Comissão Nacional da Verdade, enviando ao Congresso Nacional o Projeto de Lei nº 7.376/2010 (aprovado em outubro de 2011 e sancionado pela Presidente Dilma Rousseff em 18 de novembro do mesmo ano como Lei nº 12.528), e, ainda, outro PL para o direito de acesso à informação pública (PLC nº 41/2010, sancionado conjuntamente com o PL nº 7.376/2010, com melhorias introduzidas pelo Congresso Nacional), da nova lei de acesso à informação (Lei nº 12.527), além de preparar o Memorial da Anistia, para que políticas de reparação e memória sigam integradas no futuro.[292] Ainda, foi o Governo Lula que aprovou a primeira lei de reparação coletiva, destinada à União Nacional dos Estudantes, que teve sua sede destruída pela repressão em um incêndio criminoso tido como o primeiro ato posterior ao golpe, ainda em 1º de abril de 1964 (cf.: Lei nº 12.260, de 21 de junho de 2010), e cujo pagamento, com verbas já disponíveis parcialmente junto ao orçamento da Comissão de Anistia, ocorreu em duas parcelas, nos anos de 2010 e 2012.

A partir de 2007, a Comissão de Anistia do Ministério da Justiça passou a "pedir desculpas oficiais" pelos erros cometidos pelo Estado consubstanciado no ato declaratório de anistia política. Corrigiu-se, dentro das balizas legais existentes, o desvirtuamento interpretativo que dava ao texto legal uma leitura economicista, uma vez que a anistia não poderia ser vista como a imposição da amnésia ou como ato de esquecimento, ou de suposto e ilógico perdão do Estado a quem ele mesmo perseguiu e estigmatizou como subversivo ou criminoso.

Esse processo de reinterpretação da lei com vistas à constituição de um entendimento mais democrático e equitativo envolveu duas dimensões: de um lado, a operação de uma mudança de enfoque, com o deslocamento da máxima atenção, antes conferida a aspectos econômicos, para os aspectos morais e políticos do processo, privilegiando-se especialmente o pedido público de desculpas às vítimas; em segundo lugar, uma adequação dos próprios critérios econômicos ao contexto social brasileiro, por meio da aplicação dos princípios da razoabilidade e da proporcionalidade no processo decisório e de cálculo das reparações. Esse segundo ponto restará mais claro adiante, no item 4.2.3, quando forem apresentadas as principais assimetrias que tal reinterpretação entende corrigir.

---

[292] Cf. ABRÃO, Paulo; TORELLY, Marcelo D. Dictatorship victims and memorialization in Brasil. *In:* HARJU. *Museums and difficult heritage*; SILVA FILHO; PISTORI. Memorial da Anistia Política no Brasil. *Revista Anistia Política e Justiça de Transição.*

Todo esse processo de readequação interpretativa da lei se dá num contexto mais amplo, dentro do segundo governo Lula, no qual as medidas reparatórias são potencializadas por um conjunto de novas medidas, conforme demonstra o QUADRO 7, a seguir, que relaciona as recentes medidas reparatórias empreendidas pelo Estado brasileiro:

QUADRO 7

Medidas e políticas públicas de reparação individual
e coletiva do Governo Lula (2003-2010)

Medidas	Ações governamentais e estatais
Pedidos de desculpas	Caravanas da Anistia
Reconhecimento das vítimas	Exposições fotográficas Livro relatório *Direito à verdade e à memória* Publicações oficiais Projeto Marcas da Memória Projeto Memórias Reveladas
Homenagens públicas	Sessões de Memória das Caravanas da Anistia Ato de homenagens aos 30 anos da greve de fome dos ex-presos políticos Ato público sobre os 30 anos da lei de anistia
Escutas públicas	Audiências públicas do movimento operário Depoimentos nas Caravanas da Anistia Fórum das entidades representativas dos anistiados políticos Comissão Especial de Anistia da Câmara dos Deputados Audiência pública sobre o alcance da lei de anistia de 1979 Audiência pública sobre o regime jurídico dos militares perseguidos políticos
Monumentos e placas	Projeto Memorial da Anistia Projeto Pessoas Imprescindíveis
Projetos de lei	Projeto de lei de acesso às informações públicas Projeto de lei para uma Comissão Nacional da Verdade
Educação e difusão	Seminários e eventos sobre Justiça de Transição Anistias culturais Publicação de materiais didáticos Publicação da revista *Anistia Política e Justiça de Transição*

Fonte: ABRÃO; TORELLY. O sistema brasileiro de reparação aos anistiados políticos: contextualização histórica, conformação normativa e aplicação crítica. *Revista OABRJ.*

Esse movimento de ampliação das políticas de reparação – que transbordam da seara eminentemente econômica –, que passam a constituir os principais espaços de visibilidade da luta por Justiça de Transição no Brasil, constituirá um dos principais elementos do passado próximo a sustentar a tese a ser apresentada em 4.2.4, qual seja, a de que no Brasil a dimensão da reparação é, sem nenhuma dúvida, o eixo condutor da Justiça de Transição, dela derivando as medidas de memória e, mais especial, partindo dos espaços em que ela articula boa parte das recentes iniciativas sociais por justiça, verdade e memória. Inobstante, em função da amplitude e da pluralidade de fontes do programa de reparações brasileiro, configurou-se um cenário no qual é possível detectar um conjunto de potenciais assimetrias, notadamente oriundas da aplicação da legislação de maior escopo reparatório: a Lei nº 10.559/2002. Antes da discussão do impacto global das políticas reparatórias no processo transicional, dedicar-se-á breve momento para a identificação dessas possíveis assimetrias, bem como dos mecanismos aplicados para sua superação.

4.2.3 Assimetrias do processo reparatório brasileiro

São três os conjuntos de possíveis assimetrias no que concerne à indenização econômica no programa de reparações brasileiro, todas oriundas dos critérios de aplicação da Lei nº 10.559/2002: primeiro existe possível assimetria (A) entre os critérios da Lei nº 10.559 e os critérios da Lei nº 9.140/95 (lei sobre mortos e desaparecidos) e outras legislações (como o Código Civil); ainda, existem possíveis assimetrias (B) entre os dois critérios internos da Lei nº 10.559/02, e, finamente; (C) entre os anistiados com base em aposentadorias excepcionais anteriores à existência Lei nº 10.559/2002, regulamentadora do art. 8º do ADCT da Constituição de 1988.

A) Possíveis assimetrias entre os critérios da Lei nº 10.559/02, da Lei nº 9.140/ 95 e de outras legislações

A Lei nº 10.559/2002 possui dois critérios para a fixação de reparação econômica, na modalidade compensação, aos perseguidos políticos:

Critério 1: para aqueles que não possuíam atividade laboral à época dos fatos, é prevista uma reparação em prestação única (PU) de trinta salários mínimos para cada ano de perseguição comprovada, até o teto de R$100 mil, livre de tributação;

Critério 2: para aqueles que possuíam vínculos laborais e os perderam em razão da perseguição, é previsto o pagamento de uma prestação mensal, permanente e continuada (PMPC), vitalícia, livre

MARCELO D. TORELLY
JUSTIÇA DE TRANSIÇÃO E ESTADO CONSTITUCIONAL DE DIREITO

de tributação e com efeitos financeiros retroativos a 05 de outubro de 1988. A PMPC deve ser fixada em valor correspondente ao cargo que ocupava "como se na ativa estivesse", adicionados todos os direitos e progressões decorrentes do tempo em serviço, ou, em valor arbitrado compatível com médias de mercado para a atividade.

Os critérios de reparação da Lei nº 10.559/2002 são geralmente comparados aos critérios da Lei nº 9.140/1995, que cria a Comissão Especial para Mortos e Desaparecidos Políticos e com (A1) as reparações concedidas pela Justiça Federal com base no Código Civil (A2).

A1) Possíveis assimetrias com a Lei nº 9.140/1995

A Lei nº 9.140/1995 estabelece reparação em parcela única para os familiares de militantes políticos reconhecidamente vítimas de morte ou desaparecimento forçado durante o regime militar. Nenhuma indenização paga por essa lei, aplicada pela Comissão Especial para Mortos e Desaparecidos Políticos, pode ser inferior a R$100 mil, e, na prática, pelos critérios legais, nenhuma foi superior a R$152 mil.

Em relação aos pagamentos fixados pelo primeiro critério da Lei nº 10.559/2002, que prevê a reparação em parcela única de até R$100 mil para os perseguidos políticos que não tivessem vínculo laboral à época dos fatos, não parece haver assimetria. Pois que, no que se refere à comparabilidade entre os bens jurídicos lesados, por exemplo, entre o bem jurídico do direito à vida (morte e desaparecimento) em comparação ao bem jurídico do direito a um projeto de vida, à cidadania ou à identidade (como no caso de crianças em clandestinidade ou exílio, estudantes expulsos das escolas), ou à liberdade e integridade física (processados, presos e/ou torturados sem perda de vínculo laboral), o direito à vida foi mais valorado. Afinal, o teto máximo da prestação única da Lei nº 10.559 corresponde ao valor mínimo da Lei nº 9.140.

Já quando se faz uma comparação com o segundo critério, que estabelece a prestação mensal, permanente e continuada (PMPC), pode surgir uma discrepância de valores, e parecer que a vida do desaparecido político teria sido valorada inferiormente com relação ao emprego do perseguido que sobreviveu. Assim, hipoteticamente, se um perseguido político demitido recebe uma reparação econômica de aproximadamente R$2.800 mensais, média atual das indenizações,[293] ao longo do tempo, e somado às parcelas vencidas ("atrasadas") que lhe são devidas até a data da promulgação da Constituição de 1988, poderá obter um montante superior àquele pago ao familiar de um

---

[293] Cf.: BRASIL. Relatório *Anual da Comissão de Anistia*: 2009.

morto ou desaparecido, a depender da data do protocolo do pedido de reparação e de seu tempo de vida percebendo a PMPC.

Essa possibilidade de assimetria surge pela conjunção, na prática, de dois fatores já apontados: a) a ausência de efetividade das leis anteriores, que determinavam a reintegração dos demitidos, mas que hoje, passados mais de 30 anos, acabam por optar pela compensação financeira (em especial em razão da idade avançada ou em razão de já possuírem outro emprego); b) a mora legislativa para a regulamentação do art. 8º do Ato das Disposições Constitucionais Transitórias, uma vez que o Congresso Nacional levou quatorze anos para aprovar a Lei nº 10.559 fixando os critérios reparatórios anteriormente transcritos, fazendo-o apenas após receber medida provisória do Governo FHC, ensejando que as somas a título de retroativos sejam altas mesmo diante do instituto do instituto da prescrição quinquenal que sobre elas incide.[294] Caso a lei tivesse sido criada ainda em 1989 e os pedidos de reparação tivessem sido analisados administrativamente de modo ágil, os valores retroativos não existiriam e as hipóteses de uma indenização em PMPC por perda de vínculo laboral serem superiores à indenização por morte e desaparecimento somente ocorreriam na razão direta da expectativa de vida do anistiado político.

A problemática também reside na sempre complicada comparação entre medidas reparatórias distintas, como querer comparar as restituições com as compensações. Como se sabe, as restituições possuem o propósito possível de devolver o *status quo* anterior da condição de vida pessoal arbitrariamente extirpada enquanto as compensações têm o propósito apenas de mitigar a dor e prejuízos, pois não conseguem restabelecer o bem lesado. Vale observar que, no caso em concreto e, como assentado anteriormente, para os trabalhadores arbitrariamente demitidos, o princípio reparatório no Brasil foi o da restituição do trabalho, ou seja, a reintegração. Ocorre que, com o decorrer do tempo e a impossibilidade factual (idade avançada dos demitidos ou novos empregos) de realizar as reintegrações, a legislação previu as compensações, como as prestações mensais. E o dado factual é que essas compensações assumiram juridicamente uma lógica restitutiva na medida em que a Constituição estabelece o recebimento de

---

[294] A prescrição quinquenal estabelece prazo prescricional de 5 anos para as dívidas da União. Assim, um pedido formulado no ano de 2005, mesmo retroagindo até 1988, terá parcelas vencidas pagas a título de retroativo apenas até 2000. As maiores reparações em retroativo já pagas pela Comissão de Anistia se referem a pedidos abertos na década de 1990 junto aos mais variados órgãos da administração e que, pela data do protocolo, recebem retroativos efetivamente até 1988 ou data próxima.

uma indenização com possibilidade de ser fixada em valor compatível àquele em que o cidadão receberia, como se na ativa estivesse. Assim, não fosse o instituto da prescrição quinquenal ou a possibilidade de fixar também as prestações mensais por meio de pesquisa de mercado, as compensações financeiras mensais pagas aos perseguidos políticos demitidos seriam verdadeiras restituições de cada centavo não recebido em razão da perda do emprego.

De toda forma, um dado que não pode ser ignorado quando se comparam as reparações pagas aos familiares dos mortos e desaparecidos e aos demais perseguidos políticos é o de que as compensações da Lei nº 10.559 podem se cumular com as compensações da Lei nº 9.140/95. Por tratar-se de reparação a danos com fundamentos fáticos distintos, os familiares dos mortos e desaparecidos têm o direto a uma dupla indenização do Estado brasileiro. Assim, têm o direito de serem reparados (compensados) pela responsabilidade extraordinária do Estado pela morte ou desaparecimento forçado, com base na Lei nº 9.140 e também serem reparados (compensados) pela responsabilidade do Estado pelas perseguições políticas que o morto ou desaparecido sofreu em vida, sejam elas ensejadoras de prestação única (quando o morto e desaparecido não possuía vínculo laboral, no caso notório dos estudantes) ou de prestação mensal, permanente e continuada (para os demais casos em que, quando das prisões ou perseguições, tenham perdido vínculos de trabalho). Frente à cumulação essa assimetria desaparece.

A2) Possíveis assimetrias com as reparações judiciais baseadas no Código Civil

Muitos perseguidos políticos, por desconfiança no Poder Executivo ou pela mora do Poder Legislativo em regulamentar a forma de reparação, recorreram ao Poder Judiciário para ver garantido seu direito à reparação. Baseado no Código Civil e, antes da edição da Lei nº 10.559, o Poder Judiciário arbitrou indenizações com base no dano material sofrido pelo perseguido e pelo dano moral que entendeu cabível, enquanto a Comissão de Anistia se vale dos dois critérios especiais de reparação econômica antes transcritos. Assim, dois casos idênticos, julgados um pela Comissão de Anistia e outro pelo Poder Judiciário, podem chegar a resultados muito diversos, uma vez que a consideração *in concreto* do dano moral somada à reparação de natureza trabalhista de todas as perdas efetivas tendeu a tornar as reparações pagas pela justiça muito mais elevadas que as pagas pelo Poder Executivo, com base nos dois critérios especiais da Lei nº 10.559.

Essa possibilidade de assimetria, porém, é derivada da inadequada comparação entre reparação administrativa e reparação judicial. Especialmente após 2002, com edição de lei específica e criação de órgão administrativo próprio para a promoção de reparações, parece impróprio ao judiciário aplicar critérios outros que não os da Lei nº 10.559. Na jurisprudência recente dos tribunais, confrontados com pedidos de reparação, as respostas mais comuns têm sido (i) a determinação de julgamento e definição do valor pela própria Comissão de Anistia (servindo a sentença apenas para que o processo "fure a fila" na pauta de julgamentos do órgão); (ii) a definição do valor pelo judiciário com aplicação dos critérios da lei específica em detrimento ao código civil, ou, finalmente; (iii) a fixação de valor com base no binômio dano material/dano moral. A meu ver, a possibilidade iii é, certamente, a mais gravosa numa visão geral do processo, na medida em que aplica critério impróprio, ensejando, portanto, assimetria.

B) Possíveis assimetrias internas da Lei nº 10.559/2002

Para além da comparação com outros critérios legais, a atual lei de anistia pode gerar assimetrias entre aqueles a quem se dirigem seus próprios critérios especiais. Justamente por prever metodologias de cálculos reparatórios diversos para (B1) aqueles que possuíam ou não vínculos laborais rompidos em função da perseguição e, ainda, (B2) por considerar, para aqueles que possuíam vínculos laborais rompidos em função da perseguição, o padrão remuneratório da profissão que o perseguido tinha à época da repressão e a atual remuneração que perceberia se tivesse mantido tal vínculo. Dessa forma, ao se compararem as hipóteses previstas para reparação em prestação única e as hipóteses previstas para reparação em prestação mensal na Lei nº 10.559, ou até mesmo a variedade de situações que ensejam prestações mensais, pode-se observar assimetrias paupáveis na medida em que duas pessoas que tenham sofrido perseguições políticas equivalentes podem receber reparações muito diferentes.

B1) Assimetrias entre os anistiados da Lei nº 10.559/02, com e sem vínculos laborais à época da perseguição

Na comparação entre as hipóteses previstas para reparação em prestação única e as hipóteses previstas para reparação em prestação mensal na Lei nº 10.559, há um desequilíbrio quando se parte de uma valoração das sequelas e tipos de danos reparados.

Uma situação hipotética é a de dois cidadãos que militavam em partido clandestino conjuntamente, em atividades semelhantes, ambos presos arbitrariamente por dois anos, um sendo estudante de jornalismo do último ano, o outro jornalista recém-formado trabalhando em um jornal de modo regular. Para o primeiro, por não possuir um vínculo laboral, a lei determina o pagamento de parcela única de sessenta salários mínimos por dois anos de perseguição comprovada, para o segundo, será fixado valor mensal de remuneração de um jornalista a ser pago mensalmente por toda a vida, além de efeitos retroativos até 1988 (interrompido pela prescrição quinquenal). Assim, o primeiro perseguido, restringido em sua liberdade de ir e vir e de acesso à educação, terá indenização menor que o segundo perseguido, restringido em sua liberdade de ir e vir e na liberdade de trabalhar, haja vista não serem esses os fatores que a legislação elegeu como prioritários para a fixação dos valores reparatórios.

A assimetria verificada no caso concreto não pode implicar um não reconhecimento da adequação do direito de o segundo perseguido ver compensadas as perdas econômicas decorrentes da interrupção do seu trabalho, mas sim na simples identificação da existência de situações fáticas menos valoradas pela legislação brasileira em face da grandeza dos danos e sérios traumas que podem ter sido produzidos nos perseguidos que viveram suas perseguições sem perderem vínculos laborais. É o caso explícito dos estudantes expulsos de seus cursos e que tiveram seu projeto de vida alterado, ou os jovens e crianças que sofreram com os pais as consequências da vida clandestina, das prisões, das torturas, dos banimentos, dos exílios ou de outras restrições advindas do regime de exceção.

A prestação única é fixada com base no tempo de perseguição política comprovada junto à Comissão de Anistia, e não pelas sequelas decorrentes dessa perseguição. A Lei nº 10.559 não prevê qualquer consideração quanto ao sofrimento individual e as sequelas permanentes deixadas pela perseguição política, vedando à Comissão de Anistia qualquer reparação a esse título. Assim, alguém impedido de trabalhar que possa comprovar seu antigo vínculo receberá uma prestação mensal que lhe garanta a subsistência até a morte, mesmo sem que tenha efetivamente perdido sua capacidade laboral, enquanto outrem, que não possuía vínculo laboral e teve, em decorrência da perseguição, lesão que venha a inviabilizar de modo permanente o exercício de sua atividade laboral, como traumas físicos e psicológicos em razão da tortura, receberá exclusivamente a prestação única de trinta salários mínimos por ano de perseguição.

B2) Assimetrias decorrentes da perpetuação das diferenças de classe

Entre os que perderam vínculos laborais por motivação exclusivamente política, a depender do ganho na atividade laboral comprovada, aqueles que possuíam melhores posições sociais à época da perseguição e consequentes melhores salários serão os que hoje receberão reparações mais elevadas, uma vez que a reparação mensal é calculada considerando o vínculo laboral à época da perseguição e a remuneração "como se na ativa estivesse" para esse mesmo vínculo na atualidade. Isso faz ensejar a possibilidade de que dois perseguidos que tenham ficado igualmente restringidos em seu direito ao trabalho em profissões diferentes por dado período de tempo idêntico recebam, hoje, reparações muito díspares. Essa assimetria também se manifesta numa especial proteção que as sucessivas leis de anistias deram aos perseguidos políticos vinculados ao setor público, como se verá a seguir. A lei é nitidamente mais favorável aos servidores públicos que aos trabalhadores do setor privado. Para a efetivação de cálculo reparatório em prestação mensal, a Lei nº 10.559 indica duas possibilidades, (i) a obtenção do valor remuneratório que atualmente o perseguido teria por meio de consulta à antiga empregadora, organização de classe ou, ainda, pela legislação que rege a carreira ou (ii) o arbitramento de valores, com base em pesquisas de mercado.

As carreiras públicas possuem planos de cargos e carreiras fundados em lei, e, dessa maneira, é possível afirmar de maneira efetiva e precisa quanto alguém estaria recebendo se permanecesse vinculado ao serviço público até o presente naquela mesma carreira. Nos casos da iniciativa privada, a existência de planos de carreira é rara e as declarações de empresas costumam ser genéricas, uma vez que a progressão na carreira não é regulamentada, assim, não existem dados concretos que indiquem valores remuneratórios atuais. A mesma problemática insurge com as declarações oriundas de sindicatos e associações laborais, que fornecem dados sobre a categoria, e não sobre o perseguido singular.

Dessa maneira, aqueles servidores públicos que foram demitidos por perseguição política ou por envolvimento em greve tendem a receber reparações mensais (e, consequentemente, pagamentos retroativos à 1988) superiores aos que tiveram vínculos rompidos com a iniciativa privada. Num exemplo simples, a média da prestação mensal para um aeronauta civil é de R$4.750,00, a mesma média para o aviador militar é de R$13.199,00.[295] Ainda, por força de legislações anteriores a de 2002, alguns servidores públicos foram readmitidos em suas carreiras, porém não foram corretamente reposicionados, havendo perdas remuneratórias decorrentes da não progressão na carreira pelo tempo em que

---

[295] Considerados os valores médios obtidos na base de dados da Comissão de Anistia em julho de 2009.

estiveram afastados. Para os casos em que os servidores recebem hoje, como aposentadoria regular, parte do que receberiam ordinariamente como fruto de sua readmissão, a Comissão de Anistia tem por obrigação complementar o valor até o que seria sua progressão de carreira por tempo de serviço. Nessa situação, em muitos casos, também pode ocorrer que o valor das complementações seja maior do que a média de outras categorias da iniciativa privada. Mais ainda: considerando a inexistência de plano de carreira por tempo de serviço na ampla maioria das ocupações no setor privado, aquele que retornou a sua função em razão da anistia não perceberá qualquer diferença decorrente de seu afastamento, uma vez que esta não poderá ser auferida.

Ainda é certo diagnosticar que, para os servidores públicos, a lei previu mecanismos de reabilitação, como a possibilidade de usufruir de benefícios indiretos mantidos pela Administração Pública aos servidores, tais quais planos de seguro, assistência médica, odontológica e hospitalar e financiamentos habitacionais. Para os perseguidos do setor privado não houve a previsão de mecanismos reparatórios com disposição de serviços públicos de reabilitação.

De todo modo, vale registrar uma exceção à especial tutela do setor público pela Lei nº 10.559/2002: ela não previu de maneira explícita nenhum meio de reparação para aqueles servidores reintegrados a seus cargos corretamente, com as devidas progressões, mas que passaram diversos anos afastados das carreiras e, por vezes, impedidos de trabalhar em outros locais por força de atos arbitrários e que, portanto, ficaram sem perceber os ganhos diretos de seu trabalho pelos anos de afastamento. Nesses casos, mesmo havendo flagrante prejuízo, uma vez que a correta recolocação não remunerou as perdas pelo tempo afastado, a Comissão não dispõe de mecanismos jurídicos específicos para fornecer algum tipo de reparação econômica, restringindo-se à reparação moral e a oficialização do pedido de desculpas.

C) Possíveis assimetrias entre os anistiados originários da Lei nº 10.559/2002 com os detentores de aposentadorias excepcionais convertidas em prestação mensal

A Lei nº 10.559/2002 determinou que todos os processos que versassem sobre anistia e existissem em órgãos da Administração Pública Federal Direita e Indireta fossem remetidos ao Ministério da Justiça. Para os casos sem manifestação do Poder Público, previu que a Comissão de Anistia procederia à instrução e julgamento e, para os casos cuja conclusão ensejou concessão de aposentadoria especial, paga pelo INSS, a Comissão deveria substituir tal pagamento em forma de aposentadoria excepcional para a modalidade de PMPC, garantindo, se fosse o caso, os novos direitos incorporados pela lei mais atual. Essa substituição, além de significar uma mudança no caráter da reparação econômica, de cunho previdenciário para o regime indenizatório (o que provoca isenção de incidência de tributação), tem como efeito prático a alteração da fonte pagadora, do INSS para o Ministério do Planejamento (para os civis) ou o Ministério da Defesa (para os militares), com determinação expressa em lei negando a possibilidade de solução de continuidade.

Ocorre que os critérios utilizados para fundamentar as indenizações concedidas aos trabalhadores anistiados anteriormente à existência da Comissão de Anistia foram variados, de acordo com o órgão da Administração que o tenha implementado. Muitas vezes tais valores foram significativamente superiores aos valores praticados pela Lei nº 10.559/2002, gerando assimetrias entre cidadãos com situações fáticas idênticas. Há de se registrar que os valores das portarias substitutivas de regimes são computados nos dados estatísticos da Comissão de Anistia e elevam a média das indenizações pagas a título de prestação mensal, sendo que, em verdade, não foram deliberados pela Comissão de Anistia, mas por outros órgãos da Administração Pública.

Como balanço final sobre esse diagnóstico das assimetrias, cabe destacar que alterar os dois critérios legais dispostos na Lei nº 10.559/2002 é prerrogativa do Poder Legislativo, não cabendo a qualquer órgão da Administração Pública não os observar. Inobstante, com vistas a reduzir assimetrias respeitados os critérios legais já previstos na Lei nº 10.559/2002, é sabido que a Comissão de Anistia tomou algumas medidas efetivas, objetivando o estabelecimento de critérios equânimes para todas aquelas situações em que a lei facultasse opções de escolha ao órgão deliberativo.

A partir do ano de 2007, a Comissão de Anistia deixou de usar progressões fictas informadas por antigos empregadores ou associações sindicais como critério primeiro para a fixação das prestações mensais para os trabalhadores do setor privado, valendo-se primariamente de pesquisas de mercado para todos os casos e situações, minimizando parte das possíveis ausências de isonomia para casos considerados semelhantes. Igualmente a pesquisa de mercado passou a ser aplicada para parte dos servidores do setor público, com vistas a eliminar a assimetria existente entre estes e os trabalhadores do setor privado, quando as descrições das funções laborais se mostraram compatíveis ou quando, com ainda mais razão, revelavam-se idênticas ou, ainda, quando os resultados finais das indenizações implicavam indenizações milionárias incompatíveis com os preceitos da razoabilidade e da compatibilidade com a realidade social brasileira.

4.2.4 O processo reparatório como eixo estruturante-condutor da Justiça de Transição no Brasil

Atualmente o programa de reparações brasileiro se encontra entre os maiores do mundo. Dados atualizados em julho de 2010 do Sistema Integrado de Informação Financeira do Governo Federal (SIAFI) dão conta que, entre 2001 e a data da pesquisa, mais de R$3 bilhões foram gastos a título de "custo ditadura" apenas com as reparações econômicas em PMPC e PU. Para além da monta econômica, sopesadas as assimetrias, a abrangência do programa também é amplíssima. Consideradas as diversas possibilidades reparatórias apontadas anteriormente no QUADRO 6, são raros os casos de vítimas da ditadura e seus familiares que não sejam contemplados em alguma medida pelo programa.

Pode-se, assim, extrair algumas conclusões sobre o processo reparatório no bojo da efetivação da Justiça de Transição brasileira.

A *primeira conclusão* importante sobre as reparações no Brasil se extrai do art. 8º do ADCT, cujo texto explicitamente se traduz em genuíno ato de reconhecimento da anistia aos perseguidos políticos e de seu direito de resistir à opressão. A *segunda* é a de que, no Brasil, desde a sua origem, a anistia se conecta a uma ideia de liberdade (que concorre com a ideia de impunidade, defendida pelo regime), e é ato político que se vincula, a partir da constituição, à ideia de reparação, conformando um conceito de *anistia como liberdade e reparação*. A *terceira conclusão* é a de que a anistia é concedida pela Constituição àqueles que foram *perseguidos*, e não aos *perseguidores*. Por fim, em *quarto* lugar, pode-se ainda afirmar que existe no Brasil a implantação de uma rica variedade de medidas de reparação, individuais e coletivas, materiais e simbólicas, porém, é perceptível a quase inexistência de medidas de reabilitação das vítimas. É desta forma que, por sua extensão no tempo e abrangência, o processo de reparação será o eixo estruturante da Justiça de Transição no Brasil, uma vez que é graças às atividades das duas comissões de reparação que outras dimensões da Justiça de Transição estruturar-se-ão. O direito à memória e à verdade é apenas a mais óbvia dessas dimensões, mas outras, como a demanda pela criação de uma comissão da verdade e por uma ação no STF buscando justiça contra os perpetradores, igualmente nasceram de atividades ligadas à reparação (nesse caso especificamente, uma audiência da Comissão de Anistia em 2008, após diversos relatos de tortura serem encontrados nos processos administrativos do órgão).[296]

É por isso que, se compararmos a dimensão da reparação com as outras dimensões do processo transicional brasileiro, perceberemos ser esta não apenas melhor desenvolvida, como também ser aquela que funciona como eixo condutor de todo o processo, agregando agentes, impulsionando mudanças e, ainda, tencionando a realização das demais dimensões, na medida em que, como visto da classificação de De Greiff, muitos dos mecanismos de reparação funcionam de maneira interconectada com essas dimensões menos desenvolvidas de nossa Justiça Transicional.

Em função da baixa amplitude das demandas por Justiça Transicional após o esvaziamento do amplo movimento pró-democratização verificado durante a segunda fase de nossa transição (1979-1988), boa parte das iniciativas transicionais partiu do Poder Executivo, sendo a participação do legislativo, geralmente, "a reboque" desse poder, e a do judiciário historicamente quase nula. Evidentemente, o Poder Executivo é um dos mais "amarrados" pelos elementos arcaicos implicados pelo paradoxo da "vitória de todos" no já distante processo de 1979, razão pela qual lhe é interessante fomentar a agenda da transição desde a pauta reparatória, uma vez que esta não reabre a discussão (pelo menos não ordinariamente) dos elementos conflituosos jamais resolvidos no longo e gradual processo de fortalecimento do Estado de Direito.

De modo resumido, (i) a sociedade civil brasileira mais ampla se desarticulou do tema da anistia, que passou a ser desenvolvido por setores isolados uns dos outros, com grande sobreposição de esforços e desperdício de energias; (ii) entre os poderes de Estado, o Executivo é, desde sempre, o principal artífice das medidas transicionais no Brasil, sendo ou seu executor direto, ou o promotor do debate público que pressiona os demais poderes, porém é sempre fortemente tencionado pela impossibilidade de romper com caracteres político-culturais impingidos pelo nosso formato transicional, de modo que elege (iii) o processo de reparação como eixo estruturante da dinâmica da Justiça Transicional brasileira, mesmo sem este esgotar a integralidade do processo.

De fato, as experiências internacionais têm demonstrado que não é possível formular um "escalonamento de benefícios" estabelecendo

---

[296] Informações sobre a atividade abundam na impressa. Destaco a seguir as reportagens dos jornais *Folha de S.Paulo*: <http://www1.folha.uol.com.br/folha/brasil/ult96u428149. shtml> e o *O Globo*: <http://oglobo.globo.com/pais/mat/2008/07/31/tarso_genro_defende_ punicao_para_torturadores_do_regime_militar-547498555.asp>. Acesso em: nov. 2010.

uma ordem sobre quais ações justransicionais devem ser adotadas primeiramente, ou sobre que modelos devem ajustar-se à realidade de cada país, existindo variadas experiências de combinações exitosas.[297] Assim que, em processos de Justiça Transicional não podemos adotar conceitos abstratos que definam, *a priori*, quais medidas devem ser implementadas por cada Estado para obter melhores resultados. Daí que o diagnóstico de que o processo justransicional brasileiro privilegiou em sua gênese a dimensão reparatória não é um demérito, mas apenas um elemento característico fundante desse modelo justransicional, conectado tanto aos fatores limitadores do próprio processo transicional, quanto a outros elementos típicos de nossa cultura jurídico-política, cuja própria sociedade não consegue superar conjuntamente, sendo por demais esperar do processo transicional que os promova.

É um dado que as medidas transicionais no Brasil são tardias em relação às adotadas em outros países, como os vizinhos Argentina e Chile, ou mesmo países distantes, como a Grécia e a Alemanha do pós-guerra, mas isso não depõe contra a relevância de adotar tais medidas. De todo modo, em um processo com as peculiaridades do brasileiro, longo, delicado, vagaroso e truncado, não é realista a crítica de que o processo de reparação seria causador de "alienação" social, nos termos de um "cala boca",[298] pois, como visto, a sociedade seguiu renovando-se e adotando novas medidas de aprimoramento democrático por meio de sucessivas reformas institucionais (mesmo que estas não tenham se pautado primordialmente pelo móvel da Justiça de Transição). O que é efetivamente irreal é esperar que em um país onde foram necessários quase 10 anos para completar um primeiro ciclo de abertura política

---

[297] Cf.: Para um panorama global sobre a Justiça de Transição: entrevista: Javier Ciurlizza responde Marcelo D. Torelly. *Revista Anistia Política e Justiça de Transição*, p. 22-29.

[298] Reduzir o valor moral da declaração de anistiado político à mera dimensão econômica é, atualmente, a estratégia mais comumente utilizada por aqueles setores irresignados com a própria existência de uma assunção de culpa do Estado brasileiro pelos erros cometidos no passado, que pretendem com esse discurso justificar, valendo-se das assimetrias características do processo de reparação econômica brasileira, que a lei de anistia não teria promovido nada além de um "cala boca" a determinados setores sociais. O historiador Marco Antônio Villa defendeu, em entrevista à revista *Época*, que "Distribuir dinheiro foi um belo 'cala-boca'. Muita gente que poderia ajudar a exigir a abertura dos arquivos acabou ficando com esse 'cala-boca'". Corroborando a tese aqui defendida, esse mesmo autor também afirma, em artigo na *Folha de S.Paulo*, que "O regime militar brasileiro não foi uma ditadura de 21 anos. Não é possível chamar de ditadura o período 1964-1968 (até o AI-5), com toda a movimentação político-cultural. Muito menos os anos 1979-1985, com a aprovação da Lei de Anistia e as eleições para os governos estaduais em 1982". Não é difícil, portanto, identificar a existência de uma posição ideológica clara na assunção dessas posições (VILLA. Ditadura à brasileira. *Folha de S. Paulo*; VILLA. Época entrevista: Marco Antônio Villa. *Época*).

(1979-1988) se pudesse, a passos cerrados, promover medidas da mesma dimensão que as implementadas em países como a Argentina, onde o regime viveu um colapso completo na sequência de uma rotunda derrota militar em guerra externa, ou como em Portugal na Revolução dos Cravos de 1975, que derrubou o salazarismo no qual os militares foram a vanguarda da extinção do regime porque não eram a vanguarda do regime – sendo essa percepção, inclusive, amplamente descrita na literatura da ciência política sobre as transições em perspectiva comparada.[299] É fundamental relembrar, neste momento, que todo o processo transicional brasileiro foi fortemente controlado, de modo a que apenas as dimensões nas quais o próprio regime acabou sendo menos eficiente em desenvolver sua pauta puderam efetivamente florescer, caso do programa de reparações, previsto pela Constituição, mas integralmente desenhado nos governos democráticos de Fernando Henrique Cardoso e Luiz Inácio Lula da Silva.

Pode-se, assim, identificar pelo menos três vantagens no processo transicional brasileiro, a partir da pedra angular da reparação:

(i) temos como uma *primeira vantagem* o fato de que o trabalho das Comissões de Reparação tem impactado positivamente a *busca pela verdade*, revelando histórias e aprofundando a consciência da necessidade de que todas as violações sejam conhecidas, promovendo e colaborando, portanto, com o direito à verdade (essa dimensão será melhor explorada no próximo item do estudo). As comissões não apenas têm acesso a um enorme contingente de arquivos do período como, e sobremaneira, produzem novos arquivos. Somente a Comissão de Anistia do Ministério da Justiça possui em seus acervos quase 70 mil dossiês que contrastam documentos oficiais com a narrativa dos perseguidos, seja por meio escrito das petições, seja por meio do relato oral, registrado no áudio de centenas de sessões realizadas em todas as regiões do país;[300]

(ii) os próprios atos oficiais de reconhecimento por parte do Estado de lesões graves aos direitos humanos produzidos por essas Comissões de Reparação, somados à instrução probatória que os sustentam, têm servido de fundamento fático

---

[299] Cf.: LINZ; STEPAN. *A transição e consolidação da democracia*: a experiência do sul da Europa e da América do Sul.

[300] Neste sentido, veja-se meu estudo: TORELLY. Das comissões de reparação à Comissão Nacional da Verdade. *In*: SABADELL *et al. Justiça de Transição*: das anistias as comissões da verdade.

para as iniciativas judiciais no plano interno do Ministério Público Federal, incentivando, portanto, o direito à justiça num contexto no qual as evidências da enorme maioria dos crimes já foram destruídas (as limitações a essa dimensão transicional receberão melhor tratamento a seguir);

(iii) finalmente, temos que o processo de reparação está dando uma contribuição significativa na direção de um avanço sustentado nas políticas de memória num país que tem por tradição esquecer, seja pela edição de obras basilares, como o livro-relatório *Direito à verdade e a memória*, que consolida oficialmente a assunção dos crimes de Estado, seja por ações como as Caravanas da Anistia e o Memorial da Anistia, que além de funcionarem como políticas de reparação individual e coletiva, possuem uma bem definida dimensão de formação de memória. Para além da já referida dimensão de revelação histórica, consubstanciada no acesso aos documentos, o registro dos testemunhos dos perseguidos políticos e a realização dos debates públicos sobre o tema têm ensejado uma nova reflexão sobre o período. Esse processo, incrivelmente, tem sido um dos mais eficientes na reversão do paradoxo da vitória de todos, na medida em que coopera para a superação da semântica da ditadura e, ainda, expõe de maneira translúcida a prática de arbítrios, permitindo um reposicionamento da sociedade quanto a sua própria história – e não a reescrita da história, como querem alguns.

Apenas após a verificação do *modus operandi* do processo de reformas institucionais, que se desvincula da pauta justransicional, e da plena compreensão da dimensão da reparação como eixo central das políticas de transição é que se pode bem compreender as dimensões da memória, da verdade e da justiça na plenitude de suas contradições, coisa que se passa a promover a seguir.

4.3 Às voltas com o paradoxo da vitória de todos: memória, verdade, ficção e esquecimento[301]

A questão da memória é, certamente, uma das mais controvertidas na literatura sobre as transições políticas para a democracia, uma

---

[301] Parte deste capítulo foi previamente discutida no seminário internacional "Repressão e Memória Política no Contexto Luso-Brasileiro", realizado em abril de 2009 em Coimbra,

vez que, muito mais que qualquer outro tema, fricciona as já bastante combalidas fronteiras entre direito e política e, mais ainda, entre a "nova política", adequada institucionalmente a padrões democráticos, e as reminiscências da velha política do antigo regime, que busca encontrar espaço para uma reinserção, com nova roupagem, no modelo institucional em construção. No caso brasileiro, tal questão tornar-se-á ainda mais complexa, uma vez que o modo de construção de representações sociais induzido pelo regime por meio da lei de anistia de 1979, naquilo que defini como a dupla construção simbólica que produz o paradoxo da vitória de todos, conduzirá um conjunto significativo de atores sociais e institucionais a trabalharem a memória desde as categorias da *ficção* e do *esquecimento*, enquanto outros setores sociais, sobremaneira os compostos por atores da luta social pela anistia, procurarão afirmar o direito à obtenção da *verdade* (em sentido lato) sobre o período e a afirmação de uma *memória* de oposição, que nega o suposto arranjo institucional que tornou a anistia possível. Assim, no caso brasileiro, ocorre não apenas um conflito sobre a verdade do período em si – não só, portanto, uma disputa sobre "os fatos" –, mas também um conflito sobre o uso a ser dado à memória produzida desde esses fatos pela política: deve ela ser um meio de contribuir para o aprimoramento democrático ou, ao contrário, deve-se procurar erradicar a lembrança coletiva como forma de evitar rearmar a sociedade em torno de temas "superados"? Em qualquer dos casos, qual a medida de distinção entre usos democráticos e autoritários da memória? Qual o papel do direito na regulação desse processo que, *a priori*, surge como eminentemente político?

Esses questionamentos de ordem político-social sobre a importância e o papel da memória e da verdade não são uma exclusividade do caso brasileiro e, em consonância com uma tendência que se mostra cada vez mais forte nos países de tradição constitucionalista, viabilizaram-se socialmente por diversos meios, entre eles a juridicização das questões e sua resolução por mediação dos direitos fundamentais e do direito internacional. Dessa feita, além dos debates filosóficos e sociopolíticos propriamente ditos, enfrenta-se atualmente um debate jurídico sobre

---

Portugal, numa parceria entre a Comissão de Anistia do Ministério da Justiça do Brasil e o Centro de Estudos Sociais da Universidade de Coimbra. Essa primeira versão do texto, bastante resumida, encontra-se publicada em: TORELLY. Justiça transicional, memória social e senso comum democrático: notas conceituas e contextualização do caso brasileiro. *In*: SANTOS *et al*. *Repressão e Memória Política no Contexto Luso-Brasileiro*: estudos sobre Brasil, Guatemala, Moçambique, Peru e Portugal, p. 104-122.

a existência ou não de um "direito à memória e à verdade", em fóruns importantes e qualificados, como o Alto Comissariado de Direitos Humanos da Organização das Nações Unidas, e em grupos de trabalho, como a comissão que leva o nome do próprio direito em debate, estabelecida de modo permanente pelo Mercosul.[302] Nesse sentido, procurarei (4.3.1) oferecer um enfoque o mais alargado possível da temática "direito à memória e à verdade", porém sempre precisando ao que estou me referindo, em concreto, quando utilizo expressões como "direito à verdade" ou "direito à memória". Esses aclaramentos conceituais ajudam a desviar a argumentação de uma série de polêmicas que me parecem artificiais, e que serão referidas ao longo do texto. Isso feito, (4.3.2) será procedida análise do conteúdo normativo do referido direito, definido mormente pela atuação dos tribunais, e das razões de sua aplicação em políticas públicas. Essa questão é de extrema importância, pois as políticas de memória serão – em regra – muito mais amplas quando levadas a cabo pela sociedade civil, pelo Executivo e pelo Legislativo do que quando implementadas pelo Judiciário, o que significa, em termos práticos, que a sociedade pode optar *politicamente* por uma efetivação desses direitos em patamares superiores à "linha de corte" apontada pelos tribunais (mormente conectada à busca pela verdade), especialmente quando tal uso político da memória e da verdade busca superar dialeticamente o conteúdo implícito à ideologia que apregoa o esquecimento e a ficção. Finalmente, para a análise do caso brasileiro, procurarei abrir duas linhas de investigação, (4.3.3) uma primeira focada na confiabilidade institucional e na relação que a memória social autoritária guarda com a manutenção de culturas não democráticas,[303] funcionando como uma espécie de diagnóstico da situação do país em searas nas quais o esquecimento e a ficção impedem uma reflexão crítica sobre um passado que se repete no presente para, finalmente, (4.3.4) apresentar as medidas empreendidas na área da memória e da verdade e, especialmente, (4.3.5) os prognósticos para o futuro, com a criação de grupo de trabalho específico sobre o tema no Ministério Público Federal, o avanço das políticas em curso e a criação de uma Comissão Nacional da Verdade.

---

[302] No momento da revisão final deste texto, o Instituto de Políticas Públicas do Mercosul trabalha em um processo participativo de escuta dos governos e sociedade para a adoção de princípios e diretivas sobre locais de memória.

[303] Como foi apontado no capítulo 2, partindo do estudo de Anthony Pereira (*Political (In) Justice*: Authoritarianism and the Rule of Law in Brazil, Chile, and Argentina; e *Ditadura e repressão*: o autoritarismo e o Estado de Direito no Brasil, Chile e Argentina).

4.3.1 Conceituando "direito à memória" e "direito à verdade" para fins concretos[304]

A categoria "verdade", conforme usada nos debates aqui postos, possui uma série de peculiaridades que devem ser apresentadas antes de seu tratamento acadêmico, sob pena de contra ela serem opostas falsas objeções. Teitel, discutindo as abordagens foucaultianas sobre a verdade, bem circunscreve a objeção central:

> [...] a história é professora e juíza, e a verdade histórica é em si justiça. É essa visão do potencial liberalizante da história que inspira um argumento popular contemporâneo para a responsabilização histórica nas transições. Ainda, a pressuposição de que "verdade" e "história" são uma mesma coisa evidencia a crença na possibilidade de uma história autônoma e objetiva do passado desmentindo o significado do contexto político presente na formação da investigação histórica. Porém a teorização moderna sobre o conhecimento histórico desafia consideravelmente tal concepção. Quando a história teve sua "virada interpretativa", deixou-se de ter uma singular, clara e determinada compreensão sobre uma "lição" a se tirar do passado, em vez disso passou a reconhecer um grau de dependência entre a compreensão histórica e as contingências polícias e sociais.[305]

Uma visão determinista da história e da verdade tende a, em última análise, reproduzir na democracia as distorções existentes na manipulação da verdade pelos regimes de exceção, na medida em que se procura "pasteurizar" e unificar a ideia de verdade como meio de capitalizar politicamente alguma ideologia ou alguma versão do passado. Essa manipulação, involuntariamente, se faz muitíssimo presente no discurso de muitos movimentos sociais, que procuram opor a "verdade"

---

[304] Parte do texto que segue encontra-se igualmente disponível numa versão brevemente distinta, em: TORELLY. Memória, verdade e senso comum democrático: distinções e aportes do "direito à memória e à verdade" para a substancilização democrática. *Revista Internacional Direito e Cidadania*.

[305] "[...] history is teacher and judge, and historical truth in and of itself is justice. It is this view of the liberalizing potential of history that inspires the popular contemporary argument for historical accountability in transitions. Yet, the assumption that 'truth' and 'history' are one and the same evidences a belief in the possibility of an autonomous objective history of the past belying the significance of the present political context in shaping the historical inquiry. However, modern theorizing about historical knowledge considerably challenges this conception. When history takes its 'interpretative turn', there is no single, clear, determinate understanding or 'lesson' to drawn from the past but, instead, recognition of the degree to which historical understanding depends on political and social contingency" (TEITEL. *Transitional Justice*, p. 69-70, tradução livre).

por eles defendida à "mentira" da ditadura, negando a possibilidade de divergência razoável fundada em fatos "reais".

O argumento do "direito à memória e à verdade", para escapar dessa cilada, deve calcar-se em duas ideias-força:

Primeiramente, quando da utilização do termo "verdade", o que se procura *não é afirmar a inexistência de divergência quanto aos fatos*, mas sim a necessidade de que *os fatos sejam o mais conhecidos possível*. Na prática, o "direito à verdade" se refere à possibilidade de esclarecimento público sobre o funcionamento da repressão e, especialmente, a abertura de todos os arquivos oficiais existentes, pois neles está contida a "mentira", ou seja: a "verdade" do sistema repressor, jamais exposta a qualquer controle ou filtro. Essa "verdade do sistema", eivada de ranço ideológico e, muitas vezes, de informações falsas inseridas para justificar ações dos agentes dos Estado, ou com graves omissões (como a prática de tortura e desaparecimentos forçados), deve ser escrutinável pelo público como forma, justamente, de albergar a possibilidade de contestação daquela narrativa. Assim, o "direito à verdade" não se refere à construção de uma *narrativa única*, mas sim à necessidade de que existam disponíveis na sociedade *diversas narrativas concorrentes*, que permitam à cidadania ler o passado de modo menos maniqueísta, ao final conformando ou não uma nova narrativa "oficial".

Em processos de busca pela verdade, os agentes envolvidos se utilizam de diversas formas de lidar com os fatos para construírem narrativas com pretensão de verdade ou, pelo menos, de legitimidade. Em seus estudos sobre o tema, Payne identifica pelo menos oito mecanismos performáticos de agentes para lidar com o passado: remorso, heroísmo, sadismo, negação, silêncio, ficção e mentira, amnésia e traição,[306] concluindo pela importância da adoção de uma abordagem que enfatiza a "coexistência contenciosa" em lugar de uma visão monolítica da história:

> Entre os extremos da visão cautelosa e da utópica quanto à resolução de conflitos existe um modelo mais prático: a *coexistência contenciosa*. A coexistência contenciosa rejeita ordens ineficientes de censura e se filia ao diálogo democrático, mesmo para questões altamente facciosas, entendendo-o como saudável para as democracias. Ela rejeita a cura por meio de verdades oficiais inviáveis em favor de um múltiplo conjunto

---

[306] PAYNE. *Unsettling Accounts*: neither truth nor reconciliation in confessions of state violence.

CAPÍTULO 4
DECIFRANDO O MODELO TRANSICIONAL BRASILEIRO | 269

de verdades alegadas que refletem diferentes pontos de vista políticos no interior da sociedade.[307]

Assim, é fundamental que reste assentado neste primeiro momento que o "direito à verdade" não objetiva a formulação de uma narrativa una que se oponha à narrativa construída pela repressão e a substitua, mas sim a viabilização da insurgência de narrativas plurais construídas com igualdade de oportunidades, ou seja: com igual acesso às "fontes de verdade" e meios de difusão. Essas novas narrativas se referem preferencialmente às vítimas, mas não apenas a elas, uma vez que o que se pretende não é erradicar as versões do passado existente, mas, sim, pluralizá-las. O caso brasileiro é latente nesse sentido, uma vez que narrativas derivadas da narrativa oficial do regime seguem sendo atualizadas, com acesso privilegiado a fontes,[308] enquanto se procura negar igual possibilidade às vítimas, tratadas como "revanchistas" ao tentarem trazer a público suas versões.[309]

Assim, na acepção aqui proposta, o direito à verdade não busca *encerrar* o debate histórico, mas, sim, *fomentá-lo*. É dessa forma que o direito à verdade torna-se peça-chave de mobilização, por exemplo, contra a semântica autoritária que classifica resistentes como terroristas. Nesse caso em concreto, o direito a verdade não busca garantir que toda a sociedade veja os resistentes como resistentes, mas sim que sua versão sobre o conflito torne-se igualmente conhecida àquela versão oficiosa produzida pela repressão e amplamente difundida, inclusive pela imprensa. Além disso, apregoa o total conhecimento dos fatos ocorridos no passado (mesmo que sob variadas versões), para que a própria sociedade possa avaliar de maneira efetiva a importância da adoção de outras medidas, como justiça e reparação.

Segundo aquilo que defendo, *em primeiro lugar*, afirmar o direito à verdade como direito ao amplo conhecimento dos fatos passados e a possibilidade de formulação e sustentação, na arena pública, de uma narrativa sobre esse período, é bastante antagônico à ideia de afirmação de "uma verdade" contra "uma mentira", afastando do espectro de

---

[307] "Between the cautionary and utopian extremes of conflict resolution lies a more practical model: contentious coexistence. Contentious coexistence rejects ineffective gag orders and embraces democratic dialogue, even over highly factious issues, as healthy for democracies. It rejects infeasible official and healing truth in favor of a multiple and contending truths that reflect different political viewpoints in society" (PAYNE. *Unsettling Accounts*: neither truth nor reconciliation in confessions of state violence, p. 281, tradução livre).

[308] Vide: USTRA. *A verdade sufocada*: a história que a esquerda não quer que o Brasil conheça.

[309] A recente aprovação da lei de acesso à informação tem auxiliado na mudança desta situação, com a acessibilização de um grande número de documentos públicos à cidadania.

discussões que aqui se propõem argumentos como os de Dimoulis, ao afirmar que os mecanismos transicionais de busca pela verdade "[...] não permitem encontrar a 'verdade' sobre um período histórico. Arquivos estatais e testemunhos de pessoas com forte engajamento ideológico a favor ou contra o regime não permitem esclarecer causas e conseqüências da atuação do Estado, o que mina a promessa de verdade [...]".[310] O objetivo de mecanismos de investigação e escuta, se correta a acepção dada ao direito da verdade neste estudo, é justamente o de permitir conhecer, por via dos arquivos estatais e testemunhos, os procedimentos tidos secretamente pelo Estado para que, apenas depois disso, possa-se disputar (na esfera política) a hegemonia narrativa sobre o período. Negar essa possibilidade é aceitar a versão oficialesca apresentada pelo regime como o mais próximo que se poderia chegar de conhecer o passado, aceitando, justamente, uma versão altamente ideologizada como se "pura" e "factível" fosse. Ainda, mesmo quando os procedimentos de busca por verdade são ineficazes em registrar documentalmente o *modus operandi* da repressão eles conseguem, minimamente, inaugurar dúvidas razoáveis sobre a veracidade de determinadas afirmações nunca antes verificadas. Essa dimensão negativa do direito à verdade pode não ser a ideal, mas, certamente, já é capaz de contribuir para o debate e o diálogo democrático.

Em *segundo lugar*, deve-se melhor conceituar a ideia de "direito à memória" para evitar mal-entendidos semânticos. Dimoulis aponta que "exigir que o Estado adote e divulgue certas 'verdades' históricas viola o imperativo da neutralidade estatal diante das crenças e posições dos indivíduos".[311] Não é a isso que me refiro ao tratar de direito à verdade. A crítica mais geral a esse argumento já foi pontuada no início do capítulo 3, e se refere, grosso modo, à própria ideia de que, de alguma maneira, o Estado possa estruturar-se de modo independente de "verdades" e "valores". Especificamente no caso concreto do direito à verdade, ao não investigar o passado, permitindo a manutenção de uma narrativa deliberadamente orientada para encobrir violações de direitos humanos, o que o Estado faz é, justamente, convalidar certa *versão* histórica como se fato fosse, uma vez que esse mesmo Estado

---

[310] DIMOULIS. Justiça de transição e função anistia no Brasil: hipostasiações indevidas e caminhos da responsabilização. *In*: DIMOULIS; MARTINS; SWENSSON JUNIOR (Org.). *Justiça de Transição no Brasil*: direito, responsabilização e verdade, p. 101.

[311] DIMOULIS. Justiça de transição e função anistia no Brasil: hipostasiações indevidas e caminhos da responsabilização. *In*: DIMOULIS; MARTINS; SWENSSON JUNIOR (Org.). *Justiça de Transição no Brasil*: direito, responsabilização e verdade, p. 104.

produziu determinada "verdade" sobre o período quando afirmou tal versão, manipulada para legitimar o aparelho de repressão. O que proponho é que o direito à verdade, assim, diz respeito ao direito de conhecer todas as informações disponíveis, submetendo-as ao crivo da verificação pública.

Em outro plano, a ideia de "direito à memória" conecta-se a de "direito à verdade" como forma de afirmar o direito da sociedade, mas, especialmente, das vítimas, de também *construírem discursos com pretensão de verdade* e apresentarem esses discursos ao Estado como meio de disputa democrática da versão oficial sobre o passado. Novamente aludindo a um exemplo prático, significa fornecer ao cidadão torturado a garantia de que mesmo constando no arquivo oficial a informação "detido para averiguação e liberado", existirá em outra fonte, preferencialmente também oficial e disponível para similar acesso, seu relato de que o que ocorreu fora, efetivamente, uma sessão de tortura para tentar obter informações sobre sua organização clandestina.

Se o direito à verdade refere-se ao acesso e ao conhecimento de informações, em minha visão, o direito à memória objetiva, no plano coletivo, a *inserção ou reinserção de determinadas narrativas no seio social*. A semântica da repressão, somada a esforços de aniquilamento da oposição ao regime, afastou por completo da arena pública um conjunto de argumentos e teses defendidos por setores sociais, alijando-os de participação na disputa política e também da construção de uma narrativa nacional. Nesse sentido, o direito à memória visa garantir a equidade desses cidadãos para com os outros, permitindo que também sua história de luta e reivindicação possa ser acessada e avaliada publicamente. Se o direito à verdade busca em alguma medida, mesmo que não de maneira absoluta, um esclarecimento mais ou menos certeiro, o direito à memória não o faz. Refere-se, portanto, a outro universo. A verdade tem uma pretensão de objetividade que a memória não tem, e por isso considero essa distinção importante.

O binômio verdade-memória, conforme entendido neste estudo, cumprirá portanto dois papéis nas políticas transicionais: (i) o de promover o *esclarecimento histórico* de variados fatos e, ainda, (ii) o de promover a *integração social*, na medida em que viabiliza a ampliação do espectro da narrativa nacional sobre o passado. Passa, portanto, a articular-se dentro da perspectiva de construir uma *memória coletiva* que contribuirá para aquilo que defino como um *senso comum democrático*. Mas antes de adentrar nessa esfera, cabe questionar a existência, do ponto de vista legal, de referido "direito à memória e à verdade".

4.3.2 Conteúdo normativo e meios políticos de efetivação[312]

Yasmin Naqvi situa a origem normativa do direito a verdade, no plano internacional, nos protocolos adicionais à Convenção de Genebra:

> O direito à verdade emerge como conceito jurídico em variadas jurisdições e com muitos disfarces. Suas origens podem ser encontradas no direito de as famílias saberem do destino de seus parentes, existente no direito internacional humanitário e reconhecido pelos artigos 32 e 33 do I Protocolo Adicional de 1977 à Convenção de Genebra de 1948, bem como nas obrigações das partes em conflito armado de buscarem por pessoas reportadas como desaparecidas.[313]

Posteriormente, aponta o grande desenvolvimento doutrinário e jurisprudencial da questão em diversos órgãos oficiais:

> [...] O desaparecimento forçado de pessoas e outras marcantes violações aos direitos humanos durante períodos de extrema violência estatal em massa patrocinada pelo Estado [...] implicaram uma ampliação da interpretação sobre o direito a receber informações sobre pessoas desaparecidas. Levou ainda à identificação e ao reconhecimento do direito à verdade por vários órgãos internacionais, em particular a Corte e a Comissão Interamericana de Direitos Humanos, o Grupo de Trabalho das Nações Unidas sobre Desaparecimento Forçado ou Involuntário e o Comitê de Direitos Humanos das Nações Unidas. Esses órgãos progressivamente desenharam este direito como forma de defender e reivindicar outros direitos humanos fundamentais, como o direito de acesso à justiça e a um remédio e reparação efetivos para as violações. Eles igualmente expandiram o direito à verdade para além das informações sobre os eventos relacionados a pessoa ausente ou desaparecida para que também contemplasse outras violações contra os direitos humanos, incluindo detalhes sobre os contextos em que ocorreram.[314]

---

[312] Um excelente estudo sobre o direito à memória e à verdade pode ser lido em: MELO. *Nada além da verdade?*: a consolidação do direito à verdade e seu exercício por comissões e tribunais.

[313] "The right to the truth has emerged as a legal concept in various jurisdictions and is many guises. Its origins may be traced to the right under international humanitarian law of families to know the fate of their relatives, recognized by Articles 32 and 33 of the 1977 Additional protocol I to the Geneva Conventions of 1948, as well as obligations incumbent on parties to armed conflicts to search for persons who have been reported missing" (NAQVI. The right to the truth in international law: fact of fiction?. *International Review of the Red Cross*, p. 248, tradução livre).

[314] "[...] Enforced disappearances of persons and other egregious human rights violations during periods of extreme, state-sponsored mass violence [...] prompted a broader interpretation of the notion of the right to be given information about missing person. It

Finalmente, Naqvi aponta a origem do direito como "derivada" de outras obrigações que os Estados possuem no plano internacional e que insurgem quando da prática, em seus territórios, de graves violações aos direitos humanos:

> De um modo geral, o direito à verdade, portanto, está diretamente ligado à origem do próprio conceito de vítima de violação grave aos direitos humanos. Como os direitos processuais, ele surge após a ocorrência da violação de outro direito humano, e aparentemente sua violação ocorre quando informações atinentes à primeira violação não são prestadas pelas autoridades, seja por meio da divulgação oficial da informação, do surgimento desta informação por meio de um julgamento ou ainda por mecanismos de busca da verdade.[315]

Em sede de conclusões finais, a autora aponta a existência de um direito à verdade, sobremaneira por sua reiterada aplicação no direito internacional (sendo o costume uma fonte de direito), porém pontuando a dificuldade existente em circunscrever a abrangência normativa do direito, na medida em que diversos mecanismos de acesso à verdade podem ser satisfativos em diferentes medidas, e que a alusão ao costume internacional não permite acessar um maior detalhamento de extensão normativa.

Conforme referido na citação, a Corte Interamericana de Direitos Humanos várias vezes manifestou-se sobre o direito à verdade, valendo referir aqui o Caso "Masacre de la Rochela" *vs.* Colombia, no qual a Corte extrai diretivas daquilo que define como "obrigações positivas inerentes ao direito à verdade":

---

also led to the identification and recognition of a right to the truth by various international organs, in particular, the Inter-American Commission on Human Rights ant Court of Human Rights, the UN Working Group on Enforced or Involuntary Disappearances and the UN Human Rights Committee. These bodies progressively drew upon this right in order to uphold and vindicate other fundamental human rights, such as the right of access to justice and to an effective remedy and reparation. They also expanded the right to the truth beyond information about events related to missing or disappeared person to include details of other serious violations of human rights and the context in which occurred" (NAQVI. The right to the truth in international law: fact of fiction?. *International Review of the Red Cross*, p. 248-249, tradução livre).

[315] "Broadly speaking, the right to the truth, therefore, is closely linked at its inception to the notion of a victim of a serious human right violation. Like procedural rights, it arises after the violation of another human right has taken place, and would appear to be violated when particular information relating to the initial violation is not provided by the authorities, be it by the official disclosure of information, the emergence of such information from a trial or by other truth-seeking mechanisms" (NAQVI. The right to the truth in international law: fact of fiction?. *International Review of the Red Cross*, p. 249, tradução livre).

[...] as obrigações positivas inerentes ao direito à verdade exigem a adoção de desenhos institucionais que permitam que este direito se realize da forma mais idônea, participativa e completa possível, e que não enfrente obstáculos legais ou práticos que o tornem ilusório. **A Corte ressalta que a satisfação da dimensão coletiva do direito à verdade exige a determinação processual da mais completa verdade histórica possível, o que inclui a determinação judicial dos padrões de atuação conjunta e de todas as pessoas que das mais diversas formas participaram das referidas violações, bem como suas respectivas responsabilidades. Essa investigação deve ser assumida pelo Estado como um dever jurídico próprio e não como uma simples gestão de interesses particulares que dependa de iniciativas processuais das vítimas ou de seus familiares, ou, ainda, da apresentação privada de elementos probatórios.**[316]

Ademais destas alusões ao direito internacional e regional,[317] indícios de normatividade do direito à verdade se encontram também presentes nos ordenamentos nacionais, com a assunção de direitos fundamentais como o acesso à informação pública ou, ainda, de princípios, como o princípio democrático e o próprio princípio da dignidade da pessoa humana, e, mais recentemente, o direito à verdade restou explicitamente positivado nas leis de acesso à informação (Lei nº 12.527/2011) e de criação da Comissão Nacional da Verdade (Lei nº 12.258/2011). Em todos os casos, segue-se verificando o padrão apontado por Naqvi, na medida em que a percepção da *existência normativa* do direito não nos fornece elementos suficientes para uma circunscrição exata de sua *extensão* (coisa comum a muitos direitos de origem consuetudinária ou produto da aplicação conjunta de outros princípios). É nesse contexto que a citação da Corte anteriormente posta, em especial

---

[316] "[...] las obligaciones positivas inherentes al derecho a la verdad exigen la adopción de los diseños institucionales que permitan que este derecho se realice en la forma más idónea, participativa y completa posible y no enfrente obstáculos legales o prácticos que lo hagan ilusorio. La Corte resalta que la satisfacción de la dimensión colectiva del derecho a la verdad exige la determinación procesal de la más completa verdad histórica posible, lo cual incluye la determinación judicial de los patrones de actuación conjunta y de todas las personas que de diversas formas participaron en dichas violaciones y sus correspondientes responsabilidades. Dicha investigación debe ser asumida por el Estado como un deber jurídico proprio y no como una simples gestión de intereses particulares, que dependa de la iniciativa procesal de las víctimas o de sus familiares o de la aportación privada de elementos probatorios" (CORTE INTERAMERICANA DE DIREITOS HUMANOS: Caso de la Masacre de la Rochela *vs.* Colombia, tradução livre, grifos nossos).

[317] Para um bastante amplo conjunto de referências sobre a jurisprudência internacional sobre o tema, confira-se o item V.8 do Digesto de Jurispudência Latinoamericana sobre Crimes de Direito Internacional (FUNDACIÓN PARA EL DEBITO PROCESO LEGAL).

na parte negritada, torna-se relevante, pois identifica dois elementos concretos do direito que se tornam obrigatórios aos estados que a ela se submetem: (i) a impossibilidade de negativa pelo judiciário em dar seguimento às causas e, ainda, (ii) a existência de uma dimensão coletiva do direito à verdade, que o torna indisponível às partes.[318] Esse segundo ponto é especialmente relevante, pois a indisponibilidade é característica típica dos direitos humanos e fundamentais, e a assunção e reconhecimento da existência de uma dimensão coletiva do direito à verdade nos permitirá, articulando ao conceito a ideia de direito à memória (que normativamente se conecta ao direito à autodeterminação dos povos, como se pretende demonstrar a seguir), melhor investigar os mecanismos de esclarecimento histórico e a importância do direito à memória e à verdade para a consolidação do Estado de Direito, em sua acepção constitucionalista, por meio da afirmação de uma memória social ou coletiva.

O fato de o direito à memória e à verdade conectar-se à produção de uma memória coletiva faz com que sua aplicação defronte-se com o próprio problema conceitual imanente à transferência de uma categoria originalmente *individual* (a memória) para o plano *coletivo* (memória social/coletiva). Esse procedimento se torna ainda mais sensível na medida em que, como asseveramos acima, inexiste a possibilidade de fixação de "uma" verdade, sendo o próprio núcleo normativo do direito à verdade como informação gerador de narrativas e expectativas sociais dissonantes de memória. A confluência vocabular entre "verdade" e "memória" amplifica o problema, na medida em que muitas vezes se diz "resgatar a memória" para significar "resgatar a verdade" ou, como já referido no caso dos movimentos sociais de luta pela memória, assume-se "luta pela memória" como "luta pelo acesso à verdade". Em uma das mais reconhecidas obras sobre o tema, Paloma Aguilar define o problema:

> Existe uma grande confusão sobre o significado destas expressões, pois distintos autores lhes empregaram com propósitos e conotações

---

[318] A extensão desta dimensão coletiva e seu conflito com a dimensão dos direitos subjetivos foi amplamente debatida na Argentina, em razão da lei que determinou a extração compulsória de DNA de possíveis filhos de desaparecidos, com objetivo de correta identificação da parternidade. Um resgate desse debate pode ser obtido em: FERRANTE, FERRANTE, Marcelo. La prueba de la identidade en la persecución penal por apropiación de niños y sustitución de su identidad. *In*: CELS; ICTJ. *Hacer Justicia*. Bem como em: KING. A conflict of interests: privacy, truth and compulsory DNA testing for Argentina's child of disappeared. *Cornell International Law Journal*.

muito diferentes. A isto se acrescenta que o termo "memória", já de si polissêmico, quando vem acompanhado dos adjetivos "histórica", "coletiva" ou "social", tem um evidente componente metafórico e, em algumas ocasiões, também reivindicativo.[319]

Aguilar desenvolverá seu próprio conceito de "memória coletiva", partindo de um conjunto de distinções que procuram articular a ideia de *memória histórica* a um conjunto mais "documental" de verdades, e aproximando os conceitos de *memórias sociais e coletivas* à ideia de processos identitários (daí apontar-se sua conexão com o princípio da autodeterminação), chegando a uma dicotomia mais producente, entre *memória social* e *memória institucional*, que ao ser adotada por este estudo permite articular uma forma altamente democrática de inserção do conteúdo do direito à memória e à verdade no contexto democrático de um Estado Constitucional de Direito, na medida em que viabiliza a disputa da memória institucional pelas diversas memórias sociais, sem negá-las. Vejamos:

> Segundo meu ponto de vista, a memória pode obter seu caráter "social" ou "coletivo" do fato de ser compartilhada pelos membros de um grupo, mais ou menos claramente delimitado, cujo tamanho pode oscilar entre unidades muito pequenas, como a família, até outras muito maiores, como a nação [...]. Esta memória, que aqui qualificaremos indistintamente como "coletiva" ou "social", deve ser diferenciada da memória "institucional" ou "oficial" (ainda que não exista necessária oposição entre ambas), que é aquela que atinge maior visibilidade no espaço público, sendo referida em monumentos, comemorações, e que é impulsionada por políticas da memória. Essa memória normalmente é promovida pelos governos (de distintos níveis) ou pelas casas legislativas (estatais ou municipais), mas pode ter sido introduzida na agenda política por instâncias e agrupamentos sociais dos mais variados tipos. Desta forma, uma memória que, inicialmente, pertencia aos membros de um determinado grupo [...] pode acabar se convertendo em uma memória "institucional" se, por meio dos poderes Executivo ou Legislativo, se decidir lhe dar respaldo oficial, coletando-lhes o espírito e/ou as reivindicações.[320]

---

[319] "Existe una gran confusión en torno al significado de estas expresiones, pues distintos autores las han empleado con propósitos y connotaciones muy diferentes. A esto se añade que el término, ya de por sí polisémico, de <<memoria>>, cuando va acompañado de los adjetivos <<histórica>>, <<colectiva>> o <<social>>, tiene un evidente componente metafórico y, en ocasiones, también reivindicativo" (AGUILAR. *Políticas de la memoria y meorias de la política*, p. 43, tradução livre).

[320] "Según mi punto de vista, la memoria puede obtener su carácter <<social>> o <<colectivo>> del hecho de ser compartida por los miembros de un grupo, más o menos

A definição de Aguilar é, nesse sentido, coerente com a prescrição de um direito à verdade que prescreva a abertura de arquivos públicos e o próprio direito a contestar a versão dos fatos neles apresentada e, ainda, um direito à memória de natureza intersubjetiva que se configura socialmente num ambiente de pluralidade no qual a versão oficial da história, a "verdade institucional", é disputada e se obriga a um procedimento permanente de legitimação democrática, numa arquitetura institucional evidentemente vocacionada para o Estado de Direito. Voltando a esse tema, Aguilar afirma que:

> A *memória institucional*, que normalmente também é a "dominante" no espaço público, pode, em contextos autoritários, se tornar *monopolística*, graças à repressão às memórias dissidentes ou simplesmente alternativas. No entanto, quando tratamos de regimes democráticos, a memória institucional, mesmo que ainda em muitas situações possa seguir sendo a dominante, precisa *dividir o espaço público com a pluralidade de memórias sociais que entram em competição com ela.*[321]

Feitas essas extensas delimitações daquilo que se entende por "direito à memória e à verdade" nesse estudo, seu escopo normativo e a sua dinâmica social de efetivação, passa-se a discorrer sobre sua importância para a transição e, posteriormente, sobre sua implementação no contexto brasileiro.

---

claramente delimitado, cuyo tamaño puede oscilar entre unidades muy pequeñas, como la familia, y otras mucho mayores, como la nación [...]. Esta memoria, que aquí calificaremos indistintamente de <<colectiva>> o <<social>>, cabe distinguirla de la memoria <<institucional>> u <<oficial>> (aunque no haya necesariamente oposición entre ambas), que es la que más visibilidad adquiere en el espacio público, la que se refleja en los monumentos, en las conmemoraciones, la que es impulsa a través de las políticas de la memoria. Dicha memoria suele ser promovida por los gobiernos (de distintos niveles) o por las cámaras legislativas (estatales o subestatales), pero bien puede haber sido introducida en la agenda política a instancias de agrupaciones sociales de diverso tipo. De esta forma, una memoria que, en principio, pertenecería a los miembros de un determinado grupo [...] puede acabar convirtiéndose en una memoria <<institucional>> si, desde los poderes ejecutivo o legislativo, se decide darle un espaldarazo oficial, recogiendo el espíritu y/o la letra de las reivindicaciones de esos colectivos" (AGUILAR. *Políticas de la memoria y meorias de la política*, p. 57-58, tradução livre).

[321] "La memoria institucional, que suele ser también la <<dominante>> en el espacio público, puede, en contextos autoritarios, llegar a monopolizarlos, gracias a la represión de las memorias disidentes o simplemente alternativas. Sin embargo, cuando hablamos de regímenes democráticos, la memoria institucional, aun cuando en muchas ocasiones pueda continuar siendo la dominante, ha de compartir dicho espacio con la pluralidad de memorias sociales que entran en competición directa con ella" (AGUILAR. *Políticas de la memoria y meorias de la política*, p. 58, tradução livre, grifos nossos).

Como viemos demonstrando, a magnitude dos processos de Justiça Transicional pós-superação da fase de *contigência* nas transições por tranformação[322] é gigantesca, uma vez que não se trata simplesmente de promover reformas legais em uma ordem política, mas sim de alterar substancialmente os fundamentos de tal ordem, fundamentos esses que não se alicerçam exclusivamente em um ordenamento jurídico, mas também em uma cultura política e num sistema simbólico que se consolida combinando elementos conscientes e inconscientes, cujas raízes remontam a processos de identidade grupais de diversos níveis, estendendo-se, como mostrou Aguilar, desde o plano familiar até o nacional e regional, firmados em processo de configuração e entrelaçamento de memórias individuais e coletivas.

Nesse contexto de alta complexidade, a simples alteração formal de leis não é suficiente para garantir a consolidação de uma democracia substancial limitada exclusivamente pelas garantias fundamentais originadas dos direitos humanos. É necessária a promoção de uma nova cultura política vocacionada para uma democracia constitucional, que seja capaz de transformar o espólio autoritário e o legado de violações individuais em aprendizados para a democracia, valendo-se tanto das memórias *conscientes* (aquelas que o agente ou grupo sabe possuir, ou seja: "lembra-se"), quanto das memórias *não conscientes* (aquelas que se acumulam de maneira arcaica na experiência simbólica durante a vida do indivíduo ou grupo, transmitidas culturalmente). Esse acúmulo de memórias sociais permite a articulação de narrativas complexas, situadas histórica e politicamente no tempo, que fomentem uma cultura de cidadania, um *senso comum democrático* que oriente o agir.

É assim que o direito à memória e à verdade satisfaz uma necessidade democrática, qual seja: o avivamento de memórias sociais plurais que somem as vivências individuais de violações passadas ao processo reflexivo de superação do legado autoritário e consolidação do Estado Democrático de Direito, fomentando o surgimento de narrativas reflexivas que, ao dialogarem com o autoritarismo, promovam o *pluralismo*, a *democracia* e os *direitos humanos* traduzidos em uma cultura que, por conter esse senso comum democrático, repele o autoritarismo, consolidando a democracia desde um ponto de vista prático e substancial (e não estritamente formal/jurídico).

Combinam-se, portanto, as mudanças do ordenamento jurídico com um processo historicizante de reflexão sobre as causas de tal

---

[322] A definição das transições por transformação da terceira onda pode ser encontrada no item 1.3.1.

mudança, permitindo que a memória das violações impulsione a acumulação coletiva de experiências para o aprendizado social, com vistas à transformação desse acúmulo em fortalecimento institucional e em capital político para a manutenção e ampliação do regime democrático almejado pela própria transição, num processo de justiça anamnética.[323]

O "objeto" memória, segundo Ricoeur, pode ser abordado tanto desde uma dimensão cognitiva, quanto desde uma dimensão pragmática, uma vez que "lembrar-se é não somente acolher, receber uma imagem do passado, como também buscá-la, 'fazer' alguma coisa. O verbo 'lembrar-se' faz parte do substantivo lembrança. O que esse verbo designa é o fato de que a memória é 'exercitada'".[324] O exercício da memória social, num processo transicional, dialogará, desse modo, tanto com as diversas possibilidades de esquecimento, quanto com os diversos modos possíveis de exercício da recordação, orientando-se pragmaticamente para a ação, por exemplo, para a consolidação de uma crítica da violência.

A memória e o esquecimento, operando dialeticamente, possibilitam o estabelecimento de confluências e dissidências narrativas que, ademais de permitirem a constituição de uma "versão histórica" mais plural sobre determinados acontecimentos, influenciam fortemente percepções individuais e sociais de mundo, seguindo com Ricouer:

> [...] as anotações sobre o esquecimento constituem, em grande parte, um simples anverso daquelas que dizem respeito à memória; lembrar-se é, em grande parte, não esquecer. De outro lado, as manifestações individuais do esquecimento estão inextricavelmente misturadas em suas formas coletivas, a ponto de as experiências mais perturbadoras do esquecimento, como a obsessão, somente desenvolverem seus efeitos mais maléficos na escala das memórias coletivas [...].[325]

A memória é ao mesmo tempo meio de *significação social* e *temporal* dos indivíduos, grupos e instituições, e daí sua grande importância na geração do *senso comum*. Socialmente, a memória parcialmente compartilhada promove a formação de uma narrativa que inclui diferentes

---

[323] Segundo Silva Filho e Pistori, "A negligência para com a injustiça é o que motiva toda uma tradição de pensadores, que vão de Dostoievsky a Walter Benjamin, de Theodor Adorno a Paul Ricoeur, voltados para a noção de uma justiça anamnética. Uma teoria da justiça que parta da memória da injustiça" (SILVA FILHO; PISTORI. Memorial da Anistia Política no Brasil. *Revista Anistia Política e Justiça de Transição*, p. 122). Para uma melhor exploração do conceito de "justiça anamnética", veja-se: ZAMORA; MATE. *Justicia y Memoria*: hacia una teoría de la justicia anamnética.

[324] RICOEUR. *A memória, a história, o esquecimento*, p. 71.

[325] RICOEUR. *A memória, a história, o esquecimento*, p. 451.

coletivos numa mesma história (familiar, grupal, tribal, institucional, nacional etc.). Temporalmente (aproveitando-se a metáfora de Hannah Arendt) torna operacionalmente funcional o elo que liga o passado ao futuro,[326] tencionando e agregando significado ao momento presente, tanto nos planos individuais como nos planos coletivos. Lembrar ou esquecer, individual e/ou coletivamente, implica, portanto, alterar os elementos que dão significado e sentido ao futuro, uma vez que o que lembramos do passado é fundamental para que possamos refletir sobre quem somos no mundo e onde nos encontramos no tempo. Mais ainda: nossas lembranças configuram nossas percepções sobre o universo ao nosso redor e são determinantes para a orientação de nosso agir, pois a memória (bem como o esquecimento seletivo) contribuem para a formação de nossos juízos mesmo, como já dito, nos planos conscientes e não conscientes.

Conforme já asseveramos neste trabalho, considerando o caráter preponderantemente nacional dos processos de transição para a democracia no período mais recente,[327] os mecanismos de Justiça Transicional (como a reparação e a promoção da memória), do ponto de vista individual, representam o resgate da dignidade humana maculada durante os períodos de exceção, mas do ponto de vista coletivo representam um acerto de contas da nação violadora de liberdades e direitos com seus cidadãos, por isso a Corte Interamericana considera tais direitos indisponíveis em sua esfera coletiva. Mesmo que uma vítima possa, individualmente, abrir mão da reparação que teria direito individualmente, uma sociedade não pode abrir mão da memória de seu passado sem violar individualmente seus cidadãos.

O estabelecimento de processos políticos de "exercitar" e "fazer" memória sobre a repressão tem, a um só tempo, dois grandes impactos. *Primeiramente*, desenvolvem uma *dimensão reparadora* da dignidade política das vítimas de violência, que resgatam seu *status* de cidadão ferido pelo arbítrio do poder. Nas palavras de Garapon:

> As vítimas, que foram ignoradas, humilhadas, expulsas do mundo, são de novo dignas de falar... e de ouvir. De seres sofridos, as vítimas

---

[326] ARENDT. *Entre o passado e o futuro.*

[327] Com isso não se quer negar a possibilidade de influência dos efeitos do processo de globalização nos processos de Justiça Transicional (conforme muito habilmente demonstra Ruti Teitel), mas sim caracterizar de modo preciso o lócus de ocorrência e de concentração de efeitos do próprio processo, sempre fundamentalmente ancorado na ideia de Estado-Nação, que transita de um modelo de Estado não democrático para um modelo de Estado democrático (Cf.: TEITEL. Transitional Justice Globalized. *In:* TAKING STOCK OF TRANSITIONAL JUSTICE).

passam também a sujeitos actuantes, deixando assim de serem apenas vítimas. A vida à qual a justiça pode restituí-las não é a vida biológica, mas a vida política, isto é, a que concede um peso legal às palavras de cada indivíduo e interroga todas as pessoas sobre as conseqüências de suas acções. Daí a importância do testemunho, não só para comprovar factos, mas também para fornecer a prova viva de que a palavra das vítimas voltou a ser produtiva e é tida em consideração.[328]

Ainda, em *segundo lugar*, tais processos possuem, em sua dimensão coletiva, a *capacidade de agregar um grande número de reflexões sobre a experiência autoritária* e sua superação em uma narrativa nacional em disputa, capitalizando, de modo consciente, o próprio projeto democrático, ampliando-lhe a base de sustentação na medida em que nele introduz noções de democracia nas práticas e percepções cotidianas. Assim, a *autoconsciência histórica* que se constrói nesse processo pode ser replicada, inserindo-se, com o tempo, nas fundações não conscientes que lastreiam o espaço público, sem com isso cair na "armadilha determinista" apontada por Teitel em citação no início deste item.

Ao lembrar e reparar por meio de mecanismos de Justiça Transicional, o Estado sinaliza uma autocrítica quanto ao abuso perpetrado e consolida uma narrativa (mesmo que tardia) de igualdade perante a lei, oferecendo tratamento jurídico equânime aos cidadãos e reincorporando o legado autoritário às categorias de justiça que o próprio autoritarismo afastou. Esse processo sinaliza, de modo consciente, para um futuro de não repetição e, ainda, permite aos mais jovens que se socializam numa cultura conscientemente esclarecida do passado e da importância democrática, incorporando os valores construídos na democracia como caracteres culturais permanentes do sistema simbólico da sociedade (sobre esse processo social, confira-se Herrera Flores).[329] A consolidação de uma memória social crítica em relação ao passado passa a funcionar como combustível para a defesa de uma cultura democrática, sustentando e legitimando as reformas políticas e jurídicas que permitem o ressurgimento nacional em uma nova configuração política, mesmo se essas novas memórias não tiverem a capacidade de se tornarem hegemônicas. Esse processo de memória das violações em massa praticadas no passado como mecanismo de não repetição é bastante aludido desde o fim da Segunda

---

[328] GARAPON. *Crimes que não se podem punir nem perdoar*: para uma justiça internacional, p. 139.
[329] HERRERA FLORES. *A reinvenção dos direitos humanos*.

Guerra e é fartamente apresentado pela sociedade civil como um argumento contrário a formas de lidar com o passado que predigam o esquecimento.[330]

De outro lado, defendo que o inverso também é verdadeiro: a não apuração de crimes pretéritos, a omissão em relação à tortura, à corrupção e aos mais variados desvios, consolida no imaginário social uma ideia de ausência de Estado de Direito que inviabiliza a estabilização de uma democracia constitucional plena. É assim que surge uma *memória social* que orienta as percepções individuais num sentido de desconfiar ou da democracia como forma de governo em si, ou da democracia como forma de governo viável, fomentando um *senso comum antidemocrático* que, justamente por ser senso comum, consolida-se sem que os próprios agentes percebam suas origens arcaicas na cultura e práticas autoritárias.

Ainda mais grave para os processos de democratização é o efeito da negação da memória e da imposição do esquecimento. Se a afirmação da memória como forma de fomento à reflexão crítica sobre acontecimentos passados é um catalisador do processo democrático, sua negação é um obstáculo permanente. Quando a negação do passado ocorre por meios oficiais explícitos – caso da imposição do esquecimento por meio de leis, como se tentou fazer no Brasil, Argentina e Espanha, entre tantos outros – o resultado torna-se ainda mais grave, pois o próprio Estado passa a, politicamente, ser o fiador da injustiça, mantendo em seu cerne a própria negação do Estado de Direito, uma vez que, nas palavras do Presidente da Comissão de Anistia brasileira, Paulo Abrão, "Permitir que possíveis acordos políticos afastem a Justiça valoriza a impunidade e sinaliza que em novos rompantes autoritários bastar-se-ia, ao final, realizar um 'acordo político' [...]".[331] Ao forçar o esquecimento de modo oficioso, afastando a possibilidade de justiça, o Estado se inviabiliza como Estado de Direito, uma vez que registra na memória social a possibilidade permanente de a política elidir o próprio direito, constituindo um permanente estado de fato, onde quem detém a prerrogativa de conduzir punições não é, portanto, o direito, mas sim o poder.

Ainda, o processo de omissão da verdade e negação da memória produz efeitos nas corporações e instituições instrumentalizadas pelos

---

[330] Como muito bem lembra a juíza e ativista democrática Kenarik Felippe, "Hitler dizia que ninguém se lembrava mais do genocídio de 1,5 milhão de armênios. Assim tivemos o genocídio dos judeus" (Cf.: FELIPPE. Justiça não é revanchismo. *Folha de S.Paulo*).

[331] ABRÃO *et al*. Justiça de Transição no Brasil: o papel da Comissão de Anistia do Ministério da Justiça. *Revista Anistia Política e Justiça de Transição*.

regimes autoritários para a prática de violações aos direitos humanos, que passam a se perceberem – graças ao senso comum antidemocrático que se estabelece desde o esquecimento oficioso – como imunes ao direito, uma vez que não só os crimes passados não foram esclarecidos, apurados ou punidos como, igualmente, são causa de orgulho presente para os criminosos.[332] A tensão que tal descompasso gera, permitindo a criminosos orgulharem-se do ultraje que produziram às vítimas, recai sobre a sociedade, produzindo aquilo que Brito chama de "um passado que não vai embora".[333] Uma memória que, *conscientemente*, gera dor e sofrimento àqueles a ela vinculados e, *não conscientemente*, consolida-se numa desconfiança permanente quanto a tudo que ocorre no espaço público e, mais especificamente, numa desconfiança generalizada em relação ao Estado, suas instituições e seus agentes.

Destaque-se, finalmente, que esse argumento contrário ao esquecimento não se fundamenta na assunção pura e simples de uma "verdade das vítimas", mas sim nos danos da ausência de um processo de questionamento público sobre fatos altamente controversos e que envolvem graves violações aos direitos humanos e ao Estado de Direito. Sempre existirá, num processo de busca da verdade, a possibilidade de que aqueles imputados como violadores assumam posições performáticas como as apontadas no início deste item a partir do estudo de Payne,[334] e isso é legítimo no processo democrático (muitas vezes as vítimas também assumem papéis performáticos, sendo a própria posição de "vítima" uma categoria de ação). O que é inadmissível desde o ponto de vista de um Estado de Direito comprometido com os valores constitucionalistas não é a *divergência de posições*, mas sim o *tratamento assimétrico* conferido aos polos divergentes, que se torna ainda mais grave na medida em que ocorreram violações a direitos fundamentais.

4.3.3 Diagnóstico sobre a memória política e a confiança social nas instituições brasileiras

A recente experiência democrática brasileira tem enfrentado, entre outros desafios, o de garantir a institucionalidade necessária ao

---

[332] A esse respeito basta a leitura de: USTRA. *A verdade sufocada*: a história que a esquerda não quer que o Brasil conheça.

[333] BRITO. Justiça transicional e a política da memória: uma visão global. *Revista Anistia Política e Justiça de Transição*, p. 56.

[334] PAYNE. *Unsettling Accounts*: neither truth nor reconciliation in confessions of state violence.

284 | MARCELO D. TORELLY
JUSTIÇA DE TRANSIÇÃO E ESTADO CONSTITUCIONAL DE DIREITO

desenvolvimento de uma rotina típica de um Estado Democrático de Direito. Historicamente, como demonstrado no capítulo anterior, o país nunca viveu um período tão longo sem descontinuidades na ordem social combinado com o fomento da participação social. Daí ser simples inferir que no Brasil temos uma cultura de pouca afinidade com o Estado de Direito. A essa cultura associam-se a tradição patrimonialista de ocupação e apropriação do Estado para fins pessoais,[335] a corrupção e os constantes revezes autoritários. Todo esse contexto contribui para a que a memória social brasileira avalize uma cultura e um *senso comum* de pouca confiança no Estado e nas instituições.

Um fator a ser exemplificativamente salientado no caso brasileiro é que, diferentemente do que ocorreu em países vizinhos, como a Argentina, que promoveram depurações nos órgãos de segurança (exército e polícia), aqui nada foi feito nesse sentido.[336] Assim, policiais socializados em um senso comum antidemocrático, no qual o poder de polícia não conhecia limites, não apenas seguem na ativa como participam da formação de novos policiais. A violência policial no Brasil, hoje, faz um incalculável número de vítimas. Considerando apenas as duas maiores cidades do país, São Paulo e Rio de Janeiro, tem-se que, entre os anos de 2003 e 2009, foram mortas 11.010 pessoas em ações policiais, numa situação denunciada por organismos internacionais como de prováveis "execuções extrajudiciais" em um país que sequer prevê a pena de morte como modalidade punitiva.[337]

Isso se traduz numa alta taxa de descrédito da instituição policial junto à população. Em pesquisa realizada no ano de 2007, 63% dos entrevistados afirmaram confiar "pouco" ou "nada" na polícia. Na mesma pesquisa, 37% responderam ter medo de serem presos sem uma ordem judicial e 67% manifestaram receio de sofrerem chantagem por parte de agentes públicos da área de segurança.[338]

Ao se verificarem estatísticas de confiança no regime democrático e nas instituições fundamentais do Estado de Direito, igualmente se

---

[335] Cf.: FAORO. *Os donos do poder.*

[336] PEREIRA. *Political (In)Justice*: Authoritarianism and the Rule of Law in Brazil, Chile, and Argentina, p.160.

[337] HUMAN RIGHTS WATCH. *Força letal*: violência policial e segurança pública no Rio de Janeiro e em São Paulo, p. 22.

[338] Os dados a seguir foram retirados da pesquisa ECOSOCIAL, levada a cabo no ano de 2007 pela Universidade Católica do Chile, pelo Kellog Institute da Universidade de Notre Dame (EUA), pelo CIEPLAN (Corporación de Estúdios para Lationamerica) e pelo Instituto Fernando Henrique Cardoso, sob os auspícios da União Europeia e do Programa das Nações Unidas para o Desenvolvimento (Cf.: ECOSOCIAL. Encuesta de Cohesión Social en America Latina).

percebe que o imaginário social, orientado por uma memória coletiva que recorda a impunidade, não se traduz em uma boa impressão dos brasileiros em relação a seu Estado.

Temos hoje que 64% dos brasileiros entendem que a democracia é melhor do que qualquer outra forma de governo,[339] o que significa que aproximadamente um em cada três brasileiros estaria disposto a viver em um regime autoritário, desde que obtivesse vantagens de outras ordens. Sendo nossa democracia implementada por um Estado separado em três poderes, é interessante destacar a baixíssima confiança da população neles. Confiam "pouco" ou "nada" no Governo (Poder Executivo) 60% dos entrevistados, 61% deram igual resposta quando questionados sobre os Tribunais de Justiça (Poder Judiciário) e 72% quando questionados sobre o Congresso Nacional (Poder Legislativo).[340] Esses indicadores revelam um grau de desconfiança muito elevado, se considerarmos que todos os integrantes do Governo e do Congresso são eleitos regularmente por voto direto a mais de vinte anos, e que o último ministro do Supremo Tribunal Federal indicado pela ditadura deixou o Tribunal em 2003.[341]

Um outro dado relevante é o que se refere ao igual tratamento perante a lei. Numa cultura autoritária de caris eminentemente antidemocrático, na qual a participação social é amplamente criminalizada, como a das ditaduras militares que governaram a América Latina na segunda metade do século XX, é razoável esperar que a população entenda que os direitos devem valer de modo diferente em circunstâncias especiais, como sempre que o governo decretava estado de sítio ou situações de risco a segurança nacional, mas, na democracia, é um dado preocupante encontrarmos que apenas 49% dos brasileiros entendam que "os direitos das pessoas devem ser respeitados em todas as circunstâncias". Entre os sete países pesquisados pelo Ecosocial,[342] o Brasil é aquele que registra o mais baixo indicador de aceitação da universalidade e equidade de direitos.

Ainda no cenário comparativo, o Brasil é o país com a maior proporção de pessoas que afirmam se sentirem vítimas de preconceito por duas preferências políticas (17%) e aquele que tem o espaço público mais privatizado, com 89% da população afirmando se sentir pouco ou nada segura ao sair às ruas à noite e onde 61% das pessoas

---

[339] ECOSOCIAL. Encuesta de Cohesión Social en America Latina.
[340] ECOSOCIAL. Encuesta de Cohesión Social en America Latina.
[341] Cf. FERNANDES. Um mandato para o Supremo. *Valor Econômico*.
[342] Colômbia, Argentina, Peru, México, Guatemala, Chile e Brasil.

se sentem em risco ao protestarem contra autoridades (ficando atrás apenas da Colômbia, onde 71% das pessoas se sentem em risco, e de Peru e Guatemala, com 64%).

O fato de as violações de direitos humanos cometidas em nome do Estado durante o regime militar jamais terem sido apuradas e, ainda, ter-se buscado impor a não apuração e o esquecimento daqueles fatos, certamente guarda relação com essa conjuntura.

Para que se tenha uma ideia, dos dezesseis países latino-americanos que viveram sob regimes não democráticos desde a década de 1970, apenas Brasil (até 2011), República Dominicana, Equador e Nicarágua não tiveram qualquer tipo de comissão oficial destinada exclusiva ou prioritariamente à averiguação do passado. Coincidentemente, quando avaliados por quatro diferentes metodologias de aferição de avanços democráticos, o Brasil apresenta resultados negativos em duas (Escala de Terror Político do Departamento de Estado Norte-Americano e Escala das Liberdades Civis da Freedom House), níveis semelhantes aos da ditadura em uma (Escala de Terror Político da Anistia Internacional) e resultados positivos em outra (Escala de Direitos Políticos da Freedom House), sendo esta última aquela mais sensível a alterações institucionais no processo eleitoral.[343]

4.3.4 Medidas de efetivação do direito à memória e à verdade no Brasil

As políticas de memórias no Brasil iniciaram com uma louvável ação da sociedade civil, o projeto Brasil: Nunca Mais, que muitos pesquisadores, por sua extensão e profundidade, consideram análoga a uma Comissão da Verdade quanto aos resultados documentais, apesar da ausência de chancela estatal e do processo público de oitiva.[344] A iniciativa da Arquidiocese de São Paulo analisou mais de um milhão e duzentas mil páginas de documentos e é, até hoje, fonte de pesquisa considerada inesgotável e fonte de obra que tornou-se *best-seller* nacional. Não obstante, justamente pelas características não estatais do trabalho empreendido, não adentrarei em maiores detalhes sobre ele.

No plano estatal, atualmente, verificamos a existência de três grandes projetos de memória levados a cabo pelo Governo Federal que

---

[343] PAYNE; OLSEN; REITER. Equilibrando julgamentos e Anistias na América Latina: perspectivas comparativa e teórica. Tradução de Marcelo D. Torelly. *Revista Anistia Política e Justiça de Transição.*

[344] HERRON-SWEET. *The Right to Memory and Truth: Brazil's Transitional Justice Policy and its Consequences*: 1979-2009.

pretendem ampliar o acesso a informações sobre o período autoritário e permitir, dessa feita, a incorporação de memória sobre a repressão ao senso comum social, revertendo a estratégica de esquecimento/ficção imposta pelo regime.

A Casa Civil da Presidência da República, por meio do Arquivo Nacional, lançou no ano de 2009 o Centro de Referência das Lutas Políticas do Brasil (projeto Memórias Reveladas), instituindo um centro de referência congregador de toda a documentação oficial que o Governo Federal possui sobre o período da ditadura militar. Para além da reunião física dos documentos, o projeto inclui a construção de um centro de referência virtual, que congrega informações sobre outros acervos – mais notadamente os acervos estaduais – criando um potente mecanismo de busca de informações. É no bojo desse projeto que foi lançada uma ampla campanha publicitária para que a sociedade entregasse documentos que pudessem contribuir com a reconstrução do período histórico e com a localização dos restos mortais de desaparecidos políticos.[345] Constatou-se, no início da implementação do projeto, um elevado grau de insegurança quanto à disponibilização de documentos, mas, com o advento da lei de acesso a informações, o problema dissolveu-se parcialmente.

A Secretaria Especial de Direitos Humanos da Presidência da República, por sua vez, abriga a Comissão Especial sobre Mortos e Desaparecidos Políticos, criada por lei no ano de 1995. No bojo de seus trabalhos estão a localização de restos mortais e o reconhecimento oficial, por parte do Estado, dos assassinatos e desaparecimentos forçados cometidos pela ditadura. Como resultado de seus trabalhos de reconhecimento, em 2007, a Comissão publicou o livro-relatório *Direito à memória e à verdade*.[346] Trata-se do primeiro documento oficial do Estado brasileiro a reconhecer a prática de torturas, assassinatos e desaparecimentos forçados como prática sistemática durante os anos de ditadura e tem como objetivo, nas palavras do Ministro-Chefe da Secretaria e do Presidente da Comissão:

> [...] "contribuir para que o Brasil avance na consolidação do respeito aos Direitos Humanos, sem medo de conhecer sua história recente" uma vez que "A violência, que ainda hoje assusta o país como ameaça ao impulso

---

[345] Disponível para visualização em: <http://www.memoriasreveladas.arquivonacional.gov. br>.

[346] BRASIL, 2007.

de crescimento e inclusão social em curso deita raízes em nosso passado escravista e paga tributo às duas ditaduras do século 20".[347]

A Lei nº 9.140/1995, que criou a Comissão Especial sobre Mortos e Desaparecidos políticos já continha uma listagem oficial de 136 nomes, a qual se somaram novos 339 após 11 anos de trabalhos,[348] e claramente não tinha o condão exclusivo de indenizar os familiares, mas sim cumprir "[...] um certo papel de juiz histórico ao fazer o resgate da memória e da verdade", desmentindo "[...] versões colidentes como a de inúmeros comunicados farsantes sobre fugas, atropelamentos e suicídios, emitidos naqueles tempos sombrios pelos órgãos de segurança [...]".[349] Ao resgatar essas histórias a Comissão resgata o Estado de Direito, antes relegado a um Estado de fato, uma vez que, mesmo sem punir os agentes delinquentes que cometeram crimes em nome do Estado, reconhece a existência desses crimes, impedindo que aos olhos da sociedade eles se naturalizem como práticas aceitáveis de controle social extralegal.

Na mesma Secretaria de Direitos Humanos, com o mesmo nome do livro-relatório, mantém-se um projeto que inclui uma exposição fotográfica sobre o período da ditadura que percorre todo o país, bem como é gerida uma política pública de instalação de marcos públicos e obras artísticas alusivos à memória dos mortos e desaparecidos, consolidando na esfera pública a presença da lembrança daqueles que foram mortos pelo Estado de exceção.[350]

Diferentemente da Comissão da lei de 1995, a Comissão de Anistia, criada em 2002, tem atribuição jurídica para reconhecer e reparar todo e qualquer perseguido político brasileiro em um espectro temporal

---

[347] VANNUCHI; BARBOSA. Apresentação. In: BRASIL. Direito à memória e à verdade: a ditadura no Brasil: 1964-1985, p. 6.

[348] BRASIL, 2007, p. 17.

[349] BRASIL, 2007, p. 18.

[350] Na apresentação do catálogo da exposição encontra-se a seguinte justificativa para o projeto: "A exposição fotográfica 'A ditadura no Brasil' faz parte do projeto 'Direito à Memória e à Verdade' da Secretaria Especial de Direitos Humanos da Presidência da república. Concebida originalmente para comemorar os 27 anos da promulgação da Lei de Anistia no Brasil, foi aberta ao público pela primeira vez em agosto de 2006, no corredor de acesso ao plenário da Câmara dos Deputados, em Brasília. Agora [...] ela estará aberta ao público de cinco capitais brasileiras [...]. 'Direito à Memória e à Verdade – a ditadura no Brasil – 1964-1985', é mais uma forma de conhecer o que aconteceu nesse lamentável período da vida republicana brasileira. Só de posse desse conhecimento o país saberá construir instrumentos eficazes para garantir que essas violações aos direitos humanos não se repitam nunca mais" (VANNUCHI. Apresentação. In: BRASIL. Direito à memória e à verdade: a ditadura no Brasil: 1964-1985).

mais amplo, que vai de 1946 a 1988, incluindo os familiares de mortos e desaparecidos. Com um trabalho originalmente focado exclusivamente na reparação, a Comissão teve suas atribuições ampliadas por portaria ministerial em 2008, passando a igualmente promover dois projetos de memória.

Primeiramente, passou a levar o julgamento dos pedidos de anistia ao local onde ocorreram as perseguições, fato que, nas palavras do então Ministro da Justiça, Tarso Genro, "[...] permite, sobretudo aos mais jovens, conhecer a história e imbuir-se da relevância da defesa do Estado de Direito e das liberdades públicas".[351] Tal projeto, denominado "Caravanas da Anistia", destinado à reparação,[352] já foi discutido no item 2 deste capítulo.

Em segundo lugar, passou a trabalhar o acervo de requerimentos, composto por quase 70 mil dossiês que relatam de maneira documentada o funcionamento do aparato repressivo no Brasil. O arquivo da Comissão passará a compor o Memorial da Anistia Política do Brasil, um centro de memória política que relatará a história da ditadura militar desde a perspectiva dos que foram perseguidos, valendo-se da riqueza ímpar de um acervo que reúne documentos oficiais de todas as fontes disponíveis com extensos relatos – em texto, som e imagem – das próprias vítimas, cumprindo papel semelhante ao acima referido, na transcrição do livro-relatório *Direito à memória e à verdade*, de desmentir documentos falseados e permitir o conhecimento de fatos negados e ocultados pela repressão.[353] Os projetos de memória da Comissão de Anistia incluem ainda um edital anual de fomento a iniciativas da sociedade civil, denominado *Marcas da memória*, que objetiva pluralizar as formas e atores envolvidos na promoção de memórias insurgentes.[354]

Apesar de todos esses esforços, incluídos na classificação deste estudo na seara da "memória", no escopo daquilo que definimos como "direito à verdade", o Brasil ainda tem severas pendências por sanar. Restam excluídos do acesso público três importantes conjuntos

---

[351] GENRO. *Teoria da democracia e Justiça de Transição*, p. 10.

[352] Para melhor conhecer pormenorizadamente o processo de implementação das Caravanas nas suas primeiras 30 edições, consulte-se o trabalho de autoria de Paulo Abrão, Flávia Carlet e outros (ABRÃO *et al*. As caravanas da Anistia: um mecanismo privilegiado da Justiça de Transição brasileira. *Revista Anistia Política e Justiça de Transição*).

[353] Uma ampla descrição do Memorial da Anistia pode ser obtida em José Carlos Moreira da Silva Filho e Edson Pistori (Memorial da Anistia Política no Brasil. *Revista Anistia Política e Justiça de Transição*).

[354] Um balanço mais extenso destas ações pode ser encontrado em ABRÃO; TORELLY. O programa de reparações como eixo estruturante da Justiça de Transição no Brasil. *In*: REATEGUI. *Justiça de Transição*: manual para a América Latina.

de arquivos, alegadamente destruídos: o arquivo do Cisa (Centro de Informações de Segurança da Aeronáutica); o arquivo do CIE (Centro de Informações do Exército) e o arquivo do Cenimar (Centro de Informações da Marinha). Para que sejam identificadas e tornadas públicas as estruturas utilizadas para a prática de violações aos direitos humanos, suas ramificações nos diversos aparelhos de Estado e em outras instâncias da sociedade, e sejam discriminadas as práticas de tortura, morte e desaparecimento, a localização desses arquivos – que fortes indícios apontam estarem nas mãos de particulares – ainda é fundamental.

Inobstante essa ausência, é inegável o avanço do direito à memória e à verdade no Brasil nos últimos anos. O grande conjunto de ações transicionais em curso no país viabilizou, em 2009, o estabelecimento de um eixo "Direito à Memória e à Verdade" na terceira edição do Programa Nacional de Direitos Humanos, lançado no ano de 2009.[355]

Referido eixo possui três diretrizes:

I. Reconhecimento da memória e da verdade como direito humano da cidadania e dever do Estado.[356]
II. Preservação da memória histórica e a construção pública da verdade.[357]
III. Modernização da legislação relacionada com a promoção do direito à memória e à verdade, fortalecendo a democracia.[358]

Cada uma das três diretrizes enseja um objetivo estratégico:

I. Promover a apuração e o esclarecimento público das violações de direitos humanos praticados no contexto da repressão política ocorrida no Brasil no período fixado pelo art. 8º do ADCT da Constituição Federal, a fim de efetivar o direito à memória e à verdade histórica e promover a reconciliação nacional.[359]
II. Incentivar iniciativas de preservação da memória histórica e de construção pública da verdade sobre períodos autoritários.[360]
III. Suprimir do ordenamento jurídico brasileiro eventuais normas remanescentes de períodos de exceção que afrontem os

---

[355] BRASIL. *Programa Nacional de Direitos Humanos (PNDH-3)*.
[356] BRASIL. *Programa Nacional de Direitos Humanos (PNDH-3)*. Diretriz 23.
[357] BRASIL. *Programa Nacional de Direitos Humanos (PNDH-3)*. Diretriz 24.
[358] BRASIL. *Programa Nacional de Direitos Humanos (PNDH-3)*. Diretriz 25.
[359] BRASIL. *Programa Nacional de Direitos Humanos (PNDH-3)*. Diretriz 23, objetivo estratégico I.
[360] BRASIL. *Programa Nacional de Direitos Humanos (PNDH-3)*. Diretriz 24, objetivo estratégico I.

compromisos internacionais e os preceitos constitucionais sobre direitos humanos.[361] A implementação das diretrizes se desdobra em onze ações programáticas, a serem implementadas por um conjunto de atores governamentais, com especial ênfase à Casa Civil da Presidência da República, à Secretaria Especial de Direitos Humanos, ao Ministério da Justiça, ao Ministério da Cultura, ao Ministério da Educação e ao Ministério da Ciência e Tecnologia. De todas as onze ações, duas possuem grande impacto social para a memória consciente e não consciente do período ditatorial, servindo de modo privilegiado para ilustrar avanços que poderão ser empreendidos caso o programa efetivamente ganhe concretude.

A ação 'c' da diretriz 25, por exemplo, trata de "propor legislação de abrangência nacional proibindo que logradouros, atos e próprios nacionais e prédios públicos recebam nomes de pessoas que praticaram crimes de lesa-humanidade, bem como determinar a alteração de nomes que já tenham sido atribuídos". A medida, análoga à da Lei da Memória Histórica Espanhola,[362] objetiva afastar da iconografia urbana referências elogiosas a criminosos e regimes repressivos, desautorizando o cultivo de ideologias autoritárias, numa clara tentativa de disputa da memória oficial sobre o período, com a negação de chancela democrática àqueles considerados criminosos contra a humanidade. A lei espanhola de 2007, apesar de suscitar grande polêmica, foi implementada tendo-se removido a última estátua do General Franco que restava exposta ao público em território espanhol em 18 de dezembro de 2008, 33 anos após a morte do ditador e o início do processo de redemocratização.

No Brasil, o grande número de referências públicas elogiosas aos ditadores militares e outras figuras proeminentes do regime promove uma naturalização do autoritarismo. Em praticamente qualquer cidade do país é possível identificar homenagens a agentes locais e nacionais das forças de repressão e, ainda mais, um grande número de aparelhos urbanos e de infraestrutura seguem exibindo nomes de agentes públicos que cometeram ou foram complacentes com graves violações aos direitos humanos. O reflexo dessa naturalização pode facilmente ser percebido numa consulta a livros escolares, que, em muitas situações, seguem tratando os ditadores civis e militares do país

---

[361] BRASIL. *Programa Nacional de Direitos Humanos (PNDH-3)*. Diretriz 25, objetivo estratégico I.

[362] REINO DA ESPANHA. Ley 52/2007, de 26 de diciembre, por la que se reconocen y amplían derechos y se establecen medidas en favor de quienes padecieran persecución durante la guerra civil y la dictadura. *Revista Anistia Política e Justiça de Transição*.

como "presidentes". O Plano Nacional de Direitos Humanos procura, nesse sentido, valer-se do direito à memória para desafiar a memória oficial do período. Esse exemplo é excelente para ilustrar a articulação prática do direito à memória, uma vez que, como referido no início deste item, a previsão normativa vaga de garantir o direito à construção de narrativas alternativas àquela da memória oficial ganha força, levando seus agentes a contestarem, na arena democrática, a memória oficial, num saudável processo de releitura democrática do passado (perceba-se: um releitura, e não uma reescrita, pois não se questionam os fatos, apenas sua interpretação desde o viés democrático).

A outra ação que pode produzir grande impacto no exercício e produção de memória e verdade e, consequentemente, de um senso comum democrático, é aquela que estabeleceu os caracteres iniciais para a criação de uma Comissão da Verdade no Brasil, finalmente aprovada no Congresso Nacional e sancionada pela Presidente Dilma Rousseff no segundo semestre de 2011, iniciando suas atividades em maio de 2012.

As Comissões de Verdade vêm sendo amplamente utilizadas como meio de equacionamento entre a necessidade de esclarecimento de fatos históricos ("direito à verdade"), construção de novas narrativas sociais autorizadas ("direito à memória") e enfrentamento das contingências políticas dos processos transicionais, em contextos nos quais muitas vezes os partidários do regime autoritário seguem detendo parcelas significativas do poder após a democratização, impedindo a utilização de mecanismos mais efetivos de prestação de contas, tal qual a justiça penal. Nesses contextos, torna-se impossível ou, pelo menos, muito difícil a responsabilização de agentes que perpetraram crimes, mas a identificação e o esclarecimento dos fatos com a produção de uma nova "verdade" com chancela de oficial (portanto, no campo de disputa da *memória institucional*), que poderá ou não tornar-se hegemônica com o tempo, permitem à sociedade conhecer os meandros do regime opressor, ganhar autoconsciência e prevenir-se contra futuros arroubos autoritários, revertendo o processo de naturalização da violência e invisibilização das vítimas que as atrocidades em massa produzem. Nas palavras de Paul Van Zyl:

> As comissões de verdade dão voz no espaço público às vítimas e seus testemunhos podem contribuir para contestar as mentiras oficias e os mitos relacionados às violações dos direitos humanos. O testemunho das vítimas na África do Sul tornou impossível negar que a tortura era tolerada oficialmente e que se deu de forma estendida e

sistemática. As comissões do Chile e da Argentina refutaram a mentira segundo a qual os opositores ao regime militar tinham fugido desses países ou se escondido, e conseguiram estabelecer que os opositores "desapareceram" e foram assassinados por membros das forças militares em desenvolvimento de uma política oficial. Dar voz oficial às vítimas também pode ajudar a reduzir seus sentimentos de indignação e raiva. [...] o fato de se reconhecer oficialmente o sofrimento das vítimas melhorará as possibilidades de confrontar os fatos históricos de maneira construtiva.[363]

As diretrizes do PNDH-3 indicaram a prévia constituição de um grupo de autoridades para a formulação em profundidade de uma proposta de modelo de Comissão, incluindo nesse grupo de trabalho representantes das duas comissões de reparação, de diversos ministérios, entre eles o da Defesa, e já estabelecendo de plano a necessidade de que a futura Comissão seja "composta de forma plural e suprapartidária, com mandato e prazos definidos".[364] Ainda, a proposta inserida no plano de longo prazo para a área de direitos humanos prevê a interação da nova Comissão com todas aquelas outras comissões e órgãos cujas temáticas de atuação sejam similares às que já existem no país, caso do Arquivo Nacional (que detém a guarda de significativa parcela dos documentos do período), a Comissão de Anistia do Ministério da Justiça, a Comissão Especial sobre Mortos e Desaparecidos Políticos da Secretaria Especial de Direitos Humanos da Presidência da República, coisa que foi garantida no projeto de lei aprovado.

Em abril de 2010, o Grupo de Trabalho finalizou suas atividades e a Casa Civil da Presidência da República encaminhou ao Congresso Nacional o Projeto de Lei nº 7.376/2010, aprovado naquela casa e sancionado como Lei nº 12.528 em 18 de novembro de 2001. Podemos sistematizar a estrutura da futura Comissão de Verdade brasileira conforme o quadro a seguir:

---

[363] VAN ZYL. Promovendo a Justiça Transicional em sociedades pós-conflito. *Revista Anistia Política e Justiça de Transição*, p. 36.

[364] BRASIL. *Programa Nacional de Direitos Humanos (PNDH-3)*. Diretriz 23, ação programática "a".

QUADRO 8

Desenho institucional da Comissão da Verdade brasileira (Lei n° 12.528/2011)

Objetivos da Comissão	• Examinar e esclarecer as graves violações de direitos humanos praticadas entre 1946 e 1988; • Identificar autores pessoais e institucionais das violações; • Produzir relatório final; • Produzir recomendações de reformas institucionais.
Número de membros	Sete, designados pelo Presidente da República
Duração do mandato dos membros	Dois anos (tempo de todo o processo, que termina com a publicação do relatório);
Mandato da Comissão	• Esclarecer os fatos e as circunstâncias dos casos de graves violações de direitos humanos ocorridas no Brasil entre 1946 e 1988; • Promover o esclarecimento circunstanciado dos casos de torturas, mortes, desaparecimentos forçados, ocultação de cadáveres e sua autoria, ainda que ocorridos no exterior; • Identificar e tornar públicas as estruturas, os locais, as instituições e as circunstâncias relacionados à prática de violações de direitos humanos, suas eventuais ramificações nos diversos aparelhos estatais e na sociedade; • Encaminhar aos órgãos públicos competentes toda e qualquer informação obtida que possa auxiliar na localização e identificação de corpos e restos mortais de desaparecidos políticos; • Colaborar com todas as instâncias do Poder Público para apuração de violação de direitos humanos; • Recomendar a adoção de medidas e políticas públicas para prevenir violação de direitos humanos, assegurar sua não repetição e promover a efetiva reconciliação nacional; • Promover, com base nos informes obtidos, a reconstrução da história dos casos de grave violação de direitos humanos, bem como colaborar para que seja prestada assistência às vítimas de tais violações.
Poderes e faculdades da Comissão	• Receber testemunhos, informações, dados e documentos que lhe forem encaminhados voluntariamente, assegurada a não identificação do detentor ou depoente, quando solicitado; • Requisitar informações, dados e documentos de órgãos e entidades do Poder Público, ainda que classificados em qualquer grau de sigilo; • Convocar, para entrevistas ou testemunho, pessoas que guardem qualquer relação com os fatos e circunstâncias examinados; • Determinar a realização de perícias e diligências para coleta ou recuperação de informações, documentos e dados; • Promover audiências públicas; • Requisitar proteção aos órgãos públicos para qualquer pessoa que se encontre em situação de ameaça, em razão de sua colaboração com a Comissão Nacional da Verdade; • Promover parcerias com órgãos e entidades, públicos ou privados, nacionais ou internacionais, para o intercâmbio de informações, dados e documentos; • Requisitar o auxílio de entidades e órgãos públicos.
Duração da Comissão	Dois anos

Fonte: Lei n° 12.528/2011.

O trabalho da Comissão Nacional da Verdade poderá se beneficiar de amplo acervo de informações já produzidas pelas comissões de reparação, sendo importante a leitura política apresentada desde os primeiros debates sobre sua constituição de que deveria funcionar de modo complementar aos esforços já em curso. O QUADRO 9 permite-nos, neste sentido, estabelecer um comparativo entre os poderes que as distintas comissões têm em seu mandato de busca pela verdade.

QUADRO 9
Comparativo de poderes entre as Comissões de Reparações e da Verdade

Poder	Comissão Especial sobre Mortos e Desaparecidos Políticos (1961-1985)	Comissão de Anistia (1946-1988)	Comissão Nacional da Verdade (1946-1988)
Solicitar documentos públicos e privados	Sim	Sim	Sim
Solicitar documentos ainda classificados como secretos	Não	Não	Sim
Requisitar informações	Sim	Sim	Sim
Convidar testemunhas e depoentes	Sim	Sim	Sim
Convocar testemunhas e depoentes	Não	Não	Sim
Ouvir pessoas sob cláusula de confidencialidade	Não	Não	Sim
Realizar e solicitar pareceres técnicos	Sim	Sim	Sim
Realizar e solicitar perícias	Sim	Não	Sim
Promover audiências públicas	Não	Sim	Sim
Requisitar proteção para pessoa sob risco ou ameaça	Não	Não	Sim

Fonte: Lei nº 9.140/1995, Lei nº 10.559/2002 e Lei nº 12.528/2011

A investigação a ser promovida pela Comissão da Verdade poderá ser o caminho do Estado brasileiro para a localização de um conjunto de arquivos até então indisponíveis e, ainda, um espaço social privilegiado para a construção de uma nova narrativa social concorrente com a memória institucional legada pela repressão e com suficiente legitimidade para desafiá-la em termos efetivos. O processo, inobstante, deve enfrentar um desafio até então pouco ponderado: o que motivará os perpetradores a cooperarem? Em processos como o sul-africano, a anistia fora uma moeda de troca eficiente. No caso brasileiro, sem a cooperação efetiva dos agentes que atuaram para a repressão, o esforço da Comissão da Verdade poderá, conclusivamente, não promover grandes avanços no direito à memória nem efetivamente contribuir para a ampliação do direito à verdade.[365] Parece-nos importante, neste sentido, enfatizar que ademais de seu papel *jurídico* de busca da verdade e rendição de contas ante a vítimas, seus familiares e à sociedade como um todo, o cerne da atuação da recém-criada Comissão, bem como seu maior desafio, é aproveitar *politicamente* o momento histórico ímpar que sua instalação enseja para fazer avançarem importantes debates da agenda da democratização e da Justiça de Transição.

Desde a aprovação da Comissão, em novembro de 2011, até sua nomeação, em maio de 2012, iniciaram-se amplas iniciativas sociais de ativismo na temática da Justiça de Transição, com o surgimento de diversas comissões locais (sobremaneira estaduais) e setoriais (em seções da Ordem dos Advogados, Universidade etc.), somados com a insurgência de novos movimentos sociais, de jovens, que vêm se mobilizando recentemente. É o caso do "levante popular da juventude" e dos "aparecidos políticos". O reavivamento desta agenda junto à sociedade pode significar uma nova fase no processo social brasileiro, com, igualmente, novas implicações. A ação de tais movimentos podem vir a ampliar o escopo do conceito de anistia como "liberdade e reparação", avançando na disputa histórica antes apontada pelo sentido da anistia (item 3.3) e promovendo uma dimensão da anistia como "verdade e justiça", que até agora não pode ser operada desde o programa de reparação como eixo estruturante da Justiça de Transição brasileira, apesar de seu êxito na promoção de reparação e memória.[366]

---

[365] Agradeço à Ana Lúcia Sabadell por uma série de críticas compartilhas sobre o processo de organização e os desafios para o trabalho da Comissão Nacional da Verdade após seminário sobre o tema promovido pelo Instituto de História da UFRJ, Faculdade Nacional de Direito, Comissão de Anistia do Ministério da Justiça e Instituto Max Planck para o direito penal comparado e estrangeiro.

[366] A primeira figura pública a chamar atenção a esta mutação de atores sociais e seu potencial para alterar radicalmente o cenário da Justiça de Transição brasileira foi Paulo Abrão, em falas públicas, promovendo a análise desta questão na Caravana da Anistia alusiva ao Dia Internacional da Mulher do ano de 2012, na Cinemateca Brasileira, em São Paulo, na conferênica Limites e Possibilidades da Justiça de Transição, na Faculdade de Direito da PUCRS, em Porto Alegre, no Seminário Internacional Direito a Informação, à Memória,

Parece-nos que a grande riqueza do atual momento de efetivação do direito à memória e à verdade no Brasil é, justamente, essa rearticulação social, que impõe à Comissão Nacional da Verdade um elevado grau de expectativas por atender.

4.3.5 Conclusões e prognósticos

Como fecho a este longo item, concluo que as políticas para memória, numa transição política, podem contribuir de modo decisivo para a constituição de um *senso comum democrático* em substituição ao arcabouço de valores autoritários introjetados na sociedade pela prolongada vivência em regimes opressivos. Nesse sentido, políticas de acesso à verdade e de fomento à reflexão crítica sobre o passado tornam-se mecanismos de produção de *memórias sociais voltadas para a cidadania*, permitindo a desnaturalização da violência e a gradativa incorporação de percepções e práticas democráticas em todo o tecido social.

O movimento de democratização, especialmente em contextos nos quais a via eleitoral foi priorizada em relação a outras formas de produção da democracia, precisa de constante fomento para que possa efetivamente atingir a inteireza do aparelho estatal, penetrando, inclusive, nas instituições fortemente aparelhadas pela repressão, como o exército, a polícia e mesmo em alguns casos – como o brasileiro – o Poder Judiciário. A implementação de políticas de memória contribui nesse sentido.

O cenário brasileiro caracteriza-se, até o presente momento, por contar apenas com políticas focais de memória, capazes de mobilizar apenas os setores sociais diretamente conectados com as violações de direitos humanos ou com a defesa sistemática desses mesmos direitos. Os avanços recentes, especialmente os da segunda metade da década dos anos 2000, com diversos órgãos de governo promovendo ações com públicos focais distintos – como estudantes – tende a ampliar a base de legitimação democrática e fortalecer mecanismos de resistência ao autoritarismo, além de fomentar uma cultura cívica de maior densidade, capaz de naturalizar um novo senso comum democrático.

Verdade e Cidadania da Assembleia Legislativa do Estado de São Paulo e no Seminário Internacional *Transitional Justice Vergleichende Einblicke in Transitionsprozesse aus Brasilien und Deutschland*, na Universidade de Frankfurt. Uma versão escrita desta tese pode ser acessada em: ABRÃO; TORELLY. Mutações do conceito de anistia na Justiça de Transição brasileira: a terceira fase da luta pela anistia.

298 | MARCELO D. TORELLY
JUSTIÇA DE TRANSIÇÃO E ESTADO CONSTITUCIONAL DE DIREITO

O direito à memória e à verdade hoje possui sua dimensão normativa mínima assegurada internacionalmente, tanto pela aplicação do costume internacional como por farta jurisprudência, e, com a leitura combinada de dispositivos constitucionais, as leis de acesso à informação e de criação da comissão da verdade, e programas de área, como o PNDH-3, também encontra respaldo suficiente no ordenamento jurídico interno. Como asseveramos, a efetivação desse tipo de direito, de toda sorte, é muito mais potente e efetiva quando a ação política amplia sua base. Os projetos em andamento no Governo Federal, bem como importantes iniciativas locais que não foram aqui escrutinadas[367] ampliam fortemente a medida de efetividade do direito à memória. O direito à verdade, por outro lado, ainda se encontra com um grau de desenvolvimento muito baixo, especialmente no que diz respeito ao acesso às fontes oficiais de informações.

Um elemento recente e importantíssimo que sinaliza o amplo reconhecimento institucional à existência de um direito à memória e à verdade no Brasil foi a criação, em setembro de 2010, pela Procuradoria Federal dos Direitos do Cidadão, parte integrante da Procuradoria da República, de um grupo de trabalho sobre tal direito, com o claro objetivo de "promover o debate e criar metas de atuação coordenada dos Membros do Ministério Público Federal, no que se refere à importância da apuração da verdade na Justiça de Transição, na redescoberta do passado e na adoção de mecanismos capazes de ouvir as vozes das vítimas", atuando em quatro diferentes áreas: "(1) Direito à verdade, inclusive localização de restos mortais e acesso às informações mantidas sob sigilo público ou privado; (2) Responsabilização civil de perpetradores de graves violações aos direitos humanos; (3) Reparação coletiva e imaterial de danos; e (4) Reforma dos aparatos de segurança".[368] As áreas de atuação alargadas da temática estrita do direito à memória e à verdade reforçam um dos argumentos conclusivos deste estudo, que aqui adianto: os eixos da reparação e da memória e verdade são os mais desenvolvidos e estruturantes do processo de Justiça Transicional brasileiro. A efetivação dos processos de reparação, na medida em que as comissões a esse fim destinadas revelaram e produziram verdade e memória, primeiramente tornou possível a própria consolidação do

---

[367] Cf.: ARAUJO; BRUNO (Org.). *Memorial da resistência de São Paulo*; ARAUJO; NEVES; MENEZES. O memorial da resistência de São Paulo e os desafios comunicacionais. *Revista Anistia Política e Justiça de Transição.*

[368] Todas as informações entre aspas são do *site* oficial da PFDC: <http://pfdc.pgr.mpf.gov.br/institucional/grupos-de-trabalho/direito-a-memoria-e-a-verdade/apresentacao>.

ideário da memória e verdade (nunca sendo demais destacar que o livro-relatório homônimo ao direito ser produto do trabalho de uma comissão de reparação) e, ainda, foi um dos principais catalisadores pelo despertar social para o problema da justiça. É nesse contexto que, no Brasil, a prática transicional costuma depositar na "memória e verdade" muito mais do que a simples busca de informações oficiais e estabelecimento de narrativas, mas também um conjunto de outros objetivos, como a responsabilização civil de agentes da repressão.

A grande novidade do cenário de efetivação do direito à memória e à verdade no Brasil e da disputa democratizante de sensos comuns é, sem dúvida, a implementação da Comissão da Verdade, que poderá ser um passo decisivo rumo a um modelo de Justiça Transicional novo, alterando substancialmente alguns dos elementos que viemos delineando neste estudo. O processo em que insere-se a criação da comissão guarda grande *potência* que pode se transformar em *mudança social* concreta no futuro.

4.4 Justiça impossível: a lei de anistia e as limitações pré-constitucionais ao Estado Constitucional de Direito

Conforme procurei demonstrar na primeira parte deste estudo, as constituições latino-americanas pós-autoritárias são produto de um tipo muito específico de transição para a democracia, originadas num contexto de superação gradual do processo de bipolarismo da Guerra Fria. Escritas em ambientes de retomada nos quais a própria consolidação da democracia insurgente era incerta, as novas constituições do continente conviveram, num curto lapso de tempo histórico, com os dois mecanismos-chave usados para as transições do período e que, por excelência, definem o *modus operandi* das transições por transformação da terceira onda: as anistias e as eleições.

As novas constituições, bem como as novas práticas delas decorrentes, organizaram-se dentro do paradigma constitucional oriundo da reorganização do ocidente pós-II Guerra, encorpando um movimento denominado genericamente de "neoconstitucionalista" ou mesmo, simplesmente, de "constitucionalista". Conforme já apontado no segundo capítulo deste estudo, tal movimento tem como marco histórico a consolidação da ideia de um Estado de Direito que absorve os valores da democracia e dos direitos humanos, definindo o conceito de "Estado Constitucional de Direito"; como marco filosófico o pós-positivismo e a reinserção dos valores no sistema de direitos e, ainda, como marco

300 | MARCELO D. TORELLY
JUSTIÇA DE TRANSIÇÃO E ESTADO CONSTITUCIONAL DE DIREITO

teórico, a ideia de que a constituição possui força normativa. E, desta feita, existe uma seara singular da dogmática e da interpretação jurídica que se consolida num campo próprio de estudo e, especialmente, em uma jurisdição própria, no caso, a jurisdição constitucional.[369] Se uma das principais características das transições será a utilização de mecanismos de poder, de fato ou majoritário, para promover mudanças políticas e jurídicas, uma das principais características do movimento constitucionalista será radicalmente inversa: usar as cortes e o poder, de direito e contramajoritário, para a tutela dos direitos humanos e fundamentais.

4.4.1 O Poder Judiciário e as cortes constitucionais nas transições políticas

Neste contexto de ganho de importância da Constituição no cenário político-jurídico, ocorrerá um redimensionamento do papel do Poder Judiciário, que passará a ser o lócus do controle de constitucionalidade, consolidando na região o modelo norte-americano de *judicial review* que gradualmente e em diferentes medidas vem sendo inserido em quase todas as democracias modernas.[370] Esse contexto "constitucionalista" será fundamental para o funcionamento das novas democracias, mas, ao mesmo tempo, desafiador para os mecanismos transicionais elegidos, uma vez que no novo modelo em construção toda matéria passa a ser suscetível a controle de constitucionalidade segundo parâmetros de direito, transferindo-se um conjunto de tensões do mundo político para o jurídico e vice-versa.[371] Em sua introdução à importante obra sobre o tema, Gloppen, Gargarella e Skaar bem definem o papel que essas novas cortes passarão a ocupar no processo de consolidação democrática:

> As Cortes [constitucionais] são importantes para o funcionamento e a consolidação dos regimes democráticos. Elas facilitam o governo civil contribuindo com o Estado de Direito e criando uma ambiente condizente ao desenvolvimento econômico. Ainda desempenham um papel-chave no que diz respeito a tornar os detentores do poder responsáveis ante as regras do jogo democrático e na garantia e proteção

---

[369] Cf.: BARROSO. *Direito constitucional contemporâneo*, p. 20.

[370] Uma interessante reflexão sobre este fenômeno pode ser lida em: DUNOFF; TRACHTMAN. Ruling the world?: Constitutionalism, International Law and Global Governance.

[371] Cf.: NEVES. *A constitucionalização simbólica*.

dos direitos humanos conforme estabelecidos na constituição, em convenções e nas leis. Essas são premissas centrais na teoria democrática contemporânea – e pressupostos destacados nas reformas políticas ao redor de todo o mundo.[372]

Os temas da transição, assim, serão submetidos às cortes, e a bibliografia sobre a questão apresenta variadas visões sobre o desenvolvimento subsequente. Autores como Shapiro, comparando a história constitucional norte-americana e europeia com as perspectivas latino-americanas, mostra-se reticente quanto à possibilidade de avanços reais por parte de cortes em consolidação,[373] outros, como Couso, adotarão uma postura de viés realista, ao afirmar que o processo necessariamente conduzirá a uma politização do judiciário e que, nesses termos, será o próprio desenvolvimento democrático que informará a qualidade da atuação das cortes[374] ainda, outros incluirão as cortes regionais, como a Corte Interamericana de Direitos Humanos, como atores que influenciarão as cortes constitucionais nacionais, positiva ou negativamente, tanto no que concerne ao conteúdo das decisões, quanto no próprio desenvolvimento de jurisprudências sobre a aceitação da jurisdição de cortes internacionais.[375] O fato central é que, com o advento da constitucionalização, o papel do judiciário se altera, sendo ele inserido no processo político-democrático como mais um ator com poder de gestão em questões transicionais, mais notadamente daquela que para muitos é a questão-chave da Justiça de Transição, qual seja: o dever de investigar e punir os crimes de Estado.[376]

---

[372] "Courts are important for the working and consolidation of democratic regimes. They facilitate civil government by contributing to the rule of law and by creating an environment conductive to economic growth. They also have a key role to play with regard to making power-holders accountable to the democratic rules of the game, and ensuring the protection of human rights as established in constitutions, conventions and laws. These are central premises in contemporary democratic theory -- assumptions that underline political reform efforts throughout the world" (GLOPPEN; GARGARELLA; SKAAR. The accountability function of courts in new democracies. *In*: GLOPPEN; GARGARELLA; SKAAR (Org.). *Democratization and the Judiciary*: the accountability function of courts in new democracies, p. 1, tradução livre).

[373] SHAPIRO. Judicial Review in Developed Democracies. *In*: GLOPPEN; GARGARELLA; SKAAR (Org.). *Democratization and the Judiciary*: the accountability function of courts in new democracies, p. 5-18.

[374] COUSO. The transformation of the constitutional discourse and the judicialization of politics in Latin America. *In*: COUSO; HUNEEUS (Org.). *Cultures of legality*: judicialization and political activism in Latin America.

[375] HUNEEUS. Rejecting the Interametican Court: judicialization, national courts and regional trials. *In*: COUSO; HUNEEUS (Org.). *Cultures of legality*: judicialization and political activism in Latin America.

[376] NINO. *Radical Evil on Trial*.

O argumento de Couso explicitamente refere a questão da judicialização da política como um dos fatores que determinam o maior ou menor protagonismo judicial, porém, de modo geral, todos os argumentos sobre o tema consideram esse fator em alguma medida. O é assim pois as demandas transicionais transitam entre as fronteiras de direito e política, sendo o estabelecimento de um Estado de Direito, em si, um objetivo político com reflexos jurídicos, de tal feita que primeiramente as cortes necessitam aderir a este objetivo para, apenas então, servirem como agentes de mediação do processo político autorizado pelo próprio direito. O processo histórico que conduz ao fortalecimento do *judicial review* em todo o mundo, bem como da própria consolidação do ideário constitucionalista é, portanto, altamente multicausal, sendo referidos movimentos resultado dessa equação de muitas variáveis. Apenas exemplificativamente, apresento aqui a análise de Castro sobre as razões da judicialização da política e do consequente fortalecimento judicial:

> A judicialização da política é, portanto, um fenômeno observado de comportamento institucional, que tem essas duas características ["ativismo judicial" e busca por parâmetros jurídicos para decisão]. Tal "expansão" do poder das cortes judiciais, segundo a caracterização de Vallinder, seria o resultado de diversas características do desenvolvimento histórico de instituições nacionais e internacionais e de renovação conceitual em disciplinas acadêmicas. Assim, a reação democrática em favor da proteção de direitos e contra as práticas populistas e totalitárias da II Guerra Mundial na Europa, que deu origem, por exemplo, à adoção de uma ampla carta de direitos na Grundgesetz alemã; a preocupação das esquerdas com a defesa de "direitos" contra "oligopolistas e oligarcas", como no caso do trabalhismo inglês (anos 50) ou sueco (anos 70); o resgate intelectual e acadêmico de teorias de "direitos liberais", presente em autores como Kant, Locke, Rawls e Dworkin e o concomitante desprestígio de autores como Hume e Bentham; à influência da atuação da Suprema Corte americana (especialmente a chamada Warren Court, nos anos 50-60); a tradição européia (kelseniana) de controle da constitucionalidade das leis; os esforços de organizações internacionais de proteção de direitos humanos, sobretudo a partir da Declaração Universal dos Direitos Humanos da ONU, de 1948 - todos esses fatores, segundo Vallinder (1995), contribuíram para o desenvolvimento da judicialização da política. Acrescente-se, ainda, como outro fator determinante da judicialização da política, o declínio da eficácia da política macroeconômica a partir do final dos anos 60.[377]

---

[377] CASTRO. O Supremo Tribunal Federal e a Judicialização da Política. *Revista Brasileira de Ciências Sociais.*

CAPÍTULO 4
DECIFRANDO O MODELO TRANSICIONAL BRASILEIRO | 303

Ribas e Da Silva, discutindo as obras de Ernani Rodrigues de Carvalho, Tate e Vallinder, apontam a existência de pelo menos "seis condições para o surgimento e a consolidação da judicialização da política":

> [...] a existência de um sistema político democrático, a separação dos poderes, o exercício dos direitos políticos, o uso dos tribunais pelos grupos de interesse, o uso dos tribunais pela oposição e, por último, a inefetividade das instituições majoritárias.[378]

Assim, temos mais uma vez elementos para constatar algo que já era indicado no capítulo 2 deste trabalho: *os processos genealógicos do constitucionalismo e da Justiça de Transição deitam raízes comuns, originando-se nos esforços de reconstrução do pós-guerra*. A repolitização da justiça no período pós-positivista torna as cortes constitucionais mais afeitas a atuarem quando da inação do Legislativo e do Executivo na promoção de medidas transicionais que garantam a mais ampla restauração do Estado de Direito. Neste contexto, cabe às novas cortes constitucionais, independentes dos demais poderes, verificar os casos e estabelecer as condições necessárias para que acordos políticos sejam legítimos ante à Constituição, considerando os princípios democráticos e de proteção contramajoritária que a norteiam (o caso Argentino, que será cotejado adiante, é basilar nesse aspecto).

Das duas medidas mais comuns ao período de transições em que o caso brasileiro se insere, a promoção de eleições aparentemente é a menos conflitiva. Em matéria eleitoral, geralmente, o protagonismo maior é do Parlamento por excelência, uma vez que este "define as regras do jogo", e o controle sobre a produção dessas regras é pontual. A questão de maior envergadura a se impor aos tribunais quanto à inserção de eleições, em regra, é o processo de veto a agentes do antigo regime, que, de toda sorte, foi muito mais comum nos países europeus após o nazismo e o fim do bloco soviético[379] do que aos países latino-americanos.

Não obstante, a questão das anistias suscitou e segue suscitando enorme polêmica. A relação entre as leis de anistia e o direito internacional, comparado e constitucional, é foco de um sem fim de polêmicas. Os termos como os tribunais internacionais leem e avalizam

---

[378] VIEIRA; SILVA. Justiça transicional, direitos humanos e a seletividade do ativismo judicial no Brasil. *Revista Anistia Política e Justiça de Transição*, p. 254.

[379] SCHWARTZ. *The Struggle for Constitutional Justice in Post-Communist Europe*

304 | MARCELO D. TORELLY
JUSTIÇA DE TRANSIÇÃO E ESTADO CONSTITUCIONAL DE DIREITO

leis de anistia já foram aqui discutidos e fartamente referidos (1.3.3), não cabendo repisar essa análise, mas como o constitucionalismo se aproxima desse fenômeno?

As leis de anistia, na classificação de Mallinder, podem produzir "anistias para a liberdade" e "anistias para a impunidade".[380] Essa classificação, em determinada medida, coincide com aquilo que a jurisprudência internacional aceita como legítimo em foro de concessão de anistia: são válidas as que perdoam crimes comuns em processos de paz (anistias próprias), ou, ainda, as que reconhecem a não criminalidade de determinados atos que o Estado perseguiu (anistias impróprias). Essas seriam as "anistias para a liberdade" (como a anistia brasileira de 1979 desde a perspectiva dos perseguidos). Diferem, portanto, de mecanismos de anistia que visam à impunidade, ou seja, à ocultação de delitos e à isenção de responsabilidade por violações que, formalmente, não seriam anistiáveis (como faz a anistia de 1979 desde a perspectiva do regime).

A abordagem do direito constitucional para o tema, genericamente falando, será muito próxima, na medida em que nenhuma constituição do período, materialmente, deixa de albergar a proteção aos direitos individuais (notadamente: humanos e fundamentais), bem como ao princípio democrático. O princípio democrático determinará o procedimento para a concessão de uma anistia legítima, já os direitos humanos e fundamentais limitarão a validade das anistias, na medida em que restringem seu âmbito de aplicação. Mesmo uma anistia democraticamente válida não pode ferir os direitos fundamentais das vítimas dos crimes que se entende perdoar, se o fizer, estará sujeita à nulidade por uma corte constitucional, num exemplo típico de uso da premissa contramajoritária para a proteção dos direitos fundamentais.

Se na teoria a questão se resolve com facilidade, na prática inúmeros outros problemas surgem. *Primeiramente*, a questão da temporalidade e do esgotamento de efeitos das anistias (que podem ser anteriores à constituição); *em segundo lugar*, a própria medida de continuidade entre o ordenamento de exceção, no nosso caso, o do regime militar, e o do Estado de Direito, uma vez que a solução dessa questão cria hiatos ou continuidades legais a serem enfrentadas pelos tribunais e, finalmente; *em terceiro lugar*, a atuação política dos tribunais os coloca em uma situação peculiar, na medida em que, ao julgarem a validade de uma anistia, passam a incidir em território tipicamente legislativo.

---

[380] MALLINDER. Legislation and Jurisprudence: the Fate of National Amnesty Laws. *In: Late Justice in South America.*

Esse tipo de demanda desafia a própria capacidade dos tribunais em exercerem o controle de constitucionalidade de modo independente, sendo, portanto, mais efetivos em sua função aqueles tribunais mais sólidos institucionalmente. Desse conjunto de fatores é que se extraem as afirmações de que o julgamento da constitucionalidade das leis de anistia nos permitem avaliar os compromissos democráticos assumidos pelas cortes constitucionais com o Estado de Direito e, ainda, que esses julgamentos só podem ser bem-sucedidos quando as cortes estiverem suficientemente seguras e consolidadas em suas atribuições (inclusive e especialmente as contramajoritárias) num regime democrático.

O caso argentino nos fornece um bom exemplo de funcionamento das cortes constitucionais e sua relação com demais poderes em matéria de anistias na América Latina.[381] Após a ditadura militar de 1976-1983, a Argentina aprovou, em 1983, a Lei de Anistia nº 22.294, anulada no mesmo ano após a posse do governo democrático de Raúl Alfonsin, por meio da Lei nº 23.040. Em 1985 os tribunais ordinários iniciaram julgamentos por crimes relacionados a violações de direitos humanos, confirmados pela Suprema Corte em 1986. O Procurador da República no Brasil, Ivan Cláudio Marx, nos aponta em seu estudo comparado entre Brasil e Argentina que:

> A partir desse momento, tendo em vista a pressão exercida pelas forças armadas, surgiram as tentativas de, por meios legislativos, impedir tais julgamentos. Primeiramente, surgiu a Lei 23.492, de 24 de dezembro de 1986, denominada "Punto Final", seguida da Lei 23.521, de 8 de junho de 1987, chamada de "Obediencia Debida". A primeira restringia novas reclamações a respeito de crimes cometidos durante a ditadura a um período de 60 dias. A segunda funcionou como anistia aos militares de posição intermediária, que teriam obrado em virtude de obediência devida.
>
> Depois disso, ampliando a impunidade, o presidente Carlos Menem, por meio dos decretos de 6 de outubro de 1989 e 29 de dezembro de 1990, indultou os oficiais que haviam sido excluídos dos benefícios da lei de Obediencia Debida.[382]

Ressalta-se que os procedimentos adotados visando a impunidade na Argentina deram-se por meio democráticos, tanto no que diz

---

[381] Cf.: ENGSTROM; PEREIRA. From amnesty to accountability: the ebb and flow in the search for justice in Argentina. *In*: LESSA; PAYNE. *Amnesty in the Age of Human Rights Accountability*: comparative and international perspectives.

[382] MARX. Justiça transicional e qualidade institucional no Brasil e na Argentina. *In*: SILVA (Org.). *A luta pela Anistia*, p. 311.

respeito aos atos do Poder Legislativo, quanto aos do Poder Executivo. Inobstante, entre 1995 e 1998, várias decisões judiciais começaram a erodir a eficácia das leis. No caso "Priebke" (extradição demandada pela Itália), por exemplo, a Corte Suprema reconheceu que crimes contra a humanidade eram imprescritíveis, depois, de modo próprio:

> As leis de Punto Final e de Obediencia Debida foram derrogadas (sem retroatividade) por meio da Lei 24.952 (1998), e depois tiveram declarada sua nulidade pela Lei 25.770, em 2003. Além disso, no Fallo "Simón", de 14 de junho de 2005, as leis de Punto Final e Obediencia Debida tiveram sua inconstitucionalidade declarada pela Corte Suprema.[383]

Igualmente, no Uruguai a Corte Suprema considerou inconstitucional diploma de impunidade às vésperas de plebiscito que o referendaria, destacando o cumprimento de seu papel contramajoritário de defesa das garantias fundamentais, num debate que se desenrola em meio a grande controvérsia política até o presente momento.[384]

No Brasil, a anistia de 1979 foi inserida num contexto de ausência democrática (não retomarei aqui o processo já descrito no item 3.3), não cabendo questionar especificamente – pelo menos não *a priori* – a possibilidade de uma ação contramajoritária questionando a medida de impunidade, uma vez que essa não fora uma decisão majoritária, mas sim uma orquestração política do regime. Porém, tal anistia foi afirmada pelo regime como um "pacto" rumo à democracia. Esse suposto "pacto", firmado entre aqueles que o regime escolheu para esse fim específico, enfrenta os mesmos problemas constitucionais que a anistia argentina e a uruguaia quanto a sua validade contra os direitos humanos, porém enseja uma problemática adicional que a anistia argentina não enfrentou: ao ser imposta fora do cenário democrático e, ainda, com pretensão de gerar efeitos futuros, a anistia brasileira configurou-se numa espécie de *limitação apriorística* do regime militar ao Estado de Direito futuro, na medida em que se impôs para além do próprio Poder Constituinte, limitando não apenas a feitura da nova Constituição, como também sua futura interpretação pela própria corte constitucional.

A gênese dessa limitação apriorística à Constituição e a sua capacidade de produzir efeitos (leia-se: concretizar-se) surge em 1979, quase

---

[383] MARX. Justiça transicional e qualidade institucional no Brasil e na Argentina. *In*: SILVA, Haike da (Org.). *A luta pela Anistia*, p. 312.

[384] Cf.: SKAAR. Impunidade versus responsabilidade no Uruguai: o papel da Ley de Caducidad. *In*: PAYNE; ABRÃO; TORELLY. *A Anistia na era da responsabilização*: o Brasil em perspectiva internacional e comparada.

uma década antes da Constituinte, quando um Congresso Nacional com alguns membros biônicos e outros de legitimidade questionável, cercado por forças de segurança do regime, aprovou um projeto de anistia enviado pelo governo militar, inaugurando o processo de abertura que culminaria em uma nova constituição. Nunca é demais relembrar que a sociedade demandava uma anistia "ampla, geral e irrestrita", mas que o Congresso Nacional rejeitou o projeto substitutivo com tal bandeira, estabelecendo uma anistia parcial, limitada e bastante focal: anistiava crimes eleitorais, políticos e os a estes conexos – exclusos os "crimes de sangue", como os homicídios.

A limitação apriorística configurada na anistia estabeleceu uma barreira capaz de impor-se a qualquer outra norma ou valor do ordenamento jurídico em todo o período futuro, fundamentando uma semântica absolutamente coerente com a da ditadura para justificar o início da vida democrática no país: o suposto "pacto" que permitiu o início de um longo processo de abertura democrática, firmado na "casa do povo" por seus "representantes", colocou fim a um período de violência recíproca entre regime e oposição, selando os fatos com o esquecimento que tornaria o futuro da nação possível.

O *princípio do esquecimento*, nesse sentido, não foi uma opção performática individual dos agentes, mas uma *opção institucional do regime*, que gera efeitos na *memória institucional do país* e, ademais, lançou bases para produtos hermenêuticos interessantes. Valendo-se apenas do princípio geral "esquecer para seguir em frente", a lei de anistia foi usada em 1981, dois anos após sua edição, no episódio conhecido como "Rio-Centro" para absolver agentes públicos que planejaram um atentado, a ser imputado "aos comunistas", de modo a demonstrar que os grupos armados seguiam na ativa. Igualmente, na medida em que se tornavam impossíveis de esconder episódios de tortura e assassinatos praticados durante o regime de exceção – negados nos mais diversos fóruns no período que antecedeu a lei de 1979 –, pode-se, prontamente, mesmo que *ex post facto*, consolidar a tese de que a anistia fora "para os dois lados", anistiando em concreto os perseguidos políticos, que haviam sido investigados, perseguidos, processados e punidos, mas, também, em nome da pacificação nacional, anistiando em abstrato aos agentes públicos que se desviaram da própria legalidade do regime de exceção e cometeram crimes. A anistia penal também, na prática, transbordou para a esfera civil e, nesse sentido, produziu um dos mais severos quadros de impunidade pós-transicionais conhecidos na atualidade.

A estratégia semântica adotada pelo regime fora similar, embora menos bem-elaborada filosoficamente, àquela apresentada após a anistia da Guerra Civil Espanhola e da ditadura de Franco, quando se formulou o princípio da equidistância (ou princípio da simetria), assegurando igual tratamento a franquistas e republicanos para fins de anistia, abstraindo-se tanto as diferenças materiais existentes entre os grupos, quanto o fato de que o grupo vitorioso – que instalou uma ditadura – havia usado o Estado para perseguir, processar e punir ilegitimamente os vencidos *in concreto*, enquanto os vencedores jamais foram sequer identificados, porquanto anistiados *in abstrato*.[385]

Em ambos os casos, parte-se do pressuposto que, em dada conjuntura histórica, dois grupos políticos antagonizaram-se fortemente, tomaram as armas e foram à luta. A paz nacional, após tão severas conturbações, depende que se esqueçam esses fatos para seguir em frente, e o tratamento dado a um "lado" deverá ser idêntico ao dado ao outro, sob pena de estabelecer-se um "uso político da memória" com fins de revanche. Essa leitura, que viria a ser esposada pelo Supremo Tribunal Federal brasileiro no ano de 2010, como veremos adiante, adota a estratégia do esquecimento sem perceber que, ao fazê-lo, endossa toda uma narrativa histórica que não é necessariamente factual e, nesse sentido, impede mesmo a suposta equidistância que pretende estabelecer, conservando uma visão antidemocrática do passado imposta arbitrariamente pelos agentes no poder.

Essa mecânica bem ilustra o modo como a politização do judiciário opera no controle de constitucionalidade atinente as medidas transicionais, opondo *conservadores* e *progressistas*. Todo o conservador teme mudanças por desconhecer seus efeitos, e, portanto, vincula-se a um objeto cujo seu fetiche é, justamente, excluir dos efeitos do tempo. Assim, o judiciário pode assumir uma postura conservadora de manutenção bem-intencionada de uma narrativa arbitrária do passado e, o fazendo, gera efeitos naquilo que Ribas Vieira e Da Silva definem como um "ativismo seletivo" do judiciário em relação às causas políticas.[386] Essa caracterização é fundamental, pois permite diferenciar o conservador, que teme os efeitos políticos de uma mudança interpretativa favorável aos direitos humanos, como as operadas pelas cortes constitucionais da Argentina e do Uruguai, do reacionário, que conhece plenamente os efeitos da mudança e, por saber que ela desestabilizará um dado sistema de poder, engaja-se contra ela por opção política,

---

[385] Cf.: GREPPI. Los límites de la memoria y las limitaciones de la ley: antifacismo y equidistancia. *In*: MARTÍN PALLÍN; ESCUDERO ALDAY (Org.). *Derecho y Memoria Histórica*.

[386] VIEIRA; SILVA. Justiça transicional, direitos humanos e a seletividade do ativismo judicial no Brasil. *Revista Anistia Política e Justiça de Transição*.

CAPÍTULO 4
DECIFRANDO O MODELO TRANSICIONAL BRASILEIRO | 309

reeditando conflitos do passado (no nosso caso, notadamente, o desde muito superado bipolarismo da Guerra Fria).

Na hermenêutica constitucional proposta para a chamada à responsabilidade individual dos criminosos do regime de exceção, tal distinção torna-se basilar, pois permite diferenciar dois grupos de objeções. Em concreto:

Os *conservadores* oporão que a lei de 1979 foi legítima em seu contexto e produziu efeitos, e se forem tais efeitos revistos, perder-se-á em segurança jurídica, além de se gerar uma ameaça à estabilidade política do país, fundada na transição. São argumentos formais e razoáveis.

Já os *reacionários*, sabem que Argentina, Chile, Colômbia, Paraguai, Uruguai e Peru, num rápido passeio ilustrativo pela América Latina, já tiveram alguns de seus carrascos condenados, por decisões pátrias ou internacionais, sem perder a "estabilidade democrática", mas preferem manter medidas de impunidade como forma de preservar não o *sistema político*, mas, talvez, a distribuição de poder e capacidade de influência *dentro* do sistema político.

A estes o que preocupa não é a responsabilização individual dos torturadores, mas a erosão da limitação apriorística de leitura da Constituição, pois estes sabem que "não fazer uso político da história" é a melhor forma de usá-la politicamente para garantir que estruturas arcaicas de poder se mantenham incólumes, nas brumas de um esquecimento imposto. O argumento destes é que, para punir aqueles que praticaram torturas, desaparecimentos forçados, homicídios e estupros (dentre outros crimes, pressupostamente conexos aos políticos), teríamos de punir também aos "terroristas", como bem recita o princípio da equidistância. Esse argumento claramente ignora o fato de as forças de resistências terem sido as perseguidas pelo regime e, ainda, o fato de seus agentes terem sido processados e punidos, reeditando o conflito pretérito à anistia, qual seja: a luta contra os comunistas e os subversivos.

4.4.2 A lei de anistia de 1979 e o STF: o pleito por uma interpretação conforme a Constituição[387]

A anistia brasileira de 1979 possui duas duplas dimensões. Primeiramente, é a um só tempo *própria* e *imprópria*. É própria na medida

---

[387] Nos últimos anos, diversos trabalhos acadêmicos têm muito bem explorado a atuação do STF sobre a lei de anistia. Destaco aqui alguns, ilustrativamente, para complementações e verificação de outras visões: SILVA FILHO. O julgamento da ADPF 153 pelo Supremo

em que anistia crimes comuns, como falsificação de documentos, quando estes estiverem conectados a crimes políticos. É imprópria na medida em que anistia fatos que não constituem crimes, mas foram assim tipificados por medidas de exceção do regime, como o notório caso de reunir grupos para atividades políticas. Ainda, possui sua segunda dupla dimensionalidade em si, na medida em que é a um só tempo uma *anistia* e *autoanistia*. É anistia, legítima e externa, para os resistentes, os ditos "criminosos políticos", mas também é autoanistia, ilegítima pois autobenéfica para os agentes do regime, que recebem perdão daqueles que ordenaram os crimes que abstratamente se entendem perdoados.

É em função de todo esse cenário que a questão da anistia brasileira chega ao Supremo Tribunal Federal por meio de um questionamento bastante simples formulado pela Ordem dos Advogados do Brasil por meio de Arguição de Descumprimento de Preceito Fundamental (doravante ADPF nº 153/2008), interposta após a realização de audiência pública sobre o tema pela Comissão de Anistia do Ministério da Justiça, apoiada por inúmeras entidades sociais (inclusa, evidentemente, a própria Ordem). A entidade de representação da advocacia solicitou à corte constitucional que se manifestasse sobre a correta interpretação do art. 1º da lei de anistia (nº 6.683/1979), qual seja:

> Art. 1º É concedida anistia a todos quantos, no período compreendido entre 02 de setembro de 1961 e 15 de agosto de 1979, cometeram crimes políticos ou conexo com estes, crimes eleitorais, aos que tiveram seus direitos políticos suspensos e aos servidores da Administração Direta e Indireta, de fundações vinculadas ao poder público, aos Servidores dos Poderes Legislativo e Judiciário, aos Militares e aos dirigentes e representantes sindicais, punidos com fundamento em Atos Institucionais e Complementares.
>
> §1º Consideram-se conexos, para efeito deste artigo, os crimes de qualquer natureza relacionados com crimes políticos ou praticados por motivação política.

Tribunal Federal e a inacabada transição democrática brasileira. *In*: RAMOS FILHO. *Trabalho e regulação*: as lutas sociais e as condições materiais da democracia, p. 129-177. STRECK. A lei de anistia e os limites interpretativos da decisão judicial: o problema da extensão dos efeitos à luz do paradigma do Estado Democrático de Direito. *Revista do Instituto de Hermenêutica Jurídica*; VENTURA. A intepretação judicial da lei de anistia brasileira e o direito internacional. *In*: PAYNE; ABRÃO; TORELLY. *A Anistia na era da responsabilização*: o Brasil em perspectiva internacional e comparada; MEYER. *Responsabilização por graves violações de direitos humanos na ditadura 1964-1985*: a necessária superação da decisão do Supremo Tribunal Federal na ADPF n.º 153/DF pelo direito internacional dos Direitos Humanos; SWENSSON JUNIOR. Ao julgar a justiça, te enganas: apontamentos sobre a justiça da Justiça de Transição no Brasil. *Revista Anistia Política e Justiça de Transição*. SABADELL; DIMOULIS. Anistia: a política para além da justiça e da verdade. *Revista Acervo*.

§2º Excetuam-se dos benefícios da anistia os que foram condenados pela prática de crimes de terrorismo, assalto, seqüestro e atentado pessoal.

De modo muito direto, a Ordem dos Advogados questionava a constitucionalidade de, por meio de conceito atípico de conexão, anistiarem-se graves violações aos Direitos Humanos praticadas por agentes do Estado contra militantes políticos de oposição, mormente já presos e rendidos, aí incluindo-se a deliberada eliminação física de opositores. Nesse sentido, a Ordem dos Advogados não questionou a validade da própria lei de anistia (coisa que seria possível), mas sim a extensão de seus efeitos. Na lavra de Fábio Konder Comparado e Maurício Gentil Monteiro, o questionamento da Ordem tomou a seguinte forma:

> [...] sob qualquer ângulo que se examine a questão objeto da presente demanda, é irrefutável que não podia haver e não houve conexão entre os crimes políticos, cometidos pelos opositores do regime, e os crimes comuns contra eles praticados pelos agentes da repressão e seus mandantes no governo. A conexão só pode ser reconhecida, nas hipóteses de crimes políticos e crimes comuns perpetrados pela mesma pessoa (concurso material ou formal), ou por várias pessoas em co-autoria. No caso, portanto, a anistia somente abrange os autores de crimes políticos ou contra a segurança nacional e, eventualmente, de crimes comuns a eles ligados pela comunhão de objetivos.[388]

Afirma ainda a inicial da Ordem dos Advogados protocolada junto ao STF que o art. 1º da Lei nº 6.683/1979 e, ainda mais especificamente, seu parágrafo 1º, foi "redigido intencionalmente de forma obscura, a fim de incluir sub-repticiamente, no âmbito da anistia criminal, os agentes públicos que comandaram e executaram crimes comuns contra opositores políticos durante o regime militar".[389] Essa redação obscura do texto da lei é que teria, por meio interpretativo, servido para garantir a impunidade dos crimes do Estado, razão pela qual a Ordem questiona a mais alta corte da República sobre a validade de tal extensão interpretativa frente à Constituição.

Finalmente, a OAB, além de questionar a interpretação da possível conexão entre crimes da resistência e da repressão para fins de

---

[388] OAB. *Inicial*: Arguição de Descumprimento de Preceito Fundamental n.º 153/2008, p. 9.
[389] OAB. *Inicial*: Arguição de Descumprimento de Preceito Fundamental n.º 153/2008.

anistia e a legalidade de tal conexão por meio impróprio, ainda sustentou um segundo argumento: mesmo que tal conexão fosse *juridicamente
possível*, não seria *constitucionalmente aceitável*, na medida em que fere
um amplo conjunto de princípios constitucionais. Destacou especificamente cinco deles: isonomia em matéria de segurança; não ocultação
da verdade; princípio democrático; princípio republicano e dignidade
da pessoa humana e do povo brasileiro.

A razão para a OAB não questionar a validade da lei *in totum*
decorre, mais uma vez, do *paradoxo da vitória de todos*. De um lado, a
sociedade civil até agora não foi capaz de vencer a semântica da repressão e desqualificar os "crimes" da resistência como crimes, razão pela
qual a manutenção da anistia imprópria ainda segue sendo relevante,
e a anistia própria, conferida a atividades verdadeiramente delitivas
tidas em conexão com atividades políticas surtiu efeitos legítimos. De
outro, os movimento sociais consideram como vitória sua a aprovação
da anistia em 1979, após amplo processo reivindicatório, o que tornaria
sua "revisão" (termo que a imprensa e alguns ministros do STF – inclusive o próprio Ministro-Relator – bastante empregaram equivocamente,
tanto em sentido técnico quanto em sentido político, durante a cobertura
do caso) uma afronta a sua conquista histórica.

A interpretação da OAB era a de que, nesse sentido, o problema
não estava na existência de uma lei de anistia, mas sim no fato de uma
lei aprovada como *anistia para a liberdade* ter se convertido interpretativamente em uma *anistia para a impunidade*. Questionava, portanto, não
a *anistia*, mas sim a *autoanistia* supostamente conferida aos agentes do
regime por meio do dispositivo legal da conexão, requerendo ao STF
não que anulasse a lei, mas que filtrasse sua interpretação constitucionalmente, negando a corrente interpretação lesiva aos direitos humanos.

Para além do patrocínio inicial da OAB, quatro entidades
apresentaram-se como *amicus curiae* da causa. Primeiramente, a Associação Brasileira dos Anistiados Políticos (ABAP), uma entidade social
representativa de perseguidos políticos, pleiteou seu ingresso. Num
segundo momento, a Associação Juízes pela Democracia (AJD), pela
primeira vez em sua história, jogou sua representatividade em uma
causa ante a mais alta corte da nação. O Centro para a Justiça e o Direito
Internacional (CEJIL, na sigla em inglês), uma entidade internacional
que representa setores da sociedade civil junto ao sistema interamericano de Direitos Humanos da Organização dos Estados Americanos e
que é uma das proponentes da ação contra o Brasil no caso Araguaia
(Gomes Lund e outros *vs.* Brasil), ingressou na causa apresentando,
mormente, sua expertise nas cortes internacionais para o tratamento

da questão e, finalmente; ingressou na causa a Associação Democrática e Nacionalista dos Militares (ADNAM), presidida pelo herói nacional das forças expedicionárias brasileira, o Brigadeiro da Aeronáutica Rui Moreira Lima.

Manifestaram-se na causa a Advocacia-Geral da União (AGU) e a Procuradoria-Geral da República (PGR), bem como a Consultoria do Senado, em nome do Congresso Nacional. A AGU defendeu a manutenção da interpretação da lei, porém juntou aos autos seis pareceres jurídicos oriundos de diferentes órgãos do Governo. O Ministério da Justiça (organizador da audiência pública que deu origem à causa, confira supra item 4.2), a Secretaria Especial de Direitos Humanos e a Casa Civil da Presidência da República manifestaram-se favoravelmente à causa da OAB e a mudança da interpretação da lei. Os Ministérios da Defesa, das Relações Exteriores e a Consultoria-Geral da União manifestaram-se pela improcedência do feito e a manutenção da interpretação corrente. A Procuradoria-Geral da República, que alguns meses mais tarde criaria um grupo de trabalho para o direito à memória e à verdade, manifestou-se pela manutenção da lei. No mesmo sentido o Senado Federal sustentou que a legislação fora aprovada segundo o devido processo prescrito à época e que, nesse sentido, alterá-la seria uma afronta ao Poder Legislativo.

A ação tramitou por quase dois anos até entrar em pauta, num contexto bastante peculiar: as vésperas do início de outro julgamento envolvendo a transição no país, qual seja, a demanda contra o Brasil na Corte Interamericana de Direitos Humanos (o referido "caso Araguaia": *Julia Gomes Lund e outros vs. Brasil*), na qual posteriormente o Brasil viria a sofrer uma previsível condenação, sendo a extensão de efeitos da lei de anistia a crimes contra a humanidade considerada, como já antes consolidado na jurisprudência da Corte, contrária à Convenção Americana de Direitos Humanos; no exato período da transição da presidência do Supremo, até então chefiada pelo Ministro Gilmar Mendes, para as mãos do Ministro Cezar Peluso e, ainda, a poucas semanas do início oficial da campanha eleitoral que escolheria o novo presidente da República, com dois ex-perseguidos políticos, um exilado e outro torturado pelo regime, liderando todas as pesquisas de opinião.

Passamos então a uma pormenorizada análise dos argumentos suscitados durante o julgamento, uma vez que estes não apenas nos permitem vislumbrar como a corte se posicionou, mas, sobremaneira, como algumas das categorias e imagens explicativas postas neste estudo foram aplicadas e postas em movimento na realidade concreta. Para esta análise, dividi as manifestações dos ministros da Corte em três conjuntos de temas, quais sejam: conexão criminal e bilateralidade da lei (4.4.3); recepção da lei pela Constituição e continuidade jurídica entre o regime militar e a nova ordem democrática (4.4.4), e negativa de jurisdição do STF quanto ao tema (4.4.5). Essa divisão objetiva facilitar a visualização do debate, uma vez que, como é sabido por todos os familiarizados ao *modus operandi* do STF, a Corte não chega a uma posição final conjunta, como a Suprema Corte norte-americana, mas sim seus juízes singularmente proferem votos individuais, seguindo a argumentação que mais lhes pareça razoável, muitas vezes – e essa não é uma exceção – chegando-se a um resultado final por maioria sem que necessariamente a maioria tenha convergência quanto aos argumentos, mas sim apenas quanto ao resultado desejado, posteriormente publicando-se o acórdão. Nesse sentido, o voto do relator, Ministro Eros Roberto Grau, foi acompanhado por seis de seus pares quanto ao que dispunha, mesmo que, como veremos adiante, nem todos os seus argumentos tenham sido subscritos nos votos individuais. Dois votos foram divergentes ao do relator no mérito, restando ao final mantida a validade jurídica da interpretação pró-anistia bilateral e, ainda, julgada constitucional e recepcionada pela Constituição de 1988 a lei de 1979. Tal interpretação é completamente contrária a tese aqui apresentada, afigurando-se, nesses termos, equivocada tanto do ponto de vista jurídico, quanto político, pelo motivos que apresentarei na análise que se passa a empreender.

4.4.3 Conexão criminal e bilateralidade da lei de anistia de 1979

Como visto, uma das divergências da OAB com a leitura dada à lei de 1979 é quanto à possibilidade de julgarem-se crimes políticos ou conexos aos crimes políticos aquelas atividades delitivas praticadas por agentes do Estado para a manutenção do *status quo* da ditadura. Quanto à impossibilidade de classificação dos delitos dos agentes de estado como políticos, o Ministro-Relator deu enfoque apenas para a ótica da violação à isonomia entre resistentes e agentes do regime, para concluir que:

> É certo [...] que o argumento da Argüente não prospera, mesmo porque há desigualdade entre a prática de crimes políticos e crimes conexos com eles. A lei poderia, sim, sem afronta à isonomia – que consiste também em tratar desigualmente os desiguais – anistiá-los, ou não, desigualmente.[390]

---

[390] GRAU. *Voto Relator*: Argüição de Descumprimento de Preceito Fundamental n. 153/2008, p. 12.

Quem efetivamente enfrentou a questão da classificação automática dos crimes tidos para a manutenção do regime como políticos foi o Ministro Ricardo Lewandowski, em seu voto divergente. Nele, procurou demonstrar que haveria sim a necessidade de verificação, em cada caso concreto, da existência de motivação política do ato para que se configura a hipótese legal da anistia, valendo-se da tipificação de "crime político" construída pelo próprio tribunal em sua jurisprudência. Vejamos:

> [...] o Supremo Tribunal Federal vem fazendo uma clara distinção entre crimes políticos típicos, identificáveis ictu oculi, praticados, verbi gratia, contra integralidade territorial de um país, o regime representativo e democrático ou o Estado de Direito, e crimes políticos relativos, [...] com relação aos quais, para caracterizá-los ou descaracterizá-los, cumpre fazer uma abordagem caso a caso (*case by case approach*).[391]

Avança em sua argumentação sustentado, em concordância com a inicial da Ordem dos Advogados, que é tecnicamente equivocado o emprego da conexão pela lei de anistia, concluindo portanto que:

> [...] como a Lei de Anistia não cogita de crimes comuns, e emprega, de forma tecnicamente equivocada, o conceito de conexão, segue-se que a possibilidade de abertura de persecução penal contra os agentes do Estado que tenham eventualmente cometido os delitos capitulados na legislação penal ordinária, pode, sim, ser desencadeada, desde que se descarte, caso a caso, a prática de delito de natureza política ou cometido por motivação política [...].[392]

A tese do voto do Ministro-Relator ao tratar da matéria, não obstante, inovará, apresentando a questão da conexão em conjunto com outra, a da bilateralidade da lei. Na percepção do Ministro-Relator, aquilo que a OAB classificou como uma redação propositalmente obscura fora, na verdade, simplesmente uma redação para qual o intérprete ofereceu segura leitura, extraindo do texto e da realidade o sentido bilateral do dispositivo por entender, entre outros, que o próprio legislador (obscuramente ou não) já objetivava albergar os agentes de estado na anistia:

> [...] o legislador procurou estender a conexão aos crimes praticados pelos agentes do Estado contra os que lutavam contra o Estado de exceção.

---

[391] LEWANDOWSKI. *Voto*: Argüição de Descumprimento de Preceito Fundamental n. 153/2008, p. 27-28.

[392] LEWANDOWSKI. *Voto*: Argüição de Descumprimento de Preceito Fundamental n. 153/2008, p. 28.

Daí o caráter bilateral da anistia, ampla e geral. Anistia que somente não foi irrestrita porque não abrangia os já condenados [...] pela prática de crimes de terrorismo, assalto, seqüestro e atentado pessoal.[393]

Inaugura, nesse sentido, uma nova forma teleológica de leitura da lei, na qual se desconsidera o instrumental técnico-jurídico construído para tratar da conexão, decidindo-se com baliza tão somente numa pressuposta vontade não expressa do legislador. O argumento da possibilidade de conexão, nesses termos, será refutado tanto por ministros que acompanharam a posição do relator, quanto pelos que divergiram.

Divergindo, Lewandowski apontará que:

> [...] não há como cogitar-se de conexão material entre os ilícitos sob exame, conforme pretenderam os elaboradores da Lei de Anistia, porquanto não é possível conceber tal liame entre os crimes políticos praticados pelos opositores do regime de exceção e os delitos comuns alegadamente cometidos por aqueles que se colocavam a seu serviço, visto inexistir, com relação a eles, o necessário nexo teleológico, consequencial ou ocasional exigido pela doutrina para a sua caracterização.[394]

Ainda, mesmo anuindo com a decisão do relator, outros ministros apresentarão interessantes ressalvas à interpretação da conexão. É o caso da Ministra Cármen Lúcia:

> Nenhuma dúvida me acomete quanto a não conexão técnico-formal dos crimes de tortura com qualquer crime outro, menos ainda de natureza política. Tortura é barbárie, é o desumanismo da ação de um ser mais animal que gente, é a negação da humanidade, mais que a dignidade, que quem a pratica talvez nem ao menos saiba do que vem a ser.
>
> "Mas não vejo como, para efeitos específica e exclusivamente jurídico-penais, nós, juízes, reinterpretarmos, trinta e um anos após e dotarmos de efeitos retroativos esta nova interpretação, da lei que permitiu o que foi verdadeiro armistício de 1979 para que a guerra estabelecida pelos então donos do poder com os cidadãos pudesse cessar. Não vejo como, judicialmente, possa ser, agora, aquela lei reinterpretada com negativa ampla, geral e irrestrita de tudo o que ocorreu então e que permitiu que hoje fosse o que se está a construir.[395]

---

[393] GRAU. *Voto Relator*: Argüição de Descumprimento de Preceito Fundamental n. 153/2008, p. 29.

[394] LEWANDOWSKI. *Voto*: Argüição de Descumprimento de Preceito Fundamental n. 153/2008, p. 15.

[395] ROCHA. *Voto*: Argüição de Descumprimento de Preceito Fundamental n. 153/2008, p. 19-20.

As citações são ilustrativas, pois demonstram que, em vez de enfrentar o problema da conexão e da classificação como políticos para delitos que não atentavam contra o Estado, mas sim eram tidos para a manutenção no poder de um regime inconstitucional, o Supremo Tribunal Federal abandona sua jurisprudência anterior (colacionada por Lewandowski em seu voto) e passa a argumentar de modo francamente político para sustentar que não é o texto explícito do dispositivo que trata da conexão, ou mesmo o texto da lei "em geral", que permite a interpretação da eventual anistia aos crimes dos agentes de estado, mas sim uma bilateralidade não expressa, oriunda de uma leitura de contexto político que, como se verá adiante, parece gerar atos imunes a qualquer controle de legalidade e constitucionalidade. O melhor exemplo dessa leitura se encontra no voto do Ministro Gilmar Mendes que assevera: "[...] a questão não reside na conceituação do que seja crime político, e sim na própria característica do ato de anistia".[396]

É dessa leitura de contexto que surgirá a afirmação da existência de um "pacto" no qual, supostamente, a sociedade gera uma anistia bilateral, que por ser eminentemente um ato político escapa a toda e qualquer forma de controle jurisdicional, como se ao tempo do regime militar, anterior à Constituição de 1988, vivêssemos em um verdadeiro estado de natureza e fosse a própria anistia nossa porta de acesso à civilização (daí anteriormente ter me referido a uma *limitação apriorística à própria constituição*). Paradoxalmente, esse argumento será esquecido na hora de se estabelecerem continuidades entre o ordenamento legal da repressão e da democracia, por meio da inserção quase ficcional da ideia da anistia como "lei medida" (retomarei todos esses pontos nas discussões deste e do próximo item do estudo). Seguimos com o voto relator, a justificar a bilateralidade extratextual da lei:

> A inicial [da OAB] ignora o momento talvez mais importante da luta pela redemocratização do país, o da batalha da anistia, autêntica batalha. Toda a gente que conhece nossa História sabe que esse acordo político existiu, resultando no texto da Lei n. 6.683/79. A procura dos sujeitos da História [no caso: os autores do pacto] conduz à incompreensão da História. É expressiva de uma visão abstrata, uma visão intimista da História, que não se reduz a uma estática coleção de fatos desligados uns dos outros.[397]

---

[396] MENDES. *Voto*: Argüição de Descumprimento de Preceito Fundamental n. 153/2008, p. 19.

[397] GRAU. *Voto Relator*: Argüição de Descumprimento de Preceito Fundamental n. 153/2008, p. 19.

Percebe-se facilmente que, nos discursos contidos nos votos, assume-se na democracia a semântica da ditadura, da divisão da sociedade em *dois lados*. Como visto nas seções anteriores do estudo, essa semântica é fundamental para a construção do altamente artificial princípio da simetria, que passa a prever igual tratamento para aqueles que se insurgiram contra a repressão (seja por quais razões fossem) e a própria repressão, como se fosse possível estabelecer qualquer analogia de meios entre os agentes de Estado, com todo o suporte da máquina pública, e os insurgentes e, ainda, o que é mais grave, qualquer tipo de simetria quanto à legitimidade de ambos em suas ações. Esse discurso, articulado pela repressão, faz parecer que aqueles que lutaram contra a ditadura não possuem, qualitativamente, um grau de legitimidade completamente diverso daqueles que sustentaram um regime ilegal de repressão às liberdades públicas após interromperem o fluxo institucional regular da vida democrática com um golpe de Estado.

Conforme visto no item 1.2.1 deste estudo, a semântica da repressão articula um sistema simbólico de valores que se reproduzem no tempo. Essa representação que devolve ao presente o embate ideológico típico da Guerra Fria é, em última análise, o fundamento da tese da bilateralidade, que desconsidera a materialidade da ideia de Estado de Direito em detrimento da lógica da pactuação. Um dos mais evidentes exemplos desse tipo de argumentação se encontra na fundamentação dada à ideia de pactuação pelo Ministro Gilmar Mendes, que afirma que:

> O período da ditadura militar no Brasil gerou diversas lutas internas, e o exame das situações ocorridas naquele momento histórico permite constatar a existência de grupos contrapostos, uns a serviço do Estado, que se legitimava de maneira formal, e outros a serviço de núcleos paraestatais que exerciam posicionamentos políticos divergentes da linha política adotada pelo Estado brasileiro, controlado pelos militares.
>
> [...]
>
> A contraposição ideológica permitiu a realização de diversas agressões, que se constituíram em fatos típicos criminais, praticados, de um lado, pelo Estado forte e monopolizador do aparelho organizatório e, de outro, por núcleos de cidadãos ideologicamente contrários.[398]

A análise que busca fundamentar a simetria entre as partes acaba, minimamente, por reconhecer que de um lado estava o "aparelho organizatório" do Estado, o que de si já demonstraria a total desproporção

---

[398] MENDES. *Voto*: Argüição de Descumprimento de Preceito Fundamental n. 153/2008, p. 23.

da suposta luta em curso, considerando-se que, como visto anteriormente, o "aparelho organizatório" era constituído pelas forças armadas, dezenas de serviços secretos de informações, polícias civis e militares, para ficar apenas no quadro mais imediato de mecanismos de Estado em desvio de função com vistas à repressão política. Porém, ainda, o Ministro estabelece outra ressalva que, segundo entende-se razoável, haveria de evidenciar ainda mais tal desproporção:

> Embora seja razoável admitir que a grande maioria das ofensas foi praticada pelos militares, não é razoável introduzir, no campo da análise política e no campo das definições jurídicas, compreensões morais acerca da natureza justificadora da violência.[399]

Os elementos levantados pelo Ministro fazem lembrar a já citada passagem de Santiago Nino, que entendo importante repisar agora, afirmando, sobre o caso argentino, que:

> [...] os meios empregados para repelir a agressão [da guerrilha] eram irracionais e desproporcionais. O regime militar foi muito além do que era necessário para neutralizar os agressores e utilizou meios de determinação incertos para definir quem era ou não agressor. São poucas as dúvidas existentes sobre os meios eleitos para a luta contra o terrorismo subversivo terem excedido a proporção do mal causado pelo próprio terrorismo. Mais pessoas foram sequestradas, torturadas e mortas e, neste processo, a ditadura também destruiu o Estado de Direito e a segurança jurídica. Afinal, os meios legítimos para uma sociedade combater o terrorismo podem ser encontrados no direito penal [...].[400]

Ao propor a tese da bilateralidade, o Ministro acaba por esquecer que não pode o Estado, *sob qualquer pretexto*, desvincular-se do direito e promover um banho de sangue em nome do que quer que seja. Mesmo na guerra o direito existe e regula parâmetros mínimos de disputa leal, de modo a evitar que, na busca por combater um mal, acabe-se

---

[399] MENDES. *Voto*: Argüição de Descumprimento de Preceito Fundamental n. 153/2008, p. 24.

[400] "[...] the means employed to repel the aggression [from the guerrilla] were irrational and disproportionate. The military regime went far beyond what was needed to neutralized the aggressors and used unreliable ways of determining who where aggressors and who were not. There is little doubt that the means chosen to fight subversive terrorism were way out of proportion to the evils caused by terrorism. More people were abducted, tortured, and killed, and in the process the dictatorship also destroyed the rule of law and legal certainty. In the end, the legitimate means for a society to use against terrorism can be found in criminal law [...]" (NINO. *Radical Evil on Trial*, p. 174).

por produzir outro muito maior. É assim que a tese da bilateralidade acaba por criminalizar o Estado e legitimar o *modus operandi* tido pela ditadura em seu nome, pois é evidente que, como pontuado no final do segundo capítulo, na aproximação ao caso espanhol, a existência de violência contra o Estado é qualitativamente diversa da violência praticada pelo Estado, e, mais ainda, a violência contra o regime não autoriza, nem agora nem no passado, que este afaste-se da legalidade para combatê-la. Retomando trecho da citação de Greppi anteriormente apresentada:

> Esta estratégia argumentativa [da simetria] busca, de forma perversa, reduzir ao absurdo a condenação da violência fascista, dissolvendo a responsabilidade e a reprovação através de uma indiscriminada repartição de culpas. Pelo contrário, a tese da simetria não guarda nenhuma ligação com a negação de qualquer coisa, das culpas – se estas existiram – e menos ainda da violência. Neste sentido, [...] não [se] nega que tenham ocorrido violências – é um fato inequívoco que elas ocorreram – de um lado e do outro do front. A única coisa que afirma, e com boas razões, é a não equidistância, a assimetria no reconhecimento, derivada de uma assimetria nos fatos.[401]

O contexto de afirmação da bilateralidade da lei não é, portanto, o do *Estado de Direito*, mas sim o da *justificação de um estado de fato*. De justificação, em última análise, da própria ditadura. É assim que quase não causa espanto encontrar, dois parágrafos depois daquele em que Mendes defende a bilateralidade da lei mesmo considerando a franca assimetria entre as supostas "partes" em disputa, trecho de discurso absolutamente coerente com a Doutrina de Segurança Nacional, apresentada no item 3.2 deste estudo.

> [...] é certo que muitos dos que recorreram a estes delitos não buscavam a normalidade democrática, mas a defender sistemas políticos autoritários, seja para manter o regime de exceção, seja para instalar novas formas de administração de cunho totalitário, com bases stalinistas, castristas ou maoístas. É notório que, em muitos casos, os autores desses tipos de

---

[401] "Esta estrategia argumentativa busca, de forma perversa, reducir al absurdo la condena de la violencia fascista, disolviendo la responsabilidad y el reproche a través de un indiscriminado reparto de culpas. Por el contrario, la tesis de la simetría nada tiene que ver con la negación de nada, de las culpas – si las hubo – y menos de la violencia. En este sentido, [...] no niega que haya existido violencia – es un hecho que la hubo y no tendría sentido ignorarlo – a un lado y otro del frente. Lo único que afirma, y con buenas razones, es la no equidistancia, la asimetría en el reconocimiento, derivada de una asimetría en los hechos."

crimes violentos pretendiam estabelecer sistema de governo totalitário, inclusive com apoio, financeiro e treinamento concedidos por ditaduras estrangeiras.[402]

A justificativa para a desproporção dos meios e a completa destruição do Estado de Direito, nesse sentido, parece estar na elevação do *status* dos insurgentes ao nível de "ameaça estrangeira", sem nenhum pudor de nessa classificação incluir mesmo aqueles presos e torturados não por adentrarem na luta armada (coisa que, ademais, não justificaria o arbítrio), mas também aqueles que cometeram tão somente delitos de opinião ou organizaram entidades políticas, incidindo em crimes tipificados pelo regime por meio de leis de exceção. Desconsidera, ainda, que no Brasil a esquerda armada jamais chegou a ameaçar minimamente o regime, como é de conhecimento notório.

Além da percepção da manutenção dessa semântica antidemocrática, é facilmente perceptível a utilização no plano estratégico do paradoxo da vitória de todos. Voltando à argumentação de Grau, teremos isso muito claro, na medida em que a movimentação social pró-anistia e contra o regime é utilizada para justificar a manutenção da impunidade dos torturadores, algo que, conforme fartamente demonstrado na recapitulação do processo que conduziu à anistia de 1979 (item 3.3), não se sustenta:

> Reduzir a nada essa luta [a luta pela anistia], inclusive nas ruas, as passeatas reprimidas durante pelas Polícias Militares, os comícios e atos públicos, reduzir a nada essa luta é tripudiar sobre os que, com desassombro e coragem, com desassombro e coragem lutaram pela anistia, marco do fim do regime de exceção.[403]

O mais impressionante, na análise dessa questão, é a ampla reprodução do discurso da ditadura nas mais variadas instituições, e não apenas no STF. Prova disso é a igualmente desconcertante manifestação da Procuradoria-Geral da República (PGR), referida pelo próprio relator, que igualmente trabalha com a ficcional tese de que os perseguidos políticos, seus próximos, os familiares de mortos e desaparecidos políticos, bem como inúmeros outros setores sociais, envolveram-se na luta pela anistia clamando nas ruas pela anistia para

---

[402] MENDES. *Voto*: Argüição de Descumprimento de Preceito Fundamental n. 153/2008, p. 24.
[403] GRAU. *Voto Relator*: Argüição de Descumprimento de Preceito Fundamental n. 153/2008, p. 20.

os perseguidos mas também para os perseguidores. O argumento da PGR leva tal ficção a tal patamar que considera ser temerário para o próprio direito à verdade considerar que a anistia não fora bilateral, desconsiderando mesmo o fato de jamais o Congresso ter aprovado sequer a lei "ampla, geral e irrestrita" que as ruas clamavam para os presos e perseguidos políticos:

> Romper com a boa-fé dos atores sociais e os anseios das diversas classes e instituições políticas do final dos anos 70, que em conjunto pugnaram – como já demonstrado – por um Lei de Anistia ampla, geral e irrestrita, significaria também prejudicar o acesso à verdade histórica.[404]

Até aqui já temos, portanto, um razoável número de constatações: primeiro, a *incorporação do discurso da ditadura pelas instituições democráticas*, com a manutenção daquilo que chamei de uma utilização semântico-valorativa do discurso da repressão para a obtenção de resultados políticos e jurídicos; em segundo lugar, a utilização do paradoxo da vitória de todos para uma *legitimação política artificial da lei de 1979* e, ainda; a soma desses argumentos para *articulação de um artificial princípio da simetria entre repressores e reprimidos*. Tudo isso a justificar que a anistia concedida pelo regime tratou-se não de uma concessão no bojo de um processo altamente controlado de abertura, mas sim um legítimo acordo político. A tese do acordo será, finalmente, o sustentáculo da ideia de bilateralidade, substituindo teleologicamente o próprio texto legal de 1979 para fundamentar a manutenção da interpretação extensiva da lei.

As vozes dissonantes foram, novamente, as dos Ministros Carlos Ayres Britto e Ricardo Lewandowski. Britto, questionará, pronta e incisivamente, a suposta anistia "tácita" aos agentes do regime afirmando que:

> [...] para a coletividade perdoar certos infratores é necessário que o faça de modo claro, assumido, autêntico, não incidindo jamais em tergiversação redacional, em prestidigitação normativa, para não dizer em hipocrisia normativa. E o fato é que com todas as vênias [...] eu não consigo enxergar no texto da lei de anistia essa clareza que outros enxergam com tanta facilidade [...]. Quem redigiu esta lei não teve a coragem de assumir essa propalada intenção de anistiar torturadores, estupradores, assassinos frios de prisioneiros já rendidos, pessoas que jogavam de um avião as suas vítimas, pessoas que ligaram fios desencapados a uma tomada e os conectavam à genitália feminina, pessoas

---

[404] SANTOS. *Parecer n. 1218/2010*: Ação de Descumprimento de Preceito Fundamental n.º 153 (STF), item 107.

que estupravam moças, mulheres, na presença dos pais, dos namorados, dos maridos [...] certos crimes são, pela sua natureza, absolutamente incompatíveis com qualquer ideia de criminalidade política pura ou por conexão.[405]

Lewandowski voltará ao contexto histórico para apresentar também sua oposição ao acordo tácito e, mais ainda, a sua aceitação como acordo:

> De fato, a Lei de Anistia, longe de ter sido outorgada dentro de um contexto de concessões mútuas e obedecendo a uma espécie de "acordo tácito", celebrado não se sabe bem ao certo por quem, ela em verdade foi editada em meio a um clima de crescente insatisfação popular contra o regime autoritário.[406]

Não obstante, outros ministros chegam mesmo a levantar o contexto social da época, sem aperceberem-se de que a descrição que fazem, justamente, contradiz o que defendem. O voto da ministra Cármen Lúcia é elucidativo neste aspecto:

> É preciso não deslembrar que, naqueles dias dos anos setenta, havia presos políticos sem prisão formal decretada, desaparecidos ainda hoje desencontrados, exilados pretendendo e sem poder voltar à pátria, pais e mães dilacerados pelo dilema de viver de um perdão sobre humano e um ódio desumano, uns e outros a pesar na alma do Brasil.[407]

A argumentação depõe contrariamente à tese de que a própria ministra e a Corte como um conjunto viriam a referendar. Ora, se esse era o contexto, qual a possibilidade de formular-se um pacto legítimo? Havia, de fato, qualquer simetria entre as partes que permitisse a negociação? Mais ainda: é idêntica e simétrica a situação anteriormente descrita com a daqueles que, para manterem-se no poder, deram causa a todo esse sofrimento? Nada tem o direito a dizer sob um eventual pacto tido nesses termos?

Afastado da baliza do texto legal e da própria constituição, o STF chega mesmo a considerar num dos votos que:

---

[405] BRITTO. *Voto*: Argüição de Descumprimento de Preceito Fundamental n. 153/2008.

[406] LEWANDOWSKI. *Voto*: Argüição de Descumprimento de Preceito Fundamental n. 153/2008, p. 8.

[407] ROCHA. *Voto*: Argüição de Descumprimento de Preceito Fundamental n. 153/2008, p. 11.

[...] se revestiu de plena legitimidade jurídico-constitucional a opção legislativa do Congresso Nacional que, apoiando-se em razões políticas, culminou por abranger, com a outorga da anistia, não só os delitos políticos, mas, também, os crimes a estes conexos e, ainda, aqueles que, igualmente considerados conexos, estavam relacionados a atos de delinqüência política ou cuja prática decorreu de motivação política.[408]

Vale retomar brevemente o contexto da política em geral e do Congresso Nacional antes de seguir com a argumentação: A Constituição de 1946 foi derrogada e, por meio de atos institucionais, novas cartas foram outorgadas à pátria pela "revolução" em 1967 e 1969. Os Atos Institucionais, que já haviam sido utilizados para, inclusive, fechar o Congresso, haviam dado poderes ao Executivo para intervir na formação do Senado. O Poder Executivo tinha faculdade de caçar mandatos parlamentares. O projeto de anistia defendido pela sociedade foi derrotado pela base governista, que aprovou o projeto do Executivo. Nesse contexto, parece pouco realista cogitar que o Congresso Nacional tenha, de fato, "optado" por determinado caminho e, mesmo que o tivesse feito, retomando o argumento do vício de origem dos atos produzidos sob a força do golpe e dos atos institucionais, soa artificial atribuir a esse processo "legitimidade jurídico-constitucional". O mínimo a se questionar nesse cenário é a fonte de tal legitimidade, se decorrente da Constituição derrogada ou, porventura, das Cartas outorgadas pelo regime militar. O STF aceitou a segunda hipótese (retomarei esse ponto no item 4.4.4).

Mas o argumento da bilateralidade ainda será usado para outra articulação teórica altamente questionável desde os pressupostos aqui construídos. Segundo o Ministro Celso de Mello, seria a característica da bilateralidade da anistia brasileira a responsável por afastar dela duas outras características, cuja jurisprudência internacional fartamente qualificou como ensejadoras de nulidade plena em foro de leis de anistia.

Primeiramente, utiliza a suposta bilateralidade para afastar a hipótese de autoanistia por parte dos militares:

> É preciso ressaltar [...] que a lei de anistia brasileira, exatamente por seu *caráter bilateral*, não pode ser qualificada como uma lei de *auto-anistia*, o que torna inconsistente, para os fins deste julgamento, a invocação dos mencionados precedentes da Corte Interamericana de Direitos Humanos.[409]

---

[408] MELLO. *Voto*: Argüição de Descumprimento de Preceito Fundamental n. 153/2008, p. 16.

[409] MELLO. *Voto*: Argüição de Descumprimento de Preceito Fundamental n. 153/2008, p. 27 (grifos nossos).

Posto o argumento pelo Ministro, resta razoável esperar encontrar no voto seu desenvolvimento, não obstante não há nada na argumentação que permita solver a aporia constante em afirmar-se que quando "a" concede anistia para "a" e para "b", não está concedendo anistia a si mesmo. A única hipótese razoável a fundamentar o argumento seria a de que, em verdade, quem concedeu a anistia para "a" e "b" fora "c", no caso, o Congresso Nacional, mas por todo o posto não parece prosperar qualquer argumento que considere o Poder Legislativo com suficiente autonomia para tanto nos idos anos de 1979.

A segunda utilização artificial da ideia de bilateralidade pela argumentação em construção no Supremo diz respeito ao conceito de anistia em branco. Nesse sentido, Celso Mello afirma:

> Com efeito, a Lei n.º 6.683/79 – que traduz exemplo expressivo de anistia de "mão dupla" (ou "dupla via"), pois se estendeu tanto aos opositores do regime militar quanto aos agentes da repressão – não consagrou a denominada anistia em branco, que busca, unicamente, suprimir a responsabilidade dos agentes do Estado e que constituiu instrumento utilizado, em seu próprio favor, por ditaduras militares latino-americanas.[410]

Antes de avançar, importa especificar a que se refere a doutrina e a jurisprudência em geral ao utilizar o termo "anistia em branco".[411] Valho-me da obra de Meintjes e Mendes, que definem anistia em branco como aquelas que são aplicadas:

> [...] largamente, sem necessidade de qualquer requerimento por parte do beneficiário ou mesmo um inquérito inicial sobre os fatos que possa determinar se eles em encaixam no espectro de aplicação da lei.[412]

Considera-se uma anistia em branco, portanto, aquela que ocorre fora de um processo fiscalizável e, especialmente, sem controle de seus próprios termos. Alusivamente, a anistia aos perseguidos políticos não se tratou de uma anistia em branco, uma vez que estes sujeitaram-se a

---

[410] MELLO. *Voto*: Argüição de Descumprimento de Preceito Fundamental n. 153/2008, p. 27.

[411] No Brasil, o termo *blanket amnesty*, literalmente "anistia cobertor", é corriqueiramente traduzido como "anistia em branco", coisa que aqui foi mantida.

[412] "[...] across the board without requiring any application on the part of the beneficiary or even an initial inquiry into the facts to determine if they fit the law's scope of application" (MEINTJES; MENDES. Reconciling amnesties with universal jurisdiction. *International Law Forum – Forum du Droit International*, p. 85, tradução livre).

pelo menos algum dos procedimentos consecutivos a seguir: (i) foram investigados; (ii) indiciados; (iii) julgados; (iv) condenados e, ao final ou em alguma das fases preliminares, (v) anistiados. A anistia aos agentes repressores notoriamente é, ao contrário do que procura demonstrar a argumentação do Ministro com a peculiar construção posta, uma anistia em branco, uma vez que não apenas ocorre *in abstracto*, sem qualquer verificação sobre o que concretamente se está anistiando como, e mais especialmente, impede qualquer investigação, o que a qualifica como uma anistia em branco de dupla dimensão, pois ademais de incidir em abstrato ocorre à margem de qualquer processo ou procedimento.

A interconexão entre os argumentos da bilateralidade e da simetria faz-se presente, em verdade, em toda a argumentação do Ministro Celso Mello, que conclui a série de raciocínios aqui escrutinados, não apenas com uma nova afirmação dessa simetria como, ainda, excluindo o Estado de um dos polos do conflito:

> [...] foi com [...] elevado propósito [viabilizar a transição] que se fez inequivocamente bilateral (e recíproca) a concessão da anistia, com a finalidade de favorecer aqueles que, em situação de conflitante polaridade e independentemente de sua posição no arco ideológico, protagonizaram o processo político ao longo do regime militar, viabilizando-se, desse modo, por efeito da bilateralidade do benefício concedido pela Lei n.º 6.683/79, a construção do necessário consenso, sem o qual não teria sido possível a colimação dos altos objetivos perseguidos pelo Estado e, sobretudo, pela sociedade civil naquele particular e delicado momento histórico da vida nacional.[413]

A conclusão da argumentação do ministro Eros Grau, embora pareça bastante contraditória com o dispositivo de seu voto, tem um corte mais realista:

> Há quem se oponha ao fato de a migração da ditadura para a democracia política ter sido uma transição conciliada, suave em razão de certos compromissos. Isso porque foram todos absolvidos, uns absolvendo-se a si mesmo. [...] Era ceder e sobreviver ou não ceder e continuar a viver em angústia (em alguns casos, nem mesmo viver).[414]

Parece-me, por todo o posto, que o Supremo Tribunal Federal em sua função de guardião da Constituição equivocou-se ao avalizar tais

---

[413] MELLO. *Voto*: Argüição de Descumprimento de Preceito Fundamental n. 153/2008, p. 17.

[414] GRAU. *Voto Relator*: Argüição de Descumprimento de Preceito Fundamental n. 153/2008, p. 50.

argumentações, em pelo menos duas medidas: *turvou a distinção entre Estado de Direito e Estado de Exceção* e, ainda, *negou sua própria jurisdição*, coisa que se passa a explorar nos seguintes itens.

4.4.4 A recepção pela Constituição da lei de anistia e a continuidade material entre o ordenamento autoritário e o democrático

A indistinção anteriormente referida – e avalizada pelo Supremo Tribunal Federal – decorre (i) de uma leitura equivocada do que fora a ditadura militar e, ainda, (ii) de uma leitura bastante peculiar, e, igualmente, a meu ver equivocada, sobre a própria natureza do Poder Constituinte que permitiu a consolidação da vontade popular na Constituição da República de 1988.[415] Ambas as causas fundam-se, neste sentido, numa visão formal, vazia de qualquer conteúdo, do que seja o próprio direito que a Corte deve aplicar.

Em sua interpretação, como se verá a seguir, o STF reconheceu a legitimidade da ditadura militar como se Estado de Direito esta fosse. A tese aprovada pela Corte, em última análise, já havia sido adiantada em entrevista do Ministro Marco Aurélio Mello ao apresentador Kennedy Alencar referida anteriormente neste trabalho, quando aquele definiu a ditadura como "um mal necessário, tendo em conta o que se avizinhava". Ao ser questionado sobre o que se avizinhava, tratava-se de uma possível "ditadura comunista", o Ministro pronta e evasivamente continua: "teríamos que esperar para ver e foi melhor não esperar". Como visto nos capítulos anteriores, o suposto risco de descontinuidade democrática e, mais que tudo, econômica, foi amplamente utilizado para justificar o golpe de 1964 e, na manutenção da semântica daqueles tempos, seguiu presente na decisão do STF que, em última instância, reconheceu preferência a uma ditadura preventiva de direita ao eventual risco de uma ditadura futura de esquerda.

Esta ideia de continuidade encontra-se presente em diversos momentos das argumentações desenvolvidas. Foi vista claramente nas citações de Celso Mello, transcritas no tópico anterior, no qual trata da "legitimidade jurídico-constitucional" de dados atos e práticas da ditadura e, ainda, será explicitada no próximo tópico, no qual se analisa a negativa de jurisdição que o próprio STF se impõe. Tanto a afirmação

---

[415] Em sentido análogo ao que proponho, veja-se: PAIXÃO. A Constituição em disputa: transição ou ruptura?. *In*: SEELAENDER (Org.). *História do direito e construção do Estado*.

desta continuidade, quanto a ainda mais grave ideia de uma "constitucionalização" da lei de anistia de 1979 (ou, pelo menos, de seu conteúdo normativo) por meio da Emenda Constitucional nº 26 de 1985, anterior, portanto, à própria constituição efetiva, dizem respeito ao conceito de "direito" e de "constituição" esposado pelo STF, e que faz lembrar a afirmação já referida de Dimoulis que, trabalhando um conceito distinto do que aqui adoto, aponta a possibilidade de que possa existir uma "Justiça de Transição" rumo a qualquer forma de governo, mesmo que seja esta injusta e antidemocrática. Na refutação desta acepção procurei afirmar a substancialidade da ideia de Justiça de Transição, em especial se somada à ideia de constitucionalismo, argumento que se aprofunda nesta seção com vistas a questionar essas duas dimensões da decisão do STF quanto à continuidade entre ditadura e democracia e o conceito limitado de poder constituinte dela decorrente.

O problema a ser enfrentado é bem definido em texto publicado em 2002 por Menelick de Carvalho Netto, no qual afirma que um dos grandes problemas das leituras estritamente kelsianas da constituição é sua contrafactual redução da noção de norma "[...] à uma mera autorização estatal em branco para a emissão de novas normas". Essas leituras encobrem o problema da legitimidade da própria "constituição", coisa que, desde uma perspectiva constitucionalista propriamente dita, afasta o fulcral debate sobre a constitucionalidade material do conteúdo da própria Constituição. Daí o interesse de uma investigação constitucionalista ser oposto ao interesse mais dogmático. Seguindo com Carvalho Netto:

> Nos interessa, precisamente, o fenômeno jurídico-político que Kelsen desqualificara e expelira da consideração científico-jurídica ao limitar a ótica da ciência do Direito ao exame de uma mera autorização em branco para a organização estatal de novos pólos emissores de normas, passíveis de acolher qualquer conteúdo, reduzindo a legitimidade à legalidade e destituindo a própria formalidade constitucional de qualquer sentido de garantia dos direitos fundamentais.[416]

Conforme amplamente assentado anteriormente, a teoria constitucionalista funda-se na positiva tensão existente entre democracia

---

[416] CARVALHO NETTO. A revisão constitucional e a cidadania: a legitimidade do poder constituinte que deu origem à Constituição da República Federativa de 1998 e as potencialidades do poder revisional nela previsto. *Revista do Ministério Público do Estado do Maranhão*.

e direitos fundamentais, com a vontade da maioria sendo o principal referencial para a produção de normas, mas, igualmente, com os direitos fundamentais funcionando contramajoritariamente, tornando inviolável um conjunto de garantias atinentes às pessoas exclusivamente pelo fato de serem pessoas. Carvalho bem resume, assim, esta tensão original (aqui traduzida em termos de liberdade e igualdade), que vincula a leitura sobre a constitucionalidade material das próprias normas constitucionais:

> Daí a razão da exigência de que qualquer norma [...] deva ser compatível procedimental e substantivamente com a Constituição. Na verdade, com a Constituição enquanto primeira densificação normativa desses dois direitos fundamentais essenciais, a liberdade e a igualdade dos cidadãos, que, ao longo da história constitucional, ganham sentidos diferentes, e a cada vez apresentam-se mais ricos e complexos, dando a aparência de que seria a tábua de direitos que se ampliaria.[417]

Quando a Ordem dos Advogados do Brasil, em sua petição ao STF, solicitou a correta interpretação de lei de 1979, sustentado ser inadmissível a extensão da conectividade a crimes que, constitucionalmente (em sentido material), não seriam passíveis de anistia, solicitava que o STF considerasse inválida frente à Constituição uma pretensão lesiva de direitos fundamentais, afirmando – em consonância com a melhor teoria sobre direitos fundamentais existente – que tal interpretação da lei não poderia ser recepcionada pela Constituição uma vez que a norma dela decorrente feria materialmente a própria ideia do que é uma constituição. Mais ainda, afirmava que do ponto de vista da legitimidade, a regra poderia inclusive ser considerada inconstitucional em sua forma, uma vez que concedia autoanistia por meio de uma votação na qual o regime tinha poder sobre os parlamentares, coisa que viciaria o processo, jamais tendo sido reafirmada por um Congresso democrático ou, ainda, por meio de outros instrumentos de verificação da vontade popular (como plebiscitos e referendos).

A resposta do Ministro-Relator, inobstante, demonstra claramente que a preocupação com a *constituição-forma* sobrepôs a verdadeira preocupação cabível, qual seja, com a *constituição-substância*. O

---

[417] CARVALHO NETTO. A revisão constitucional e a cidadania: a legitimidade do poder constituinte que deu origem à Constituição da República Federativa de 1998 e as potencialidades do poder revisional nela previsto. *Revista do Ministério Público do Estado do Maranhão*.

MARCELO D. TORELLY
JUSTIÇA DE TRANSIÇÃO E ESTADO CONSTITUCIONAL DE DIREITO

Ministro Eros Grau afirma, sobre este pedido de inconstitucionalidade da interpretação, ou mesmo do dispositivo legal, haja vista que o STF interpretou que este, mesmo sem conter previsão escrita, consagrou uma anistia bilateral, que:

> [...] é certo que, a dar-se crédito a eles [os argumentos da argüente contra a recepção], não apenas o fenômeno do recebimento – a recepção – do direito anterior à Constituição de 1988 seria afastado, mas também outro, este verdadeiramente um fenômeno, teria ocorrido: toda a legislação anterior à Constituição de 1988 seria, porém exclusivamente por força dela, formalmente inconstitucional. Um autêntico fenômeno, a exigir legitimação de toda essa legislação pelo órgão legislativo oriundo de eleições livres ou então diretamente pelo soberano, mediante referendo.[418]

A percepção formalista do direito e, mais notadamente, da Constituição, também será perceptível no voto da Ministra Cármen Lúcia, que consagra as decisões de uma composição ilegítima do Congresso Nacional dado o decurso do tempo:

> Em relação à alegação, igualmente formulada na tribuna, no sentido de que a lei n. 6683 seria ilegítima, bastando para tanto enfatizar ter sido ela produzida por um Congresso ilegítimo, composto, inclusive, por senadores não eleitos, é de se observar a impertinência total de tal assertiva para o deslinde da questão aqui posta, até mesmo porque, mesmo na formulação da Constituição de 1988 ainda prevaleciam congressistas naquela condição e não é agora, quase vinte anos após a sua promulgação, que se haverá de colocar em dúvida a legitimidade daquela composição.[419]

Cabem duas observações sobre estas passagens dos votos dos ministros Eros Grau e Cármen Lúcia. Primeiramente, é interessante apontar que ao questionar, *in concreto*, a conformidade de um determinado diploma legal com a Constituição, a Ordem dos Advogados não estava a questionar a constitucionalidade de todos os dispositivos aprovados pelo Congresso durante a ditadura. Como antes visto, mesmo um poder ilegítimo pode aprovar regras que não são constitucionalmente inválidas, o que nos leva a segunda questão: não cabe afastar o argumento da ilegitimidade do Congresso Nacional de 1979 por decurso do tempo.

---

[418] GRAU. *Voto Relator*: Argüição de Descumprimento de Preceito Fundamental n. 153/2008, p. 16.

[419] ROCHA. *Voto*: Argüição de Descumprimento de Preceito Fundamental n. 153/2008, p. 3.

Caso a interpretação questionada da lei de anistia fosse constitucional, caberia a afirmação de que, mesmo sendo o Congresso ilegítimo, teria aprovado lei constitucional e que a ausência material de legitimidade teria sido sanada, no tempo, pela aceitação social da norma não lesiva a direito fundamental. Porém o que aqui ocorre, novamente, é o oposto. Questiona-se a legitimidade do Congresso Nacional para a aprovação de lei que, conforme interpretada, fere frontalmente princípios e direitos fundamentais do ordenamento constitucional!

A resposta dada a esta questão pelo Ministro-Relator à OAB e, por extensão, à sociedade brasileira, é neste sentido duplamente insatisfatória: primeiro, por não enfrentar diretamente o argumento posto da potencial inconstitucionalidade substantiva, material, da norma extraída da interpretação dada à lei de 1979; em segundo lugar, por sofismar o argumento, fazendo parecer que sua aplicação levaria à necessidade de revisão de toda a legislação produzida pelo Congresso Nacional durante o tempo em que sua composição foi modificada por atos de força enquanto o pedido da Ordem era muito mais restrito: verificar uma interpretação ou um dispositivo, em concreto. Isso, ademais, não seria qualquer novidade para o STF que, em outros contextos, já considerou matérias e leis parcialmente inconstitucionais.

O próprio Relator era ciente da fragilidade deste argumento, razão pela qual o refere sem sustentar mais longamente, adotando mecanismo de escape que permita desenvolver outra linha argumentativa. Inviabilizado de sustentar a constitucionalidade material da lei, o Ministro-Relator procura desviar do argumento da legitimidade valendo-se do expediente anteriormente posto e avança, buscando fortificar o argumento débil com uma tese altamente arriscada e que seria plenamente acolhida por outros ministros, notadamente Gilmar Mendes e Marco Aurélio Mello, de que, em verdade, não apenas a lei de 1979 seria *formalmente válida* como, ainda, que seria *materialmente a base política do próprio processo constituinte brasileiro*, uma vez que a Emenda nº 26 à Carta de 1969 que chamou a Constituinte reforçou os termos da lei de anistia, razão pela qual não apenas teria sido a lei recepcionada como que, desde sempre, teria composto o próprio conteúdo da Constituição. Vejamos:

> Eis o que se deu: a anistia da lei de 1979 foi reafirmada, no texto da EC 26/85, pelo Poder Constituinte da Constituição de 1988. Não que a anistia que aproveita a todos já não seja mais a da lei de 1979, porém o artigo 4º, parágrafo 1º da EC 26/85. Mas estão todos como que [re]anistiados pela emenda, que abrange inclusive os que foram condenados pela prática de crimes de terrorismo, assalto, seqüestro e atentado pessoal. Por isso

não tem sentido questionar se a anistia, tal como definida pela lei, foi ou não recebida pela Constituição de 1988. Pois a nova Constituição [re]instaurou seu ato originário. A norma prevalece, mas o texto – o mesmo texto – foi substituído por outro. O texto da lei ordinária de 1979 resultou substituído pelo texto da emenda constitucional. A emenda constitucional produzida pelo Poder Constituinte originário constitucionaloza-a, a anistia.[420]

Para sustentar esta mesma argumentação, que tem na anistia um ato bilateral e recíproco que funda a nova constituição, o Ministro Gilmar Mendes chega a questionar a própria superação dos modelos teóricos que tratam do Poder Constituinte:

> [...] talvez os modelos a que nos aferramos (principalmente esse modelo dualista ou binômio entre poder constituinte originário e poder constituinte derivado) estejam, na prática, sendo superados por *soluções de compromisso*, as quais abrem espaço para transações políticas que levam a uma determinada solução.[421]

O Ministro Gilmar Mendes, em franca adesão à tese apresentada no item 4.1, de que a EC nº 26/1985 não se trata de mero chamamento formal à constituinte, mas sim constitui-se igualmente como parte desta, entende tratar-se a constituição de 1988 de uma "constituição-compromisso", sendo "[...] necessário atentar-se para a natureza pactual [...] e verificar-se a amplitude dos compromissos políticos firmados por ocasião da Assembléia Nacional Constituinte, que promulgou a Constituição ora vigente".[422] Assim sendo, *é o pacto que vincula a Constituição, e não esta que subordina o pacto*.

Com tal argumentação, entende-se resolver um conjunto de problemas, uma vez que não apenas se procura "revestir" de constitucionalidade a lei de 1979 por uma via imprópria (o que será apontado pela Ministra Cármen Lúcia e adiante referido e utilizado para retomar este ponto) como, e mais especialmente, permite simular – novamente com o emprego de uma estratégia de ficção – uma continuidade entre ordenamento ditatorial e democrático.

---

[420] GRAU. *Voto Relator*: Argüição de Descumprimento de Preceito Fundamental n. 153/2008, p. 62.

[421] MENDES. *Voto*: Argüição de Descumprimento de Preceito Fundamental n. 153/2008, p. 20, grifos nossos.

[422] GRAU. *Voto Relator*: Argüição de Descumprimento de Preceito Fundamental n. 153/2008, p. 22.

Segue o Ministro-Relator:

A Emenda Constitucional n. 26/85 inaugura a nova ordem constitucional. Consubstancia a ruptura da ordem constitucional que decairá plenamente no advento da Constituição de 5 de outubro de 1988. Consubstancia, neste sentido, a revolução branca que a esta confere legitimidade. Daí que a reafirmação da anistia da lei de 1979 já não pertence à ordem decaída. Está integrada na nova ordem. Compõe-se na origem da nova norma fundamental.

[...]

"Afirmada a integração da anistia de 1979 na nova ordem constitucional, teremos que sua adequação à Constituição de 1988 resulta inquestionável. A nova ordem compreende não apenas o texto da Constituição nova, mas também a norma-origem.[423]

Mendes valer-se-á do mesmíssimo argumento, afirmando que, em 1985, constitucionaliza-se o suposto "pacto político" de 1979. A principal diferença entre os dois argumentos é que, enquanto Grau apresenta um raciocínio no qual a positividade do texto (tanto da lei de 1979, quanto da Emenda Constitucional de 1985) supera a materialidade da própria Constituição de 1988 que tenta fazer-se norma, no raciocínio de Mendes, fundando explicitamente em Carl Schmitt – que juntamente com Konrad Hesse é diversas vezes citado no voto – a força normativa do suposto "pacto político" contido na EC nº 26 seria tamanha que mesmo o legislador constituinte não poderia alterá-lo:

Na linha da argumentação desenvolvida por Carl Schmitt, a doutrina constitucional alemã admite que o princípio de continuidade e identidade da Constituição não protege apenas os princípios contemplados pelas garantias de eternidade. Afirma-se, quase sem contestação, que também a cláusula de eternidade é insuscetível de alteração. Tal como realçado por Maunz, "constitui imperativo de uma norma lógica (Normlogik) que, além dos princípios declarados intocáveis, também a própria cláusula pétrea que declara a imutabilidade deve ser considerada intangível" [...]. Frustra-se, assim, a possibilidade de o legislador constituinte proceder à dupla revisão, eliminando a cláusula pétrea e, posteriormente, os princípios por ela protegidos.[424]

Para então seguir argumentando e exemplificando com vistas a concluir que:

---

[423] GRAU. *Voto Relator*: Argüição de Descumprimento de Preceito Fundamental n. 153/2008, p. 62-63.
[424] MENDES. *Voto*: Argüição de Descumprimento de Preceito Fundamental n. 153/2008, p. 44.

[...] essa abordagem teórica permite introduzir reflexão sobre a adoção, num processo de revisão, de uma ressalva expressa às cláusulas pétreas, contemplando não só a eventual alteração dos princípios gravados com as chamadas garantias de eternidade, mas também a possibilidade de transição ordenada da ordem vigente para outro sistema constitucional (revisão total).[425]

Ora, em vez de recobrar a ordem constitucional legítima da Constituição anterior (1946), como fizeram outros países quando da transição, como a Argentina, no Brasil optou-se por formular uma nova Constituição. Disso, todavia, não decorre que se assumam como *legítimas* as cartas de 1967 e 1969, impostas pelo regime ao povo brasileiro, como meio de garantir o princípio da continuidade e identidade da constituição. Justo o oposto! Se a tese de Grau reconhece o ato que chama a constituinte, *per se*, como parte da própria constituinte, a tese de Mendes vai ainda mais longe, pois afirma de modo pleno que a continuidade do sistema constitucional dá-se por meio da chamada, por reforma à Carta autoritária anterior, de uma revisão total que resta limitada apenas pelo suposto pacto político, como se ainda hoje estivéssemos vinculados às contingências do processo de abertura.

O argumento afirma, deliberadamente, aquilo que denominei em outro local (e aqui desenvolvo) como uma *limitação apriorística ao poder constituinte e à própria constituição*.[426] No afã de constitucionalizar uma disposição abertamente lesiva aos direitos fundamentais que, estes sim, constituem a única limitação material aceitável ao Poder Constituinte, a tese defendida pelo Relator e aprofundada pelo Ministro Gilmar Mendes subverte toda a doutrina sobre os direitos fundamentais e o constitucionalismo, afirmando que no caso brasileiro não foram *os direitos fundamentais a limitar a vontade democrática* mas sim, ao contrário, que uma *medida de impunidade* contra lesões a estes direitos não apenas os limitou como, igualmente, *limitou antecipadamente a própria vontade soberana do povo* a ser expressa na constituição que se entendia formular.

Ademais, mesmo que a recepção tivesse, efetiva e inquestionavelmente, ocorrido no plano formal, disso não decorreria uma "inquestionabilidade" do dispositivo. Em seu voto o Ministro Gilmar Mendes repete o Ministro Eros Grau para asseverar que:

---

[425] MENDES. *Voto*: Argüição de Descumprimento de Preceito Fundamental n. 153/2008, p. 48.
[426] Cf.:TORELLY. A anistia e as limitações prévias à Constituição. *Constituição e Democracia*, p. 20-21.

[...] a EC n.º 26/85 incorporou a anistia como um dos fundamentos da nova ordem constitucional que se construía à época, fato que torna praticamente impensável qualquer modificação de seus contornos originais que não repercuta nas próprias bases de nossa Constituição e, portanto, de toda a vida político-institucional pós-1988.[427]

Ora, se aceitamos que só é *constituição substancial* aquela que incorpora os preceitos básicos do constitucionalismo – conforme defendo aqui –, podemos de maneira muito objetiva questionar se dadas matérias, mesmo que efetivamente "constitucionalizadas" do ponto de vista formal, são efetivamente constitucionais do ponto de vista substancial. É evidente que nenhum sistema constitucional aceita violações flagrantes aos direitos humanos, sendo tal constatação suficiente para questionar a constitucionalidade de medidas lesivas a estes direitos, mesmo que estas estejam inseridas textualmente na Constituição. Aparentemente, o Ministro-Relator deixa de lado a distinção por ele próprio apresentada nas páginas iniciais de sua manifestação na qual, em correção à própria petição da OAB, distingue o texto legal da norma dele obtida pela interpretação, incidindo em igual equívoco o Ministro Gilmar Mendes ao simplesmente desconsiderar que o regime autoritário não pode ser, desde uma perspectiva democrática, uma espécie de "sujeito constitucional oculto" a limitar politicamente a tomada de decisão soberana do povo. A inclusão textual desta dimensão da anistia na Constituição, mesmo que tivesse ocorrido (o que, como demonstrará o Ministro Lewandowski, não aconteceu), não afastaria a possibilidade de questionamento quanto a sua constitucionalidade *material*, apenas *formal*. Aceitar que a EC nº 26/1985 limita o poder constituinte inserindo na Constituição a anistia aos agentes do regime e vedando a possibilidade de revisão desta cláusula por este próprio poder constituinte seria, em última análise, considerar que a própria constituinte tratou-se de uma concessão limitada do regime ao povo, coisa que é francamente incompatível com qualquer ideário democrático, com qualquer teoria constitucional razoável (mesmo que não "constitucionalista") e, mais especialmente, com o próprio texto expresso na Constituição promulgada em 1988 e nas normas dele extraídas.

Por este motivo e por tantos outros, a este argumento ocorrerão duas oposições radicais, ambas fundadas na mesma concepção de Poder Constituinte.

---

[427] MENDES. *Voto*: Argüição de Descumprimento de Preceito Fundamental n. 153/2008, p. 49.

Primeiramente, referimos o voto da Ministra Cármen Lúcia, que elucida aquilo que deveria ser óbvio a todos: *a constituinte e a constituição por ela proclamada não se confundem com seu ato de chamamento.* Vejamos:

> A alegação de que a Emenda Constitucional n. 26/85 integraria a ordem constitucional formalmente instalada em 5 de outubro de 1988 não me convence, porque a Constituição de 1988 é Lei Fundamental no sentido de que é fundante e fundadora, logo o que veio antes e que não foi por ela cuidado expressamente para ser mantido não há de merecer o adjetivo de norma integrante do sistema constitucional.[428]

O debate sobre o chamamento da constituinte já se estendeu por centenas de páginas, não cabendo recobrá-lo, destaca-se, de toda sorte, que é corrente a afirmação de que, por mais problemático que tenha sido, tal trabalho inicia-se com a própria constituinte, e não com seu chamamento. Mais uma vez, o texto de Carvalho Netto será bastante elucidativo a este respeito:

> [...] é importante salientarmos que o requisito de legitimidade da emergência de um poder constituinte não reside na ordem constituída, mas fora dela, contra ela. Como vimos, as gramáticas de práticas sociais instituintes dos horizontes de sentido em que levantamos pretensões a novos direitos e propostas organizacionais de nosso viver em comum é que fornecem o substrato de legitimidade necessário à emergência do poder constituinte originário, tornando visível a caducidade das instituições vigentes e apontando para a necessidade da ruptura institucional. O desgaste do regime ditatorial e o movimento pelas eleições diretas para Presidente, de início, catalisaram as forças instituintes. A proposta de uma constituinte ganhava sentido no bojo desse movimento que, no entanto, terminou sendo subsumido no acordo das elites com a candidatura Tancredo Neves/José Sarney no colégio eleitoral.[429]

É evidente que o ato formal de chamamento da Constituinte reconhece um estado de coisas que leva a Constituinte, no caso, ao fim do regime ditatorial e sua necessária superação por um novo modelo de governo democrático, mas não é o causador da constituinte. Daí Carvalho Netto concluir que:

---

[428] ROCHA. *Voto*: Argüição de Descumprimento de Preceito Fundamental n. 153/2008, p. 10.

[429] CARVALHO NETTO. A revisão constitucional e a cidadania: a legitimidade do poder constituinte que deu origem à Constituição da República Federativa de 1998 e as potencialidades do poder revisional nela previsto. *Revista do Ministério Público do Estado do Maranhão*.

A legitimidade dessa Constituição não decorreu, é claro, de sua problemática convocatória, a Emenda Constitucional nº 26 à Carta autoritária de 1969, nem tampouco do processo eleitoral marcado pelo clima de continuísmo decorrente da não-exclusividade da Assembléia Constituinte e da adoção de um plano econômico que nos possibilitou viver no melhor dos mundos até o dia da eleição. Corporificada no Congresso Nacional, na configuração dessa Assembléia alcançaram a condição de membros até mesmo os senadores da ordem autocrática, não eleitos no pleito em que o eleitorado autorizara a realização da Constituinte. No dia da eleição da Constituinte/Congresso nacional, termina o plano cruzado, e até hoje arcamos com o seu alto custo econômico.[430]

Os evidentes problemas do chamamento, que o voto do Relator procura transmigrar para dentro da própria constituição, foram gradualmente sanados pela ampla pressão e posterior participação social na tomada de decisões. É com este processo social, e não com o chamamento por meio da emenda, que o processo constituinte, até então meramente formal, substancializa-se como verdadeiro processo constitucional.

O argumento de Carvalho Netto, o qual subscrevemos plenamente, é de que o processo social da constituinte é que agregou legitimidade a própria Constituição:

> Na verdade, a grande legitimidade que caracteriza a Constituição de 1998 decorreu de uma via inesperada e, até o momento da eleição da Assembléia Constituinte, bastante implausível. Com a morte do Presidente eleito, Tancredo Neves, e a posse como Presidente do Vice-Presidente eleito, José Sarney, as forças populares mobilizadas pela campanha das "diretas já", voltaram a sua atenção e interesse de maneira decisiva e para os trabalhos constituintes, então em fase inicial, pois a de organização ou de definição do processo havia acabado de se encerrar. Como resultado dessa renovada atenção, o tradicional processo constituinte pré-ordenado, contra todas as previsões, subitamente não mais pôde ser realizado em razão da enorme mobilização e pressão populares que se seguiram, determinando a queda da denominada comissão de notáveis – a comissão encarregada da elaboração do anteprojeto inicial – e a adoção de uma participativa metodologia de montagem do anteprojeto a partir da coleta de sugestões populares. Canais de participação direta e indireta da sociedade civil organizada

---

[430] CARVALHO NETTO, Menelick de. A revisão constitucional e a cidadania: a legitimidade do poder constituinte que deu origem à Constituição da República Federativa de 1998 e as potencialidades do poder revisional nela previsto. *Revista do Ministério Público do Estado do Maranhão*.

terminaram encontrando significativa acolhida no regimento revisto do processo constituinte, o despertar do interesse de todos alimentou e fomentou o aprofundamento dos debates, acompanhados por todo o país todas as noites através da televisão. Foi desse processo, profundamente democrático, que a Constituição hauriu sua legitimidade original, resultando de uma autêntica manifestação de poder constituinte, em razão do processo adotado.[431]

Tanto o voto de Camen Lúcia quanto a teorização de Carvalho Netto demonstram o quão artificial e inefetivo é procurar mover no tempo o questionado dispositivo da lei de 1979 para 1985 com o claro objetivo de emprestar a ele uma legitimidade constitucional que sequer existia na própria emenda que fia a operação. Mais ainda, o modo de fazer tal migração do dispositivo para dentro da Constituição gera o terrível efeito de, na prática, reconhecer a legitimidade do regime de exceção, que passa, entre outros, a ter poder decisivo sobre o conteúdo da constituição que se passaria a escrever.

A segunda objeção a este argumento partirá de fundamentação similar à da Ministra Cármen Lúcia, mas levará a questão a suas últimas consequências. O Ministro Ricardo Lewandowski afirmará de modo taxativo que:

> [...] a Constituição de 1988, embora pudesse fazê-lo, não ratificou a tal anistia [aos perpetradores], preferindo concedê-la, em outros termos, para beneficiários distintos, no art. 8º do Ato das Disposições Constitucionais Transitórias.[432]

Ou seja, não apenas a EC nº 26/85 não empresta a legitimidade constitucional à interpretação dada a lei de anistia, a qual o voto do relator quase transporta da dimensão argumentativa para a textual, como, ainda, a própria Constituição, essa sim produto de um processo legitimado, é explícita em constituir como anistiados um grupo menor e mais restrito que aqueles que, pretensamente, foram anistiado em 1979 e que incluiria os perpetradores de violações contra os direitos humanos e fundamentais. As teses apresentadas pelos ministros Lewandowski

---

[431] CARVALHO NETTO, Menelick de. A revisão constitucional e a cidadania: a legitimidade do poder constituinte que deu origem à Constituição da República Federativa de 1998 e as potencialidades do poder revisional nela previsto. *Revista do Ministério Público do Estado do Maranhão*.

[432] LEWANDOWSKI. *Voto*: Argüição de Descumprimento de Preceito Fundamental n. 153/2008, p. 29.

e Cármen Lúcia, neste sentido, contrapõem – a meu ver de modo irretocável – a ideia presente na tese do Ministro Mendes, de que o poder constituinte seria, nos termos da EC nº 26, limitado quanto ao suposto "pacto político" (mesmo que a Ministra Carmen, ao final, considere tal pacto válido por outras razões).

Ao proceder seu julgado no sentido de constitucionalizar por via imprópria a Lei de 1979, o STF acabou somando mais um argumento ao conjunto que vinha articulando neste julgado e que estabelece uma ligação umbilical entre o regime de exceção e o democrático, tornando ambos analogamente "constitucionais" e, mais ainda, no caso da tese de Mendes, decorrendo à legitimidade da Constituição democrática da carta outorgada pelos militares. Ao reconhecer uma emenda à Carta de 1969 como ato normativo gerador de constitucionalidade, bem como ao negar ilegitimidade (mesmo que parcial) ao Congresso de 1979, o STF *estabelece uma perigosa continuidade normativa plena entre a ditadura e o Estado de Direito*. Não obstante, tal continuidade enseja um outro problema: se tanto o regime de exceção quanto o democrático são "Estado de Direito", a matéria da anistia – mesmo que constitucionalizada formalmente – deveria enfrentar o crivo do controle de constitucionalidade material. O voto do relator sinalizou claramente não dispor-se a fazer tal questionamento. O primeiro argumento para tanto já foi exposto, qual seja: a tautológica ideia de que a EC nº 26/85 constitucionalizou a norma extraída da lei de 1979, coisa que a tornaria "inquestionável". O segundo argumento, inobstante, é que busca afastar qualquer possibilidade de controle de constitucionalidade da anistia aos torturadores, mesmo após a afirmação ignominiosa da continuidade entre exceção e direito: aplica-se ao caso a ideia de "lei medida". Com a inserção da ideia de lei medida, será possível acomodar em um mesmo "resultado" – a não revisão interpretativa – dois grupos de argumentos, o da extinção de efeitos da anistia e o da irretroatividade em matéria penal. Ambos serão escrutinados a seguir, na medida em que fundamentam a negativa de jurisdição que o STF dá a si mesmo no caso concreto da anistia.

4.4.5 Temporalidade, separação de poderes e negativa de jurisdição

Uma das mais importantes divergências entre a tese que aqui defendo e a leitura feita pelo STF quando julgou a ADPF nº 153 diz respeito ao tempo das normas e sua relação concreta com a questão transicional. Na minha hipótese, em contrariedade com a do STF, se estabelece uma descontinuidade ampla entre o regime de exceção e o Estado de Direito, entendendo-se que durante a ditadura o Estado de Direito não deixou de existir substancialmente, mas *teve sua efetividade repelida pela força*. Isso foi amplamente desenvolvido no capítulo 2 deste estudo, e só é aqui rememorado em função de um argumento comum aos votos do STF, que refiro em brevíssima citação do Ministro Celso Mello: "não constitui demasia salientar, neste ponto, que o sistema constitucional brasileiro impede que se apliquem leis penais supervenientes mais gravosas".[433]

Procuro enfrentar esta questão, correta em abstrato, por duas diferentes perspectivas. No primeiro, considero importante aludir ao fato de que todos os crimes cometidos por agentes de Estado fora da legalidade do próprio regime deveriam ter sido investigados e punidos ao tempo em que ocorreram, como foram os dos resistentes, cabendo, se válida e bilateral a anistia, receberem tal benefício posteriormente. Neste caso, mesmo que aceita a hipótese da anistia (e, no caso, anistia própria, pois o regime nunca descriminalizou as condutas destes agentes), necessário seria o prévio julgamento das violações, como forma de evitar, como visto em passagem anterior do voto do mesmo Ministro Celso Mello, o que a doutrina e a jurisprudência denominam "anistia em branco". De outro lado, considerando-se a nulidade da anistia para esse tipo de delito, mesmo que declarada *a posteriori*, não ocorre em nenhuma medida uma "retroação" penal, mas simplesmente a devida aplicação de um direito sonegado no passado por razões de força, e não de justiça. Esta é, em última análise, uma aplicação da tese da dimensão *restitutiva* do Estado de Direito que consequentemente gera efeitos em *retrospectiva*, e não em *retroação*.

Como tal argumentação já foi longamente desenvolvida, não entendo oportuno mais longamente voltar a ela, parece-me apenas relevante referir esta importante divergência entre a leitura aqui apresentada e a tida no Supremo antes de avançar para a questão da negativa de jurisdição do STF quanto à matéria.

Até aqui, pudemos ver como o STF tratou a questão dos crimes políticos e conexos, com a aplicação do método histórico para interpretar a lei de 1979 de modo ampliativo, afirmando sua bilateralidade, mesmo que, conforme afirmou o Ministro Ayres Britto, o que se interpretou não tenha nenhum amparo no texto da lei, e sim apenas nesta "leitura histórica" propriamente dita, elevada a uma potência sobremaneira

---

[433] MELLO. *Voto*: Argüição de Descumprimento de Preceito Fundamental n. 153/2008, p. 30.

normativa. Analisou-se também como a interpretação do Supremo pela recepção da lei de 1979 pela Constituição da República de 1988 deu-se fundamentada em duas teses. Uma, a eminentemente política afirmação de que a bilateralidade fundaria um pacto que fia o processo político que conduziria a uma nova Constituição, sendo, simplesmente, parte de um passado anterior a esta. Outra, mais arriscada, proposta pelo relator, que entende que a anistia seria, em si, a base da democratização no Brasil, não pela mobilização que produziu e seus efeitos no tempo (explorados no capítulo 3 deste estudo), mas sim pelo fato de ter sido repetido seu texto na emenda constitucional que chama a própria constituinte, servindo esta para inserir um "sujeito constitucional oculto" no processo de feitura da Constituição de 1988.

Tanto numa interpretação da recepção quanto na outra, resta assente o problema da continuidade entre os ordenamentos da ditadura e do Estado de Direito. Se vivemos esta continuidade, é evidente que a lei seria inconstitucional, pois fere preceitos fundamentais. A forma encontrada pela Corte de afirmar que a anistia deu-se em termos políticos, no passado, seguindo o procedimento previsto à época, sem questionar qualquer destes procedimentos quanto à legitimidade, pode até dar conta de justificar a anistia a seu tempo, mas não a manutenção de seus *efeitos* no tempo. No exemplo argentino, já várias vezes repisado, ao assumir a presidência da República, Raúl Alfosin externou com clareza que não reconhecia no sistema passado um sistema de direito, e que o Estado de Direito passava a existir novamente na Argentina naquele momento.

Para contornar esse problema, o voto do Ministro-Relator engendrou complexa metodologia. Para evitar que a anistia, inserida em um ordenamento continuado no tempo, tivesse seus efeitos circunscritos em qualquer medida, aplicou a ela categoria de geração de efeitos imediata, de modo a isolar sua funcionalidade a um período determinadamente curto, justificando que, assim, seus resultados esgotaram-se no mesmo dia em que começam a surtir efeitos, não havendo de se falar em controle de constitucionalidade de atos que ocorreram no passado, sob a égide de outra constituição, e esgotaram-se no tempo.

É assim que Eros Grau insere a categoria da lei-medida:

> As leis-medidas (Massnahmegesetze) disciplinam diretamente determinados interesses, mostrando-se imediatas e concretas. Consubstanciam, em si mesmas, um ato administrativo especial. [...] O Poder Legislativo não veicula comandos abstratos e gerais quando as edita, fazendo-o na pura execução de certas medidas. Um comando concreto é então emitido,

revestindo a forma de norma geral. As leis-medida configuram ato administrativo completável por agente da Administração, mas trazendo em si mesmas o resultado específico pretendido. Daí que elas são leis apenas em sentido formal, não o sendo, contudo, em sentido material. Cuida-se, então, de lei não-norma.[434]

Daí é que Eros Grau extrai a desnecessidade de controle de constitucionalidade do ato frente aos correntes parâmetros de leitura de um Estado Constitucional de Direito:

A chamada Lei da anistia veicula uma decisão política naquele momento – o momento da transição conciliada de 1979 – assumida. A Lei n. 6.683 é uma lei-medida, não uma regra para o futuro, dotada de abstração e generalidade. Há de ser interpretada a partir da realidade no momento em que foi conquistada.[435]

Com essa operação, o voto do Relator isola temporalmente a anistia do resto do universo. A anistia é, neste sentido, lei que só pode ser interpretada estritamente conforme a "realidade" da época em que foi editada – e aqui está a fundamentação da hipertrofia analítica do método histórico para a configuração da suposta bilateralidade da lei. Como na época vivíamos em um Estado de exceção, no qual o regime concedeu à sociedade a anistia que bem entendia, e, sobremaneira, era absolutamente hegemônico, temos de acatar, sem discutir, a interpretação que este mesmo regime deu à anistia.

Com a inserção deste elemento final, o STF fecha a equação da não reinterpretação da lei, fundada no conjunto de variáveis apresentadas. Na narrativa do STF, a anistia bilateral foi uma conquista da sociedade civil (mesmo que esta não lutasse por aquilo que o STF entendeu que ela foi) e, ainda, um ato de Estado eminentemente circunscrito no tempo que esgota seus efeitos no dia em que surge e que, portanto, só pode ser posteriormente interpretado conforme a "realidade" daquele mesmo tempo. Sobre esta realidade, que o STF não se constrange em classificar como "ditadura", o elemento mais importante é a verificação de que todos os procedimentos formais estavam ocorrendo normalmente, inclusive os previstos em Atos Institucionais do Poder Executivo, razão pela qual não se há de questionar tal período como tipicamente um

---

[434] GRAU. *Voto Relator*: Argüição de Descumprimento de Preceito Fundamental n. 153/2008, p. 37.

[435] GRAU. *Voto Relator*: Argüição de Descumprimento de Preceito Fundamental n. 153/2008, p. 43.

Estado de Direito. Menos ainda discutir a legitimidade de qualquer destes atos.

Por todo o posto, o Ministro-Relator concluirá que não cabe ao STF emitir qualquer juízo sobre o acordo político que supostamente leva a aprovação da lei e, menos ainda, sobre a interpretação extratextual que lhe amplia o espectro, uma vez que esta interpretação é produto monopolizado pela leitura da época, nada tendo o Estado Constitucional de Direito a dizer sobre ela:

> [...] se o que "se procurou", segundo a inicial [da OAB - ADPF 153], foi a extensão da anistia criminal de natureza política aos agentes do Estado encarregados da repressão -- a revisão desse desígnio haveria de ser procedida por quem procurou estende-la aos agentes do Estado encarregados da repressão, isto é, pelo Poder Legislativo. Não pelo Poder Judiciário.[436]

Essa conclusão enseja diversos questionamentos.

Primeiro, nela encontra-se expressa uma estranha tese de que não caberia controle de constitucionalidade para os atos políticos do Congresso Nacional, mesmo quando estes ferem princípios fundamentais da Constituição.

Segundo, parece que tal tese contraria a lógica da "lei-medida". Seria então possível retirar os efeitos produzidos em 1979 por tal lei sem que, aí sim, tenhamos retroatividade *in pejus*?

Terceiro, se a lei de anistia é parte da Constituição (por via indireta da EC n° 26/85), uma alteração legislativa nestes termos seria possível?

Quarto, se a forma de extração da norma é extensiva em relação ao texto legal, seria papel do Poder Legislativo fornecer a interpretação autêntica? Não é o próprio Poder Judiciário capaz de perquirir-se sobre as causas que lhe levaram, não apenas em 1979, mas também nos anos 1980, 1990 e na primeira década deste novo século, a continuamente ampliar os efeitos da lei, da esfera penal para a civil, do período estabelecido para um período ampliado, e assim sucessivamente?

O argumento posto, em verdade, apenas demonstra a dificuldade que o Supremo Tribunal Federal teve para lidar com um tema delicado, demonstrando – coisa que vem ficando patente em diversos julgados – que a democracia brasileira amadureceu em um ritmo mais veloz

---

[436] GRAU. *Voto Relator*: Argüição de Descumprimento de Preceito Fundamental n. 153/2008, p. 10.

que seu judiciário, hoje palco de contradições que ameaçam o próprio Estado de Direito que deveria ser por ele defendido.

A manifestação da Ministra Cármen Lúcia, igualmente em sentido de não revisar a interpretação, bem demonstra a inquietação que este conjunto de contradições enseja:

> O disposto no parágrafo 1º do art. 1º da Lei n. 6683/79 não me parece justo, em especial porque desafia o respeito integral aos direitos humanos. Mas a sua análise conduz-se à conclusão, a que também chegou o Ministro Relator, de que também não pode ser alterado, para os fins propostos, pela via judicial. Nem sempre as leis são justas, embora sejam criadas para que o sejam.[437]

Novamente, a argumentação do STF causa surpresa, quando não consternação. Mesmo com a atenuação de "violação" para "desafio" no que concerne ao respeito aos direitos humanos, fica patente que a interpretação reiterada pelo Supremo é lesiva aos direitos humanos e fundamentais. Mesmo votando por esta interpretação, os juízes não escondem sequer sua opinião pela potencial injustiça da lei.

Assim, a ideia de lei-medida funciona para afastar, pretensamente em definitivo, a possibilidade de revisão judicial de uma lei, mesmo na argumentação daqueles que denegam a tese da recepção da lei por meio de Emenda nº 26, caso da própria Ministra Cármen Lúcia, que prossegue em seu voto:

> Nem de longe alguém desconhece toda a carga de ferocidade das torturas, dos homicídios, dos desaparecimentos de pessoas, das lesões gravíssimas praticadas, que precisam ser conhecidas e reconhecidas e, principalmente, responsabilizadas, para que não se repitam. Mas o desfazimento de anistia por lei cujos efeitos se produziram e exauriram num determinado momento histórico não se pode dar pela via judicial pretendida.[438]

A natureza da tese defendida pelo STF ficará mais clara no parágrafo do voto que segue a este:

> Não tenho como interpretar a norma de 1979 como se nada ou ninguém tivesse ali se comprometido com as finalidades buscadas, permitindo que a sociedade ultrapassasse aquele sofrimento e passasse a outro

---

[437] ROCHA. *Voto*: Argüição de Descumprimento de Preceito Fundamental n. 153/2008, p. 14.
[438] ROCHA. *Voto*: Argüição de Descumprimento de Preceito Fundamental n. 153/2008, p. 18.

momento, ainda que com o pagamento caríssimo de, mais que uma anistia, que é resultado de perdão, menos ainda de esquecimento, como normalmente uma anistia é, chegar-se a um acordo que permitiu uma transição institucional. Buscou-se ali uma pacificação no sentido de transpor-se uma etapa para se chegar a paz social, que é fruto de um movimento no sentido de permitir que a vida se refaça.[439]

O que o STF procurou, de modo às vezes mais explícito, às vezes menos, não foi a busca da melhor solução jurídica, democrática ou constitucional para o problema, mas sim, como bem ilustra esta última transcrição, a manutenção de um acordo de poder. Tristemente tal acordo fora feito à margem de qualquer controle de legalidade (quanto menos de constitucionalidade), pelos donos do poder e, sobretudo, em franco desrespeito à dignidade de milhares de vítimas do regime de exceção. Com sua decisão, o STF repetiu o papel que o judiciário cumpriu durante toda a ditadura: afirmou a institucionalidade e a forma, em flagrante desrespeito à substancialidade do direito.

4.4.6 A decisão do STF sobre a lei de anistia: entre conservadorismo e reacionarismo

Conforme analisado, a decisão do STF consagra uma versão histórica para o processo transicional brasileiro, afirmando-a por meio de um acórdão judicial. A judicialização dessa questão, de si, já é um fato interessante para análise. Ao levar a questão da anistia ao Poder Judiciário, a sociedade nele depositou esperança contra a impunidade, porém, conforme anteviu Shapiro em seu estudo generalista sobre o *judicial review*,[440] a resposta da Corte foi favorável ao *status quo* e não à mudança. Nesse sentido, é fácil e seguro afirmar que a decisão da corte foi conservadora em termos políticos, mas, em termos constitucionais, internacionais e quanto à proteção aos direitos humanos e fundamentais, é bastante plausível sua classificação como reacionária.

Apresentei anteriormente uma distinção tipológica entre posições conservadoras e reacionárias (4.1.1.) que volta a se fazer analiticamente importante aqui. Alguns votos do STF claramente demonstram-se politicamente conservadores, como os da Ministra Cármen Lúcia e do

---

[439] ROCHA. *Voto*: Argüição de Descumprimento de Preceito Fundamental n. 153/2008, p. 18.

[440] SHAPIRO. Judicial Review in Developed Democracies. *In*: GLOPPEN; GARGARELLA; SKAAR (Org.). *Democratization and the Judiciary*: the accountability function of courts in new democracies.

Ministro Celso de Mello, pois procuram afirmar a ordem interna sobre a internacional, bem como garantir alguma "segurança institucional" ao país de modo aparentemente sincero. Outros tendem ao franco reacionarismo em matérias capitais, como a dimensão constitucional da decisão. O voto do Relator Eros Grau e o dos ministros Marco Aurélio Mello e Gilmar Mendes são excelentes exemplos disso. Ao considerarem a constituinte tutelada pela anistia, no mínimo os juízes regridem a teoria constitucional até o período anterior à Segunda Grande Guerra, quando a proteção aos direitos fundamentais não havia consolidado-se socialmente no ocidente e a ideia de governo ilimitado era ainda bem vista por muitos.

Retomando a aludida descrição antes tida, o conservador teme a mudança pois desconhece seus efeitos, o reacionário repele a mudança pois sabe que ela altera a estrutura das coisas, justamente, o *status quo*. Uma eventual revisão da interpretação dada à lei de anistia pelo Poder Judiciário significaria efetivamente qualificar os ditadores e os algozes a seu serviço como "criminosos" e isso teria pelo menos dois efeitos práticos abomináveis para os reacionários: primeiramente, varreria para o lixo da história um conjunto de importantes "personalidades públicas" que fizeram carreira como apoiadores da ditadura, deitando raízes e deixando marcas de sua influência em diversas searas sociais, mais especialmente nas escolas de Direito. Nesse sentido, uma revisão interpretativa da lei significaria expor para a sociedade a serviço de que realmente estiveram "notáveis" políticos, juristas, professores, e assim por diante. Evidentemente esse capital humano, considerando-se que o Brasil nunca passou por um processo de depuração (ou *vetting*), segue encorpando fileiras da política nacional, o que significaria que sua deslegitimação pela revisão traria consequências diretas para a vida pública corrente. Uma revisão da interpretação dada à lei permitiria a ampla investigação dos fatos ocorridos no passado (talvez de modo muito mais concreto que em uma Comissão da Verdade, que pode jamais obter meios de adesão suficientes para se fazer efetiva), coisa que permitiria um melhor entendimento do presente, especialmente do papel que cumpriram no passado os órgãos de repressão (como as forças armadas) e, ainda, outros espaços, como o próprio Judiciário, que alinhou-se ao regime. De uma perspectiva democrática, esse escrutínio é muitíssimo bem-vindo, especialmente por possibilitar reformas, mas reformas implicam mudanças no *status quo* que desestabilizam espaços de poder negociados pelo regime durante a transição.

Em segundo lugar, uma decisão de reinterpretação da lei mudaria o suposto "acordo histórico" que o STF avalizou como fiador da viabilização da constituinte e do próprio processo de democratização. Alterar este suposto acordo significaria enquadrar democraticamente, por meio do direito, parte significativa da elite política brasileira, que não apenas apoiou o golpe como forneceu meios de sustentação ao regime sob o argumento, repisado pelo Ministro Marco Aurélio, de que a ditadura foi um mal necessário. Ao excluir sua competência para tratar da matéria, o STF não prestou deferência ao Poder Legislativo, mas sim ao conjunto social conservador que, temeroso dos rumos que o país tomaria em 1964, optou pelo rompimento da ordem e da legalidade em defesa de seus interesses privados. Nesse sentido, o STF demonstra imaturidade institucional mas, ao mesmo tempo, sinaliza para importantes atores políticos que não será por ali que se promoverão mudanças democráticas. Essa é claramente uma sinalização reacionária: *uma reação contra o avanço democrático sobre os pontos de isolamento construídos pelo regime antes de seus agentes e apoiadores deixarem o poder.* Agindo desta forma o Supremo alinha-se a um movimento constante na história nacional: mesmo leis democráticas e progressistas recebem por parte do judiciário leituras conservadoras e reacionárias, moduladas pela ótica e o discurso autoritário, inviabilizando mudanças efetivas que a Constituição democrática propugnou. O direito funciona, assim, como inibidor da mudança social, mesmo que esta mudança seja parte dos objetivos fundantes da ordenação de um Estado constitucional.

Não é demais, neste sentido, afirmar que, a contrário senso do esperado, o STF atuou nesta causa como um limitador não apenas do Estado de Direito, mas também da própria força normativa da Constituição e de sua jurisdição sobre ela. O movimento para tanto foi radical, com um verdadeiro "corte na própria carne", com a Corte máxima da República denegando sua própria atribuição de guardiã da Constituição e devolvendo a questão, performaticamente, ao Poder Legislativo.

Surge, portanto, a pergunta óbvia: o que se pretende manter ao dizer que a Constituição de 1988 e o Estado Constitucional de Direito dela decorrente bem convivem com a autoanistia de crimes contra a humanidade, tida por parte de um poder ilegítimo oriundo de um golpe de Estado?

A resposta à pergunta óbvia sói ser igualmente óbvia: a assimetria de tratamento existente no país entre a elite política e o restante da cidadania, manifesta na impunidade dos agentes do regime (civis e militares) em relação a seus desmandos, e na percepção já de muito enraizada em alguns setores da sociedade brasileira de que a lei e a justiça aceitam gradações de aplicação de acordo com quem a elas se submete, fato que permanece válido para as elites dirigentes atuais, e não apenas as do regime. Ao chancelar a interpretação pró-impunidade da anistia de 1979 o STF afirma que a força política daqueles que promoveram o golpe e apossaram-se do Estado é, até hoje, maior do que a vontade democrática e os direitos fundamentais expressos na Constituição, fragilizando os mais basilares pilares de nossa democracia ao afirmar que o regime tutelou, de modo irreversível – segundo a argumentação do Ministro Gilmar Mendes – a própria Constituição. Daí a afirmação de muitos de que a democracia brasileira, desde um ponto de vista ideal, torna-se aberta e permanentemente incompleta em função de tal medida de impunidade (ou mesmo a mais radical afirmação de que, no Brasil, vivemos muito mais um regime eleitoral do que democrático).[441]

Nos termos em que foi posta, mesmo com todos os cuidados tidos pelo Relator, chegando-se mesmo à tentativa de tornar a anistia de 1979 a mãe de nossa democracia, não pela mobilização por ela empreendida, mas pelo ato formal do chamamento à constituinte, a decisão do Supremo Tribunal Federal deixa aberto um conjunto de problemas que procurarei a seguir formular e explorar. Para boa parte destes problemas, mesmo considerada a decisão posta pela Corte, existem saídas progressistas, conservadoras e reacionárias.

Problema 1: O STF formulou a tese de que a lei de anistia de 1979 produziu seus efeitos no tempo, dentro de uma rígida legalidade – da qual podemos discordar, mas que era uma legalidade – configurando-se em lei-medida. A essa tese podemos chamar de *tese do cumprimento do devido processo legal*, para usarmos termos hodiernos.

Tal interpretação depende fundamentalmente da ficção histórica de que desde o início, mesmo que isso jamais tenha sido escrito na lei, propugnava-se uma anistia bilateral. Dezenas de citações trazidas nos votos dos ministros, todas de ilibados homens públicos e grandes juristas, como Dalmo de Abreu Dallari, Tarso Genro e Sepúlveda Pertence, procuram dar prova histórica da ciência da bilateralidade da lei por parte da sociedade, porém, mesmo que desconsiderado o contexto para "negociar" esta bilateralidade, fica o problema de sua legitimidade, que o Supremo procurou não enfrentar, alegando tratar-se de matéria política. A própria negação por parte dos militares da existência de tortura e homicídio nas operações de "segurança nacional" à época dos debates legislativos que conduziram o país à anistia depõe contra a tese, mas vamos assumi-la para momentaneamente para desenvolver este argumento. Além de aceitar, momentaneamente, este argumento

---

[441] Cf.: COMPARATO, Fábio Konder. Entrevista à Revista Caros Amigos. *Caros Amigos*.

da bilateralidade, igualmente, vamos aceitar a proposição de Grau a seguir expressa:

> [...] o que caracteriza a anistia é sua objetividade, o que importa em que esteja referida a um ou mais delitos, não a determinadas pessoas. Liga-se a fatos, não estando direcionada a pessoas determinadas. A anistia é mesmo para ser concedida a pessoas indeterminadas.[442]

Ora, a anistia aos crimes do regime, que deveria ser "objetiva", foi abstrata, caracterizando uma anistia em branco, ou seja, exatamente o tipo de anistia que o direito internacional considera inválida por impedir que sequer sejam conhecidos os fatos anistiados como meio de verificar sua adequação ou não à própria regra de anistia. Tendo-se que o devido processo legal deve ser respeitado, o processo de anistia para que seja válido não pode ser abstrato. O argumento conservador da necessidade do devido processo é aceitável e justo, porém, se válida a autoanistia àqueles que violaram direitos humanos de forma massiva em nome do Estado, precisamos (I) identificar os delitos dos agentes de estado, (II) abrir inquéritos apuratórios de responsabilidade, (III) processar os acusados, (IV) atribuir-lhes pena, para apenas então, caso incluídos naquilo que a lei de anistia dispõe (V) anistiá-los (essa era, grosso modo, a tese derrotada no Ministro Ricardo Lewandowski). Do contrário, o que temos é impunidade, e não objetividade. Ademais, considerar como correta a tese de que a lei de 1979 atendeu e promoveu o devido processo é atentar contra a isonomia das partes, pois neste caso a anistia para os agentes do Estado teria sido abstrata, sem processo, mas a dos resistentes não, uma vez que estes passaram por todas as cinco etapas acima designadas.

Explicitar a contradição presente neste argumento demonstra que o que sustenta a leitura de manutenção da interpretação dada à lei de 1979, nestes termos, não é o conservadorismo, mas o reacionarismo. Se o objetivo da anistia fora perdoar os crimes e, mais ainda, se estão estes perdoados, porque não se pode submeter os criminosos perdoados ao legítimo devido processo legal, com respeito as garantias fundamentais, no bojo de um Estado de Direito? Mesmo chegando-se a tanto, permaneceria a assimetria na medida em que os perseguidos políticos não foram julgados por um Estado de Direito, e sim pela ditadura, mas,

---

[442] GRAU. *Voto Relator*: Argüição de Descumprimento de Preceito Fundamental n. 153/2008, p. 13.

pelo menos, ter-se-ia verdadeiramente um processo jurídico-legal para a concessão da anistia dita bilateral.

Problema 2: A lei de anistia foi bilateral, "revogar" seus efeitos para um grupo necessariamente implicará a revogação de seus efeitos para todos. Essa tese, como já dito, ganha uma versão mais bem elaborada integrando o conteúdo do princípio da equidistância, fartamente empregado nos debates sobre a anistia espanhola e da lei de memória histórica.

Ao reconhecer e legitimar tal princípio, o STF vale-se do direito para encobrir disfarçadamente uma medida política de impunidade, uma vez que faz parecerem simétricos dois lados que não são e jamais o foram. Grau afirma que a lei de anistia "não foi ampla plenamente, mas foi seguramente bilateral".[443] Como se efetiva esta bilateralidade na prática?

Brevemente: de um lado estavam agentes de um golpe de Estado que romperam com a Constituição posta derrubando um governo democraticamente eleito e, apropriando-se da máquina do Estado, praticaram crimes contra seus cidadãos sem nenhum amparo jurídico, mesmo dentro do próprio ordenamento de exceção, que nunca previu, por exemplo, a autorização para seus agentes praticarem violações físicas contra os detentos rendidos. De outro, estavam cidadãos insurgentes, que, mesmo se "criminosos", deveriam sofrer no máximo as imposições da lei (como hoje se faz no Estado de Direito) e jamais a tortura, o desaparecimento forçado e a morte. Comparar os dois grupos, estendendo-lhes as mesmas prerrogativas, é similar a dizer que nazistas e judeus constituíam simplesmente duas forças em disputa durante o holocausto.

Sói de ser evidente, desde uma perspectiva progressista que promova os direitos fundamentais, que o princípio a ser aplicado aqui não é o da equidistância, mas assimetria. Não são iguais os terroristas de estado e os resistentes (concorde-se ou não com suas causas). E esta afirmação é válida mesmo que seja imposta uma leitura de recorte temporal, como a proposta pelo voto do relator com a classificação da anistia como lei-medida. Ora, mesmo em 1979 era latente a desproporção de meios entre resistência e regime. Mesmo em 1979 era possível verificar quem agia ilegalmente em nome do Estado e quem contra ele se insurgia. Importa destacar que, ao contrário do que muitos afirmam, mesmo que os resistentes fossem, efetivamente, terroristas

---

[443] GRAU. *Voto Relator*: Argüição de Descumprimento de Preceito Fundamental n. 153/2008, p. 31.

em prol de um regime comunista, persistiria a necessidade de serem tratados *conforme as prescrições legais* e, ainda mais especialmente, caso efetivamente fosse reconhecido o estado de guerra, como afirmado em diversos dos atos institucionais. É inegável que o Estado, ao violar os direitos de seus cidadãos, engendra-se em algo substancialmente diferente daquilo em que se envolvem os cidadãos quando investem contra o próprio Estado (seja para lutar pela democracia, seja pelo comunismo). O acórdão e a fundamentação do STF, neste sentido, inserem no ordenamento jurídico um princípio que a Constituição da República não consagra: *os fins justificam os meios*. Essa inclusão é medida eminentemente reacionária dado que, uma vez mais, fragiliza a proteção aos direitos fundamentais, aceitando que supostos acordos políticos, que sequer majoritários eram, permitam a denegação de proteção judicial a vítimas de violência estatal.

Problema 3: Sendo a lei de anistia uma lei-medida, com efeitos que ocorrem e se esgotam no momento de sua entrada no ordenamento, como estender sua aplicação para fatos pós-1979, como o atentado frustrado intentado por forças do regime no episódio conhecido como "Rio-Centro" (tido em 1981)? E quanto à extensão da lei para fins civis como ações de regresso e de responsabilização administrativa? Mais ainda, qual o efeito desta anistia em relação a crimes continuados, como sequestro e desaparecimento forçado?

A argumentação do Supremo, por responder menos e diferentemente do que lhe fora questionado, deixou de fora estas importantes questões. O judiciário vem sistematicamente, desde a época do regime, ampliando a aplicação da lei para além da esfera penal e, ainda, para além do marco temporal definido. Ações de responsabilidade civil interpostas pelo Ministério Público Federal têm sido rejeitadas dada a efetividade da anistia de 1979. Por tudo isso, resta um questionamento sobre a medida da limitação que a lei de anistia impõe ao Estado de Direito e o STF reconhece. Um enfoque progressista da questão certamente conduziria, mesmo considerando correta a decisão do STF, à revisão dos casos de ampliação temática e temporal da lei. Mesmo uma visão conservadora pode perfeitamente comportar tal hipótese. Porém, como tratou-se de uma decisão que combina muitos elementos conservadores com poucos elementos reacionários, o Supremo não enfrentou a matéria, questionada tanto em sede de *amicus curiae* quanto em manifestações encaminhadas para a Advocacia-Geral da União pelo Ministério da Justiça. Na prática, a omissão do Supremo induz o Judiciário, pelo menos por agora, a seguir dando à lei de 1979 a leitura que a ditadura militar construiu ao longo dos anos. Dispensável dizer que, na democracia, a afirmação de discursos autoritários prejudica o avanço da formulação de mecanismos de proteção aos direitos humanos e fundamentais e, novamente, caracteriza ato de reação contra a efetivação constitucional plena.

Problema 4: Assim como na questão anterior, restou omissa a decisão quanto aos crimes contra a humanidade. Estão estes crimes albergados na lei de 1979 segundo a interpretação que o Supremo lhes dá?

O Brasil foi condenado em 2010 pela Corte Interamericana de Direitos Humanos em função de graves violações contra os direitos humanos tidas durante o combate entre o Exército e guerrilheiros do Partido Comunista do Brasil na região do Araguaia na década de 1970 (caso Gomes Lund e outros *vs*. Brasil). A classificação de tais crimes como "contra a humanidade" permite, *a priori*, seu processamento tanto no Brasil como em tribunais internacionais. Apenas dois votos dialogaram com essa questão durante o processo decisório, que ocorreu às vésperas da condenação. O do Ministro Lewandowski, apontando o dever internacional de processar e punir tais delitos, e o do Ministro Celso de Mello, na passagem antes citada (4.4.3), na qual defende que a bilateralidade tornaria a lei de 1979 inclassificável como uma autoanistia ou uma anistia em branco, coisa que, a seu ver, afastaria a jurisprudência da Corte Interamericana sobre o caso, mas nada diz sobre o dever de apurar crimes contra a humanidade.

Aqui, novamente, conservadores e reacionários se misturam, prevalecendo a segunda posição. O conservadorismo judicial brasileiro reduz a efetividade de tratados internacionais, razão pela qual não é a eles estranha a denegação de jurisdição a tribunais estrangeiros. Concomitantemente, a posição reacionária se fortalece, na medida em quem manifestações como a do Ministro Celso Mello procuram, ficcionalmente, afastar mesmo o espectro de jurisdição já plenamente reconhecido pelo Estado brasileiro (valendo-se, no caso, do argumento da bilateralidade). Assim, chancela-se não apenas a impunidade como estimula-se o retrocesso na seara do direito internacional dos direitos humanos.

Problema 5: Por fim, já fora do plano eminentemente jurídico, mas sem dele se descolar de pleno, temos o problema da estabilidade institucional. Afinal, é razoável do ponto de vista político o argumento conservador de que não podemos romper com o "acordo institucional" de 1979 sob pena de ameaçarmos o processo democrático e a estabilidade política por ele obtida. Mas cabem duas perguntas: Primeiramente, ainda há risco de rompimento da institucionalidade pelo processamento de tais delitos? Em segundo lugar, manter tal "acordo institucional" que supostamente fia a transição pacífica é interessante para quem? Ou seja: qual é o modelo de estabilidade institucional que deve ser priorizado, o do regime, no qual o principal elemento é a ordem a qualquer custo, ou o da democracia, que aceita riscos e divergências como parte inerente do processo de composição pluralística da sociedade?

Somente democracias consolidadas são capazes de olhar para seu passado, superá-lo e com ele aprender, sem medo de que a reflexão gere conflitos ou novas rupturas. É fundada nesta noção, inclusive, que está a ideia de imprescritibilidade. Alguns crimes, dada a sua natureza, só podem ser cometidos em contextos de *absoluta ausência de um Estado de Direito*, e esses crimes só podem receber apuração e justiça na plenitude da refundação democrática. Se o Brasil não é capaz de julgar seus crimes de exceção e reconhecer seus erros, deixando amadurecer suas instituições, é porque ainda não atingiu, efetivamente, sua maturidade democrática. Não é compatível com uma democracia constitucional que determinados temas sejam excluídos do âmbito de atuação do judiciário. Lidar com o passado, especialmente com os legados autoritários, é algo que todas as sociedades fazem como fato, mas que as democracias fazem como dever.

Esse receio em lidar com o passado pode, sim, ter raízes apenas conservadoras. É razoável o temor de descontinuidades institucionais em um país com tradição política como a brasileira. Não obstante, é reacionário o argumento de que não se pode, pela via judicial, rever um suposto acordo político do passado. É reacionário pois promove evidente retrocesso da jurisdição constitucional e da esfera de atuação do controle de constitucionalidade que, por excelência, não pode ser limitado aprioristicamente.

Por todo este conjunto de causas, considerando os referenciais elegidos e construídos neste estudo, resta patente o caráter reacionário da decisão do STF. A decisão, em última análise, abarca um conjunto de argumentos conservadores (muitos dos quais legítimos), porém soma-os a fundamentações reacionárias, servindo a decisão como barreira não apenas para a proteção judicial das vítimas da ditadura, mas também para todo um conjunto de mecanismos de afirmação constitucional, como o controle de constitucionalidade; de defesa dos direitos humanos, como os tratados internacionais; e mesmo de defesa da democracia, na medida em que estabelece uma perigosa continuidade formal (mas que pretende-se material) entre o Estado de exceção e o regime democrático.

A decisão do STF faz com que o Brasil afaste-se do modelo internacional de responsabilização pós-regimes de exceção que vem constituindo uma norma global de responsabilidade individual, tornando a justiça para com as graves violações praticadas contra os direitos humanos e fundamentais praticamente impossível no país. Essa posição tende a ser desafiada, tanto em tribunais internacionais, como a Corte Interamericana de Direitos Humanos, que repudiou a interpretação dada pelo Supremo à lei em foro de controle de convencionalidade no caso Gomes Lund e outros *vs.* Brasil, quanto em tribunais nacionais, por via de ações que explorem as omissões da sentença. De toda sorte, para o perfilamento do modelo brasileiro de Justiça de Transição, resta caracterizada a denegação da possibilidade da justiça, somando-se a ela uma triste qualificação: se no passado a impunidade era produto do arbítrio da ditadura, hoje encontra-se legitimada por um tribunal constitucional livre, em um Estado de Direito.

4.5 O Estado criminoso e a responsabilização abstrata: o modelo transicional brasileiro

Como demonstrado ao longo de todo este quarto capítulo, o processo de democratização brasileiro, fundando em uma transição por transformação típica da terceira onda, configurou ao longo das últimas três décadas num modelo de Justiça Transicional bastante ímpar e peculiar. Traduzindo imageticamente o desenvolvimento de tal modelo, teríamos um gráfico cujo eixo fixo é a assunção de responsabilidade extraordinária do Estado pelos atos criminosos de seus agentes, que figuram protegidos por cláusulas que ultrapassam a impunidade e configuram mesmo uma forma de pleno anonimato. Esse eixo fixo da responsabilidade estatal onera o Estado brasileiro, que passa a reconhecer-se não como entidade política que, em dado contexto histórico, fora aparelhada para fins criminosos, mas sim como um Estado criminoso propriamente dito.

O reconhecimento da responsabilidade estatal pelos crimes da ditadura encontra-se presente nas duas leis de reparação, de 1995 e 2002, bem como assente na jurisprudência do Supremo Tribunal Federal (por exemplo: ADIn nº 2.639/PR). Nesse sentido, é certo que o modelo transicional brasileiro tem, em seu eixo fixo, muitíssimo bem caracterizada a marca da responsabilidade, mas também a marca da impunidade. A aceitação pelo mundo jurídico da ideia de um Estado criminoso igualmente resta assente. Como vimos, em nenhum momento o Supremo Tribunal Federal procurou, de maneira efetiva, estabelecer uma descontinuidade entre a ditadura e o Estado de Direito, incorporando o espólio do regime de exceção ao acervo democrático, inclusive procurando estabelecer mecanismos formais para garantir que um ato francamente ilegal e ilegítimo, que fora a anistia de 1979 para crimes de lesa humanidade, seja incorporado no ordenamento de maneira inovadora, excluído de qualquer possibilidade de controle por parte do judiciário.

O eixo variável da representação imagética que procuro aqui construir estrutura-se, mormente, desde as políticas de reparação. Como afirmado, o processo de reforma das instituições no Brasil ocorre quase que a revelia de qualquer reflexão transicional. É, de fato, produto inercial do grande movimento social e democrático que produziu a Constituição de 1988 e lhe emprestou legitimidade apesar de todos os vícios de chamamento e procedimento. Já o processo reparatório ocorre de modo deliberadamente transicional. Os paradoxos típicos de nossa transição, como visto, fazem com que setores contrários ao processo reparatório insurjam-se contra ele por o lerem como um extremamente oneroso "cala boca" às vítimas, mas foi o trabalho diuturno da Comissão Especial sobre Mortos e Desaparecidos Políticos da Secretaria de Direitos Humanos da Presidência da República (CEMDP), criada em 1995, e da Comissão de Anistia do Ministério da Justiça, criada em 2001, que permitiram a um universo de mais de 70 mil perseguidos políticos promoverem um reencontro com o Estado que violou seus direitos

É também este trabalho que permite o surgimento e a consolidação do direito à memória e à verdade, que é, portanto, produto originalmente derivado do processo reparatório no Brasil. O mais importante marco afirmativo de tal direito é o homônimo relatório produzido pela CEMDP, que constitui-se no mais importante documento oficial sobre a prática de torturas, mortes e desaparecimentos forçados no Brasil, apesar de seu universo infinitamente menor que o do projeto Brasil Nunca Mais, que de outra mão não possuía chancela estatal. Ainda, o mais rico acervo sobre a ditadura militar no Brasil foi constituído pela Comissão de Anistia do Ministério da Justiça em seu processo reparatório. Composto por mais de 70 mil dossiês individuais, que reúnem documentação oficial e relatos dos perseguidos, além de centenas de horas de áudio e vídeo de sessões de julgamento e de depoimentos de perseguidos políticos, o acervo da Comissão ainda é enriquecido por centenas de livros de relatos e crônicas do período, produzidos por perseguidos individualmente e em grupo, além de diversos recursos multimídia.

O trabalho das comissões de reparação deu visibilidade a um amplo espectro de violações a direitos fundamentais que a sociedade brasileira, grosso modo, desconhecia, permitindo não apenas a apropriação deste tema como também sua interconexão com outras pautas de defesa dos direitos humanos. A afirmação do direito à memória e à verdade, somada com esta reativação da sociedade em torno do tema da transição, produziu tamanho desenvolvimento, social e institucional, a ponto de tal direito ser hoje o canal de ação de entidades importantes como o Ministério Público Federal na seara transicional. Ademais, a criação de uma Comissão da Verdade pode, se bem explorada, produzir ainda mais avanços.

Considerando a ênfase no processo reparatório e a tendência inversa à internacional no quesito responsabilização, com a anuência oficial em substituição à responsabilização individual, soa tentador adotar uma argumentação de que a Justiça Transicional brasileira monetarizou a resistência ao regime, especialmente se considerada a altíssima soma já gasta pelo Estado para indenizar vítimas da ditadura, mas tal argumento é falho.

A origem de tal processo, ao contrário do que um olhar mais apressado possa indicar, não é uma monetarização, mas sim o diferente nível de mobilização e capacidade operacional de diferentes grupos de prejudicados pela ditadura. A primeira comissão de reparação brasileira, focada nos mortos e desaparecidos, realizou seu trabalho com orçamento modesto, mas suficiente para a reparação do pequeno número de casos enquadrados nesta categoria. De outro lado, foi o trabalho da Comissão de Anistia que ensejou reflexões sobre esta hipótese, uma vez que o volume de casos, se comparado ao da comissão sobre mortos de desaparecidos, eleva-se de 500 para 70 mil. Enquanto a CEMDP é criada para atender as famílias das vítimas fatais, a Comissão de Anistia é criada para atender a todo conjunto de perseguidos políticos. Considerando que a forma de perseguição mais comum era a perseguição laboral, resta evidente que grupos de pressão vinculados a sindicatos e associações afins exerceram ampla pressão junto ao Poder Público para aprovar legislação compatível com perdas desta natureza. Desta feita, o que ocorre é muito mais um ajustamento estrutural do processo reparatório ao tipo de perseguição impingida do que uma monetarização do sofrimento das vítimas.

Dadas as proporções do processo reparatório promovido pela Comissão de Anistia, tanto no que concerne ao número de casos, quanto às formas de reparação empreendidas (confira-se o QUADRO 6 do item 4.2.), acaba sendo ela, igualmente, o eixo estruturante dos processos de retomada da confiança cívica dos cidadãos violados para com o Estado. O processo de reparação passa a cumprir, desta forma, um importante papel de reparação moral, o que afasta ainda mais a hipótese de monetarização, especialmente se levarmos em conta que apenas um em cada três processos nos quais é concedida anistia igualmente cumula-se alguma forma de provento econômico (e, mais ainda, que, considerados os indeferimentos, de cada cinco pedidos protocolados na Comissão de Anistia em apenas um o resultado final será a reparação econômica).

Configura-se, neste sentido, um modelo transicional no qual a ênfase é dada as vítimas, não aos perpetradores, apesar da evidente distorção latente na denegação de proteção judicial destas vítimas frente a seus algozes. O modelo transicional brasileiro caracteriza-se, portanto, (i) pela responsabilidade abstrata do Estado, (ii) pela ênfase na reparação às vítimas e seus familiares, (iii) por uma construção fragmentária da memória e, sobremaneira, (iv) pela presença de fortes paradoxos sociais que permitem a persistência e reprodução de versões ficcionais do passado que, até o presente, melhor disputam a história oficial do que as concorrentes versões que vem sendo produzidas pelos resistentes.

Esse modelo pode, nos próximos anos, sofrer novos desenvolvimentos, basicamente em função de quatro possíveis cenários se consolidarem: (i) um eventual refluxo no processo reparatório; (ii) os efeitos, até agora não sentidos, da condenação do Brasil pela Corte Interamericana de Direitos Humanos; (iii) os resultados do trabalho da Comissão da Verdade recentemente aprovada e (iv) a abertura de ações inovadoras junto ao judiciário nacional. No primeiro caso, a consolidação da possibilidade conduziria o processo transicional fatalmente a um retrocesso, nos demais três o campo de ação dos atores transicionais é, *a priori*, propício tanto a avanços quanto a derrotas. Vejamos.

Em período recente, o processo reparatório, que vinha se consolidando na última década e poderá concluir seus trabalhos na próxima, sofreu severo revés com decisões de órgãos de controle externo que estabelecem analogias entre as reparações e as pensões pagas a inativos pela União, conforme posto no período anterior à Lei nº 10.559/2002. Tal leitura, hoje sob questionamento, de si já implica retrocesso nas medidas transicionais, uma vez que altera a natureza da reparação para um benefício, transmutando o dever do Estado em indenizar em uma forma pouco usual de auxílio previdenciário. Ademais, a consolidação de tal entendimento retira do órgão plural e colegiado criado pela Lei nº 10.559/2002 e do Ministro de Estado da Justiça o poder de apreciar terminativamente os pedidos de reparação no âmbito do Poder Executivo. Em promovendo tal feito, o julgamento político substitui-se por um julgamento técnico, inapropriado para os fins que se pretende atingir com a anistia e a reparação, que evidentemente vão além da fixação de um eventual pagamento econômico.

A condenação do Brasil pela Corte Interamericana de Direitos Humanos no caso Gomes Lund cria fato jurídico novo, que permite alterações importantes no cenário de aplicação da justiça. Torna-se cabível, graças à condenação, uma revisão da sentença do STF com a derrogação da interpretação legal que sustenta a norma de impunidade, promovendo não uma substituição da decisão do STF em foro de controle de constitucionalidade, mas sim sua adequação ao posto pela Corte no controle de convencionalidade. Ou seja, a anistia pode existir, mesmo para agentes de Estado, mas não pode aplicar-se a determinados conjuntos de crimes (as graves violações de direitos humanos). Esse é o modelo chileno de tratamento da questão. De outro lado, o Ministério Público, que é órgão autônomo e independente, já pode buscar dar cumprimento a esta condenação em instâncias hierarquicamente inferiores ao STF, forçando a jurisprudência a se manifestar e levando novamente a questão à Suprema Corte no futuro já em outros termos. Politicamente falando, essa pode ser uma estratégia eficaz de ação.

A criação da Comissão de Verdade, assim como o processamento internacional do Estado brasileiro, podem produzir desdobramentos positivos ou negativos para o modelo transicional. Seu sucesso poderia permitir a localização de arquivos fundamentais para a compreensão do período da repressão, ampliar o processo de reconciliação estatal com as vítimas e, sobremaneira, formular uma narrativa concorrente àquela que vem sendo remasterizada desde a ditadura e que é amplamente incorporada na memória institucional do país. O êxito neste último aspecto singular já seria suficiente para justificar a existência de uma Comissão da Verdade. Não obstante, o fracasso da empresa poderia deslegitimar de modo fatal os movimentos que afirmam a existência de arquivos secretos em mãos de particulares e, mais especificamente, a ausência de "meios de troca" que estimulem os agentes de Estado e seus colaboradores a envolverem-se com os trabalhos da Comissão pode levar os resultados finais produzidos por ela a um quadro de ampla deslegitimação, o que seria crítico para o processo transicional. Os movimentos até agora empreendidos, tanto no Poder Executivo quando no Congresso Nacional, no sentido de dar à Comissão da Verdade um caráter plural contribuem fortemente para seu sucesso, na medida em que legitimam a narrativa que se irá produzir, fortalecendo a possibilidade de esta ser suficientemente crível para gerar não apenas efeitos jurídico-formais de reconhecimento de fatos, mas também efeitos sociais, combatendo o negacionismo quanto a um conjunto de violações que, de fato, ocorreram. A aprovação da Comissão da Verdade com voto de todas as forças políticas representadas no Congresso foi importante passo nesta direção.

Finalmente, ações que explorem omissões da decisão, como quanto ao lapso temporal pós-1979, igualmente podem ser propostas e, especialmente, o Ministério Público Federal tem atuado em duas searas com capacidade de modificar o quadro de responsabilização abstrata: ações civis declaratórias e ações de regresso dos valores pagos a título de responsabilização. Se exitosas essas medidas, mesmo que tidas na esfera civil, estar-se-á a promover algum grau de responsabilização individual, devolvendo o Brasil, mesmo que por meios impróprios, ao fluxo internacional que apregoa a responsabilização dos agentes, e não do Estado. O fato de a Comissão da Verdade poder, igualmente, nominar os autores de violações, valendo-se de sua investidura legal de identificar autoria individual e institucional das violações, poderá já romper a barreira civil da não responsabilização individual, e ser apropriada, no futuro, para ações de outra natureza do próprio MPF.

Evidentemente a tais variáveis outras podem se somar a qualquer tempo, porém, no curto prazo, as quatro características centrais do processo transicional brasileiro antes apontadas parecem consolidadas. O fortalecimento democrático certamente levará a um amadurecimento institucional que, combinado com a elevação do nível de mobilização social, poderá gerar aprofundamento de medidas transicionais. Os maiores obstáculos, evidentemente, seguem sendo os paradoxos da transição sem ruptura, e somente um vertiginoso fortalecimento do direito à memória e à verdade pode levar a uma reversão social deste quadro de enraizamento da semântica produzida pelo regime de exceção. Condenações internacionais podem ter um grande impacto estratégico, mas alterações mais profundas na mentalidade e na cultura nacionais sobre a repressão dependem, centralmente, do desenvolvimento e difusão de memórias sociais pró-democráticas que incidam na formação da opinião pública sobre o tema e na desmistificação do período autoritário.

CONSIDERAÇÕES FINAIS

Ao final deste estudo creio tenha restado claro o porquê da vinculação estabelecida entre Justiça de Transição e constitucionalismo. Mais ainda, creio tenha restado demonstrado como a Justiça de Transição pode contribuir para o fortalecimento do estado constitucional de direito em países que tentam superar o espólio autoritário. Como prática dinâmica, a Justiça de Transição tem a capacidade de mobilizar variados atores sociais e institucionais, fortalecendo uma consciência democrática que se opõe àquilo que defini como um "senso comum autoritário" e, desta forma, contribui para a afirmação de seu oposto: *um senso comum democrático.*

A ideia de "democracia" – objeto da Justiça de Transição – restou complexificada pela aproximação com o constitucionalismo, ao definir que apenas um estado capaz de compatibilizar democracia e direitos fundamentais é, efetivamente, uma democracia constitucional. É assim que, em um único movimento, obtêm-se um referencial de patamar mínimo sobre quais são as condições para a democracia, acrescendo ao elenco já produzido pelos teóricos da democratização sobre as características de um regime minimamente democrático a necessidade de respeito aos direitos humanos e fundamentais e, ainda, fixando-se os próprios termos-limite da democracia, que não pode, justamente, insurgir-se contra estas mesmas garantias.

Partindo desta equação é que se torna possível conceituar, tanto negativa quanto positivamente, o conteúdo mínimo do que entendemos por Estado de Direito e, de posse de um conceito materialmente significativo, verificar o impacto e a necessidade de adoção de medidas transicionais. A conceituação positiva de Estado de Direito garante, para o futuro, referenciais de leitura da Constituição e do direito como um todo, enquanto a conceituação negativa nos permite olhar para o passado e verificar os momentos de ausência de Estado de Direito. Estes dois olhares, para o passado e para o futuro, é que dimensionam as medidas de Justiça Transicional.

A Justiça Transicional olha para o futuro na expectativa de reformar instituições, promover aprimoramento dos mecanismos democráticos, promover juízos críticos em relação à violência e, especialmente, fortalecer e ampliar o número de instituições independentes

– nacionais e internacionais – que possam ser ativadas para evitar ou sanar violações aos direitos humanos. Quando olha para o passado, a Justiça de Transição identifica violações, seus perpetradores e os processos que as viabilizaram. Detém-se nas violações com o intuito reparador, nos perpetradores com o intuito de promover justiça – não necessariamente justiça penal – e detém-se nos processos para torná-los públicos, auxiliando no trabalho futuro de reforma das instituições mas, especialmente, no fomento de uma nova cultura de repúdio ao estado de fato e ao arbítrio do poder.

Essa distinção expressa na duplicidade de sentidos da noção de Estado de Direito, que alonga-se em retrospectiva e em perspectiva, permitiu afastar duas questões problemáticas que rondam a Justiça de Transição desde seu início: a justiça dos vitoriosos e a retroação penal. O fantasma da justiça dos vitoriosos, especialmente depois dos julgamentos de Tóquio após a Segunda Grande Guerra, assombra as instituições responsáveis pela Justiça de Transição, temerosas de perderem legitimidade ao consagrarem, justo conforme criticam, a utilização da força e não do direito para o processamento e decisão de demandas. A ideia de retroação penal, limitadora do marco legal da Justiça de Transição, conforme demonstrado, pode tanto ser afastada com a aplicação do devido processo em retrospectiva, quanto, quando cabível, substituída por outras alternativas de justiça. Ao fixar critérios substantivos, que permitem a identificação, pela via negativa, da adoção por um regime de medidas contrárias ao Estado de Direito, fundamenta-se não apenas a crítica a este regime, mas também a construção de medidas de justiça, reparação e reformas.

Não penso, com isso, que se tenha resolvido o problema da fixação de critérios em foro de Justiça Transicional. Fixar critérios é sempre incluir algumas coisas e excluir outras, mas a formulação de uma perspectiva jurídica, abrangente e, ainda, fundada em teoria do direito e da constituição corrente para o enfrentamento das questões transicionais permite, mesmo que apenas tentativamente, abrir vias de escape ante as argumentações circulares e aporéticas que muitas vezes marcam os processos de transição, nos quais o direito, carente de critérios "legais e objetivos", acaba por fechar-se em um círculo tautológico que parece nada ter a dizer sobre o passado, por mais abominável que ele seja.

Ainda, uma formulação desta natureza torna mais claros os termos do debate que está posto e, especialmente, os termos das divergências existentes entre os diferentes teóricos e juristas que atuam no campo transicional. Como visto em muitas das contestações que procurei enfrentar de modo o mais honesto e franco possível ao longo deste estudo, muitas destas diferenças dizem respeito diretamente a concepções sobre o que seja o direito e a justiça, e, por consequência, o que vem a ser o estado de direito e a Justiça de Transição. Esse tipo de divergência macroteórica resta evidente, por exemplo, no tratamento de questões como a existência de uma "justiça legal pura" ou a possibilidade de uma "Justiça de Transição para uma ditadura". Estas teses são, segundo a perspectiva teórica adotada, absolutamente insubsistentes, não por serem simplesmente "equivocadas", mas por tratarem de coisas distintas daquelas que a Justiça de Transição, no sentido aqui delimitado, trata.

Ainda sobre as contribuições teóricas do estudo, acredito ter sido fundamental a discussão – que ainda deve e precisa ser muito ampliada em estudos futuros – sobre o papel dos mecanismos simbólicos na Justiça de Transição, especialmente no que diz respeito ao universo de conceitos e classificações que os próprios regimes formulam num ambiente onde não há qualquer forma de controle sobre eles e, no qual, mais ainda, o próprio regime controla mecanismos fundamentais de formação da opinião pública, como a imprensa. Essa questão, como ficou evidente no estudo de caso sobre o Brasil, é ainda mais relevante quando das transições por transformação da terceira onda, na qual o regime controla inclusive a transição para a democracia. Como demonstrado, esses mecanismos simbólicos ganham concreção material quando da aplicação do direito, uma vez que as categorias vazias do texto jurídico precisam ser interpretadas em conexão com "fatos", mas que estes fatos de si já são "fatos interpretados", como no caso basilar da ação armada que será, desde uma classificação factual, uma "expropriação revolucionária contra o regime" e, desde outra, um "crime de assalto a banco por parte de uma organização criminosa". Essa questão reverbera em todas as dimensões da Justiça de Transição, uma vez que os fatos, soltos no mundo, não constituem de si "as vítimas", "os algozes", "os crimes", e assim por diante.

Esta aproximação da análise do caractere cultural singular do processo brasileiro com as características dos macroprocessos sociopolíticos característicos da terceira onda também demonstra a importância do aprofundamento do intercâmbio entre o direito e a teoria jurídica e as demais ciências sociais. Como dito e demonstrado, os estudos das ciências sociais, inicialmente no campo da democratização, depois na própria seara da Justiça de Transição, encontram-se muito mais desenvolvidos que os estudos jurídicos, que precisam urgentemente incorporar tais avanços para a produção de novas macroteorias e, ainda mais especialmente, o desenvolvimento de subcampos investigativos que possam dialogar entre si de modo coordenado (e não aleatório). A carência de uma maior quantidade destes estudos é de si evidente e agrava-se ainda mais quando consideradas as barreiras linguísticas e, ainda, a própria cultura jurídica, muitas vezes avessa a sair de seu feudo nacional, no qual as respostas tautológicas agradam uma plateia inerte.

A segunda parte do estudo, ao colocar a teoria desenvolvida em funcionamento, produziu interessantes resultados, que vão desde a constatação – *a priori* impensada em termos abstratos – de que no Brasil a Justiça de Transição tem como eixo não a justiça ou a memória e verdade, mas sim a reparação, até a constatação de modos operativos do sistema simbólico produzido pela ditadura no presente, evidenciada tanto no discurso "dos dois lados" em conflito, como, e mais especialmente, na assustadora incorporação do discurso ideológico da Guerra Fria por alguns ministros do Supremo Tribunal Federal, fazendo perceber-se o equívoco constante na corriqueira afirmação de que já há suficiente consenso sobre a superação da divisão entre liberais e comunistas em torno da prevalência do Estado de Direito, composto da soma entre democracia e direitos fundamentais e independente da modelagem econômica adotada pelo Estado.

A divisão da história da democratização em três períodos foi fundamental para a sustentação de tais considerações e a demonstração das hipóteses formuladas, não por inovar nem na apresentação histórica, nem na análise política – em ambos os casos é farta bibliografia específica de muito melhor qualidade que a aqui produzida – mas sim por integrar diferentes análises que viabilizam contestar argumentos apresentados como fatos notórios mas que, cotejados, demonstram-se verdadeiras peças de ficção, como a tese por alguns defendida de que "a sociedade" defendia uma anistia bilateral, enquanto, na prática, a sociedade que se organizou e fora as ruas almejava um anistia "ampla, geral e irrestrita" para os perseguidos políticos, coisa que ademais lhe foi negada pelo regime. Somente voltando ao primeiro período do processo, tido em meadas da década de 1970 e encerrado, simbolicamente, com a greve de fome dos presos políticos e a aprovação da lei de anistia do regime, é que se pode efetivamente localizar os atores do processo social. Identificar atores institucionais da época, como a Ordem dos Advogados do Brasil em seu notório parecer favorável à anistia, como agentes legítimos e legitimadores deste processo não é equivocado, mas igualmente não é correto, uma vez que a OAB não é nem fala em nome "da sociedade", ademais de estar tão imbricada quanto os demais agentes no paradoxo da vitória de todos que insurgia naquele momento. Mais ainda, com a análise das caraterísticas típicas da segunda fase do processo, com a migração da luta pela anistia para uma luta ampliada pela redemocratização, fica fácil localizar as razões estratégicas que levam tanto os atores sociais propriamente ditos, quanto os atores institucionais, a adotarem medidas estratégicas e não comunicativas (ou, para sair da linguagem habermasiana, genuínas) durante os debates pela aprovação da anistia.

É apenas na terceira fase do processo transicional, na qual deixa-se o plano da contingência e avança-se para o plano da substancialização do processo democrático em um processo constitucional, que supera-se a pauta da democratização e passa-se a poder tratar, abertamente, da pauta da Justiça de Transição. Como esta fase só é possível após o término do regime e, considerando a longa duração da transição "lenta, segura e gradual", tem-se aqui a detecção de um dos mais importantes caracteres configuradores da noção de que, no Brasil, existe uma "Justiça Transicional tardia". A análise da migração dos movimentos sociais clássicos para os novos movimentos sociais, da amplíssima pluralização de pautas políticas durante a constituinte e do isolamento do movimento de familiares de mortos e desaparecidos políticos durante o regime democrático permitiu, por sua vez, agregar novos caracteres que ajudam não apenas a demonstrar a razão desta justiça tardia como, e mais especialmente, a identificar as causas do desenvolvimento peculiar de nossa Justiça Transicional em torno da pauta da reparação, dela se desdobrando as demais.

Se a longa transição, de si, seria suficiente para justificar em parte a aparente letargia da sociedade brasileira quanto à pauta transicional, somente com a agregação destes outros fatores é que pode-se, efetivamente, compreender que tal letargia diz muito mais respeito ao engajamento dos antigos atores em outras pautas que a um eventual "esquecimento" desta e, sobremaneira, explica porque a "baixa demanda" por Justiça Transicional sofre alterações quase vinte anos após o fim da ditadura, quando o trabalho das comissões de reparação reativa redes, interconecta atores, dá visibilidade à causa e enseja o engajamento de novos atores para a disputa dos campos político e jurídico pela ampliação dos direitos decorrentes da transição, especialmente o direito à memória e à verdade e a busca por justiça e responsabilização individual.

A questão da responsabilização, ademais, igualmente permitiu importantes conclusões, tidas na parte final do estudo. Se a reparação é, indubitavelmente, o eixo condutor da Justiça de Transição brasileira, a segunda característica-chave é, sem nenhuma dúvida, a assunção pelo Estado de responsabilidade pelos crimes, consignada no dever de reparar. O mais interessante aqui é que, independentemente de desdobramentos futuros, os três poderes do Estado já assumiram tal postura, inclusive com a consolidação jurisprudencial no STF da tese da "responsabilidade extraordinária do Estado". Adotando esta posição o Estado brasileiro não apenas afasta-se da regra global de responsabilidade individual construída pela doutrina e pela jurisprudência internacional e comparada como, ainda, assume para si um relevante ônus ético pelo passado de arbítrio, assumindo como seu o legado de violações aos direitos humanos tido na ditadura. Ainda, transfere a problemática da responsabilidade penal para o plano da responsabilidade civil, num duplo movimento que faz a responsabilidade penal individual diluir-se numa responsabilidade civil estatal. Tal posição, apesar de consolidada, passa na atualidade a ser desafiada por um conjunto de ações do Ministério Público Federal, que busca regresso aos cofres públicos dos valores pagos a título de reparação, a serem cobrados dos perpetradores das violações. A aceitação desta demanda pelo judiciário poderá ensejar importantes desdobramentos para o modelo, na medida em que levaria ao extremo as contradições deste duplo movimento tão peculiar a nossa transição.

Por sua vez, a atuação do judiciário e, notadamente, do Supremo Tribunal Federal, confirmou o posto pela mais pessimista literatura sobre o *judicial review* pós-transicional. Ao manifestar-se sobre a validade da interpretação da anistia aos torturadores, o STF acabou por embaralhar argumentos, concedeu *status* de fato histórico a interpretações contextuais bastante discutíveis – e que, mais que tudo, não faziam parte do questionamento posto –, afastou sua própria jurisdição, e, incidentalmente, inaugurou um novo momento seu (que poderá ou não, para fins históricos, consolidar-se em uma fase) em que as divergências entre os ministros, a dificuldade em formular consensos minimamente estáveis e fundamentados e, finalmente, a politização da atividade judicial (via "ativismo seletivo"), geram um ambiente de confrontação que em pouco contribui para a tentativa ainda incipiente do país em consolidar um modelo de controle de constitucionalidade funcional, legítimo e adequado aos tempos democráticos e pluralistas.

Se o ativismo judicial é um fato dado – e às vezes apropriado pelos estrategistas transicionais –, é também um fato que sua utilização pode adotar um perfil progressista, conservador ou reacionário. Considerando que o *status quo* de um período pós-transição por transformação é, notadamente, o *status quo* da ditadura, é de se esperar do STF uma postura progressista que consolide justamente a Constituição que rompe com o autoritarismo. Infelizmente, como visto – e sopesadas todas as vicissitudes técnicas –, as posturas dentro da corte alternaram-se, majoritariamente, entre conservadoras e reacionárias.

De um lado, um conjunto de argumentos conservadores foram levantados contra uma eventual revisão interpretativa da lei, pois esta feriria o "acordo institucional" de 1979. De outra, a possibilidade de, por meio de revisão constitucional, adotar-se uma leitura histórica que democratiza os fundamentos da constituição, acionou um conjunto de posturas reacionárias, em defesa tanto do golpe de estado de 1964, quanto da legitimidade do regime militar, culminando numa leitura desconstitutiva de toda a melhor doutrina sobre o poder constituinte e os direitos fundamentais que não apenas estabelece um ligação direta entre a ditadura e a democracia, turvando suas distinções explícitas, como – e eis aqui o mais grave – renova a ideia aparentemente já superada (e de toda sorte anacrônica) de que a constituinte e a Constituição dela derivada seriam nada mais nada menos que uma concessão, limitada materialmente, do regime militar ao povo brasileiro.

A postura reacionária da mais alta corte da República, somada à assunção de responsabilidade dos crimes pelo Estado e com a não retratação pública ante a sociedade das instituições envolvidas no golpe e na repressão, faz demonstrar como as estruturas de poder constituídas pela ditadura continuam ainda muito presentes. É certo que a semântica da repressão, reativada para fins do julgamento do Supremo, possui capacidade de mobilização, mas minha hipótese para este caso é que o conjunto de fatores mobilizados para a manutenção do dispositivo de impunidade e das interpretações a ele conexas não é produto apenas desta mobilização ideológica espontânea, mas também da engendração de outros mecanismos reais de poder – hipótese esta que o estudo levanta, embora não possua meios presentes para demonstrar.

Em atenção ao objetivo eleito, procurei apresentar um amplíssimo estudo de caso, vinculado a formulação de uma teoria abrangente. O resultado obtido me parece, neste sentido, satisfatório, consideradas as limitações próprias à construção tanto de uma teoria abrangente, quanto de um estudo de caso amplo. Entendo que para fins específicos, tanto uma teorização mais restrita quanto um recorte de caso menor, porém em maior profundidade, poderiam ter sido igualmente interessantes. Não obstante saber que a escolha do tema amplo implicou necessidade de não contemplar muitas outras discussões relevantes para pontos específicos, bem como que a extensão do estudo de caso às quatro dimensões concretas da Justiça de Transição brasileira conduziu-me a priorizar exemplos e hipóteses entre um amplo conjunto disponível, acredito que a contribuição de uma teorização ampla e geral enseja, para o futuro, a possibilidade de desenvolvimento de um conjunto mais alargado de novas pesquisas, bem como viabiliza a leitura e crítica do estudo por um público mais sortido, mesmo dentro do campo jurídico. Neste sentido, acredito que a teorização formulada, por não ser estanque ou definitiva, enseja novos diálogos e reelaborações, enquanto as conclusões extraídas da pesquisa com o caso concreto, muito mais centradas na solução de questões norteadoras do que, propriamente, na elucidação de uma hipótese, permitiram construir uma boa descrição para o "modelo transicional brasileiro", explorando tanto seus pontos fortes, como os paradoxos que o fazem singular.

REFERÊNCIAS

ABRÃO, Paulo *et al*. As caravanas da anistia: um instrumento privilegiado da Justiça de Transição brasileira. *In*: SANTOS, Boaventura de Sousa *et al*. (Org.). *Repressão e memória política no contexto ibero-brasileiro*: estudos sobre o Brasil, Guatemala, Moçambique, Peru e Portugal. Brasília: Ministério da Justiça; Coimbra: Centro de Estudos Sociais da Universidade de Coimbra, 2010. p. 185-227.

ABRÃO, Paulo *et al*. As caravanas da Anistia: um mecanismo privilegiado da Justiça de Transição brasileira. *Revista Anistia Política e Justiça de Transição*, Brasília, n. 2, p. 112-149, jul./dez. 2009b.

ABRÃO, Paulo *et al*. Justiça de Transição no Brasil: o papel da Comissão de Anistia do Ministério da Justiça. *Revista Anistia Política e Justiça de Transição*, Brasília, n. 1, p. 12-21, jan./jun. 2009.

ABRÃO, Paulo. Suprema impunidade. *Portal Sul 21*, 17 maio 2010.

ABRÃO, Paulo. Tortura não tem anistia. *O Globo*, Rio de Janeiro, 15 set. 2009.

ABRÃO, Paulo; GENRO, Tarso. *Os direitos da transição e a democracia no Brasil*. Belo Horizonte: Forum, 2012. (Coleção Justiça e Democracia, v. 1).

ABRÃO, Paulo; PAYNE, Leigh A.; TORELLY, Marcelo D. (Org.). *A Anistia na era da responsabilização*: o Brasil em perspectiva internacional e comparada. Brasília: Ministério da Justiça; Oxford: Centro de Estudos Latino-Americanos da Universidade de Oxford, 2011.

ABRÃO, Paulo; PAYNE, Leigh A.; TORELLY, Marcelo D. A Anistia na era da responsabilização: contexto global, comparativo e introdução ao caso brasileiro. *In*: ABRÃO, Paulo; PAYNE, Leigh A.; TORELLY, Marcelo D. (Org.). *A Anistia na era da responsabilização*: o Brasil em perspectiva internacional e comparada. Brasília: Ministério da Justiça; Oxford: Centro de Estudos Latino-Americanos da Universidade de Oxford, 2011. p. 18-31.

ABRÃO, Paulo; TORELLY, Marcelo D. Dictatorship victims and memorialization in Brasil. *In*: HARJU, Jari (Org.). *Museums and difficult heritage*. Helsinki: Helsinki City Museum. No prelo.

ABRÃO, Paulo; TORELLY, Marcelo D. Direitos sociais positivos e direitos sociais efetivos: o projeto brasileiro para a diminuição da exclusão social. *Revista OABRJ*, Rio de Janeiro, v. 25, n. 1, p. 225-240, jan./jun. 2009a.

ABRÃO, Paulo; TORELLY, Marcelo D. Justiça de Transição no Brasil: a dimensão da reparação. *In*: SANTOS, Boaventura *et al*. (Org.). *Repressão e memória política no contexto ibero-brasileiro*: estudos sobre o Brasil, Guatemala, Moçambique, Peru e Portugal. Brasília: Ministério da Justiça; Coimbra: Centro de Estudos Sociais da Universidade de Coimbra, 2010a. p. 24-57.

ABRÃO, Paulo; TORELLY, Marcelo D. Justiça de Transição no Brasil: a dimensão da reparação. rev. e ampl. *Revista Anistia Política e Justiça de Transição*, Brasília, n. 3, jan./jun. 2010b.

ABRÃO, Paulo; TORELLY, Marcelo D. O programa de reparações como eixo estruturante da Justiça de Transição no Brasil. *In*: REATEGUI, Felix (Org.). *Justiça de Transição*: manual para a América Latina. Brasília: Ministério da Justiça; New York: International Center for Transitional Justice, 2011. p. 473-516.

ABRÃO, Paulo; TORELLY, Marcelo D. O sistema brasileiro de reparação aos anistiados políticos: contextualização histórica, conformação normativa e aplicação crítica. *Revista OABRJ*, Rio de Janeiro, v. 25, n. 2, p. 165-203, jul./dez. 2009b.

ABRÃO, Paulo; TORELLY, Marcelo D. Reparations as the lynchpin of Transitional Justice in Brazil. *In*: REATEGUI, Felix (Org.). *Transitional Justice*: Latin American Handbook. Brasília: Ministério da Justiça; New York: International Center for Transitional Justice, 2011. p. 443-467.

ABRÃO, Paulo; TORELLY, Marcelo D. Resistance to Change: Brazil's persistent amnesty and its alternatives for truth and justice. *In*: PAYNE, Leigh; LESSA, Francesca. *Amnesty in the Age of Human Rights Accountability*: international and comparative perspectives. Cambridge: Cambridge Univeristy Press, 2012.

ABRÃO, Paulo; TORELLY, Marcelo D. Mutações do conceito de anistia na Justiça de Transição no Brasil: a terceira fase da luta pela anistia. Texto apresentado no Seminário Internacional Limites e Possibilidades da Justiça de Transição, Faculdade de Direito da PUCRS, abril de 2012, a ser futuramente publicado.

AGUILAR, Paloma. *Políticas de la memoria y meorias de la política*. Madrid: Alianza Editorial, 2008.

AGUILAR, Paloma. The Spanish amnesty law of 1977 in comparative perspective: from a low to democracy to a law for impunity. *In*: PAYNE, Leigh; LESSA, Francesca (Org.). *Amnesty in the Age of Human Rights Accountability*: international and comparative perspectives. Cambridge: Cambridge Univeristy Press, 2012. p. 315-335.

AGUILAR, Paloma. Transitional Justice in the Spanish, Argentinian and Chilean Case. *Crisis Management Initiative – Building a Future on Peace and Justice*, Workshop 10, Alternative Approaches to Dealing with the Past, Nuremberg, 25/27 jun. 2007. Mimeo.

ANGELL, Alan; KINZO, Maria D'Alva; URBANEJA, Diego. Electioneering in Latin America. *In*: CAMP, Roderic Ai (Org.). *Democracy in Latin America*: patterns and cycles. Wilmington: Jaguar Books, 1996. p. 183-205.

ARANTES, Maria Auxiliadora de Almeida Cunha. O Comitê Brasileiro pela Anistia de São Paulo (CBA-SP): memória e fragmentos. *In*: SILVA, Haike da (Org.). *A luta pela Anistia*. São Paulo: UNESP, 2009. p. 59-79.

ARATO, Andrew. *Civil Society, Constitution, and Legitimacy*. New York: Rowman and Littlefield, 2000.

ARAUJO, Marcelo; BRUNO, Maria Cristina Oliveira (Org.). *Memorial da resistência de São Paulo*. São Paulo: Pinacoteca do Estado, 2009.

ARAUJO, Marcelo; NEVES, Kátia Felipini; MENEZES, Caroline Grassi. O memorial da resistência de São Paulo e os desafios comunicacionais. *Revista Anistia Política e Justiça de Transição*, Brasília, n. 3, p. 230-243, jan./jun. 2010.

ARENDT, Hannah. *As origens do totalitarismo*. São Paulo: Companhia das Letras, 1989.

ARENDT, Hannah. *Entre o passado e o futuro*. São Paulo: Perspectiva, 2000.

ARISTÓTELES. *Política*. Lisboa: Veja, 1998. Edição bilingue.

REFERÊNCIAS | 371

ARTURI, Carlos S. As eleições no processo de transição à democracia no Brasil. *In*: ARTURI, Carlos S. *et al.* (Org.). *Brasil*: transição, eleições e opinião pública. Porto Alegre: Ed. UFRS, 1995. p. 9-33.

AVRITZER, Leonardo. *Democracy and Public Space in Latin America*. Princeton: Princeton University Press, 2002.

BAGGIO, Roberta C. Justiça de Transição como reconhecimento: limites e possibilidades do processo brasileiro. *In*: SANTOS, Boaventura *et al.* (Org.). *Repressão e memória política no contexto ibero-brasileiro*: estudos sobre o Brasil, Guatemala, Moçambique, Peru e Portugal. Brasília: Ministério da Justiça; Coimbra: Centro de Estudos Sociais da Universidade de Coimbra, 2010. p. 260-285.

BANCAUD, Alain. A Justiça Penal e o tratamento de um conflito sem fim: a França e o término da Segunda Guerra Mundial (1944-2009). Tradução de José Ribas Vieira e Marcelo D. Torelly. *Revista Anistia Política e Justiça de Transição*, Brasília, n. 1, p. 84-111, jan./jun. 2009.

BARBOSA, Leonardo Augusto de Andrade. 409 f. *Mudança constitucional, autoritarismo e democracia no Brasil pós-1964*. Tese (Doutorado) – Faculdade de Direito da Universidade de Brasília, 2009.

BARROSO, Luís Roberto. *Direito constitucional contemporâneo*. Rio de Janeiro: Renovar, 2009.

BERLIN, Isaiah. Dois conceitos de liberdade. *In*: BERLIN, Isaiah. *Estudos sobre a humanidade*. São Paulo: Companhia das Letras, 2002. p. 226-272.

BESSON, Samantha; MARTÍ, José Luis. Law and Republicanism: mapping the issues. *In*: BESSON, Samantha; MARTÍ, José Luis (Org.). *Legal Republicanism*: National and International Perspectives. Oxford: Oxford University Press, 2009. p. 3-37.

BICKFORD, Louis. Transitional Justice. *In*: *The Encyclopedia of Genocide and Crimes Against Humanity*. New York: MacMillan, 2004. v. 3, p. 1045-1047.

BOBBIO, Norberto. *A teoria das formas de governo*. Brasília: Ed. UnB, 1997.

BOBBIO, Norberto. Democracia. *In*: BOBBIO, Norberto; MATTEUCI, Nicola; PASQUINO, Gianfranco. *Dicionário de política*. São Paulo: Ed. UnB, 2004. p. 319-329.

BOIS-PEDAÏN, Antje du. *Transitional Amnesty in South Africa*. Cambridge: Cambridge University Press, 2007.

BONFIM, Washington Luís de Sousa. O aprofundamento da democracia no Brasil: tendências, conflitos e dinâmica recente. *Civitas – Revista de Ciência Sociais*, Porto Alegre, v. 4, n. 1, p. 73-94, jan./jun. 2004.

BOURDIEU, Pierre. *O poder simbólico*. Tradução de Fernando Thomaz. 7. ed. Rio de Janeiro: Bertrand Brasil, 2004.

BRASIL. *Direito à memória e à verdade*. Brasília: Secretaria Especial de Direitos Humanos da Presidência da República. Disponível em: <http://www.presidencia.gov.br/estrutura_presidencia/sedh/.arquivos/livrodireitomemoriaeverdadeid.pdf>.

BRASIL. *Programa Nacional de Direitos Humanos (PNDH-3)*. Secretaria Nacional de Direitos Humanos, Brasília, dez. 2009.

BRASIL. Relatório *Anual da Comissão de Anistia*: 2009. Ministério da Justiça: Brasília, 2009b.

BRITO, Alexandra Barahona de. Justiça transicional e a política da memória: uma visão global. *Revista Anistia Política e Justiça de Transição*, Brasília, n. 1, p. 56-83, jan./jun. 2009.

BRITTO, Carlos Ayres. *Voto*: Argüição de Descumprimento de Preceito Fundamental n. 153/2008. Brasília: Supremo Tribunal Federal, 2010.

CANO, Ignacio; FERREIRA, Patrícia Galvão. The reparations program in Brazil. *In*: DE GREIFF, Pablo (Org.). *The Handbook of Reparations*. Oxford: Oxford University Press, 2006.

CARVALHO NETTO, Menelick de. A revisão constitucional e a cidadania: a legitimidade do poder constituinte que deu origem à Constituição da República Federativa de 1998 e as potencialidades do poder revisional nela previsto. *Revista do Ministério Público do Estado do Maranhão*, São Luiz, v. 1, n. 9, p. 37-61, 2002.

CASTRO, Marcus Faro. O Supremo Tribunal Federal e a Judicialização da Política. *Revista Brasileira de Ciências Sociais*, São Paulo, v. 12, n. 34, p. 147-156. Disponível em: <http://www.anpocs.org.br/portal/publicacoes/rbcs_00_34/rbcs34_09.htm>.

CAVAROZZI, Marcelo. Political Cycles in Argentina since 1955. *In*: O'DONNELL, Guilhermo; SCHMITTER, Philippe; WHITEHEAD, Laurence (Org.). *Transitions from Authoritarian Rule*: Latin America. Baltimore: The John Hopkins University Press, 1986.

CIURLIZZA, Javier. Para um panorama global sobre a Justiça de Transição: entrevista: Javier Ciurlizza responde Marcelo D. Torelly. *Revista Anistia Política e Justiça de Transição*, Brasília, n. 1, p. 22-29, jan./jun. 2009.

COETZEE, J. M. *Waiting for the Barbarians*. New York: Penguin Books, 1980.

COHEN, Stanley. *Estados de negación*. Buenos Aires: Universidad de Buenos Aires; British Council, 2005.

COLLINS, Cath *et al*. Verdad, justicia y memoria: las violaciones a los derechos humanos del pasado. *In*: *Informe Anual sobre Derechos Humanos en Chile 2011*. Santiago: Universidad Diego Portales; Centro de Derechos Humanos, 2011. p. 19-54.

COMPARATO, Fábio Konder. Entrevista à Revista Caros Amigos. *Caros Amigos*, p. 12-17, 2010.

CONGRESSO NACIONAL. *Diário do Congresso Nacional*, Brasília, 08 ago. 1985.

COUSO, Javier. The transformation of the constitutional discourse and the judicialization of politics in Latin America. *In*: COUSO, Javier; HUNEEUS, Alexandra (Org.). *Cultures of legality*: judicialization and political activism in Latin America. Cambridge: Cambridge University Press. p. 141-160, 2010. (Cambridge Studies in Law and Society Series).

DAHL, Robert. *Polyarchy*. New Haven: Yale University Press, 1971.

DE GREIFF, Pablo. Justiça e reparações. *Revista Anistia Política e Justiça de Transição*, Brasília, n. 3, p. 42-71, jan./jun. 2010.

DEL PORTO, Fabíola Brigante. A luta pela Anistia no Regime Militar brasileiro e a construção dos direitos de cidadania. *In*: SILVA, Haike da (Org.). *A luta pela Anistia*. São Paulo: UNESP, 2009. p. 59-79.

DIMOULIS, Dimitri. Justiça de Transição e função anistia no Brasil: hipostasiações indevidas e caminhos da responsabilização. *In*: DIMOULIS, Dimitri; MARTINS, Antonio; SWENSSON JUNIOR, Lauro Joppert (Org.). *Justiça de Transição no Brasil*: direito, responsabilização e verdade. São Paulo: Saraiva, 2010. p. 91-128.

DIMOULIS, Dimitri; MARTINS, Antonio; SWENSSON JUNIOR, Lauro Joppert (Org.). *Justiça de Transição no Brasil*: direito, responsabilização e verdade. São Paulo: Saraiva, 2010.

DIMOULIS, Dimitri; SABADELL, Ana Lucia. Anistia: a política para além da justiça e da verdade. *Revista Acervo*, Rio de Janeiro, v. 24, n. 1, p. 79-102, jan./jun. 2011.

DUNOFF, Jeffrey L.; TRACHTMAN, Joel P. (Org.). *Ruling the world?*: Constitutionalism, International Law and Global Governance. New York: Cambridge Univeristy Press, 2009.

ECHEGARAY, Fabián. A escolha eleitoral e tempos de mudança: explicando os resultados eleitorais na América Latina, 1982-1995. *In*: BAQUERO, Marcello; CASTRO, Henrique Carlos de Oliveira de; GONZÁLEZ, Rodrigo Stumpf (Org.). *A construção da democracia na América Latina*: estabilidade democrática, processos eleitorais, cidadania e cultura política. Porto Alegre: Ed. UFRS, 1998. p. 87-108.

ECOSOCIAL. Encuesta de Cohesión Social en America Latina. 2007. Disponível em: <http://www.ecosocialsurvey.org>.

ELSTER, Jon. *Closing the books*: transitional justice in historical perspective. Cambridge: Cambridge University Press, 2004.

ELSTER, Jon. *Rendición de Cuentas*: La Justicia Transicional en Perspectiva Histórica. Buenos Aires: Katz, 2006.

ENGSTROM, Par; PEREIRA, Gabriel. From amnesty to accountability: the ebb and flow in the search for justice in Argentina. *In*: LESSA, Francesca; PAYNE, Leigh A. *Amnesty in the Age of Human Rights Accountability*: comparative and international perspectives. New York: Cambridge University Press, 2012. p. 97-122.

FAORO, Raymundo. *A república inacabada*. Organizado por Fábio Konder Comparato. Rio de Janeiro: Globo, 2007.

FAORO, Raymundo. *Os donos do poder*. Rio de Janeiro: Globo, 2001.

FELIPPE, Kenarik Boujikian. Justiça não é revanchismo. *Folha de S.Paulo*, São Paulo, 09 jan. 2010. Tendências e debates: é positiva eventual revisão da Lei de Anistia.

FERNANDES, Maria Cristina. Um mandato para o Supremo. *Valor Econômico*, São Paulo, 03 abr. 2009.

FERRAJOLI, Luigi. Pasado y Futuro del Estado de Derecho. *In*: CARBONELL, Miguel. *Neoconstitucionalismo(s)*. Madrid: Trota, 2003. p. 13-29.

FERRANTE, Marcelo. La prueba de la identidad en la persecución penal por apropiación de niños y sustitución de su identidad. *In*: CELS; ICTJ. *Hacer Justicia*. Buenos Aires: Siglo XXI, 2011. p. 227-257.

FERREIRA FILHO, Manoel Gonçalves. Nova perspectiva do processo constitucional. *Revista Brasileira de Estudos Políticos*, Belo Horizonte, n. 60/61, p. 129-145, jan./jun. 1985.

FICO, Carlos. A negociação parlamentar da anistia de 1979 e o chamado "perdão aos torturadores". *Revista Anistia Política e Justiça de Transição*, Brasília, n. 4, p. 318-333, jul./dez. 2010.

FICO, Carlos; ARAÚJO, Maria Paula (Org.). *1968*: 40 anos depois. Rio de Janeiro: Sete Letras, 2010.

FREEMAN, Mark. Amnesties and DDR programs. *In*: PATEL, Ana Curter; DE GREIFF, Pablo; WALDORF, Lars (Org.). *Disarming the past*: transitional justice and ex-combatants. New York: Social Science Research Council, 2009.

FREEMAN, Mark; PENSKY, Max. The amnesty controversy in International Law. *In*: LESSA, Francesca; PAYNE, Leigh A. (Org.). *Amnesty in the Age of Human Rights Accountability*: comparative and international perspectives. New York: Cambridge Univeristy Press, 2012. p. 42-68.

FULLER, Lon L. Positivism and Fidelity to Law: A Reply to Professor Hart. *Harvard Law Review*, n. 71, 1958.

FUNDACIÓN PARA EL DEBITO PROCESO LEGAL. Digesto de Jurisprudencia Latinoamericana sobre Crímenes de Derecho Internacional. Washington: DPLF, University of Notre Dame & United States Institute of Peace, 2009.

GARAPON, Antoine. *Crimes que não se podem punir nem perdoar*: para uma justiça internacional. Lisboa: Instituto Piaget, 2002.

GARCÍA AMADO, Juan Antonio. Usos de la historia y legitimidad constitucional. *In*: MARTÍN PALLÍN, José Antonio; ESCUDERO ALDAY, Rafael (Org.). *Derecho y Memoria Histórica*. Madrid: Trotta, 2008. p. 47-72.

GENRO, Tarso. *Teoria da democracia e Justiça de Transição*. Belo Horizonte: Ed. UFMG, 2009.

GINZBURG, Carlo. La prueva, la memoria y el olvido. *In*: EIROA, Pablo; OTERO, Juan. *Memoria y Derecho Penal*. Buenos Aires: Fabián di Plácido, 2007.

GLOPPEN, Siri; GARGARELLA, Roberto; SKAAR, Elin (Org.). *Democratization and the Judiciary*: the accountability function of courts in new democracies. London: Routledge, 2004.

GLOPPEN, Siri; GARGARELLA, Roberto; SKAAR, Elin. The accountability function of courts in new democracies. *In*: GLOPPEN, Siri; GARGARELLA, Roberto; SKAAR, Elin (Org.). *Democratization and the Judiciary*: the accountability function of courts in new democracies. London: Routledge, 2004.

GOHN, Maria da Glória. *História dos Movimentos e Lutas Sociais*: a construção da cidadania dos brasileiros. Rio de Janeiro: Loyola, 1995.

GONÇALVES, Danyelle Nilin. Os múltiplos sentidos da anistia. *Revista Anistia Política e Justiça de Transição*, Brasília, n. 1, jan./jun. 2009.

GRAU, Eros Roberto. *Voto Relator*: Argüição de Descumprimento de Preceito Fundamental n. 153/2008. Supremo Tribunal Federal, 2010. 65 p.

GREEN, James. *Apesar de vocês*. São Paulo: Companhia das Letras, 2010.

GREGORI, José. Os direitos humanos no Brasil: um pouco do que se sez, do que se faz e do que se deve fazer. *In*: SOARES, Inês Virgínia Prado; KISHI, Sandra Akemi Shimada (Org.). *Memória e verdade*: a Justiça de Transição no Estado Democrático brasileiro. Belo Horizonte: Fórum, 2009. p. 357-365.

GREIFF, Pablo. Justice and Reparations. *In*: DE GREIFF, Pablo (Org.). *The Handbook of Reparations*. Oxford: Oxford University Press, 2006. p. 102-153.

GREPPI, Andrea. Los límites de la memoria y las limitaciones de la ley: antifacismo y equidistancia. *In*: MARTÍN PALLÍN, José Antonio; ESCUDERO ALDAY, Rafael (Org.). *Derecho y Memoria Histórica*. Madrid: Trotta, 2008. p. 105-126.

HÄBERLE, Perter. *Hemenêutica Constitucional*: a sociedade aberta dos intérpretes da Constituição. Porto Alegre: Sergio Antonio Fabris, 1997.

HABERMAS, Jürgen. *Direito e democracia*: entre facticidade e validade. Rio de Janeiro: Tempo Brasileiro, 1997. 2 v.

HABERMAS, Jürgen. O Estado democrático de direito: uma amarração paradoxal de princípios contraditórios. *In*: HABERMAS, Jürgen. *Era das transições*. Rio de Janeiro: Tempo Brasileiro, 2003. p. 153-174.

HACKING, Ian. *The Social Construction of What?.* Cambridge: Harvard University Press, 1999.

HART, Herbert H. L. *O conceito de direito.* 3. reimpr. Lisboa: Fundação Calouste Gulbenkian, 2001.

HART, Herbert H. L. Positivism and the Separation of Law and Morals. *Harvard Law Review*, n. 71, 1958.

HERRERA FLORES, Joaquim. *A reinvenção dos direitos humanos.* Florianópolis: Boiteux, 2009.

HERRON-SWEET, Elizabeth Mary. *The Right to Memory and Truth: Brazil's Transitional Justice Policy and its Consequences*: 1979-2009. 140 f. (Dissertação) – Middlebury College, Latin American Studies, 2009.

HILBINK, Lisa. Assessing the New Constitutionalism. *Comparative Politics*, v. 40, n. 2, Jan. 2008.

HOLSTON, James. *Insurgent Citizenship*: Disjunctions of Democracy and Modernity in Brazil. Princeton: Princeton University Press, 2009.

HUMAN RIGHTS WATCH. *Força letal*: violência policial e segurança pública no Rio de Janeiro e em São Paulo. New York: HRW, 2009.

HUNEEUS, Alexandra. Rejecting the Interametican Court: judicialization, national courts and regional trials. *In*: COUSO, Javier; HUNEEUS, Alexandra (Org.). *Cultures of legality*: judicialization and political activism in Latin America. Cambridge: Cambridge University Press, 2010. p. 112-138. (Cambridge Studies in Law and Society Series).

HUNTINGTON, Samuel. *Political Order in Changing Societies.* New Haven: Yale University Press, 1968.

HUNTINGTON, Samuel. *The Third Wave*: democratization in the late twentieth century. Oklaroma: University of Oklahoma Press, 1991.

JACOBI, Pedro R. Movimentos sociais urbanos numa época de transição: limites e potencialidades. *In*: SADER, Emir (Org.). *Movimentos sociais na transição democrática*. São Paulo: Cortez, 1987. p. 11-23.

JORDAN, Amos; TAYLOR JR., William; KORB, Lawrence. *American National Security.* Baltimore: John Hopkins University Press, 1989.

KARL, Terry Lynn. Petroleum and Political Pacts: The transition to democracy in Venezuela. *In*: O'DONNELL, Guilhermo; SCHMITTER, Philippe; WHITEHEAD, Laurence (Org.). *Transition from Authoritarian Rule*: Latin America. Baltimore: John Hopkins University Press, 1986. p. 196-220.

KELSEN, Hans. *Teoria pura do direito.* São Paulo: Martins Fontes, 2003.

KING, Elizabeth Ludwin. A conflict of interests: privacy, truth and compulsory DNA testing for Argentina's child of disappeared. *Cornell International Law Journal*. No prelo.

KOPITTKE, Alberto; TORELLY, Marcelo D. Políticas públicas para a segurança com participação: esboço sobre a conferência nacional de segurança pública com cidadania. *In*: VIOLÊNCIA E CONTROLE SOCIAL NA CONTEMPORANEIDADE – CICLO DE ESTUDOS E DEBATES SOBRE VIOLÊNCIA E CONTROLE SOCIAL, 3. *Anais*. Porto Alegre: EdiPUCRS, 2008. p. 99-117.

LAFER, Celso. *O sistema político brasileiro.* São Paulo: Perspectiva, 1978.

LEFRANC, Sandrine. *Políticas del Perdón*. Bogotá: Grupo Norma Editorial, 2005.

LEMOS, Renato. Anistia e crise política no Brasil pós-1964. *Topoi – Revista de História*, Rio de Janeiro, set. 2002.

LESSA, Francesca; PAYNE, Leigh A. (Org.). *Amnesty in the Age of Human Rights Accountability*: international and comparative perspectives. New York: Cambridge Univeristy Press, 2012.

LESSA, Renato. Reflexões sobre a gênese da democracia banal. *In*: DINIZ, Eli; BOSCHI, Renato; LESSA, Renato (Org.). *Modernização e consolidação democrática no Brasil*: dilemas da Nova República. São Paulo: Vértice, 1989. p. 77-181.

LEWANDOWSKI, Ricardo. *Voto*: Argüição de Descumprimento de Preceito Fundamental n. 153/2008. Supremo Tribunal Federal, 2010. 31. p.

LINZ, Juan. *Totalitarian and Authoritarian Regimes*. New York: Lienn Rienner, 2000.

LINZ, Juan; STEPAN, Alfred. *A transição e consolidação da democracia*: a experiência do sul da Europa e da América do Sul. Tradução de Patrícia de Queiroz Carvalho Zimbra. São Paulo: Paz e Terra, 1999.

LISBÔA, Suzana Keniger. Lembrar, lembrar, lembrar... 45 anos depois do golpe militar: resgatar o passado para transformar o presente. *In*: PADRÓS, Henrique Serra *et al.* (Org.). *A Ditadura da Segurança Nacional no Rio Grande do Sul*: 1964-1985. Porto Alegre: Assembléia Legislativa do Estado do Rio Grande do Sul, 2009. v. 2, p. 189-235. (Repressão e Resistência nos "Anos de Chumbo").

LUHMANN, Nicklas. *El derecho de la sociedad*. Cidade do México: Herder; Universidad Iberoamericana, 2005.

LUTZ, Ellen; SIKKINK, Kathryn. The Justice Cascade: The evolution and impact of foreign Human Rights trials in Latin America. *Chicago Journal of International Law*, 1st edition, p. 1-33, spring 2001.

MALLINDER, Louise. *Amnesty, Human Rights and Political Transitions*. Oxford: Hart Publishing, 2008.

MALLINDER, Louise. Legislation and Jurisprudence: the Fate of National Amnesty Laws. *In*: *Late Justice in South America*. London: University of London, 21 Oct. 2010.

MARTÍN PALLÍN, José Antonio; ESCUDERO ALDAY, Rafael. Introducción. *In*: MARTÍN PALLÍN, José Antonio; ESCUDERO ALDAY, Rafael (Org.). *Derecho y Memoria Histórica*. Madrid: Trotta, 2008. p. 9-18.

MARTINS, Luciano. The "Liberalization" of Authoritarian Rule in Brazil. *In*: O'DONNELL, Guilhermo; SCHMITTER, Philippe; WHITEHEAD, Laurence. *Transition From Authoritarian Rule*: Latin America. Baltimore: The John Hopkins University Press, 1993. p. 72-94.

MARX, Ivan Cláudio. Justiça transicional e qualidade institucional no Brasil e na Argentina. *In*: SILVA, Haike da (Org.). *A luta pela Anistia*. São Paulo: Arquivo Público do Estado de São Paulo, 2009. p. 303-318.

MAY, Larry. *Crimes Against Humanity*: a normative account. Cambridge: Cambridge University Press, 2005.

MAYER-RIECKH, Alexander; DE GREIFF, Pablo (Org.). *Justice as Prevention*: vetting public employees in transitional societies. New York: Social Science Research Council, 2007.

MEINTJES, Garth; MENDES, Juan. Reconciling amnesties with universal jurisdiction. *International Law Forum – Forum du Droit International*, v. 76, n. 2, 2000.

MELLO, Celso de. *Voto*: Argüição de Descumprimento de Preceito Fundamental n. 153/2008. Supremo Tribunal Federal, 2010. 46 p.

MELO, Carolina de Campos. *Nada além da verdade?*: a consolidação do direito à verdade e seu exercício por comissões e tribunais. Tese (Doutorado) – Faculdade de Direito da Universidade do Estado do Rio de Janeiro, Rio de Janeiro, 2012.

MENDES, Gilmar. *Voto*: Argüição de Descumprimento de Preceito Fundamental n. 153/2008. Supremo Tribunal Federal, 2010. 49 p.

MEYER, Emilio Peluzo. *Responsabilização por graves violações de direitos humanos na ditadura 1964-1985*: a necessária superação da decisão do Supremo Tribunal Federal na ADPF n.º 153/DF pelo direito internacional dos Direitos Humanos. Tese (Doutorado) – Faculdade de Direito da Universidade Federal de Minas Gerais, Belo Horizonte, 2012.

MEYER, Michael. *1989*: o ano que mudou o mundo. Tradução de Pedro Maia Soares. Rio de Janeiro: Jorge Zahar, 2009.

NAQVI, Yasmin. The right to the truth in international law: fact of fiction?. *International Review of the Red Cross*, v. 88, n. 862, p. 245-273, jun. 2006.

NEVES, Marcelo. *A constitucionalização simbólica*. São Paulo: WMF Martins Fontes, 2007.

NEVES, Marcelo. *Entre Themis e Leviatã*: uma relação difícil. São Paulo: WMF Martins Fontes, 2008.

NEVES, Marcelo. *Transconstitucionalismo*. São Paulo: WMF Martins Fontes, 2009.

NINO, Carlos Santiago. *Radical Evil on Trial*. New Haven: Yale University Press, 1996.

NOHLEN, Dieter; THIBAUT, Bernhard. *Investigación sobre la transición en América Latina*: enfoques, conceptos, tesis. 34 f. (Tesis) – Universität Heidelberg, Institut für Politische Wissenschaft: Lateinamerikaforshung – Arbeispaper Nr. 11, Feb. 1994.

O'DONNELL, Guilhermo. *Análise do autoritarismo burocrático*. Tradução de Cláudia Schilling. Rio de Janeiro: Paz e Terra, 1990.

O'DONNELL, Guilhermo. Introduction to the Latin America Cases. *In*: O'DONNELL, Guilhermo; SCHMITTER, Philippe; WHITEHEAD, Laurence. *Transition From Authoritarian Rule*: Latin America. Baltimore: The John Hopkins University Press, 1993. p. 3-18.

O'DONNELL, Guilhermo; SCHMITTER, Philippe. *Transitions from authoritarian rule*: tentative conclusions about uncertain democracies. Baltimore: The John Hopkins University Press, 1986.

O'DONNELL, Guilhermo; SCHMITTER, Philippe; WHITEHEAD, Laurence (Org). *Transition from Authoritarian Rule*: Latin America. Baltimore: John Hopkins University Press, 1986. p. 196-220.

ONU. (E/CN.4/2005/102/Add.1). Conjunto de principios actualizado para la protección y la promoción de los derechos humanos mediante la lucha contra la impunidad. 8 feb. 2005. *Revista Anistia Política e Justiça de Transição*, Brasília, n. 3, jan./jun. 2010.

ONU. (HR/PUB/06/4). *Instrumentos del Estado de Derecho para sociedades que han salido de un conflicto*: iniciativas de enjuiciamiento. Genebra, 2006.

ONU. (S/2004/616). Conselho de Segurança. O Estado de Direito e a Justiça de Transição em sociedades em conflito e pós-conflito. *Revista Anistia Política e Justiça de Transição*, Brasília, n. 1, p. 320-351, jan./jun. 2009.

ONU. (UNHRC, Info Note 8). *Transitional Justice Options*: Democratic Republic of Congo 1993-2003. United Nations Human Rights Commissioner.

ORDEM DOS ADVOGADOS DO BRASIL – OAB. *Inicial*: Arguição de Descumprimento de Preceito Fundamental nº 153/2008. Procuradores Fábio Konder Comparado e Maurício Gentil Monteiro, 2008. 18 p.

OST, François. *O tempo do direito*. Bauru: EDUSC, 2005.

PAIXÃO, Cristiano. A Constituição em disputa: transição ou ruptura?. *In*: SEELAENDER, Airton (Org.). *História do direito e construção do Estado*. São Paulo: Quartier Latin. No prelo.

PASCUAL, Alejandra. *Terrorismo de Estado*: a Argentina de 1976 a 1983. Brasília: Ed. UnB, 2004.

PAYNE, Leigh. *Unsettling Accounts*: neither truth nor reconciliation in confessions of state violence. Durhan: Duke University Press, 2008.

PAYNE, Leigh; OLSEN, Tricia; REITER, Andrew. Equilibrando julgamentos e Anistias na América Latina: perspectivas comparativa e teórica. Tradução de Marcelo D. Torelly. *Revista Anistia Política e Justiça de Transição*, Brasília, n. 2, p. 152-175, jul./dez. 2009.

PAYNE, Leigh; OLSEN, Tricia; REITER, Andrew. *Transitional Justice in Balance*: comparing processes, weighing efficacy. Washington: United States Peace Institute, 2010.

PEREIRA, Anthony. *Ditadura e repressão*: o autoritarismo e o Estado de Direito no Brasil, Chile e Argentina. São Paulo: Paz e Terra, 2010.

PEREIRA, Anthony. *Political (In)Justice*: Authoritarianism and the Rule of Law in Brazil, Chile, and Argentina. Pittsburgh: Pittsburgh University Press, 2005.

POMAR, Pedro Estevam da Rocha. Estatísticas do DOI-Codi. *Revista ADUSP*, São Paulo, p. 74-77, maio 2005.

RAWLS, John. *Uma teoria da justiça*. São Paulo: Martins Fontes, 2002.

REALE, Miguel. Como deverá ser a nova Constituição. *Revista Brasileira de Estudos Políticos*, Belo Horizonte, n. 60/61, p. 9-24, jan./jun. 1985.

REINO DA ESPANHA. Ley 52/2007, de 26 de diciembre, por la que se reconocen y amplían derechos y se establecen medidas en favor de quienes padecieran persecución durante la guerra civil y la dictadura. *Revista Anistia Política e Justiça de Transição*, Brasília, n. 2, jul./dez. 2009.

RICOEUR, Paul. *A memória, a história, o esquecimento*. Campinas: Ed. UNICAMP, 2007.

RICOEUR, Paul. É possível uma teoria puramente procedimental da Justiça?: a propósito de uma teoria da Justiça de John Rawls. *In*: RICOEUR, Paul. *O justo*. São Paulo: Martins Fontes, 2008. v. 1, p. 63-88.

ROCHA, Cármen Lúcia Antunes. *Voto*: Argüição de Descumprimento de Preceito Fundamental n. 153/2008. Supremo Tribunal Federal, 2010. 21 p.

ROSENFELD, Michel. A identidade do sujeito constitucional e o Estado Democrático de Direito. *Cadernos da Escola do Legislativo*, Belo Horizonte, n. 12, p. 11-63, 2004.

ROSENFELD, Michel. The Rule of Law, and the Legitimacy of Constitutional Democracy. *Working Paper Series*, Cardozo Law School, Jacob Burns Institute for Advanced Legal Studies, n. 36, 2001. Disponível em: <http://papers.ssrn.com/paper.taf?abstract_id=262350>.

SANTOS, Cecília MacDowell. Questões de Justiça de Transição: a mobilização dos direitos humanos e a memória da ditadura no Brasil. *In*: SANTOS, Boaventura de Sousa *et al*. (Org.). *Repressão e memória política no contexto ibero-americano*. Brasília: Ministério da Justiça; Coimbra: Universidade de Coimbra, 2010.

SANTOS, Roberto Monteiro Gurgel. *Parecer n. 1218/2010*: Ação de Descumprimento de Preceito Fundamental nº 153 (STF). Brasília: Procuradoria-Geral da República, 2010.

SCHARTZMAN, Simon. *EcoSocial*: pesquisa de coesão na América Latina: primeiros resultados. São Paulo: iFHC, 2007. p. 1-35. Mimeo.

SCHWARTZ, Herman. *The Struggle for Constitutional Justice in Post-Communist Europe*. London: Chicago University Press, 2002.

SENADO FEDERAL. *Segurança Nacional*: Lei n. 7.170. Brasília: Subsecretaria de Edições Técnicas do Senado Federal, 1983.

SHAPIRO, Martin. Judicial Review in Developed Democracies. *In*: GLOPPEN, Siri; GARGARELLA, Roberto; SKAAR, Elin (Org.). *Democratization and the Judiciary*: the accountability function of courts in new democracies. London: Routledge, 2004. p. 5-18.

SILVA FILHO, José Carlos Moreira da; PISTORI, Edson. Memorial da Anistia Política no Brasil. *Revista Anistia Política e Justiça de Transição*, Brasília, n. 1, jan./jun. 2009.

SILVA FILHO, José Carlos. O julgamento da ADPF 153 pelo Supremo Tribunal Federal e a inacabada transição democrática brasileira. *In*: RAMOS FILHO, Wilson. *Trabalho e regulação*: as lutas sociais e as condições materiais da democracia. Belo Horizonte: Fórum, 2012. p. 129-177.

SILVA, Sandro Héverton Câmara da. *Anistia Política*: conflito e conciliação no âmbito do Congresso Nacional Brasileiro (1964-1979). 155 f. Dissertação (Mestrado) – Programa de Pós-Graduação em História da Universidade do Estado do Rio de Janeiro, 2007.

SKAAR, Elin. Impunidade *versus* responsabilidade no Uruguai: o papel da Ley de Caducidad. *In*: PAYNE, Leigh A.; ABRÃO, Paulo; TORELLY, Marcelo D. *A Anistia na era da responsabilização*: o Brasil em perspectiva internacional e comparada. Brasília: Ministério da Justiça; Oxford: Oxford University Press, 2011. p. 428-468.

SOBOTTKA, Emil Albert. Movimentos sociais: a busca pela ampliação do político. *In*: FLICKIGER, Hans-Georg (Org.). *Entre caridade, solidariedade e cidadania*: história comparativa do Serviço Social Brasil/Alemanha. Porto Alegre: Ed. PUCRS, 2000. p. 80-97.

SODRÉ, Nelson Werneck. *Vida e morte da ditadura*: vinte anos de autoritarismo no Brasil. Petrópolis: Vozes, 1984.

STEPAN, Alfred. *Rethinking Military Politics*: Brazil and the Southern Cone. New Jersey: Princeton University Press, 1988.

STERN, Steve J. *Battling for Hearts and Minds*: Memory Struggles in Pinochet's Chile, 1973-1988. Durham: Duke University Press, 2006.

STRECK, Lenio Luiz. A Lei de Anistia e os limites interpretativos da decisão judicial: o problema da extensão dos efeitos à luz do paradigma do Estado Democrático de Direito. *Revista do Instituto de Hermenêutica Jurídica*, Belo Horizonte, v. 8, n. 8, p. 171-181, 2010.

SWENSSON JUNIOR, Lauro Joppert. *Anistia penal*: problemas de validade da Lei de Anistia Brasileira: Lei 6.683/79. Curitiba: Juruá, 2007.

SWENSSON JUNIOR, Lauro Joppert. Ao julgar a justiça, te enganas: apontamentos sobre a justiça da Justiça de Transição no Brasil. *Revista Anistia Política e Justiça de Transição*, Brasília, n. 4, p. 78-106, jul./dez. 2010.

TEITEL, Ruti G. Fazer justiça e pensar medidas de justiça num contexto de fluxo político é olhar para o passado mas também para o futuro: Ruti G. Teitel responde Marcelo D. Torelly. *Revista Anistia Política e Justiça de Transição*, Brasília, n. 3, p. 27-39, jan./jun. 2010.

TEITEL, Ruti G. Genealogia da Justiça Transicioal. *In*: REATEGUI, Felix (Org.). *Justiça de Transição*: manual para a América Latina. Brasília: Ministério da Justiça; Nova Iorque: ICTJ, 2011. p.135-170.

TEITEL, Ruti G. Transitional Justice Genealogy. *Harvard Human Rights Journal*, v. 16, p. 69-94, 2003.

TEITEL, Ruti G. Transitional Justice Globalized. *In*: TAKING STOCK OF TRANSITIONAL JUSTICE, University of Oxford, Centre for Socio-Legal Studies, 26 Jun. 2009.

TEITEL, Ruti G. *Transitional Justice*. Oxford: Oxford University Press, 2000.

TORELLY, Marcelo D. A anistia e as limitações prévias à Constituição. *Constituição e Democracia*, Brasília, n. 33, p. 20-21, out. 2009.

TORELLY, Marcelo D. Das comissões de reparação à Comissão Nacional da Verdade. *In*: SABADELL, Ana Lucia *et al*. (Org.). *Justiça de Transição*: das anistias as comissões da verdade. São Paulo: Revista dos Tribunais; Thompson Reuters. No prelo.

TORELLY, Marcelo D. Globalização, colonialismo e direito ao desenvolvimento na nova ordem global. *In*: MENEZES, Wagner (Org.). *Estudos de direito internacional*. Curitiba: Juruá, 2006. p. 450-459.

TORELLY, Marcelo D. Justiça transicional, memória social e senso comum democrático: notas conceituas e contextualização do caso brasileiro. *In*: SANTOS, Boaventura de Sousa *et al*. *Repressão e Memória Política no Contexto Luso-Brasileiro*: estudos sobre Brasil, Guatemala, Moçambique, Peru e Portugal. Brasília: Ministério da Justiça; Coimbra: Universidade de Coimbra, 2010. p. 104-122.

TORELLY, Marcelo D. La ruta de Brasil hacia verdad y justicia. *Clarín*, Buenos Aires, 02 dez. 2011. Disponível em: <http://www.clarin.com/opinion/ruta-Brasil-verdad-Justicia_0_601739905.html>.

TORELLY, Marcelo D. Memória, verdade e senso comum democrático: distinções e aportes do "direito à memória e à verdade" para a substancialização democrática. *Revista Internacional Direito e Cidadania*, v. 14, out./dez. 2012. No prelo.

TRUBEK, David M. Max Weber sobre direito e a ascensão do capitalismo. Tradução de José Rafael Zullo. *Revista Direito GV 5*, v. 3, n. 1, p. 151-186, jan./jun., 2007.

USTRA, Carlos Alberto Brilhante. *A verdade sufocada*: a história que a esquerda não quer que o Brasil conheça. Brasília: SER, 2006.

VALADÉZ, Diego. *La dictadura constitucional en America Latina*. Cidade do México: UNAM, 1974.

VALENZUELA, J. Samuel. Consolidation in Post-Transitional Settings. *In*: MAINWARING, Scott; O'DONNELL, Guilhermo; VALENZUELA, J. Samuel (Org.). *Issues in Democratic*

REFERÊNCIAS | 381

Consolidation: the new South American democracies in comparative perspective. Indiana: University of Notre Dame Press, 1992. p. 57-104.

VAN ZYL, Paul. Promovendo a Justiça Transicional em sociedades pós-conflito. *Revista Anistia Política e Justiça de Transição*, Brasília, n. 1, p. 32-55, jan./jun. 2009.

VANNUCHI, Paulo de Tarso. Apresentação. *In*: BRASIL. *Direito à memória e à verdade*: a ditadura no Brasil: 1964-1985. Brasília: Secretaria Especial de Direitos Humanos da Presidência da República, 2007.

VANNUCHI, Paulo; BARBOSA, Marco Antônio Rodrigues. Apresentação. *In*: BRASIL. *Direito à memória e à verdade*: a ditadura no Brasil: 1964-1985. Brasília: Secretaria Especial de Direitos Humanos da Presidência da República, 2007.

VENTURA, Deisy. A intepretação judicial da Lei de Anistia Brasileira e o direito internacional. *In*: PAYNE, Leigh A.; ABRÃO, Paulo; TORELLY, Marcelo D. (Org.). *A Anistia na era da responsabilização*: o Brasil em perspectiva internacional e comparada. Brasília: Ministério da Justiça; Oxford: Oxford University Press, 2011. p. 308-343.

VIANA, Gilney; CIPRIANO, Perly. *Fome de liberdade*: a luta dos presos políticos pela Anistia. São Paulo: Fundação Perseu Abramo, 2009.

VIEIRA, José Ribas. *O autoritarismo e a ordem constitucional no Brasil*. Rio de Janeiro: Renovar, 1988.

VIEIRA, José Ribas; SILVA, Alexandre Garrido da. Justiça transicional, direitos humanos e a seletividade do ativismo judicial no Brasil. *Revista Anistia Política e Justiça de Transição*, Brasília, n. 2, p. 234-267, jul./dez. 2009.

VILLA, Marco Antônio. Ditadura à brasileira. *Folha de S.Paulo*, 05 mar. 2009.

VILLA, Marco Antônio. Época entrevista: Marco Antônio Villa. *Época*, 26 maio 2008.

VINJAMURI, Leslie. Anistia, consequencialismo e julgamentos protelados. *In*: PAYNE, Leigh A.; ABRÃO, Paulo; TORELLY, Marcelo D. (Org.). *A Anistia na era da responsabilização*: o Brasil em perspectiva internacional e comparada. Brasília: Ministério da Justiça; Oxford: Oxford University Press, 2011. p. 162-185.

WEBER, Max. *Direito e economia*. São Paulo: Imprensa Oficial; Brasília: Ed. UnB, 2004. v. 2.

WOUTERS, Jan. La obligación de judicializar los crímenes de derecho internacional. *In*: HURTADO, Michael Reed (Org.). *Judicialización de crímenes de sistema*: estudios de caso y análisis comparado. Bogotá: ICTJ, 2008. p. 79-98.

ZAMORA, José; MATE, Reyes. *Justicia y Memoria*: hacia una teoría de la justicia anamnética. Madrid: Anthropos, 2011.

ZERBINI, Terezinha. Depoimento. *In*: BRASIL. Ministério da Justiça. *30 anos da luta pela anistia no Brasil*. Brasília: Comissão de Anistia, 2009. Material audivisual. Vídeo (17m30).

Esta obra foi composta em fonte Palatino Linotype, corpo 10
e impressa em papel Offset 75g (miolo) e Supremo 250g (capa)
pela Edelbra Gráfica Ltda.
Erechim/RS, outubro de 2012.